日中新時代をひらく
Develop the new era of Japan and China

中国トップリーダーの視点

転換期日中関係論の最前線

LATEST ARTICLES ON JAPAN-CHINA RELATIONS IN TRANSITION

王敏　編

三和書籍

表紙の写真：『璽』

於　光華

於　光華（お・こうか）　略歴

旅日写真家。上海生まれ。

1988年来日。日本語学校、国立埼玉大学を経て、三菱製紙株式会社就職、独立、スタジオ主宰。

1995年から上海美術館個展をはじめ、日本と中国の文化交流の架け橋として、両国で写真個展を数多く開催している。

独自の視点と表現で東京と上海の両都市を比較的に撮影し続け、現代社会の「世相」をテーマとする作品を多数発表している。

日本華人攝影藝術学会会長
中国留日攝影家協会副会長
在日中国現代藝術家協会副会長
スタジオ photo.jcp 主宰
上海応用技術学院写真課程非常勤講師

巻頭言　相互発展のための日本研究、相互学習としての日中（中日）研究

日中関係は世界における重要な二国間関係といわれる。中国経済が急速な成長を遂げ、ＧＤＰにおいて世界二位の日本を追い越した二〇一〇年。順位の変動があっても二位、三位の経済大国は東アジアの隣国であると改めて思う。しかし、現代史において不幸な戦争を体験した日中には未解決の懸案が多い。二〇一〇年九月には尖閣諸島（中国では「釣魚島」）の領有権問題が顕現化したように、一気に不安が拡大増幅した。とはいえ、どんな問題が起ころうと、日中は離れられない隣国同士である。日中は引っ越しもできないし、逃げ出しもできない位置にある。

日中は遣唐使の時代に象徴される、世界史でもまれな友好交流の歴史をもっている。隣国の位置関係を有効活用してきたのである。私たちは、波風がたっても解決する知恵を競い合ったことを忘れるわけにはいかない。否応なく向き合っていかなければならないのが日中である。懸案に向かう勇気と才気が今こそ必要なときかもしれない。日中関係の変化を再認識し、課題を整理・検証・研究することが緊急を要している。とりわけ日中交流における共通の体験知を抱き、非西洋的価値基準による互恵関係の可能性及びその問題点を掘り下げ、利益共有への通路を開拓すべきだろう。変化しつつある日中新時代へのアプローチが本論文集の目的である。このために本「東アジアにおける日本研究」チームは日本を研究対象にし、日本研究を異文化研究・多文化共生の実践として考察してきた。この間、以下の問題意識を掲げた研究論文を法政大学国際日本学研究センター・同研究所から四冊刊行した。

・東アジア共生モデルとしての日本研究（『21世紀COE国際日本学研究叢書3』二〇〇六年、参照）
・相互理解としての日本研究（『21世紀COE国際日本学研究叢書5』二〇〇七年、参照）
・思索と実践のための日本研究（『国際日本学研究叢書9』二〇〇九年、参照）
・異文化としての日本研究（『国際日本学研究叢書11』二〇一〇年、参照）

なお、以上の研究を受け継ぎ、この度の論文集の問題意識を「相互発展のための日本研究、相互学習としての日中（中日）研究」とした。

本書の最初に、拙論ではあるが、GDPの増大が日中相互認識にどう影響してきたか、その変化と諸問題を提起してみた。次いで序論として、中国の発展モデルの評価について、「中国の声」とも呼ばれる論客、趙啓正氏が冷静に論考している。本編の政治・経済・外交、文化関係においては、中国トップリーダーの視点から新たな日中協力の可能性および問題点をさまざまな角度から分析し、アプローチしている。

対立のリスクをつねに背負っている日中。似て非なる文化の相違を精神構築の深層から探る試みとして、拙稿「日中愛国心の違い」では、認識のベースを再考させてもらう。

付録資料には『中日友好交流三十年』を編纂した中国人研究者の日本観と、中国におけるCNKIを活用した文献検索の現状に関するデータを取り入れた。これまでに触れることの少ない参考資料になると思われる。

最後に、すばらしい執筆者および翻訳者をはじめ、この研究活動を力強くバックアップしていただいた、法政大学国際日本学研究センター、同日本学研究所、また本書の出版にあたって、格別のご配慮とご尽力をいただいた三和書籍に深く謝意を申し上げる。

二〇一一年二月　王　敏

目　次

Ⅱ　日中・東アジア文化の考察──歴史、社会的背景から現況まで

おわりに

付録資料

はじめに

ＧＤＰの変化に伴う日中相互認識の調整へのアプローチ

王　敏

1　はじめに――多様化する国力判断と国際貢献

固有の自己認識、他者認識に膠着している思考と視座に対して調整が迫られている。そのうち、特に「大国」とされる定義およびその判断基準への再認識が必要だと言えよう。なかでも中国経済は発展を続け、そのＧＤＰが二〇一〇年には日本を抜いて世界第二位となったことが、話題になっている。各種の研究結果によれば、次の図表1のように二〇二五年にはアメリカを抜いて世界第一位になるという試算もある。

しかし、「大国」の定義とは、このような経済中心のＧＤＰの指標によるものの、絶対唯一の判断基準でもない。そこで、拙論として、ＧＤＰの変化に伴う日中相互認識の調整について、いくつかの問題提起を行いたい。

図表１　日中米の名目 GDP の推移

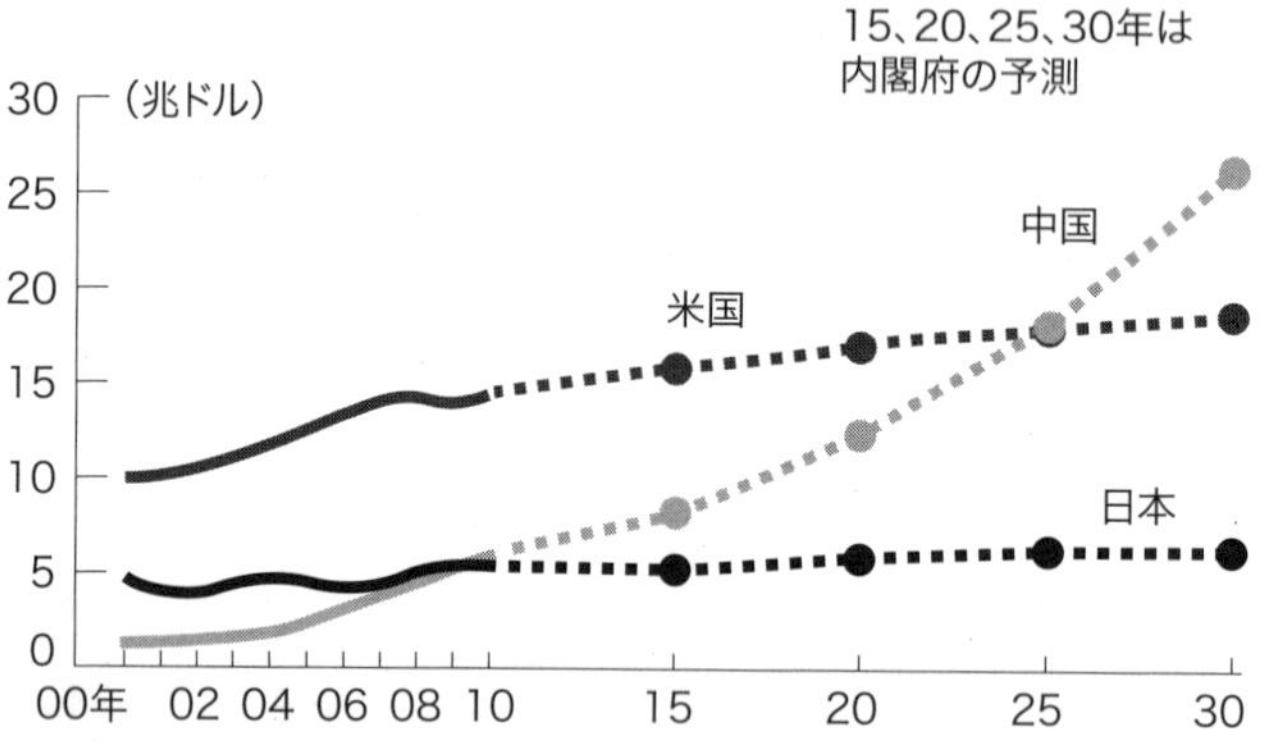

出典：「朝日新聞」2011 年 2 月 15 日

図表２　2050 年の GDP ランキング（予想）

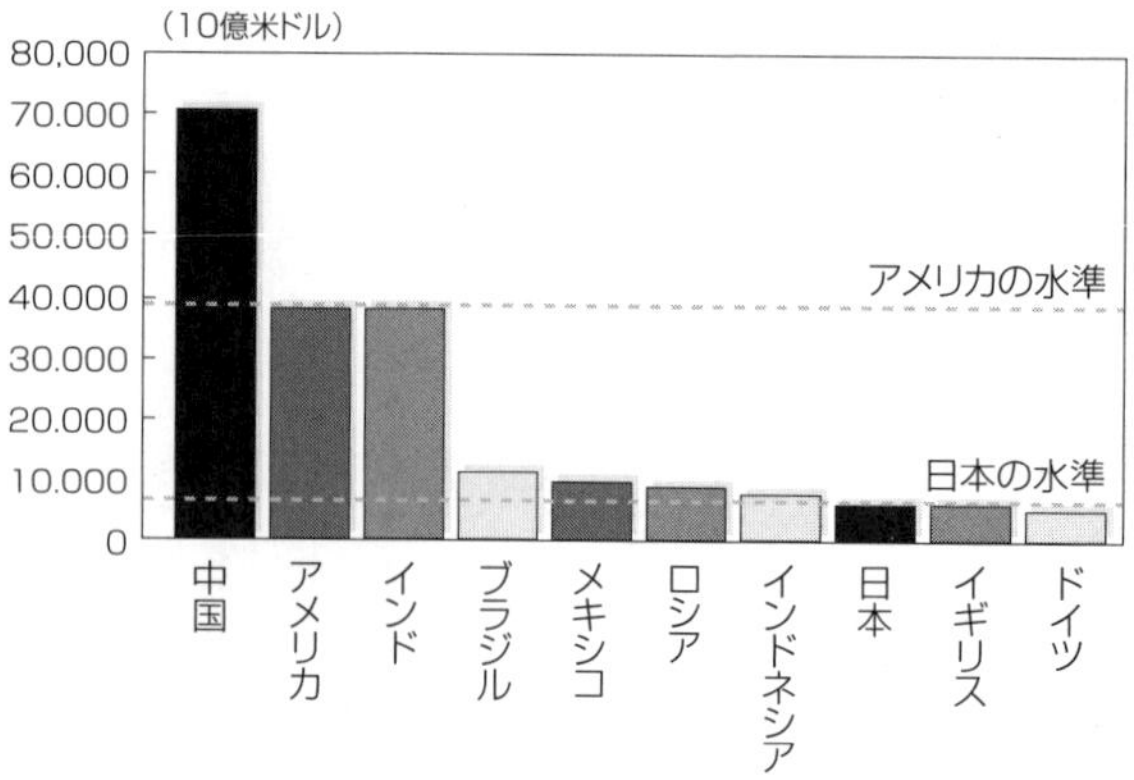

出典：ゴールドマン・サックス経済調査部（2007 年）

2　多様な「大国」の定義

一般的な常識で言えば、「大国」の概念とは「国土の面積が大きい国」を意味するだろう。国際政治に大きな影響力を持つ国という意味で考えれば、アメリカ、ロシア、イギリス、フランス、中国など国連常任理事国を指すだろうし、政治や経済などある分野において大きな影響力を有するという意味では、日本、アメリカ、カナダ、ドイツ、フランス、イギリス、イタリアのG7、さらにロシアを加えたG8など、サミットでの用法が一般的かもしれない。かつて冷戦時代には、アメリカとソ連が「超大国」と呼ばれていたし、中国の経済的な発展に注目して、アメリカと中国をG2と呼ぶ言い方も、昨今ではメディアでよく見られるようになった。

ほかにも、その国の特徴について、「福祉大国」、「軍事大国」、「経済大国」、「消費大国」、「資源大国」、「人口大国」、「スポーツ大国」、「科学技術大国」、「文化大国」などのように概括することがある。

例えば、「経済大国」とは厳密な定義ではないが、GDP（国内総生産）が世界の総生産に占める割合の大きい国が経済大国と呼ばれる。アメリカ、日本、ドイツなどがその例で、近年は中国のGDP成長率が注目されている。

だが、GDPという基準は経済中心の指標にすぎない。例えば視点を変えて、人口から「大国」を見てみれば、以下のような順位になる。

一位　中国……………………一三億三六三〇万人
二位　インド…………………一一億八六二〇万人

三位　アメリカ……………三億〇八八〇万人
四位　インドネシア………二億三四三〇万人
五位　ブラジル……………一億九四二〇万人
六位　パキスタン…………一億六七〇〇万人
七位　バングラデシュ……一億六一三〇万人
八位　ナイジェリア………一億五一五〇万人
九位　ロシア………………一億四一八〇万人
一〇位　日本………………一億二七七〇万人
（出典：総務省統計研修所編『世界の統計 二〇〇九年版』総務省統計局発行、二〇〇九年）

3　現代中国における「大国意識」台頭の背景

二〇〇六年、中国では人気テレビシリーズ「大国崛起」をきっかけに、アメリカ、ロシア、日本、ドイツ、フランス、イギリス、オランダ、スペイン、ポルトガルなどの近代化の過程を紹介したシリーズ図書がベストセラーになり、累計五〇万部を販売した。その背景の一端を探っていくと、上記発刊書物への関心要因に関する背景の一つとして、中国社会科学院が発表した「二〇〇六年グローバル政治安全報告」によるところが浮かんでくる。

二〇〇六年一月六日付「人民網日本語版」は、中国社会科学院の評価基準と分析による上記報告書に基づく調査結果を発表した。それは、世界各国の経済力、外交力、軍事力、各種の資源、政府の統治能力などを具体的に計測したもので、そのうえで各分野におけるパワーの分配や協調の面を考慮し、主要大国について総合国力を試算したものである。報告によると、世界第六位の国力だと判定された中国については、国力と資源が発展する際の利点は、豊富な労働資源に恵まれ、資本が豊かで、国内環境が長期的に安定し、安定性と積極性の両方を備える政府の政策と方針が実行されている点であるという。しかし一方で、技術水準は低く、労働力の質は劣り、情報力も乏しい。刷新システムをサポートする制度・環境・基盤が追いついておらず、全体として国力は劣っているという分析結果であった。

一方、中国社会科学院の独自の評価による同報告および分析は、具体的に各国の国力を計測し、資源国力、経済力、政府調整力、軍事力、外交力等と、各分類の比率と調和性を検討したもので、そのランキングは、一位アメリカ、二位イギリス、三位フランス、四位ドイツ、五位ロシア、六位中国、七位日本、八位カナダ、九位インド、一〇位韓国であるという。その内容を具体的に見てみると、評価基準は以下のとおりである。

①資源国力（科学技術力、人的資本、情報力）
②経済力（国民一人当たりのＧＤＰ、ＧＤＰ伸び率）
③政府調整力（政府の功績や、政府による公共産品）
④軍事力（軍事費、核弾頭数量、軍隊の人数、世界の軍事市場での武器輸出の比率）
⑤外交力（外交提案力、同盟国数、国連での地位、周辺国との関係、経済軍事援助力、外交独立性）

中国社会科学院が発表した報告書に見られる中国の自己認識とは、具体的な評価については、中国のＧＤＰの増加率が最も突出しており、それに伴うＧＤＰの総量も目立っている、というものだ。資源国力で中国が第一位となったのは人的資本で、中国の労働力の数量は世界一である。ほかにも中国の外交力の評価が明らかに上昇していることであり、政府の成績の評価は世界第三位である。専門家によると、これらは中国政府の積極的な財政政策と穏健な貨幣政策が長期にわたって効果を上げていることによるとする。一方で、不足している面を見ると、中国と先進国との間の最も明らかな差異は科学技術力である。つまり、中国はいくつかの面から見れば、「大国」と言えるのだが、国力を測る重要な分野である科学技術等について見れば、いまだ「大国」とは言えない状況であり、「大国」の定義および内容を検討する必要があると言えよう。

その後、中国では「大国」に関する図書が相次いで出版されている。例えば、中国国内で人気のあるインターネット通販の図書販売「当当網」で「大国」をタイトルに含む図書を検索すると五一四九件が該当し、『大国経済への道』、『大国の力量』、『どのように大国になるか』等の書名が並んでいる。「大国」に関する関心の高さはもはや社会現象と言ってもよいだろう。

4 中国人の伝統的な「大国意識」の基準

中国の伝統的な観念に基づけば、「大国」とは国が大きいという意味だけでなく、「徳と信」が大きいことを意味している。その根拠となるのは、主に以下二つの伝統的倫理体系からである。

一つ目は儒教哲学に由来する倫理、道徳、社会通念である。これらは今日に至っても一般教養の中核とされ、各領域における価値判断の基準の一部となっている。例えば、古来中国外交理念の中核にあるのは、「以徳睦隣」という考え方だ。「対外則堅持以徳睦隣」「堅持以徳睦隣的外交理念」という文言にあるように、論語を語るポイントでもある「徳」をもって、隣国と親善関係を図ることが最大の外交課題であると考えられている。

一九九八年に当時の江沢民国家主席が日本を訪問した際、北海道を訪問して「以徳為隣」（徳をもって隣と為す）と揮毫した。この「以徳為隣」は伝統的な道徳観念の現代版だと言うことができよう。

二つ目は老子（『老子道徳経』）および諸子百家の説く「大国」を治める方法論から吸収したものである。老子の教えを事例にすれば、『老子』第六一章には、次の一節がある。

故大國以下小國、則取小國。小國以下大國、則取大國。故或下以取、或下而取。大國不過欲兼畜人、小國不過欲入事人。夫兩者各得其所欲。大者宜爲下（故に大国もって小国に下《くだ》れば、すなわち小国を取る。小国もって大国に下れば、すなわち大国に取らる。故にあるいは下りてもって取り、あるいは下りて取らる。大国は人を兼《か》ね畜《やしな》わんと欲するに過ぎず、小国は入りて人に事《つか》えんと欲するに過ぎず。それ両者はおのおのその欲するところを得《う》。大なる者はよろしく下となすべし）。

つまり、老子の方法論によれば、謙虚な態度によって互恵関係が導き出されるというものだ。道教哲学（老子道徳経）の説く「大国」を治める手法とは、さらに調理法に例えられて論じている。「治大國、若烹小鮮（大国を治むるは小鮮《しょうせん》を烹《に》るがごとし）」（『老子』第六〇章）。小鮮とは小魚のこと。大きな国を治めるためには、小魚を煮るようにする。小魚を煮るときは、必要以上につついたり、掻き回したりしてはいけない。魚は煮崩れてしまうし、味も落ちる。大きな国を治めるときも、小さなことにいちいち目くじらを立てていてはいけないという。これが儒教の倫理重視思考に関する補完的発想であり、治世の現場に重点を置く観点と言える。ところで、古典的な「徳」理念は、世界的にまた日本で共鳴を得られるものだろうか。

一九九九年、当時の小渕恵三首相の私的懇談会であった「二十一世紀日本の構想懇談会」において、首相は

図表３　小渕内閣支持率・不支持率の推移

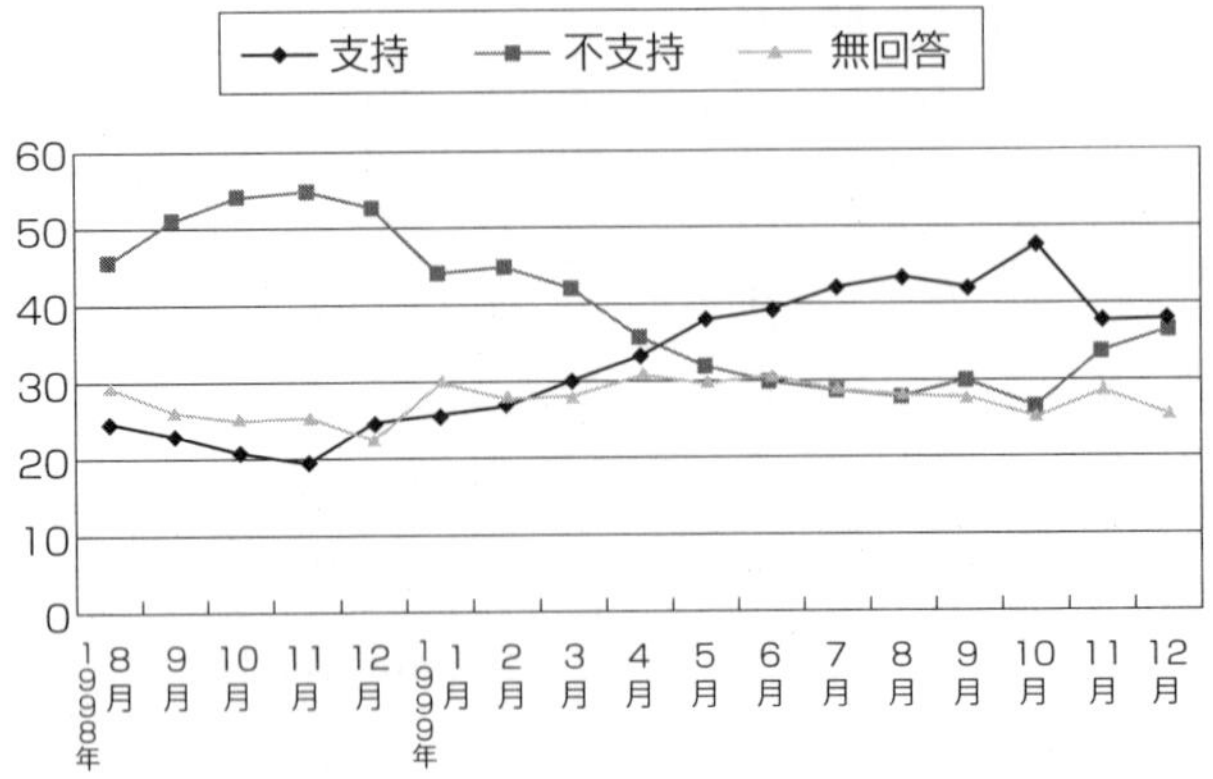

出典：社団法人中央調査社　http://www.crs.or.jp/5062.htm

「経済的富に加え、品格のある国家、徳のある国家として世界のモデルを目指したい」と挨拶した。首相が主張した「徳」も伝統的な要素が大きいものと言えるだろう。ちなみに小渕首相時代の政権支持率は、組閣発足時より以降に上昇したという従来にないパターンであった。通常、新しい首相が誕生すると組閣直後は内閣支持率も高いが、時間を追うごとに支持率が低迷するのが常である。政権の中盤から後半にかけて支持率が上昇したという特異なパターンは、小渕首相の政治理念の根底に「徳」があり、その効用の一因であったとも考えられるのだろうか。

ここで言えることは、「徳」も含めた倫理重視の政治や外交思考というのは、少なくとも過去には日本と中国の共通性であったと考えられる。現代の日本指導者がいかように「徳」も含めた倫理重視の政治や外交思考を継承しているかを研究するのは興味深い課題と思える。

5 伝統的「徳」の理念と多元的な国力判断基準の相関関係

日本をはじめとする先進工業諸国においては、多様な国力判断基準が用いられることは共通認識として受容されているが、中国でもここ十数年これまでの伝統的な観点から出発して、さまざまな評価基準を受容し現場に反映させるように、国力を判断する多様な基準を共有する取り組みが、積極的に進められている。それに関して事例紹介をしながら伝統的「徳」の理念との相関関係を見てみよう。

「国力」の判断基準に「総合国力」という概念を用いることも、その一つの事例だ。例えば、中国社会科学院が二〇〇九年十二月に発表した「国際情勢黄皮書」によれば、世界一一カ国の総合国力を比較分析したところ、領土、自然資源、人口、経済、軍事、科学技術、社会発展、持続可能性、安全と国内政治、国際貢献が評価対象とされており、総合国力の順位は、一位アメリカ、二位日本、三位ドイツ、四位カナダ、五位フランス、六位ロシア、七位中国、八位イギリス、九位インド、一〇位イタリア、一一位ブラジルの順序であった。総合国力は主権国家の生存と発展のために持つすべての実力と国際影響力の合算である。その構成は、物質的なもの、精神的なもの、実力、潜在力、潜在力が実力に転化する構造なども含む。ある国家の政治、経済、科学技術、文化、教育、国防、外交、資源、民族意識、団結力などの要素が有機的に結合し、相互作用する総合体であるという。

また、「総合国力」の定量研究も積極的に進められている。これは、一九六〇、七〇年代の「国力方程式」によって始められたもので、米国のジョージタウン大学戦略国際研究センター主任のクライン氏（CIA長官と国務省情報研究部の長官を歴任）が提案した「クライン方程式」が最も有名である。クライン氏は総合国力を決定する要素を「物質要素」と「精神要素」の二つの部分に分別した。「ハード・パワー（Hard power）」、「ソフト・パワー（Soft Power）」の分類もここからきているが、「精神力」の読解をするときにカギとなるのが「徳」の概念だ。中国や日本の伝統的な「徳」に内包されている要素と同様であり、本能的に受容されるものだと考えられる。資源、経済、科学技術、軍事力を主とするハードの有形国力を基礎とし、国家の発展戦略、民族の団結力、国家の動員能力、政治社会体系、教育、外交影響力などのソフト・パワーがハード・パワーをどの程度発揮できるかを決めている。

よって、アメリカ「ソフト・パワー」の概念に対して、中国人は本能的に伝統的な「徳」の発想と連想させて理解することが可能である。つまり、精神力重視のところで認識の範囲を共有しているからだと言えよう。「ソフト・パワー」とは、国家が軍事力や経済力などの対外的な強制力によらず、その国の有する文化や政治的価値観、政策の魅力等に対する支持や理解、共感を得ることにより、国際社会からの信頼や発言力を獲得し得る力のことを意味している。「ハード・パワー」に対置する概念であり、アメリカの対外政策のあり方・手法として生まれた用語である。クリントン政権下において国家安全保障会議議長、国防次官補を歴任したハーバード大学大学院ケネディスクール教授のジョセフ・ナイ氏が提唱し、その著書『*Bound to Lead*』（邦題『不滅の大国アメリカ』）で最初に提示され、『*Soft Power: The Means to Success in Wold Politics*』（邦題『ソフト・パワー』）においてその思考はさらに精緻化された。冷戦後の国際社会の勢力図を俯瞰する際に、アメリカを中心としたグローバリゼーションの影響を考察するうえでも、「ソフト・パワー」の概念は近年ますます重要視されている。

6　日本と中国・東アジアにとってさらに注目すべき基準の再提起

❖———（1）国民総幸福量・ＧＮＨ（Gross National Happiness）

一九七六年、ブータンのワンチュク国王がスリランカのコロンボにおける第五回非同盟諸国会議に出席後の記者会見で提唱した「幸福度」は将来の国際的指標になるかもしれない。一九九九年にはこの指標に関連してブータン研究センターが設立されているが、まだ研究段階であるという。ＧＮＨの基本的な考え方は、物質的・経済的ではなく、精神的な豊かさ、幸福を求めようとする考え方である。幸福の感じ方は個人個人で異なるため、客観的な数値化は難しいが、宗教、文化的背景、哲学、教育、政治などに基づく一体感や公平感といった幸せを実感できるための共通価値観の構築が求められているといえよう。ブータンでは、ＧＮＨはＧＤＰよりも大切だという評価である。ブータン国内においてはＧＮＨとＨＤＩ（人間開発指数）を同類として、ＧＮＰやＧＤＰと対立させる見方をしている。

一九九八年十月、韓国ソウルで行われた国連開発計画（ＵＮＤＰ）のアジア太平洋地域会議（Millennium meeting for Asia and the Pacific）において、ジグミ・ティンレイ・ブータン王国首相がスピーチでＧＮＨの概念を紹介し、国際的に評価を受けはじめた。「Gross National Happiness はブータンの開発における最終的な目標である」と述べ、さらには「どうやって物質主義と精神主義とのバランスを維持しつづけるか」として、ＧＤＰ中心の先進国の発展性に対して疑問を投げかけた。この思考は、いうまでもなく仏教の影響を受けている。ブータンにおける中道の考え方が反映されたものとなっており、経済発展は環境保全や文化的独自性維持と調和が取れていることが目指されている。

ブータン政府は、一九九九年に政策として以下の四つの指針を打ち出した。

①持続可能かつ公正な社会経済学的発展
②環境の保全
③文化の保護と促進（再生）
④良い統治

これらの成果か、二〇〇七年に初めて行われたブータン政府による国政調査では、「あなたは今幸せか」という問いに対し九割が「幸福」と回答したという。

二〇〇六年、イギリスのレスター大学の社会心理学者エードリアン・ホワイト氏が、全世界約八万人の人々に聞き取り調査を行った分析「GNHランキング」（紛争地域を除外した世界一七八カ国を対象）を発表した。その結果によれば、ベスト一〇は以下のとおりである。一位デンマーク、二位スイス、三位オーストリア、四位アイスランド、五位バハマ、六位フィンランド、七位スウェーデン、八位ブータン、九位ブルネイ・ダルサラーム、一〇位カナダ。二〇位以下の抜粋は、二三位アメリカ、三五位ドイツ、四一位イギリス、六二位フランス、八二位中国、九〇位日本、一二五位インドである。

❖――――（2）国民総魅力／国民総文化力・GNC（Gross National Cool）

米国のジャーナリストであるダグラス・マッグレイ氏は、「国民総魅力（GNC）」という指標を、外交雑誌「フォーリン・ポリシー」（二〇〇二年五・六月号）に発表した。文化という無形の価値を総合して一国の国力を評価しようという試みで、日本は「国民総魅力」のモデルと言えよう。GNCはGross National Coolの略で、「国民総文化力」とも翻訳されている。Coolは若者言葉で「かっこいい」の意味だ。日本ブームを起こしたダグラス・マッグレイ氏は、GNP国民総生産で世界一の経済大国になった日本が、失われた九〇年代にGNC大国への道を育んできた、と指摘している。「クール」とは欧米では対立的な関係にあるとされる科学と文化を融合させ、人を引きつける力のあるものを指しており、日本製品の強みは品質より圧倒的な優位性を持つ「デザイン性の高さ」だと彼は言う。しかし、日本情報に関する需要と供給の認識ギャップもあり、日本はさまざまな面でチャンスを逃しているかもしれないというのが彼の主張である。

GNCの程度を判断するには、対象となる地域をめぐる「内」と「外」の観察眼の補完が必要であろう。外の視点の事例で言えば、「エコノミック・アニマル」という言われ方があった。これは、一九六二年にフランスを訪問した池田勇人首相が、ド・ゴール大統領にトランジスタのポケットラジオをプレゼントした際に、大統領が「トランジスタのセールスマン」とコメントしたという逸話に由来している。無論、これは日本人自身の自己認識からずれている指摘に違いない。外側からの視点について、最新の事例を参照すると、日本で高級品を買い求める中国人観光客を挙げることができよう。毎年、旧暦の正月に当たる春節休暇の期間、銀座のデパートは中国人観光客であふれ返り、にぎわう。二〇〇九年七月から富裕層への訪日個人ビザが解禁され、二〇一〇年七月の緩和で中流層にも広がり、中国人の日本観光はますます注目されている。日本国内の観光業では、「中国人富裕層」、「リッチな中国人」、「中国人セレブ」をいかに取り込むかということが、日本経済活性化のカギだという見方もある。特に、不況に苦しむ地方経済にとっては、どのように中国人観光客にアピールするかということが、大きな関心になっていると思われる。こうした日本人の受け止め方も中国人が当初、予想していなかったものだろう。

図表4　BBC 調査　日本の世界に対する貢献度

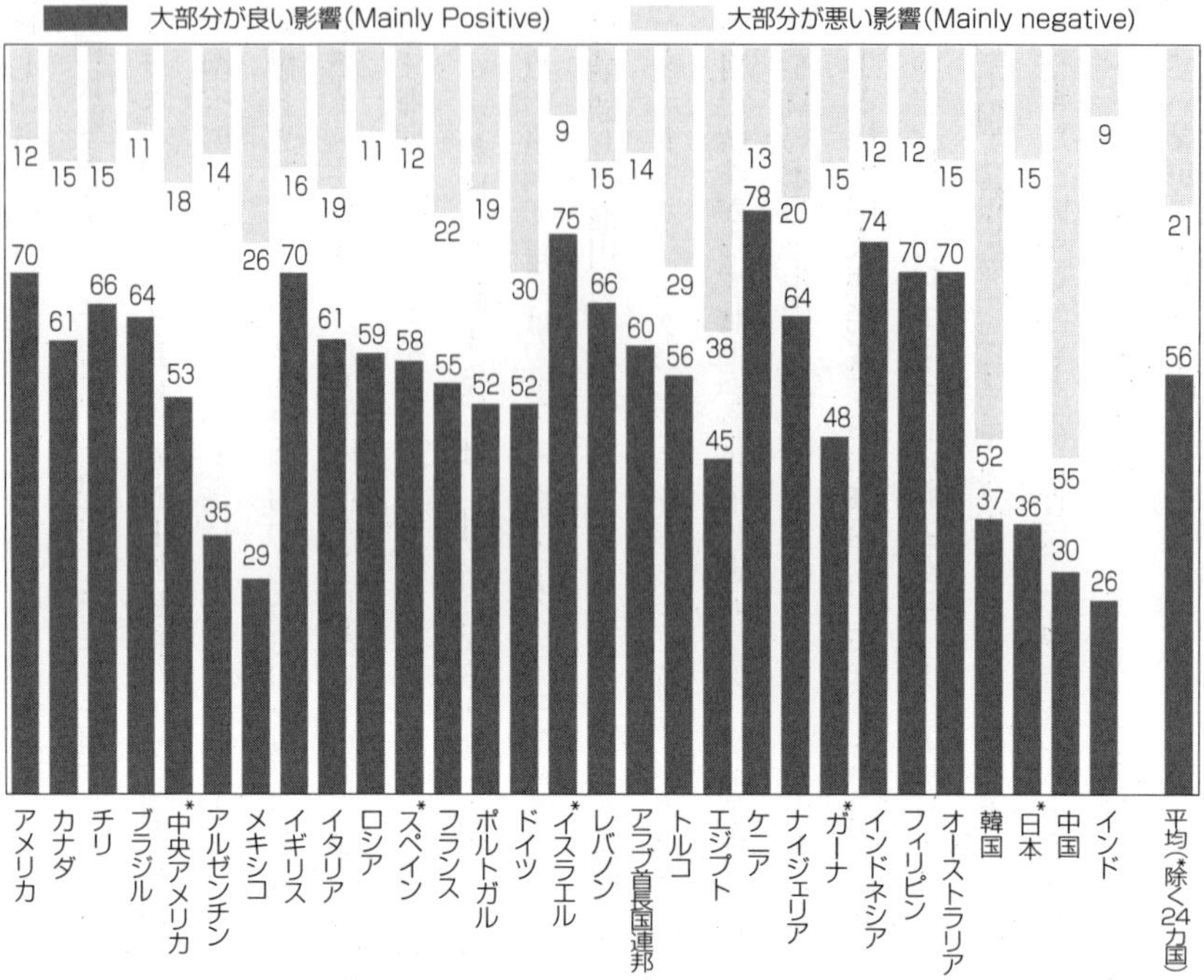

(注)空白は「依存している(depends)」、「どちらでもない(neither)」、「中間(neutral)」または「わからない・無回答(DK/NA)」を示す。 / *追跡データがない国と地域。

出典:「Views of Japan's Influence By Country, December 2007」
http://news.bbc.co.uk/2/shared/bsp/hi/pdfs/02_04_08_globalview.pdf　より作成

❖――(3)BBC国際調査「世界への貢献度」

二〇〇五年から二〇〇七年までの三年間、BBC(英国放送協会)が世界の三四カ国を対象に調査した「世界への貢献度」(influence)という調査結果がある。調査は二七カ国の二万八〇〇〇人が対象で、列挙された一二カ国について「世界に与える影響が肯定的か否定的か」を問うたところ、肯定的という回答の割合が最も高かったのが日本とカナダで、それぞれ五六%。これにEU(欧州連合)五三%、フランス五〇%、イギリス四五%などが続いた。BBCの調査結果は、大きな関心を集めた。二〇〇七年三月六日の時事通信の報道によれば、「国際情勢に最も肯定的な影響を与えている国の一つは日本である」として、BBCの国際世論調査の結果を明らかにしている。

この調査は「貢献度」という観点から主として肯定的か否定的かという調査であり、日本は三年間トップの地位にあった。調査結果をさらに詳しく見ていくと、日本に対する肯定的評価が特に高いのは、ケニア（七八％）、イスラエル（七五％）、インドネシア（七四％）、アメリカ（七〇％）、イギリス（七〇％）、フィリピン（七〇％）、オーストラリア（七〇％）の順で、平均五六％の肯定的評価を得てドイツに並ぶ高評価である。特に欧州においてはイギリスの七〇％を筆頭にすべての国が日本を肯定的に評価している。日本については、二五カ国で「肯定的影響」との意見が「否定的」を上回り、なかでもインドネシアでは八割以上が日本を評価した。ただ、中国と韓国では「否定的」とした人が中国・五五％、韓国・五二％とマイナス評価が大きく、中国の対日肯定評価は三〇％、韓国の肯定評価は三七％という結果だった。

7 多元化的評価基準を受け入れている現在の中国の自己認識

二〇〇九年九月二十九日に発表された中国国家統計局の報告書によると、中国経済の世界に対する貢献度は、一九七八年は二・三％だったが、二〇〇七年には一九・二％に上り、世界最高になったという。中国のGDP（国内総生産）が世界全体に占める割合について「一九六〇年の四・六％から二〇〇八年の六・四％へと上昇し、世界で三番目となった」と明らかにした。一人当たり国民総所得は「世界平均水準との差も縮まっており、世界平均水準との比率は一九七八年から二〇〇八年までの三〇年間で二〇ポイント以上高まった」という。

だが、中国人の自己認識は冷静であった。半年後の二〇一〇年三月に開催された全国人民代表大会で、胡錦濤国家主席が行った「政府活動報告」において、中国の未完成領域を十分に認識した姿勢を示しつつ、二〇一〇年に中国が果たすべき目標として掲げられたのは以下のことであった。

（一）マクロコントロールのレベルを高め、安定した比較的速い経済成長を保つ。
（二）経済発展パターンの転換を速め、経済構造の調整と最適化を図る。
（三）都市農村の発展を統一的に企画することに力を入れ、農業・農村の発展の基盤を固める。
（四）科学教育による国家振興戦略、人材による国力増強戦略を全面的に実施する。
（五）文化の建設の強化に力を入れる。
（六）民生の保障と改善に力を入れ、社会の調和と進歩を促す。
（七）改革をゆるぐことなく推し進め、対外開放をいっそう拡大する。
（八）人民が満足できるサービス型政府を構築する。

さらに温家宝首相が、二〇一〇年三月十四日の全国人民代表大会閉幕後の記者会見では、「中国の経済発展はとても速いが、地域間のバランスは取れておらず、基盤は弱い。本当に近代化を実現するのにはあと一〇〇年、あるいはもっと長い時間がかかる」として、「永遠に覇権を唱えない」と強調した（二〇一〇年三月十五日「朝日新聞」）。

実は二〇〇四年の「中華人民共和国成立五十五周年記念式典」における演説で、温家宝首相はすでに「中国は『不制覇（覇権を取らない）』」と強調した。これを踏まえたうえで温家宝首相は上記の会見において再度「中国は覇権主義やテロ行為を撲滅させ、世界平和を目指す」、「今後も平和路線を堅持しつづけ、世界各国との友好関係構築に向けて、最善の努力をする」等と言明し、公式文書では「永遠に」という語が追加表明された。これも中国指導者による自己認識の一部と理解されよう。

近年、西洋諸国によって発信されている「中国モデル」の評価に対して、中国の態度は落ち着いているように見える。二〇〇九年十一月、中国人民外交学会による中欧戦略パートナー関係に関するシンポジウムで、全国政治協商会議外事委員会の趙啓正主任は「中国の発展モデルをいかに評価するか」という講演を行った。その発言によれば、「中国はあくまでも一事例である。しかもこの事例は進行中である。経済成長での資源の代価が非常に大きいことや、都市と農村の発展のアンバランス、農業の安定した発展や農民の増収が難しくなっていること、就業や社会保障、収入分配、教育、衛生、司法、社会治安など大衆に密接にかかわる利益の問題は相変わらず多く、腐敗も深刻だ」というものであった。

多くの社会問題に格闘している中国の現状を、世相を映す流行語を通して見よう。二〇〇九年の流行語の一つに「維穏（安定維持）」が国民に選ばれている。

中国は二〇〇九年に前年比八・七％という高い経済成長率を記録しただけに、抱えているリスクも大きい。そのため「維穏」を目的とした公共安全財政支出の増加率は、報道によれば二〇〇九年には前年比一六％増で、二〇一〇年は五一四〇億元、八・九％増の見込みであるという。二〇一〇年の国防予算は全国の財政支出予算の六・三％を占め、前年比七・五％増で、「維穏」費用の増加率は、軍事費の伸び率を上回る（香港「明報」二〇一〇年三月五日報道）。

社会事情や世相をより実質的にとらえるならば、中国ではタクシーの運転手に話を聞くのが最も手っ取り早い。彼らは巷のオピニオンリーダーとよく言われる。筆者が体験した「日中比較タオル論」を紹介したい。

筆者は二〇一〇年一月二十六日に、中国社会科学院日本研究所において「日本文化研究の回顧と展望」と題する講演を行った際、タクシー運転手にこう言われた。

「日本製のタオルは数十回洗っても柔らかい。国産のものは洗うほど堅くなってしまう。タオルの形も素材もそう違わないのに、やはりソフトのところで深層に行くほど距離があるのではないか。日本に文化力、ソフト面の可能性について学ぶ必要があるのではないか」

一人の運転手の発言にすぎないが、日中におけるソフト・パワーの意味を考えるきっかけになりそうである。転換期における冷静な中国国民発信に対して、日本の文化状況を少し考察してみることにする。

8 日本における「大国意識」の変化および文化への取り組み

近代日本における「大国意識」の変化を見れば、まず江戸時代の長期にわたる鎖国から開国へ、「世界の中の日本」を認識し急速な近代化を進めたという歴史的な経緯を認識のベースに置く必要があるだろう。

その後、富国強兵政策と第二次世界大戦の敗戦による「生活文化立国」志向が高まったことは軽視できない事実である。だが、一部の知識人やメディア中心の「生活文化立国」の提言があったものの、世論としては、「経済立国」の道を歩む意見が広く支持され、戦後の高度経済成長は「科学技術立国」政策を基本としてきた。バブル経済の崩壊後は、「経済大国」としての自信が揺らぎ、国際的な立ち位置についても動揺が続いているが、ようやく「文化大国」を目指すという努力目標に向かって新たな始動が見られる。

特に二〇〇一年（平成十三年）度に成立した「文化芸術振興基本法」は、「文化芸術の振興に関する基本的施策」をまとめたものである。二〇〇一年以降は文化や芸術に関する法律が相次いで制定され、ほかにも「コンテンツの創造、保護及び活用の促進に関する法律」（平成十六年六月四日法律第八一号）、「海外の文化遺産の保護に係る国際的な協力の推進に関する法律」（平成十八年六月二十三日法律第九七号）などが制定された。以下、その主要な観点を引用したい。

「文化芸術振興基本法」前文

文化芸術を創造し、享受し、文化的な環境の中で生きる喜びを見出すことは、人々の変わらない願いである。また、文化芸術は、人々の創造性をはぐくみ、その表現力を高めるとともに、人々の心のつながりや相互に理解し尊重し合う土壌を提供し、多様性を受け入れることができる心豊かな社会を形成するものであり、世界の平和に寄与するものである。更に、文化芸術は、それ自体が固有の意義と価値を有するとともに、それぞれの国やそれぞれの時代における国民共通のよりどころとして重要な意味を持ち、国際化が進展する中にあって、自己認識の基点となり、文化的な伝統を尊重する心を育てるものである。

我々は、このような文化芸術の役割が今後においても変わることなく、心豊かな活力ある社会の形成にとって極めて重要な意義を持ち続けると確信する。

「コンテンツの創造、保護及び活用の促進に関する法律」第一条

この法律は、知的財産基本法（平成十四年法律第一二二号）の基本理念にのっとり、コンテンツの創造、保護及び活用の促進に関し、基本理念を定め、並びに国、地方公共団体及びコンテンツ制作等を行う者の責務等を明らかにするとともに、コンテンツの創造、保護及び活用の促進に関する施策の基本となる事項並びにコンテンツ事業の振興に必要な事項を定めること等により、コンテンツの創造、保護及び活用の促進に関する施策を総合的かつ効果的に推進し、もって国民生活の向上及び国民経済の健全な発展に寄与することを目的とする。

「海外の文化遺産の保護に係る国際的な協力の推進に関する法律」第一条

この法律は、海外の文化遺産であって、損傷し、衰退し、消滅し、若しくは破壊され、又はそれらのおそれのあるものの保護に係る国際的な協力（以下「文化遺産国際協力」という。）の推進に関し、基本理念を定め、及び国等の責務を明らかにするとともに、文化遺産国際協力の推進に関する施策の基本となる事項を定めることにより、文化遺産国際協力の推進を図り、もって世界における多様な文化の発展に貢献するとともに、我が国の国際的地位の向上に資することを目的とする。

日本の文化について、いくつかの事例を参照しよう。文化発信についての新たな取り組みは、諸外国にとっても参考になると思われる。例えば、文化庁では平成十九年に「文化発信戦略に関する懇談会」を設置し、文化発信の戦略に関する総合的な議論を行ってきた。懇談会の報告書によれば、「全国民が文化に親しみ、その中で培われた創造性を発揮することは、社会の活性化や経済振興に資するものであり、〝文化の力〟が国の力を左右する時代になる」という認識のもと、特にメディア芸術分野における国際的地位の確立など、具体的に取り組むべき課題が提言された。以下は提言の中から、特にすみやかに着手すべきだと提言された内容である。

（一）日本への関心の高い国に対して、その関心分野や鑑賞者層に対応した発信ができるよう企画のメニュー化を図ることにより、戦略的・効果的な文化発信を推進する。

（二）メディア芸術について、その情報を総合的に収集・保存・体験・発信する拠点整備を検討するとともに、現在行っているメディア芸術関連施策の充実を図り、日本のメディア芸術の国際的な地位の確立を図る。
（三）日本人自身が日本文化への理解を深め、文化発信できるよう、ホームページ等を通じた日本文化に関する情報の提供を図る。
（四）「文化芸術創造都市」をはじめとする、地域からの文化芸術の創造と発信のための取組を推進する。
（五）日本の魅力である伝統的な町並や、文化財とその周辺環境を守るための取組を推進する。
（六）文化発信に貢献した外国人などの顕彰制度を拡充する。
（出典：文化庁「日本文化への理解と関心を高めるための文化発信の取組について」
http://www.bunka.go.jp/bunkashingikai/kondankaitou/bunkahasshin/pdf/houkoku.pdf）

この懇談会のように、政府の政策決定に専門家の意見を反映させる機会は近年ますます多くなっている。筆者の事例で言えば、二〇〇四年十二月から二〇〇五年七月までの期間、当時の小泉純一郎首相の私的諮問機関である「文化外交の推進に関する懇談会」において委員を務めた。この首相懇談会では、「我が国と諸外国の国民が、国際文化交流を通じ、お互いの理解や信頼を高めるとともに、文化の分野での国際協力を進めることにより、親日感を醸成し諸外国との友好関係を増進し、世界文化の多様性を維持・発展させ、もって、世界の平和と繁栄に貢献することは、日本外交に幅と奥行きを持たせる上で極めて重要であり、その在り方について、幅広い視点から、総合的な検討を行うことが必要である。また、日本における地域研究、知的交流の在り方に

写真１　平成 21 年度 文化庁長官賞受賞者（前列右端が筆者）
出典：「文化庁月報」2009 年 10 月号、35 頁

ついて検討を行うことは、日本の有識者の発信力を高め、外交の基盤をより堅固なものとするために重要である」という認識に基づき、「『文化外交の平和国家』日本の創造を」という報告書がまとめられた。

また、二〇〇五年十一月から二〇〇六年三月までは、内閣府の「国際文化交流推進会議・有識者会合」の委員として、文化外交の重要性を強調するとともに、明確な文化外交戦略を提示することの必要性を訴えた。さらに、二〇〇七年四月から二〇〇八年四月までは、国土交通省の「文化観光懇談委員会」委員を務め、観光立国実現のため国際競争力ある観光地づくりやビジット・ジャパン・キャンペーンを通じた日本の魅力の世界への戦略的発信について、異文化交流の視点から提言を行った。

これらはあくまでも筆者自身の経験にすぎないが、日本では文化発信に関するさまざまな意見交換の場が設置されて、政策形成に貢献していると実感させてくれた。

　また興味深いところでは、日本では『最新文化賞事典 1996-2003』（日外アソシエーツ、二〇〇三年）という資料が発行されている。近年新設された賞を含む、文化に関する三二八賞に関する資料をまとめたもので、人文・社会科学系の学術研究奨励、図書館・出版文化、放送・報道、教育・児童文化、社会福祉、財界・経営など幅広い分野の賞の概要と、歴代の受賞者に関するデータが収録されている。同類の刊行物に『文化勲章名鑑』（名鑑社、一九九九年）、『日本の賞事典』（日外アソシエーツ、二〇〇五年）、『最新科学賞事典 2003-2007』（日外アソシエーツ、二〇〇八年）、『最新美術・デザイン賞事典 2003-2009』（日外アソシエーツ、二〇一〇年）など多数がある。こうした発行を見ても、日本政府はともかく国民による文化発信の力を改めて認識させなければならないと意識している。

　筆者の事例で恐縮だが、前述した「文化発信戦略に関する懇談会」の提言において「文化発信に貢献した外国人などの顕彰制度を拡充する」ことが提起され、二〇〇九年に新設された文化庁長官表彰（文化発信部門）を受けた。このような表彰（日本政府、文化発信部門では外国人で初受彰。日本、フランス、オランダ、オーストリア、中国各国に一人ずつ）によって、今後いっそうの文化発信による世界平和への貢献に向けた意欲を喚起し、国際文化交流の一環とする日本文化を広げることが期待されている。


　グローバル化が進む現代においては、グローバル化の現象を地域文化の振興という観点からチャンスととらえる試みも積極的に行われている。例えば、二〇〇九年二月六日に国際交流基金、日本経済新聞社、源氏物語千年紀委員会の共催によって京都市の金剛能楽堂で開催されたシンポジウム「多元性へ——グローバリゼーション、アイデンティティ、伝統文化」では、元フランス文化大臣のジャック・ラング氏によって、グローバリゼーションをチャンスととらえ、現代社会の危機を乗り越えるためにも教育と芸術の政策を優先すべきであるという提言がなされた。能楽堂で日本の伝統文化を鑑賞しつつ、世界の識者と意見交換を行った取り組みは、地方から発信される知的交流事業としても注目すべきである。

　地方から広い地域への貢献になる事例を紹介しよう。二〇〇八年三月、国際交流基金と財団法人名古屋国際センターの協力によって、国際理解教育教材「マンガジア」が刊行された。この事業は一九九五年から一一回にわたって国際交流基金が開催した「アジア漫画展」の作品を教材として編集する可能性について話し合いがもたれ、関係各機関の協力によって実現したものだという。漫画という視覚効果の高い資料を使うことによって、国際理解教育の具体例を紹介し、実際に教育の現場でどのように活用したらよいかという情報も紹介した画期的な教材である。こうして日本は地域性への重視とともにグローバル性への取り組みを両立させるよう、さまざまな工夫をしている。

　市民が自発的に参加する地域の文化発信も、日本の大きな特徴とらえられる。例えば、神奈川県の開成町では、中国古代

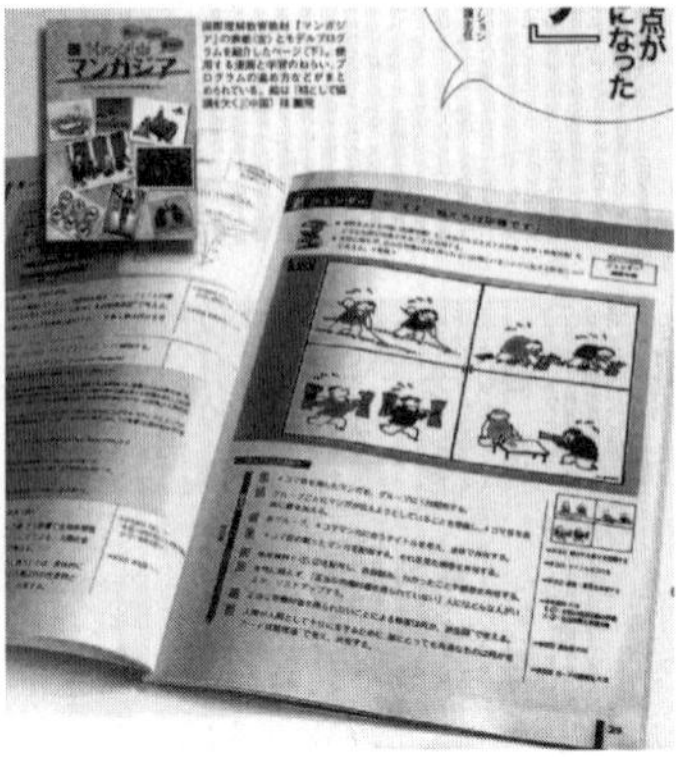

写真2　国際理解教育教材「マンガジア」
出典：「をちこち」2008 年 9 月号、64 頁

モデルプログラムの一例

モデルプログラムでは次のような「基本編」「発展編」「時短編」が例示されている。

「基本編」はテーマ理解及び問題への気づきを促すプログラム。所要時間は30分～1時間程度。「発展編」は基本編とのセットで使うことで、さらにテーマ理解を深めるプログラム。所要時間は1時間半～2時間程度。「時短編」は授業の導入、協力作業の練習、話し合いの活性化（ブレインストーミング）などで、手軽に使えるプログラム。所要時間は15分程度。

例えば、モデルプログラム「なんかヘンだぞ？（その2）」のテーマは格差。「時短編」は右の2点の漫画を順に見せ、何がヘンかを考え、共有する。「基本編」では、漫画を見せる前に、人間が生きていく上で共通に必要なものを考えてグループで共有する時間をとる。「発展編」では、さらに参考資料を使い、自分に何ができるかを各自が考え、グループ、次に全体で共有する。

モデルプログラム「なんかヘンだぞ？（その2）」で使われている漫画
（上）「輸入量と同じ量を捨てている国民です！」（日本）クミタ・リュウ
（下）「やせる手術」（インド）Shekhar Gurera

写真3　国際理解教育教材「マンガジア」のモデルプログラム
出典：「をちこち」2008 年 9 月号、66 頁。

の治水の神である禹王を祭った石碑が地元の酒匂《さかわ》川中流にあることに注目し、市民研究グループによる日本国内の禹王石碑に関する調査を進めている。禹王碑は一一河川に合計一六の碑がある。三碑は明治時代の日清戦争以降に建立され、神奈川県南足柄市の文命碑・文命宮を祀る「福沢神社」の前身（明治四十二年に周辺各地の神社を併合したもの）である「文命社」の祭神は、「夏の禹王」と明記されている。なお、「文命社祭神：夏禹王」と記された明治十二年に神社庁に提出された神社台帳を「足柄の歴史再発見クラブ」顧問大脇良夫氏が大切に保存している。

以上のように、政策決定に直接参与する懇談会や審議会などの取り組みや、民間レベルでのさまざまな取り組みを見ると、日本における文化発信力は近年さまざまな議論のもとで、大きく躍進していると言えるだろう。

次に世界における「クールジャパン」、「文化大国」を目指す日本の文化活動を紹介したい。

（一）二〇〇七年十一月一日、外務省の海外安全宣伝活動で「人々に安心と安全感を与える」として鉄腕アトムが「海外安全大使」に起用された。二〇〇八年三月十九日、人気キャラクターのドラえもんが外務大臣から「アニメ・漫画文化大使」に任命された。世界に日本のアニメ・漫画文化を宣伝し、日本の対外イメージを高めるという任務である。

（二）フランスで開催された「Japan Expo」の事例を紹介しよう。アニメ、漫画、音楽など日本のＰＯＰカルチャーをテーマにした欧州最大のイベント「Japan Expo」が、二〇〇九年七月二日～五日にフランス・パリで開催された。「Japan Expo」は、二〇〇〇年にフランス人の呼びかけによって始まった。第一回の入場者数は三二〇〇人だったが、年々来場者が増えつづけ、二〇〇八年一三万四〇〇〇人、二〇〇九年一五万人を突破したという。海外における日本のアニメ文化の人気は高まる一方である。

図表5　名目GDP（暦年）の推移

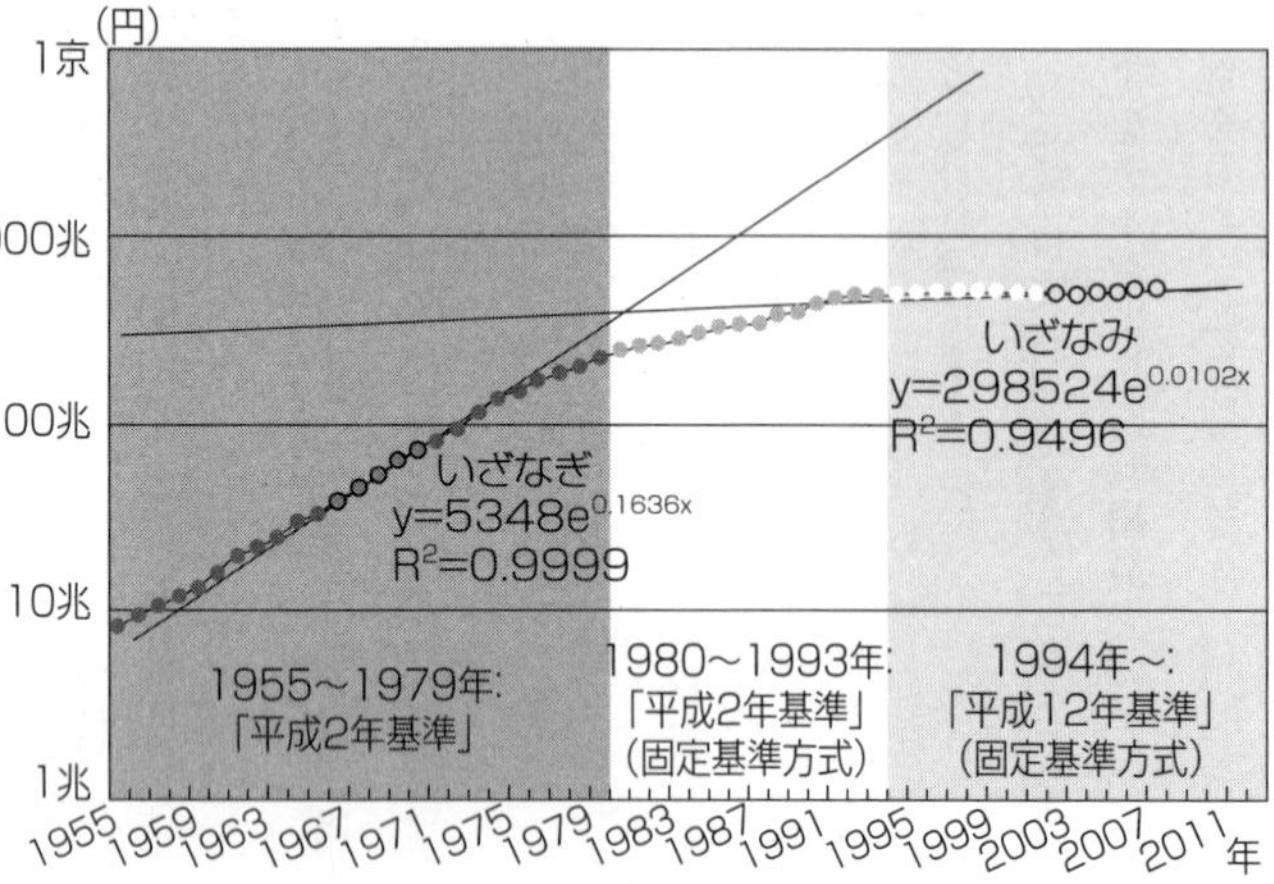

出典：http://toguchiakira.ti-da.net/c5029.html

（三）中国の北京では、「ＪＡＭＩＣ（日本音楽情報センター）」の事例を紹介したい。一九九九年五月二十四日にオープンし、財団法人音楽産業・文化振興財団（ＰＲＯＭＩＣ）が管理・運営に当たるＪＡＭＩＣは、中国における日本音楽の普及を目的とした情報発信基地である。二〇一〇年三月現在、ＪＡＭＩＣの会員は一万三〇〇〇人で、北京市民の約一〇〇〇人に一人がＪＡＭＩＣの会員と言える。会員の構成は、中国人九八％、一〇代・二〇代が会員の九三％で、会員は無料でセンター内のＣＤを視聴したりイベントに参加したりしているほか、ウェブサイトでの情報交換が活発に行われている。

文化重視のように認識されている日本だが、残されている課題が山ほどある。戦後日本のＧＤＰ成長率は、図表５のグラフのようにバブル経済までは右肩上がりだった。しかし、ＧＤＰ成長率が高まっても、いくつかの深刻な問題があることも指摘される。特に日本の国家予算に占める教育・文化の投資額の比率の少なさは、多くの先進国と比較しても、低い水準にあると言わざるを得ない（図表６・７）。

図表6　教育機関への公財政支出の対GDP比（全教育段階）（2005年）

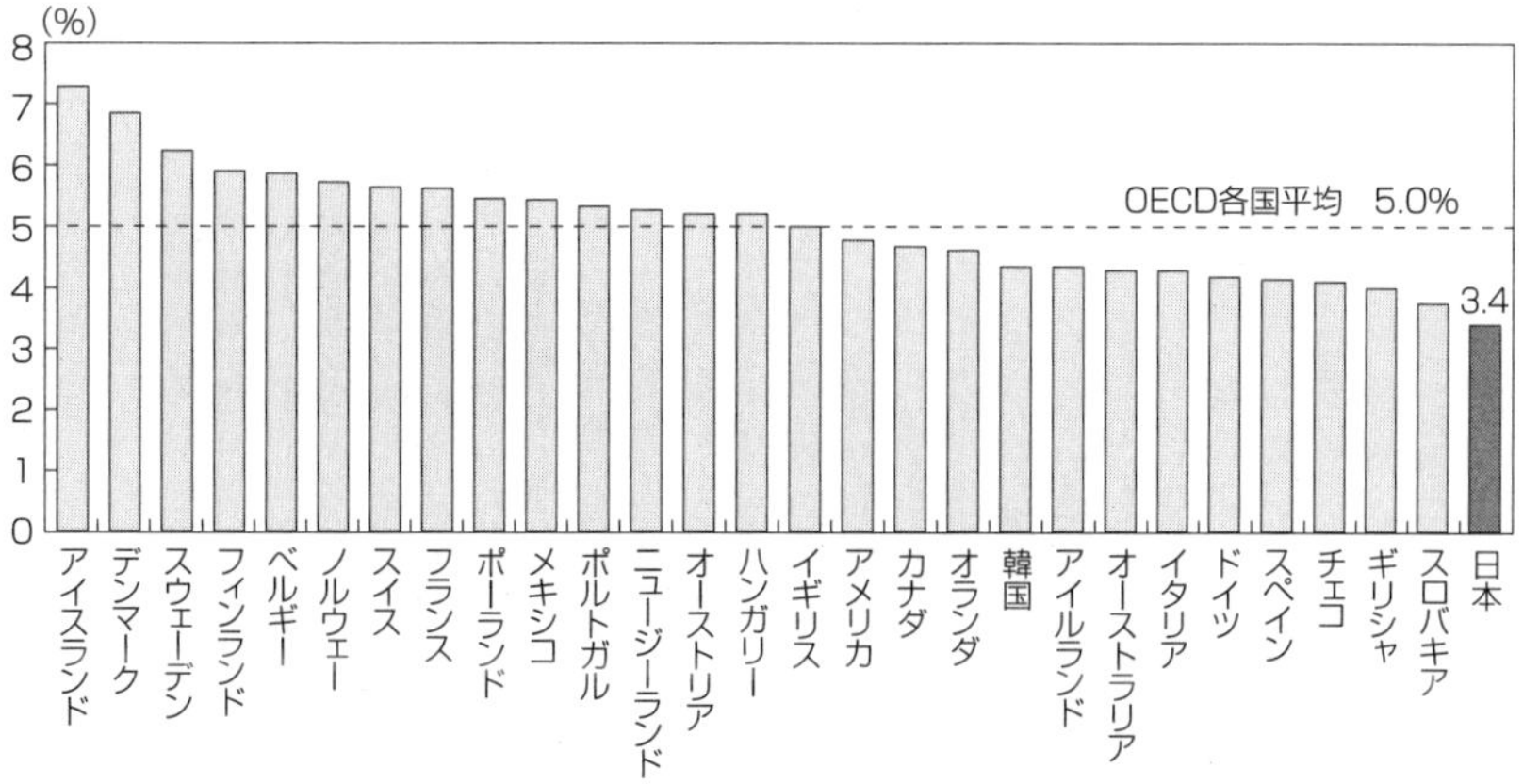

出典：経済協力開発機構（OECD）「図表で見る教育」（2008年版）

図表7　日本と欧米諸国の財政投資の比較

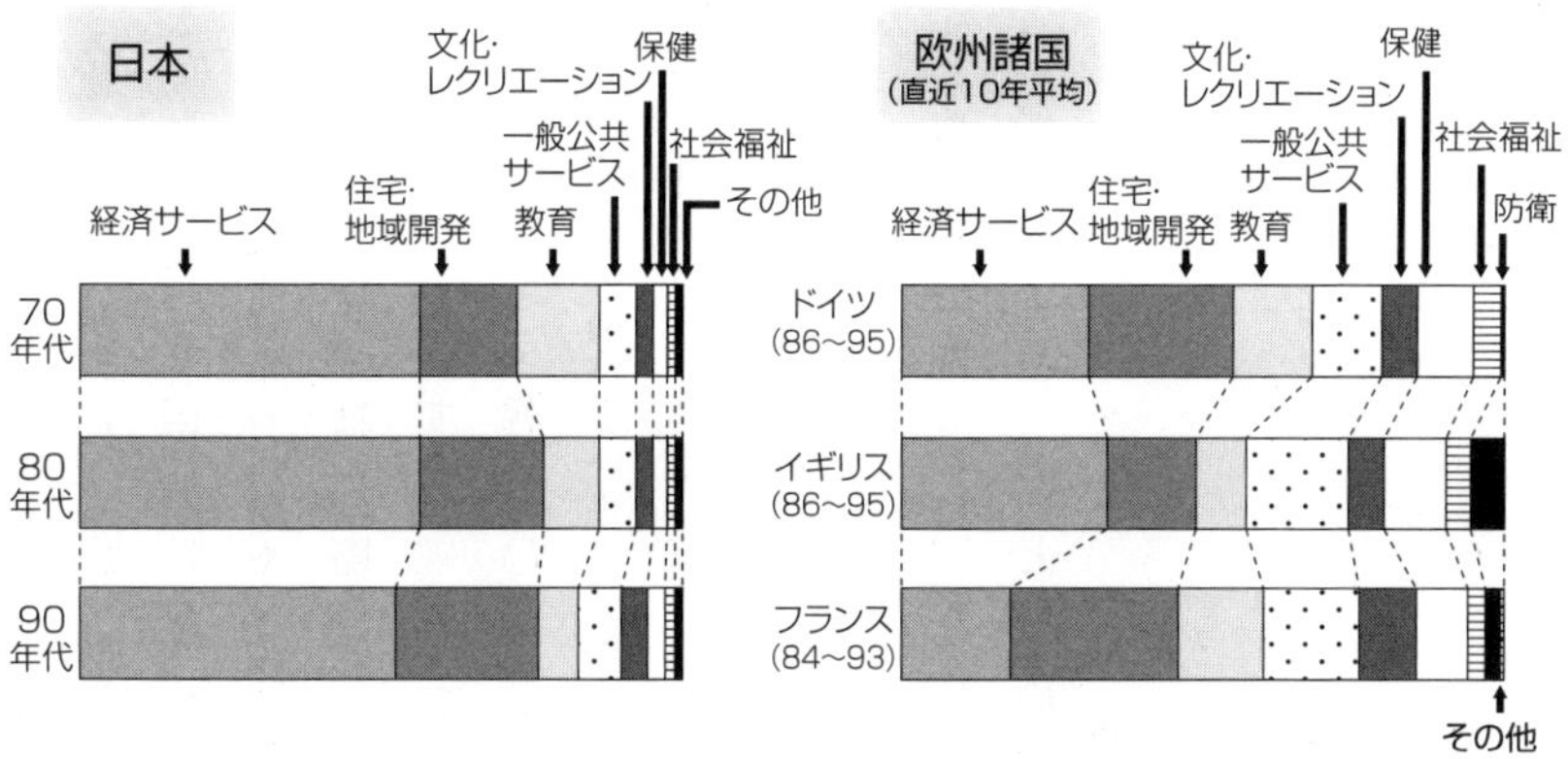

出典：OECD

図表８　文化庁予算の推移

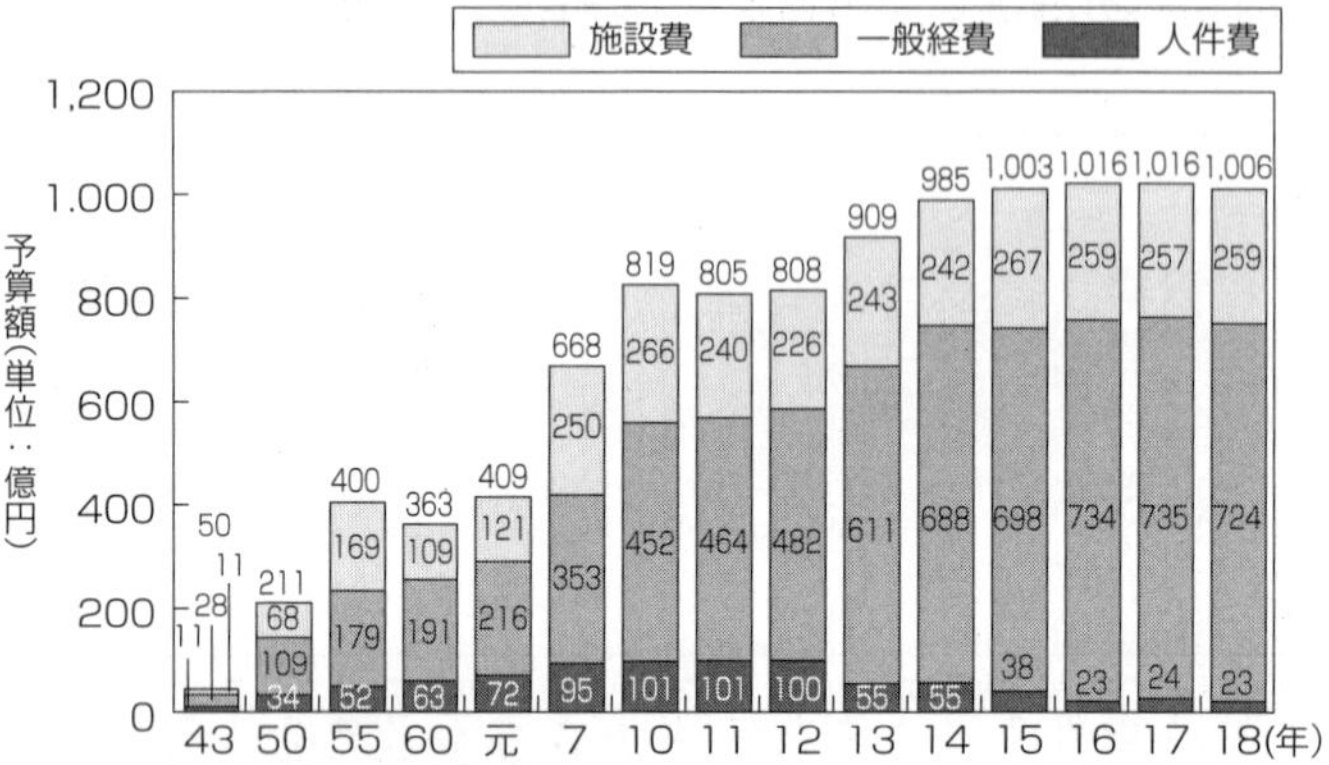

出典：http://www.mext.go.jp/b_menu/hakusho/html/hpab200601/001/002/004.htm

なお、文化庁ＨＰで紹介されているデータによれば、国の一般会計に占める文化庁予算の割合は、平成十八年度予算で過去最高の〇・一三％となった。各国における文化関係の予算は、それぞれの国ごとに文化行政の組織や文化関係予算の範囲・内容等によって異なるため単純に国際比較することは困難だが、一定の条件のもとに比較すると、フランス（〇・九六％）、イギリス（〇・二六％）、韓国（〇・九五％）に比べても、日本はまだ低い状態にあるという（図表９）。

文化庁予算を分野別に見た場合、全体の四〇％弱が「芸術文化の振興」、六〇％弱が「文化財保護の充実」に関する経費となっている（図表10）。

日本の文化に対する取り組みに関しては、軽率に論じることができないのは当然である。今後、課題として内容を深めて分析を続けていきたい。

図表9　国家予算に占める比率

国名	予算額(億円)	比率(%)	年度	備考
日本	1,006	0.13	2006	文化庁平成18年度予算
フランス	4,531	0.86	2006	文化・コミュニケーション省予算
ドイツ	1,010	0.25	2006	連邦政府首相府文化メディア庁予算
イギリス	2,886	0.24	2006	文化・メディア・スポーツ省予算
アメリカ	982	0.03	2006	①米国芸術基金予算(NEA) ②スミソニアン機構予算 ③内務省国立公園部文化財保護予算
韓国	1,782	0.93	2006	文化・観光部・文化財庁予算

（注）　比率は、国の予算全体に占める文化関係予算の割合

出典：http://www.bunka.go.jp/1aramasi/main.asp% 7B0fl=show&id=1000001121&clc=1000000001&cmc=1000000025&cli=1000001102&cmi=1000001113% 7B9.html

図表 10　文化庁予算の分野別推移の比較

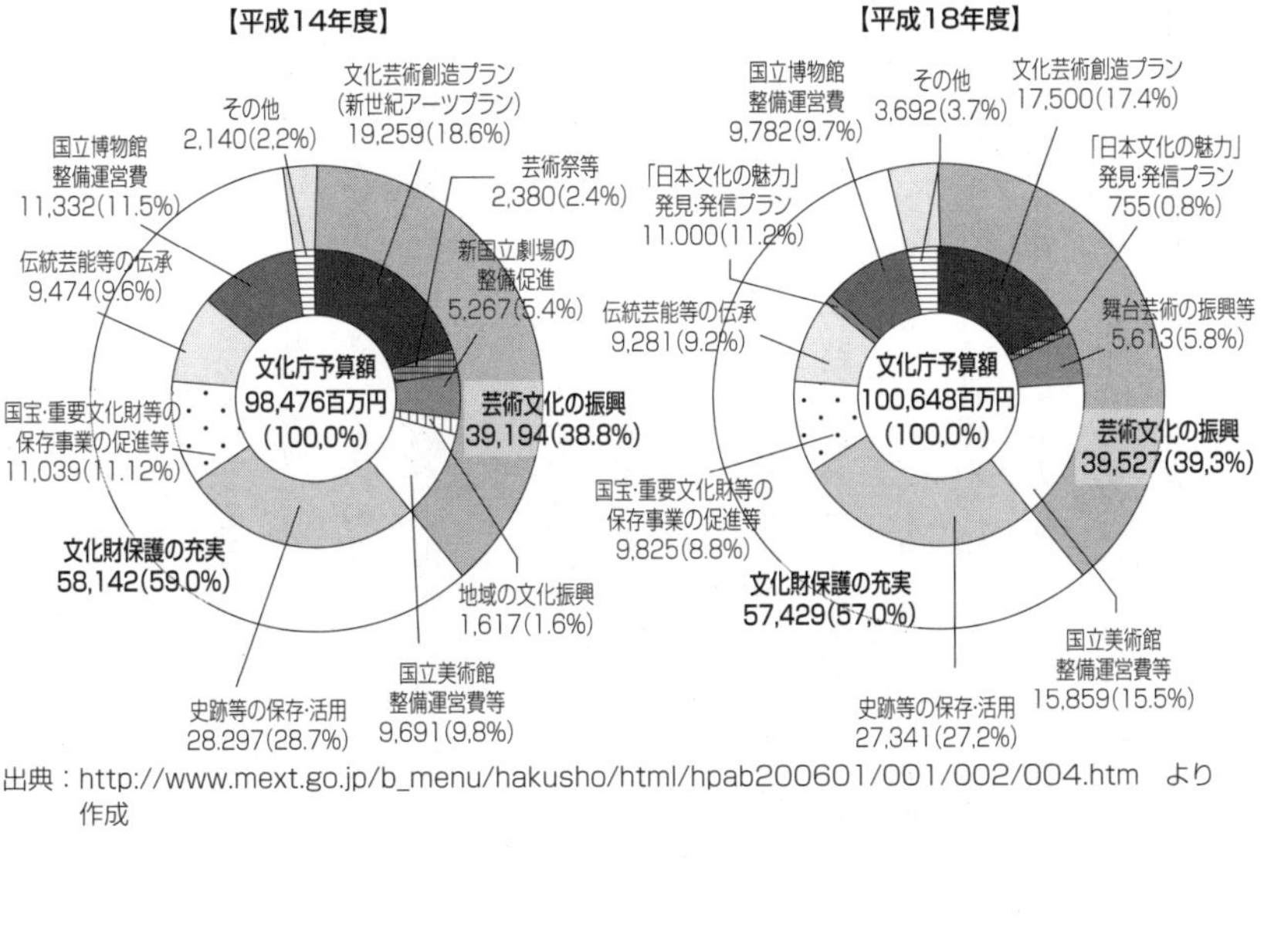

出典：http://www.mext.go.jp/b_menu/hakusho/html/hpab200601/001/002/004.htm　より作成

9 日中相互認識の再確認

二〇〇九年、イギリスのマーティン・ジャック氏が出した『*When China Rules the World*（中国が世界を支配する時）』が話題になった。「中国が世界を支配する時：西洋世界の終焉と新世界秩序の誕生」、「中国の勃興で中国文化の復興が見られ、中国は再び世界文明を先導していくだろう。そして多くの欧米人が孔子を読み、さらに多くの中国人がシェークスピアを読むだろう」という指摘は、経済力を強めた中国を、世界がどのように認識するべきかという問題を象徴していると言える。

さて、二十一世紀は中国の世紀になるだろうか？　一九七八年に始まった中国の改革開放は、約三〇年間の年月を経て中国にかつてない経済発展をもたらしたが、依然として中国では各分野における暗中模索が続いていると言えよう。

中国における改革開放は、一九七八年十二月に開催された中国共産党第十一期中央委員会第三回全体会議（三中全会）から始まった。文化大革命の「階級闘争」を中心とする政治中心の路線から「経済建設中心」の鄧小平路線に転換した。以来、年平均九・八％の高成長を遂げてきた。その結果、二〇〇八年までの三〇年間で、実質ＧＤＰが約一六・四倍に、一人当たりＧＤＰが一一・七倍に増加した。「世界の工場」としての変化も目覚ましい。鋼材生産は二二〇〇万トンから五・八億トンへ、自動車生産台数は一五万台から九三五万台へ、外貨準備高は一・七億ドルから、二〇一〇年三月時点で世界一の二兆四四七一億ドル（約二二八兆八〇〇〇億円）へと増加した。以下、二〇〇八年までの変化を、図表11～19を通して考察してみよう（図表11～19）。

図表 11　世界第3位のGDPの中国（2008年）

順位	国名	GDP総額(10億ドル)	1人当たりGDP(ドル)
1	アメリカ	14,265	46,859
2	日本	4,924	38,559
3	中国	4,402	3,315
4	ドイツ	3,668	44,660
5	フランス	2,866	46,016
6	イギリス	2,674	43,785
7	イタリア	2,314	38,996

（注）一部は推計

出典：IMF, World Economic Outlook Database, April 2009

図表 12　世界第3位の貿易大国となった中国（2008年）

(単位:10億ドル)

	輸出		輸入		輸出入計	
順位	国名	金額	国名	金額	国名	金額
1	ドイツ	1,465	アメリカ	2,166	アメリカ	3,467
2	中国	1,428	ドイツ	1,206	ドイツ	2,671
3	アメリカ	1,301	中国	1,133	中国	2,561
4	日本	782	日本	762	日本	1,544
5	オランダ	634	フランス	708	フランス	1,317
6	フランス	609	イギリス	632	オランダ	1,208

（注）なお、中国の1978年輸出入総額は206.4億ドルで世界第27位だった。

出典：WTO資料

図表 13　日中主要経済発展指標の比較

	中国(直近)	日本
平均寿命(才)	72.95(2005年)	72.9(1971年)
乳児死亡率(千分比)	24.3(2005年)	23.2(1963年)
一次産業のGDP比(%)	11.8(2006年)	12.2(1963年)
都市部のエンゲル係数(%)	35.8(2006年)	35.7(1964年)
1人当たり電力消費量(kwh)	2156(2006年)	2177(1967年)

（注）平均寿命は男女平均

出典：『中国統計年鑑』中国統計出版社、『数字でみる日本の100年』国勢社、『人口動態統計』厚生労働省より作成

図表 14　高齢化社会に向かう中国　予想される人口の年齢別構造の変化

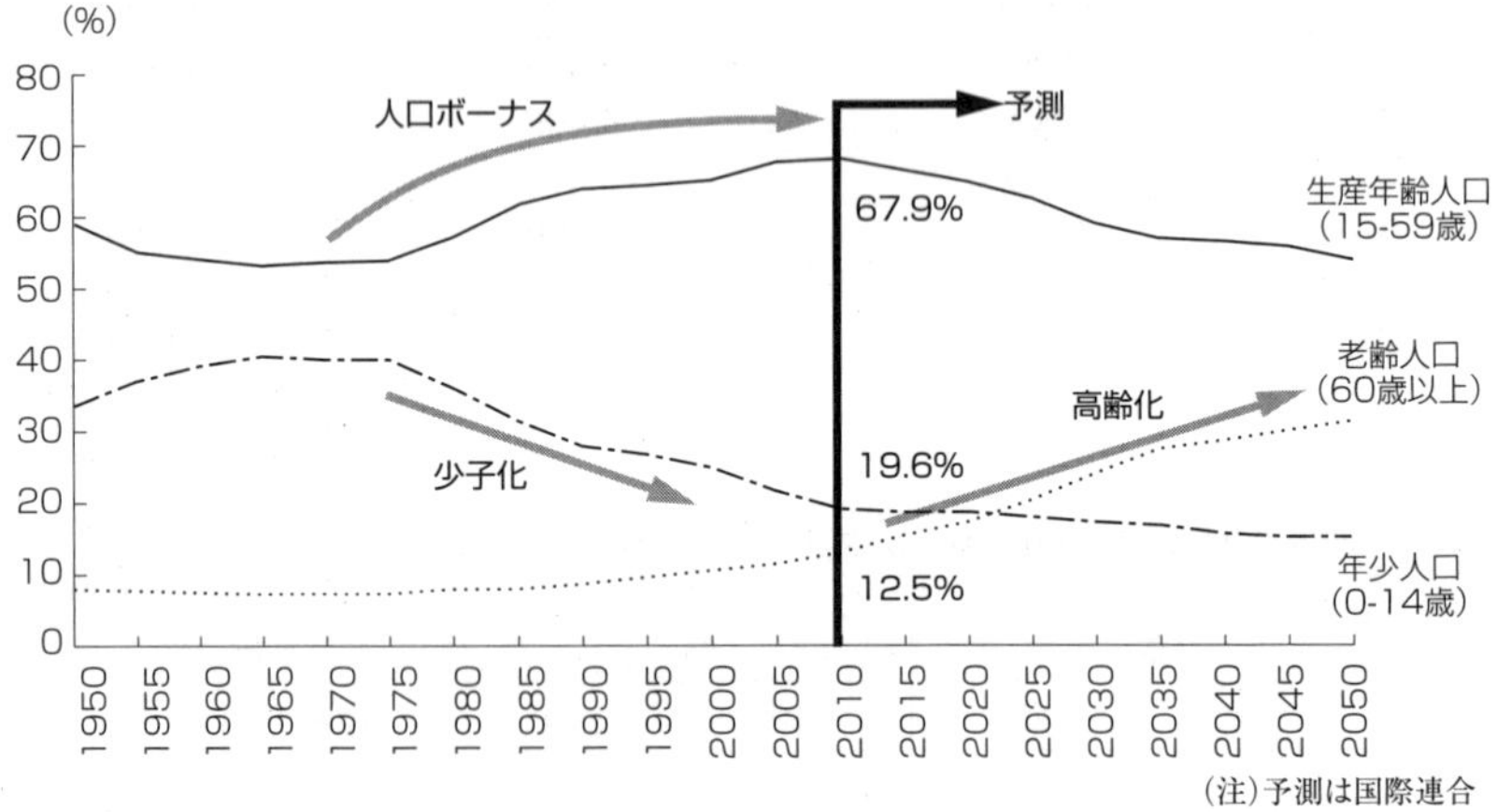

(注)予測は国際連合

出典：United Nations, World Population Prospects: The 2006 Revision. より作成

図表 15　中国各省の 1 人当たり GDP（2007 年）

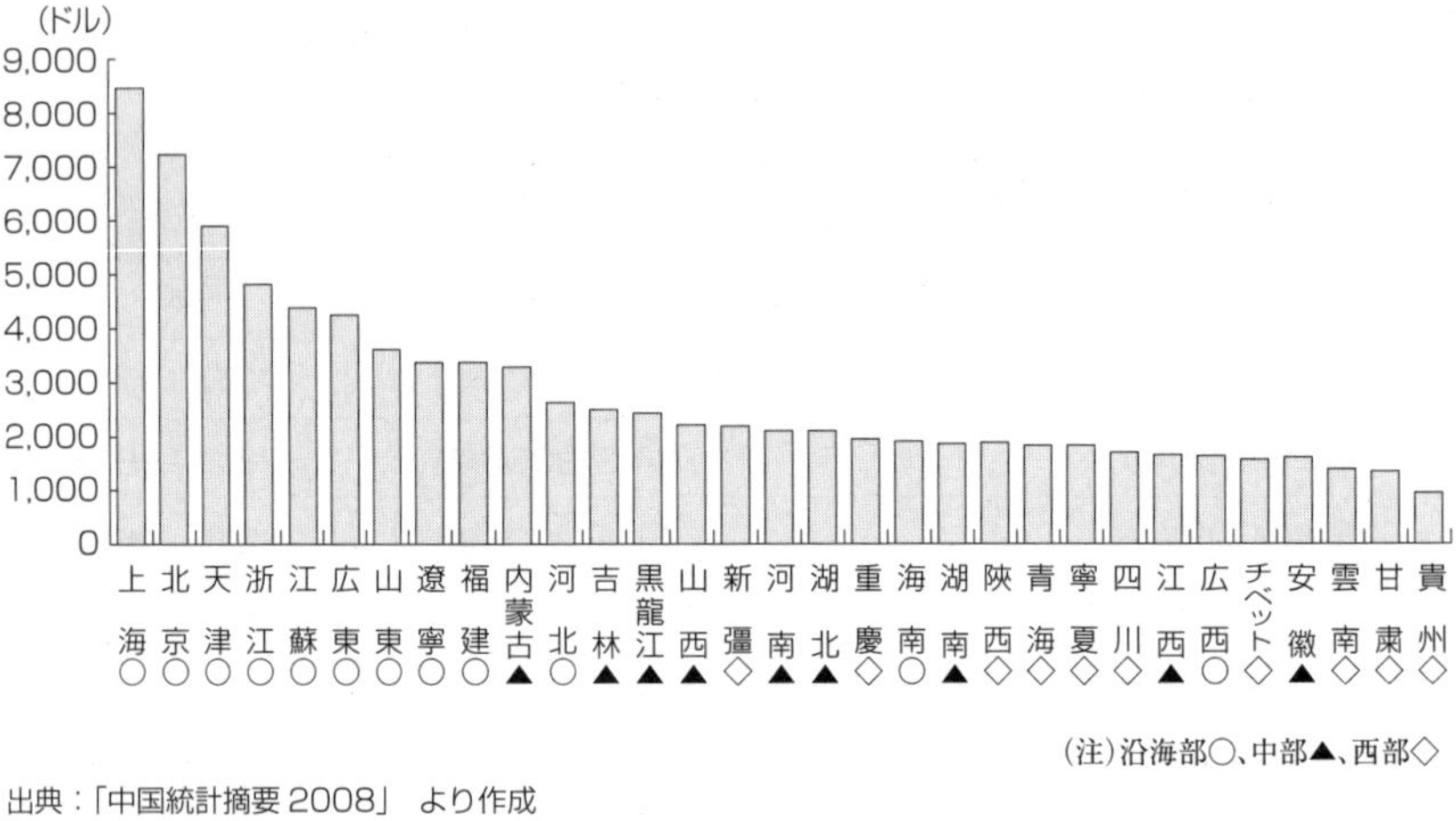

(注)沿海部○、中部▲、西部◇

出典：「中国統計摘要 2008」 より作成

図表 16　人間開発指数から見た中国の地域格差（2003 年）

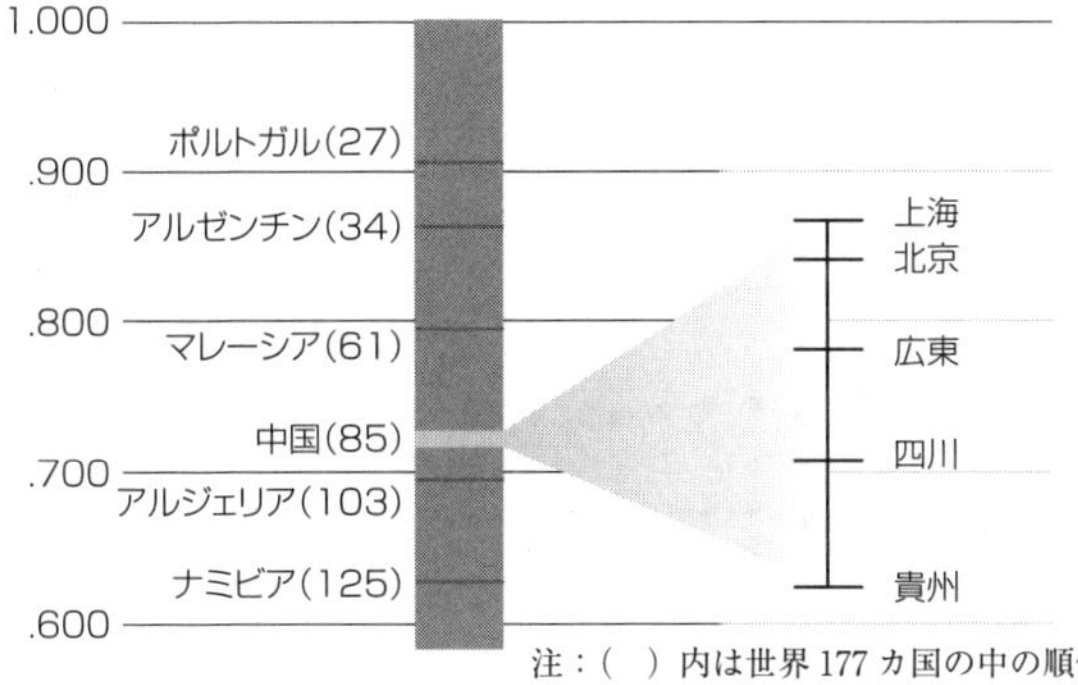

注：(　) 内は世界 177 カ国の中の順位

出典：http://www.rieti.go.jp/users/china-tr/jp/060501kaikaku.htm
UNDP, Human Development Report 2005

図表 17　拡大する所得格差で低迷する民間消費

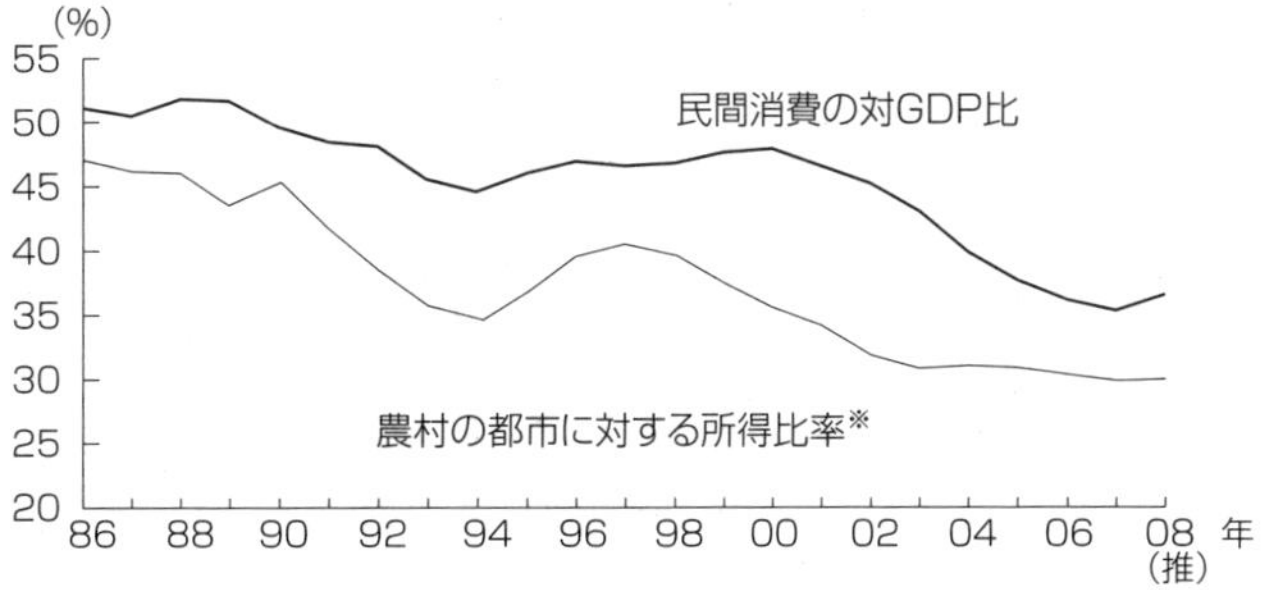

(注)※都市は1人当たり可処分所得、農村は1人当たり純収入

出典：「中国統計摘要 2008」より作成

図表 18　中国の資本係数：高度成長期の日・韓との比較

	投資比率（対GDP比、%）a	成長率（%）b	資本係数 a／b
中国（2001-2007）	40.9	10.2	4.0
日本（1961-1970）	32.6	10.2	3.2
韓国（1981-1990）	29.6	9.2	3.2

出典：法政大学国際日本学研究所・2009 年度東アジア文化研究会における早稲田大学孔子学院副院長、北京大学准教授周程氏の報告「中国は日米を追い越すか？　――科学技術力視点から見る中国発展の可能性」による

図表19　主要国の研究開発費の対GDP比の推移

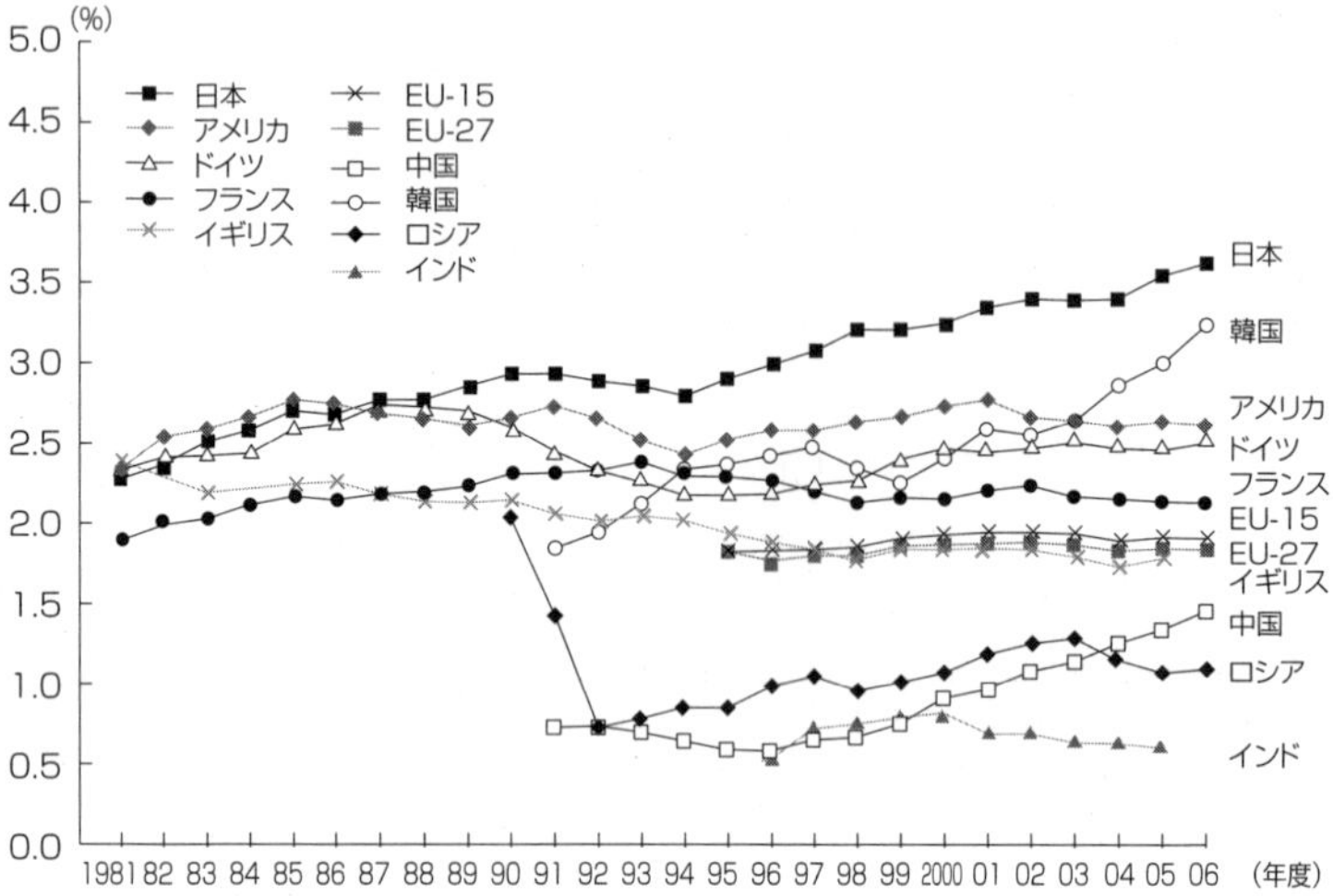

出典：文部科学省『平成20年版 科学技術白書』
http://www.mext.go.jp/b_menu/hakusho/html/hpaa200801/08060518/015.htm

特に資源使用の低効率が注目されている。中国のGDP規模は世界の五・五%にとどまっているが、主要な資源の世界消費量に占める割合は、エネルギーが一五%、鋼材が三〇%、セメントが五四%と高くなっている。工業化、なかでも重化学工業化の進展に加え、低効率も資源消費の急拡大に寄与している。中国はこれらの原材料の大部分を輸入に頼らざるを得ない。これは、石油などエネルギー資源をはじめ、一次産品の国際価格が高騰する原因の一つにもなっている。資源（特にエネルギー）使用の低効率は、環境問題の深刻化に拍車をかけている。

引き続き、図表を参考にして問題点を考えよう（図表20～24）。

図表 20　主要国等の研究者数の推移

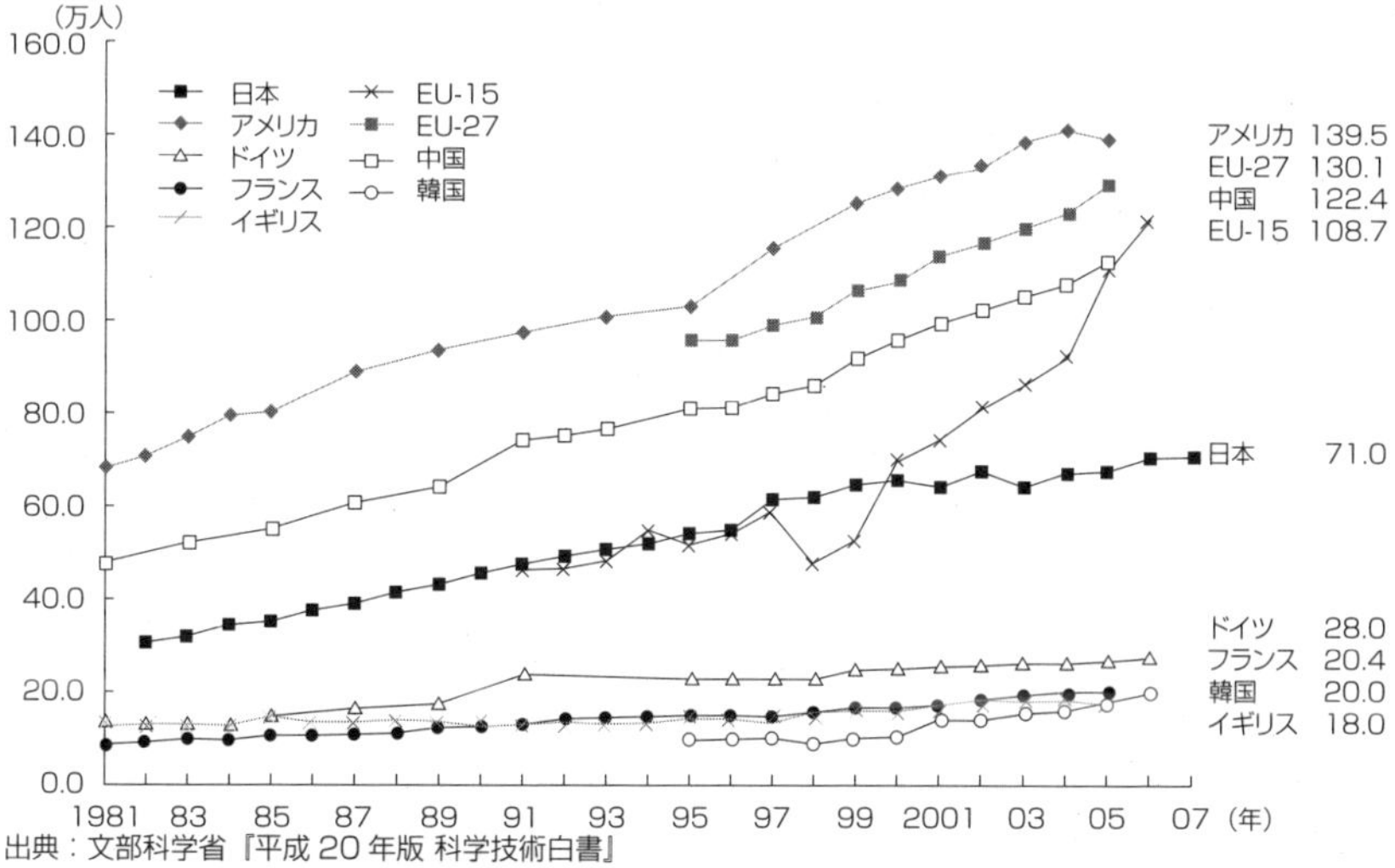

出典：文部科学省『平成 20 年版 科学技術白書』
http://www.mext.go.jp/b_menu/hakusho/html/hpaa200801/08060518/015.htm

37

図表 21　各国の特許の影響力ランキング（2005 年）

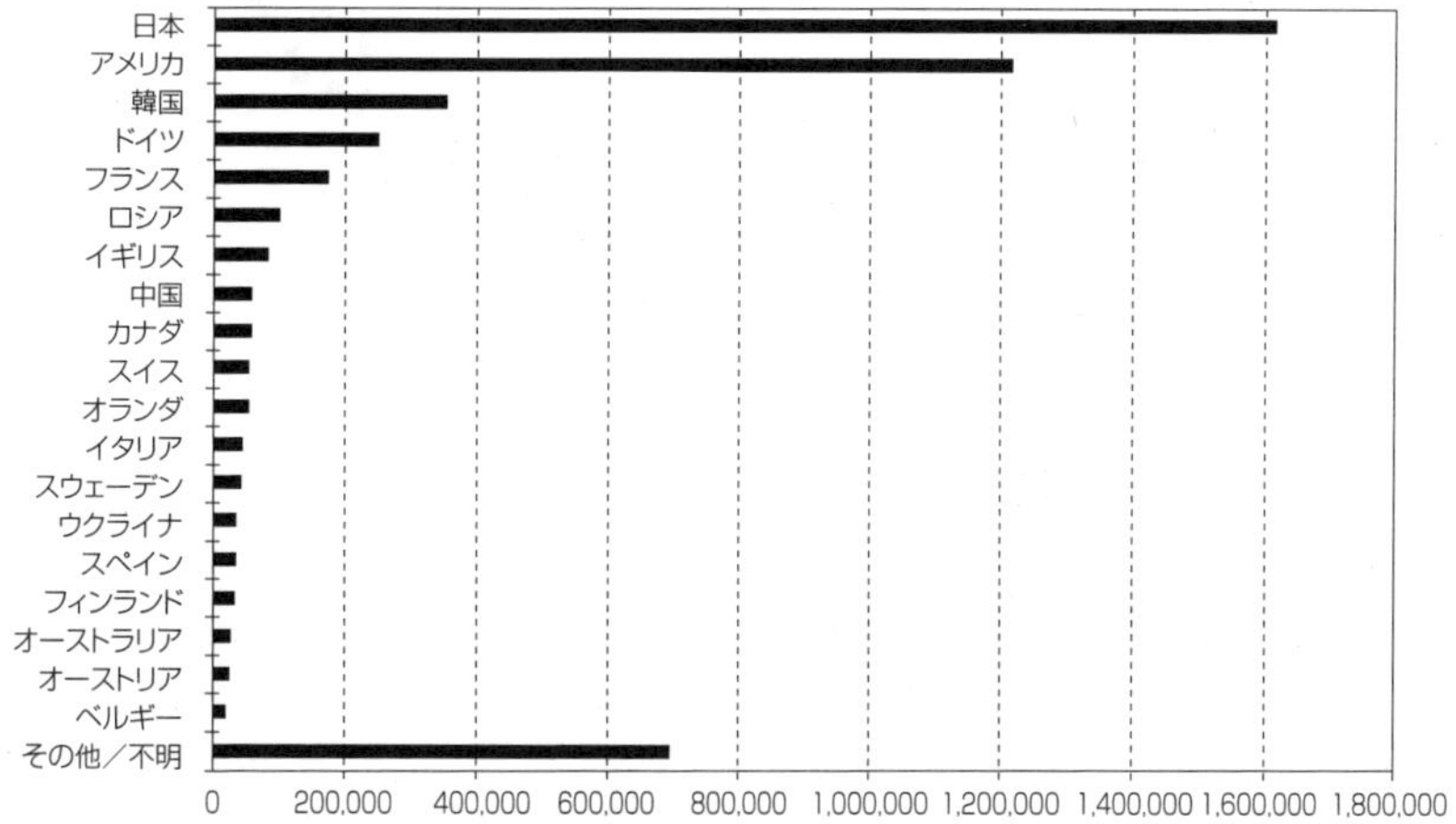

出典：WIPO Patent Report
http://www.wipo.int/ipstats/en/statistics/patents/pub_archives/patent_report_2007.html より作成

図表 22　主要国の論文数占有率と被引用回数占有率の推移

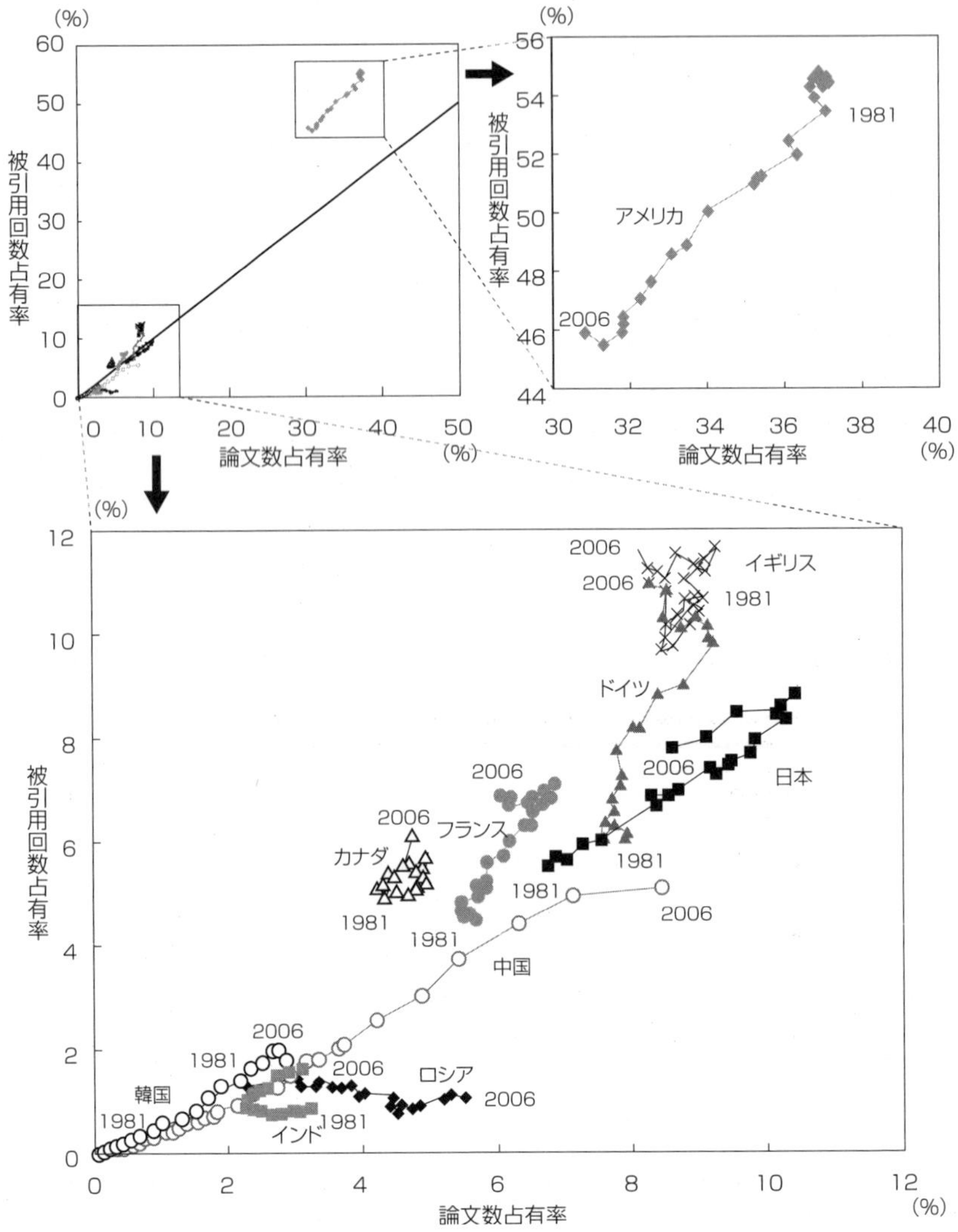

出典：文部科学省『平成 20 年版 科学技術白書』
http://www.mext.go.jp/b_menu/hakusho/html/hpaa200801/08060518/015.htm　より作成

図表 23　主要国の論文の相対被引用度の推移

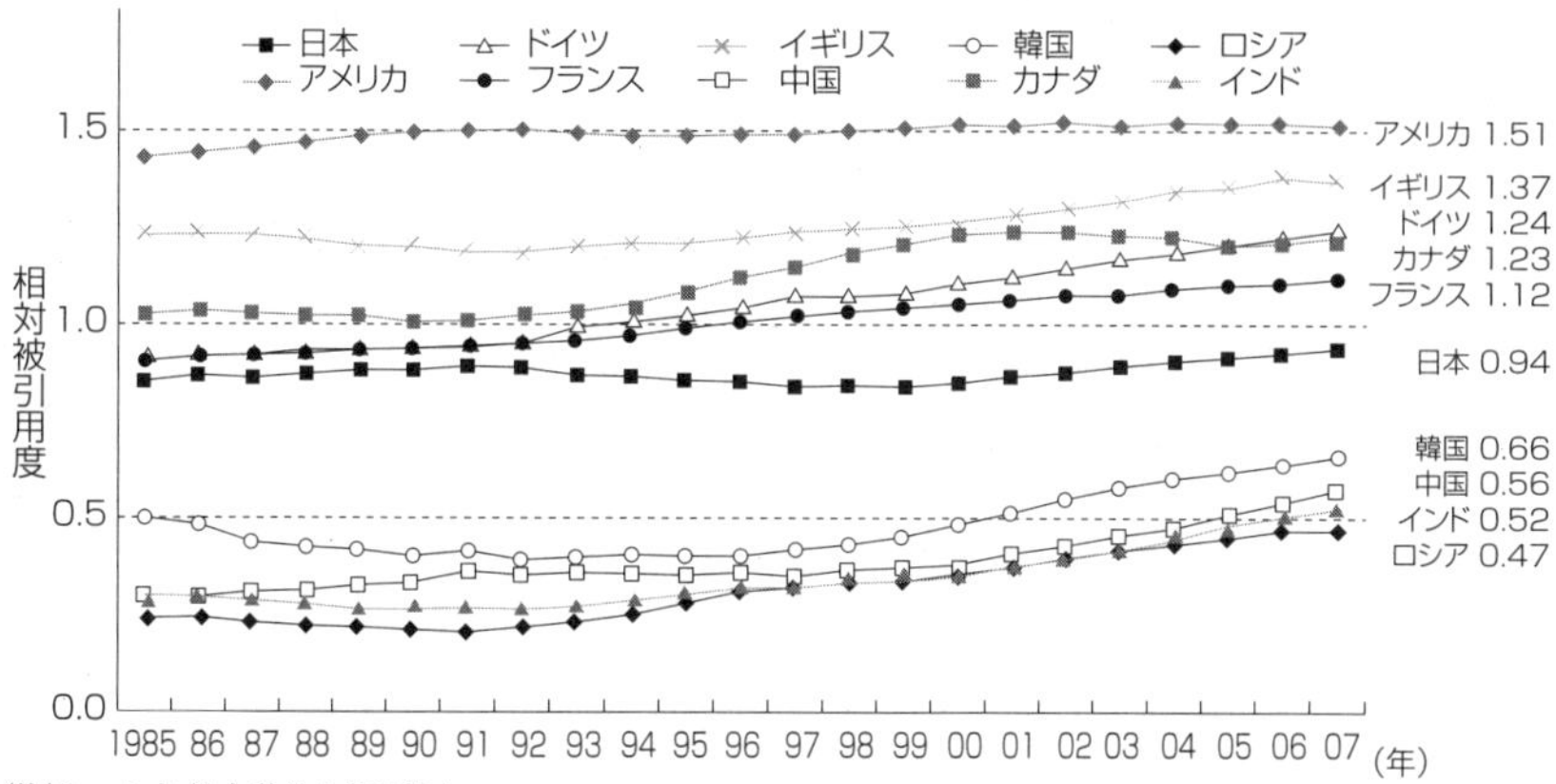

(注)1.　人文･社会科学分野は除く。
2.　各年の値は引用データを同列に比較するため、5年間累積値を用いている。例えば1985年の値は1981～1985年の累積値となっている。
3.　複数の国の間の共著論文は、それぞれの国に重複計上した。

39

資料:トムソン･ロイターサイエンティフィック "National Science Indicators, 1981-2007(Standard Version)"のEssential Science Indicatorsの分野分類をもとに文部科学省で集計。

図表 24　技術貿易収支の比較

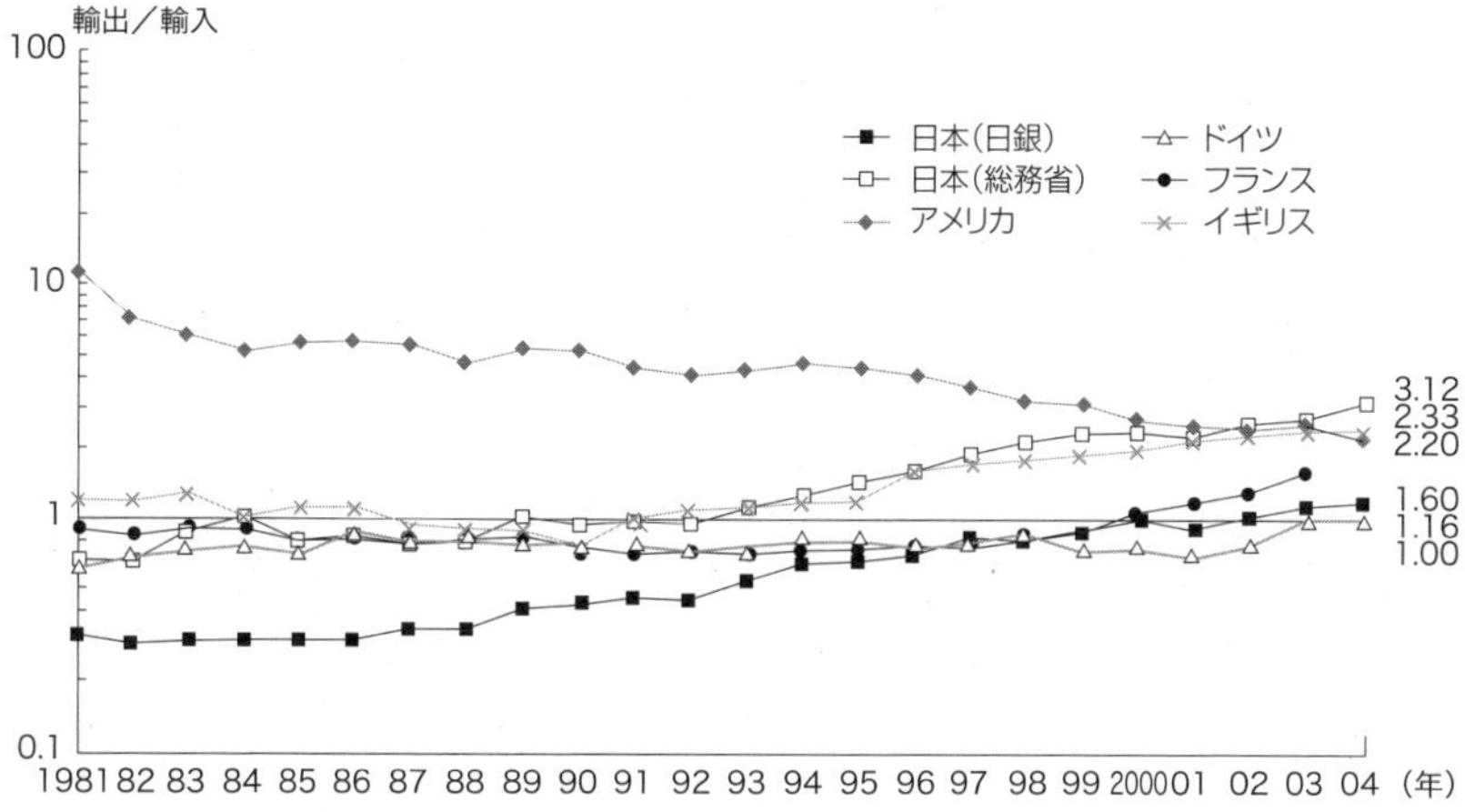

出典：文部科学省『平成 20 年版 科学技術白書』
http://www.mext.go.jp/b_menu/hakusho/html/hpaa200801/08060518/015.htm　より作成

以上、これらの各種統計資料を概観すると、やはり発展途上の中国の現状が見えてくる。二〇〇五年、開発にかける投資は、GDP比一・三四%であり、二〇〇四年と比較して一・二三%増加したものの、関連する法律法規が定める水準は一・五%である。大企業や中規模企業の研究開発費は、売上高の〇・三九%にすぎず、ハイテク企業においては〇・六%という調査結果もある。この割合は、発展途上国の平均値の一〇分の一にも満たない低水準である。二〇〇五年のデータによれば、中国の特許申請数は世界第五位であり、特許取得数は世界第六位である。いずれの数値も韓国よりも低い。特許数は世界の特許数の約二%を占めているが、世界的に影響力を持つ特許数という観点で見れば、わずか〇・二%にすぎない。九九%の企業が独自の特許を有しておらず、六〇%の企業が独自のブランドを持っていない。二万余りの大企業および中規模企業の中で研究開発部門を有しているのはわずか二五%、研究開発活動を行っているのは三〇%にすぎない。

同じく二〇〇五年のデータによれば、中国で発表された論文数は世界第五位の数量であるが、引用された論文数は世界第七位にとどまっており、しかも問題視すべきことは近年論文数が相対的に減少傾向にあることである。一九九三年から二〇〇三年までの世界における各学問領域の学術研究成果の論文数をSCIの調査結果で見ると、世界ランキング二〇位の著名な学者の中には中国人研究者は一名も含まれておらず、ようやく一〇〇位のランキングの中で二名の名前が見られるだけである。

中国が科学技術の面でいまだに発展途上であることを示す根拠として、もう一つ取り上げるべき問題は、対外的な技術依存の割合の高さである。中国の依存度は五〇%に及んでいるが、アメリカや日本の数値はわずか五%前後にすぎない。技術面での自給率の低さは、設備投資にも表れている。設備の輸入は六〇%以上にも及んでいる。自動車、機械、紡績業で必要とされる設備の七〇%は輸入に依存し、電気分野では九〇%、高度先進医療の分野では九五%以上、光ケーブルは一〇〇%が輸入に依存している。テレビ、携帯電話、DVDなどの家電製品も、主要な技術はすべて外来のものだ。科学技術の進歩が経済発展に貢献する割合は、中国の場合四〇％未満と非常に低く、発展途上国の平均値である七〇％をはるかに下回っている。二〇〇四年のデータによれば、科学技術の分野におけるイノベーションは、主要国四九カ国（世界のＧＤＰの九二％）の中で中国は二四位であり、中間レベルと言わざるを得ない。

ただし、二〇一〇年現在の変化を視野に入れるべきであり、今後も一年刻みで変化を見届けて対応すべきだと考える。日本の中国認識は激変する中国を中心に据えたものであるべきであるが、その対応方法は日本主体であるべきだろう。さらに対応の多様化にあたって、現在の日本の弱点だと言わざるを得ないだろう。

総じて見れば現在、中国各界が直面しているのは、「危機：Made-in-China」、「転機：Innovated-in-China」、「契機：Innovated-by-China」の重層的混合という問題であろう。

10 おわりに——日中共通の課題：平和・品格・安心のある国づくりへの模索

❖——（1）国力の判定基準は多様的であり、ＧＤＰは尺度の一つにすぎない

日本にとっても歴史的にＧＤＰ成長率が低下した大国イギリスの在り方が参考になるが、北欧では「一人当たりＧＤＰ」は高いものの「大国」として意識されることの少ない共通する価値観が学ばれる。いずれも、「福祉国家」、「教育国家」、「文化国家」としての政策が特徴であり、「経済大国」、「政治大国」、「軍事大国」というキーワードとは親和性は低い。

和魂漢才の知を活用した日本という「教材」への再考も必要だろう。日本の文化的な発展を歴史的に考察する際に、「中国に学んだ日本の再生」という現実が参考のヒントとなる。例えば、二〇一〇年三月にＮＨＫ

で放送された歴史ドラマ「大仏開眼」（上下二回放送）では、中国で新しい文化を学んだ当時の日本人たちが、日本での文化創造に苦心した模様が丹念に描かれて、好評を博した。物語の主人公は唐で類稀な学才を認められた遣唐使・吉備真備である。天平六年（七三四年）、唐での学問修業を終えて、東シナ海の荒波を乗り越え一七年ぶりに日本に帰国した真備は、内親王の教育係に抜擢される。激動の平城京で、九年もの歳月をかけて建立された大仏の開眼法要を中心に、当時の日本と中国の文化的な結びつきを描いた歴史ドラマであった。

ドラマでは、吉備真備が論語の「子路第十三」を講釈する場面が描かれていた。驕り高い内親王の掌に吉備真備が「君子泰而不驕、小人驕而不泰（子曰《いわ》く、君子は泰《やす》くして驕《おご》らず。小人は驕りて泰からず）」と書いた。この教訓的場面が当時の日中文化交流に基づいた思想を語るものだけではなく、日中文化の混合の可能性を現代人に示している。

大仏建立は国家の総力を注いだ古代日本の事業だったろう。中国にあらゆることを学んでいたが、軍事分野を手本とすることなく、文化に最重点をおいた結果、大仏が造られたのである。いたずらに大国の真似をしようとしたのではなかった。

世界との調和を考えない国の姿はない。日本も中国も軍事や経済などハード面の国ではなく、文化や福祉を中心としたソフトな国づくりが基本になければ、危険な大国主義として批判されるだろう。

序論

中国の発展モデルをいかに評価するか

趙　啓正

今年（二〇〇九年）中華人民共和国は建国六〇年を迎え、改革開放政策も三〇年にわたり実施されてきたことになる。中国人は中国社会の発展を引き続き維持し、改善していくべく、今このタイミングに真剣に歴史を振り返り、経験や直面している困難を総括した。

ここ数年来、国際社会は中国の発展の道、特にこの三〇年間の発展の道について広範囲にわたり評論を展開している。最初に評論を始めたのは中国問題の専門家であるジョシュア・クーパー・ラモ（Joshua Cooper Ramo）氏である。彼は長年の観察と研究により、いわゆる「北京コンセンサス」を定式化し、中国の発展モデルは、中国の国情と社会のニーズにマッチし、公正で質の高い成長を追求する発展ルートである、と見ている。彼はこの発展モデルを総括して「北京コンセンサス」と称したが、これは主に以下の三つの要素を含んでいる。一、刻苦奮闘し、主体的な革新と大胆な試みの実践。二、断固として国家の主権と利益を守る。三、一歩一歩改革を進めていき、能力を蓄えていく。その中でも新しいものを打ち出す革新力と試みこそが「北京コンセンサス」の「魂」とも言える部分であり、問題の解決法はケースによって異なり、柔軟に対応し統一的な基準を求めないことを強調している。

これ以後ラモ氏の「北京コンセンサス」を「中国モデル」と見なしたものも含め、さらに一歩進んでさまざまな角度から「中国モデル」を定義し評論した文章や著書が登場した。これらの作者の「中国モデル」に対する解釈はそれぞれ異なり、打ち出される評論も千差万別である。多くは客観的だが、中には「イデオロギー化」された「中国脅威論」のような論調もあり、「中国モデル」の輸出に警戒を示している。実際「北京コンセンサス」というフレーズは北京が打ち出したものではなく、「中国モデル」というフレーズも中国が打ち出したものではない。

なぜなら「モデル（model）」というフレーズには模範（pattern）という意味も含まれているが、中国は決してこの模範という意味で使ってはいない。そのため、私たちは「中国モデル」というフレーズを非常に注意深く使用せねばならない。私はさらに「中国ケース」というフレーズが「中国モデル」に取って代わるべきだと思っている。「中国ケース」は中国建国後六〇年の流れ、特に改革開放政策実施後三〇年間の中国の社会発展の理念、政策、実践、成果、問題に対して総括したものであるべきである。私が強調したいのは、この「モデル」または「ケース」は現在進行形であり、まだ発展途中であるということだ。

「中国モデル」あるいは「中国ケース」の最も簡潔な説明は、中国の社会主義の基本的な制度と市場経済を結合させたものであり、少なくとも以下の内容を含む。

（一）中国の特色ある社会主義の制度の堅持。中国共産党が指導する多党協力制の堅持。
（二）中国の国情と結びついた改革開放政策を堅持し、市場経済と順を追って一歩一歩進める政治改革の実行。
（三）効率的な政府、高度な責任をもって国内業務を管理し、適切に経済のマクロコントロールを行う。

（四）中国の国力増大に伴い、徐々により多くの国際的な責任を負う。経済のグローバル化による国際競争の中で、国際ルールを遵守する。

西側の論評では、「十九世紀はイギリスの時代であり、当時イギリスは海上の覇者であった。二十世紀はアメリカの時代であり、アメリカは軍事と経済の覇者であった。そして二十一世紀は中国の時代あるいはアジアの時代となり得るだろう」という。もしこの論評が二十一世紀にアジアや中国の経済・文化が復興することを指しているならば、その光景は現れるだろう。二十一世紀に中国が以前のイギリスやアメリカのように世界を支配することを指しているならば、それは誤った推定である。中国では「調和」が文化の核心であり、また中国の促進する世界の調和への政策や中国の国力と民心から見れば、二十一世紀に現れるかもしれない「中国への覇権移転」という推測はただの妄想であり、決して起き得ない事実である。世界の発展が多極化する角度から見ても、新たに覇権国家が誕生する環境は存在しない。

イギリスの学者マーティン・ジャック（Martin Jacques）氏は『中国が世界を支配する時（*When China Rules the World*）』という新しい著書を著した。彼は、二〇五〇年に中国は世界最大の経済体（ゴールドマン・サックスの推定では二〇五〇年に中国のGDPはアメリカの二倍）になる、と推定している。これはあまりにも楽観的な予言であり、たとえそうなっても中国人一人一人のGDPはアメリカよりずっと低いだろう。幸いにもジャック氏の結論は、そのショッキングなタイトルに相反し、「中国が世界を統治することはあり得ない。中国が勃興することで中国文化が復興し、中国は再び世界が認める優秀な文明国トップの座に就くであろう。もっと多くの欧米人が孔子を読むようになるだろう、またもっと多くの中国人がシェークスピアを読むことになるだろう」としている。

中国は「中国モデル」を輸出する考えは全くない。一部の発展途上国が、中国の改革開放のある手法を参考にしたがっているが、これは、中国が他国の経済・社会の発展の手法を参考にしてきたように、グローバル化の波が押し寄せる中で、当然な成り行きである。

「中国モデル」の輸出は、中国の堅持する中国の国情と結びついた政策制定の原則に背くことであり、中国だけではなく、いかなる発展途上国も、あるべき発展政策はみな自国の国情やニーズに合ったものでなければならない。同じく、すでに高度発達した国家の発展モデルに普遍適用性がないのと同様、「中国モデル」には普遍適用性がない。

普遍適用性というと、それは多元的文化背景に限定されたマクロ的な意義上の普遍適用性であると、私は思う。例えば「博愛」、「自由」、「平和」、「民主」は明らかに普遍適用性を持っているものである。しかしある民族、ある国家、ある宗教となると、これらの概念における価値観と具体的な表現あるいは構造はまた違ってくるし、異なる特色を持っている。これらの特色は異なる国家・民族と異なる歴史時期に適している。

アメリカのジョンズ・ホプキンス大学のフランシス・フクヤマ（Francis Fukuyama）氏は、今日の西側諸国の政治と経済制度はすでに最終的な制度であり、ほぼ完璧に近く、それゆえ歴史はすでに終結していると見ている。彼は西側諸国は新しい政治・経済モデルを創造する余地が残されておらず、さらにその他の国家ですでに存在しているモデルとこれから新しく登場するかもしれない社会モデルにもその余地はないと断言している。彼はさまざまな国家の異なる歴史、文化、その他の属性を考慮せずに、西側諸国の民主主義と資本主義を唯一のものと見なしており、彼の考えは多元化している世界の現実と相違しており、私は彼の独断が時の試練に耐えられないのではないか、と心配している。しかし最近フクヤマ氏は日本の雑誌に対して、人類の思想の宝庫は中国の伝統のために一席残しておく必要があるかもしれない、と言っている。彼は、中国の発展モデルの核心は「責任のある権威体制」に総括でき、西側諸国の中国モデルに対する線引きも多種多様である、と考えている。

「中国モデル」あるいは「中国ケース」は現在進行形である。「中国モデル」が中国に存在し、そして引き続き発展し完全なものになるのは、十分な理由を持っているはずである。中国は著しい進歩を実現すると同時に、多くの克服しなければならない困難も抱えている。その中でも「経済成長のために払う資源環境破壊の代償が大きすぎる」、「都市と農村、地区における経済の発展は依然として不均衡である」、「輸出に頼りすぎている経済構造」、「農業の安定した発展と農民の継続した収益増加の難度が上がっている」、「労働就業、社会保障、所得の分配、衛生教育、司法、社会治安等民衆の最も身近な利益にかかわる分野の問題が依然として多く、腐敗は依然として深刻だ」という問題が突出している。中国はこれらの問題を非常に重視し、どのように法制度を強化し、政策と調整するかが現在直面している課題であり、引き続き真剣に解決に向けて取り組んでいく。

中国は超大国の座に対してもうらやましがらず、憧れず、数年間国内の発展と自国の問題解決に集中している。中国の総合的国力の増加に従い、中国も国力に見合う国際的な責任を負うことを願っている。例えば、過去、国連の平和維持活動には中国は参加していなかった。しかし今日、中国は安全保障理事会の五つの常任理事国の中で平和維持に向けて最も多く兵力を提供する国の一つとなっている。人類が直面する共通の課題への対応、例えば気候の変化、環境汚染、自然災害、テロリズム、国際的犯罪、薬物の氾濫、流行病等に対して、中国は年々参与する度合いを拡大している。

国際世論の中国モデルに対する評論は、どの角度からのものであろうと、たとえ中国に賛成しないものであっても、中国にとってはみな参考とする価値がある。中国は現在、特色ある社会主義の初級段階にあり、なお長期間の実践の中で改善していく必要がある。中国の、自国の調和の取れた社会の建設および世界の調和の取れた発展を促進するという方向は、確固不動なものである。今世紀中頃、中国は中等先進国レベルに達し、「中国モデル」または「中国ケース」への自らの認識をようやく深めることができるかもしれない。

I

転換期を迎えた日中関係の展望——政治・経済・民間交流

日本の政権交代と中日関係

馮　昭奎

二〇〇九年八月三十日に行われた第四十五回衆議院選挙では、民主党が大勝し自民党が大敗した。九月十六日午後、鳩山由紀夫氏が日本の新しい首相に選ばれ、民主党、社民党、国民新党の三党による新たな連立政権が生まれた。戦後（あるいは一八八九年（明治二十二年）以来）日本で初めて衆議院の第一政党が交代し、新政権を成立させたことになる。しかし、二〇一〇年六月二日に鳩山首相は、米軍普天間飛行場（沖縄県宜野湾市）移設をめぐる混乱や「政治とカネ」の問題で退陣を表明し、六月四日菅直人副総理兼財務相は、鳩山首相の後継となる第九十四代首相に指名され、新内閣が発足した。中国の発行部数最多の、新華社の「参考消息」で日本のある大学の学者が書いた、「民主党「清新政治」仮象終結」と題する論評が発表され、普天間基地問題で対米「強硬」姿勢や「東アジア共同体」や「日中米正三角関係」など鳩山新政はただ世論の目を引くためであり、実質内容まったくなし、「ずっと前に計画された政治脚本」にすぎない、と主張した[1]。しかし、本当にそうであろうか？　本論では前回の政権交代以来の日本政治と対中関係を回顧し、今回の民主党内部の政権交代後の日本政治と対中関係を展望する。

1　民主党の「圧倒的勝利」の歴史的意義とその背景

まず、前回の政権交代の意味を論じる。民主党が第四十五回衆議院選挙で圧勝したことは、日本にとって重要な歴史的意義を持っている。

まず第一に、「八・三〇」選挙の結果は、日本の民意を反映していたことが挙げられる。つまり、日本国民が自民党を完全に信用しなくなったということであり、有権者は「自民党にこのままやらせるか、それとも新しい政党に任せてみるか」の選択において、後者を選んだのである。民主党と自民党が得たそれぞれの議席数は、民主三〇八議席、自民一一九議席であり、これは一般的に見られる数字ではなく、その歴史的変化をはっきりと示している。一九五五年以来、半世紀以上の長期間行われてきた、自民党による政治の一党独占状態に歴史的なピリオドを打ったのである。民主国家の政治制度とは、議会民主制であれ大統領制であれ、すべて二党体制あるいは多党制であり、日本のように一つの政党が半世紀以上にわたって政権を独占することはない。二〇〇九年の選挙の結果は、日本が「二党体制」を確立したことを意味するのか？「一九五五年体制」が「二〇〇九年体制」にとって代わられたことを意味するのか？　これらの問いは今後の歴史学者が出す公正な答えを待たなければならない。

第二に、官僚や「族議員」、財界と結託した「鉄のトライアングル」を旗印に、特殊利益集団が掌握していた日本の政治局面を打ち破ったことである。自民党の旧政権の下では、多くの官僚といわゆる「族議員」は互いに結託し、既得権益を守るための政策を作成し、そのメカニズムを作り上げていた。そのメカニズムの下では、多くの官僚が退職後、特殊法人やあるいは「コネのある」大企業に「天下り」し、彼らが在職期間中に特殊利益集団のために行ってきた分の報償を受けていた。そして官僚や族議員、特殊利益集団が作り上げた結託関係下で制定された政策や法案は、国家と国民の利益に背いていなかったとしても、多くの状況の下では特殊利益集団の利益が国民の利益より優先され、多くの国民の不満を生んだ。そのため、民主党が選挙中に使った「脱官僚支配」のキャッチフレーズは国民の心を確実につかんだのである。

第三に、鳩山由紀夫氏など、民主党のリーダーたちや、その周りに集まった知識エリートたちの自由主義的色彩の強い考えが、対外関係において「極端な民族主義を排除」し、「友愛」外交を推し進めたことである[2]。彼らの考えは、一九九〇年代以降の民族主義的色彩の濃くなった政治の右傾化の流れの中では少数派であった。そのため、民主党の登場は、日本国内の政治の右傾化、タカ派化、民族主義的な泥沼から引っ張り上げてくれるという一種の希望を与えたのである。民主党の「生活第一」という政治キャッチフレーズは、民衆の心にしみわたった。人々が日頃から気にしていた「国民の生活の保障」、つまり、社会保障や生態環境、企業内部の従業員格差（正社員と非正社員）、失業率の上昇など実際の生活問題や新たな社会問題などに、さらなる関心を向けさせることで、国家主義的議題についての関心を低下させたのである。

民主党政権に期待することは、あるいは冷戦終結以降の日本の政治の長期的な右傾化路線を転換させる重要なチャンスであると言える。しかし、日本の右傾化の流れには深い根拠があることを見逃してはならない。一九八〇年代末から一九九〇年代初頭にかけて、世界中の社会主義運動は挫折を経験し、ひいては一九九一年にはソ連が解体した。周知のように、冷戦時代、自民党と社会党を主とする革新派政党間の「保革対立」の政治的勢力構造において、米ソ対立の二つの勢力構造と「内外ともに呼応する」関係があった。そのため、米ソ対立の勢力構造の崩壊および自民党の長期統治は、日本国内の政治に深刻な影響をもたらし、右傾化・保守化の流れをさらに強固にするものとなった。民主党政権になって以降、リーダーたちが「脱右傾化」「脱民族主義化」を打ち出しても、自民党に慣れ親しんできた日本の主要メディア、ひいては言論界全体、また言論界に大きく左右される日本国民の思考が変化するまでは、長期的なプロセスが必要である。よって、この先、民主党のリーダー層と現在の世論や習慣的勢力の間には、食い違いが発生する可能性があり、その上、民主党の「脱右傾化」「脱民族主義」の政策志向が牽制され、さらには後退させられる可能性がある。

第四に、一九六〇年代から一九八〇年代にかけての日本経済の高度成長が、貧富の両極化をうまく避けて「一億総中流」の比較的平等な社会を形成してきたことである。しかし、一九九〇年代に入り、日本経済の低迷が長期化した状況の中、日本社会の貧富の格差はだんだんと大きくなった。そして二〇〇一年に小泉純一郎氏が政権を握った後は、積極的に「米国化」モデルを追求し、米国の改革要求（米国は毎年日本政府に「年次改革要望書」を出している[3]）を忠実に守り、「新自由主義改革」を全力で推進したため、日本社会における貧富の差の拡大を加速させてしまった。

小泉元首相たちが「新自由主義改革」を推し進めている頃は、民主党も「小泉改革」を部分的に支持していた。しかし、民主党は「流れの変化」と「有権者の真の要望」を敏感に察知することができたため、自民党の「新自由主義改革」に対抗する立場に転換した。まさに鳩山氏が、「米国主導の市場原理主義の衝撃を受けたことで、日本人は人としての尊厳を失っている」と鋭く指摘した通りであり、彼はさらに「小泉純一郎氏が政権をとって以来、自民党政権は米国に追従し地域社会を崩壊させた」と批評し、「環境を重視し、福祉と医療制度を再建し、教育と育児を支援し、貧富の差を縮小する」[4]ことを強く訴えた。実際、今回の選挙時に民主党は「（国民の）生活第一」のキャッチフレーズを打ち出し、そのマニフェストの中で、国民の利益を重視した、十分に具体的な政策主張を打ち出し、貧富の差を縮小させ、「小泉改革」が生み出した負の部分の解消に努力することを示した。これ以外にも、民主党は教育政策や、歴史認識、さらには外国人参政権問題への巨大な抵抗勢力について、「中道左派」的色彩を持つ考えを主張した。これらは、民主党の「進歩」が有権者の支持を得、政治の流れの変化の芽に順応しただけでなく、絶え間なく自己を「変革」させてきた結果であると言える。それ故に、政策の基本において、近年欧州や米国で勢力を得ていた「中道左派」政権と同調した。当然、民主党は明らかに「左派政党」ではない。鳩山由紀夫氏は自身を「左派」と表明したが[5]、それは民主党の共通認識としてではない。

自民党が政権の座を降りた根本的な原因は、時代の変化の流れに順応できなかったことである。そのため、自民党はこの失敗の教訓を深刻に受け止めなければならない。二〇〇九年九月末に自民党は総裁選挙を行い、「ハト派」と見られていた前財務大臣の谷垣禎一氏が当選した。六日後、日本の右翼政治家であった中川昭一氏が突然死亡した。ある評論家は、中川氏の死は、自民党の右翼保守派が主導した時代の終わりの象徴であるかもしれないと評した。「冷戦終結後の自民党の主導権は、基本的に安部晋三氏や中川昭一氏などのタカ派に握られていたが、今、政治の勢力図に決定的な変化が現れ、もし、過去の自民党であれば、平等と「所得倍増」を優先する勢力が復活するだろう」[6]。

もし、民主党が「中道左派」的国内政策と理性ある穏健な対外政策を堅持することができるなら、少なくとも四年（あるいは八年）の政権期間を利用し、「無血の平成維新」[7]を果敢に推し進め、国際情勢の変化に順応し、かつ日本の国情に合った改革を徹底できるとすれば、日本の歴史は大きく前進することができるだろう。

しかし、初めて政権をとった民主党内閣は、山積した手強い難題に直面している。特に少子高齢化の度合いが深まる社会背景と経済低成長の下で、財政面の難題はどの政党も安易に解決できないであろう。まさに、鳩山氏のことを「日本のオバマ」と称する米国の政治評論家は指摘している。「鳩山氏が首相に選ばれたのは、オバマ氏が大統領に当選したのと同じように、類のない事件であると言える」。しかし、「鳩山政権が誕生した際、鳩山氏は『トライ&エラー』は避けられないことであり、失敗もあるだろうと述べている。これについては、『オバマ氏はきっと鳩山氏のこの気持ちを理解できるだろう。変革はたやすいことではない、ということを』と付け加えることができるだろう」[8]。

2 民主党と自民党の「共通点」と「個性」

民主党が政権をとってしばらく経った。中国国内の世論の中には、民主党と自民党の違いについて過小評価する傾向がある。例えば、ある学者は「民主党と自民党はどちらも保守政党で、ドングリの背比べである」と強調し、中国で影響力を持つ、シンガポールの日本問題研究家も「民主党と自民党の違いとは、『カレーライス』と『ライスカレー』の違いのようなものである」と述べている。では、民主党と自民党には本当に違いがあるのだろうか? あるとするならば、どんな違いがあるのだろうか? これについては、客観的かつ事実に基づいた分析を行わなければならない。筆者の考える民主党と自民党の主な違いとは、以下の通りである。

(一) 自民党内では右派勢力が主導的立場を占めており、左派勢力は孤立していた。民主党は左派から右派まで取りそろえ(左派、右派はそれぞれ二割程度であり、残り六割は中道派あるいは「その時の流れに乗る」派であると推定できる)[9]、現在は中道左派の勢力が主流を占めている。

民主党の若手の中には、かなり右寄りの人物もいる。例えば、現国土交通大臣である前原誠司氏は、自民党の右派と意気投合しており、何年か前には、小泉純一郎元首相に「自民党に来て一緒にやったほうがいい」と称賛されている。軍事安全問題の専門家だと自称する前原誠司氏と軍事産業との関係はクリーンとは言えず、鳩山内閣の中では、希望した防衛大臣の職は与えられなかった。もし、そうでなければ、対中政策で面倒を引き起こしただろう。しかし、ある学者は民主党の若手と自民党の右派の間にも違いがあると考え、もし、前原誠司氏などが舞台に出てきたとしても民主党が右へ方向転換することはないだろうと述べている。

（二）戦後六十年余り、日本は平和憲法の下、平和発展の道を歩んできたが、しかし自民党は、その「世界に先駆けて平和の思想を示す憲法」を定め直すことを立党以来の精神とし、すでに平和憲法の核心部分の第九条を修正した、新憲法草案を発表している。それと対照的に、民主党は「改憲」よりも「補憲」という慎重な態度を示し、ただ「今の憲法に足らざる点があれば補い、改めるべき点は改める」ことを主張する。

（三）対外政策において、自民党内部ではタカ派勢力が主導的地位を占めていたが、民主党にはハト派もタカ派もいて、現在はハト派が主流を占めている。

（四）自民党は民族主義の色合いが比較的濃いものであった。民主党内には民族主義勢力も自由主義勢力も理想主義勢力もあり、現在は自由主義ないし理想主義勢力が主流を占めている。鳩山首相も、思想と理想を持つ自由主義派政治家であると考えることができる。

（五）自民党では親米勢力が比較的強かった。民主党にも親米勢力はあるが「アジア重視」を主張する勢力もある。現在は、日米同盟の堅持を主張し、さらにアジアを重視する勢力が主流を占め、鳩山内閣では基本的に「アジア重視」派の政治家が主導している。

（六）自民党は米国的新自由主義を信奉していた。労働組合（もちろん、労働組合内部にも「左派」と「右派」がある）を巨大な後ろ盾としている民主党も、一方では統治階級である大資本グローバル企業の利益を代表し、その一方で、「国民の視線から離れては国民の不安な心を慰めることはできない」（菅直人氏）と、統治されている多くの労働者と国民への「慰め」に自民党よりもさらに重きを置いている。

（七）自民党、特に党内の「族議員」と官僚政治は深く結託し、「政・官・財」の癒着を形成した。民主党は今まで政権をとった経験がないため、官僚との政治的結託の条件が存在せず、さらにマニフェストの中で「官僚主導政治」の打破を打ち出したため、国民によって選ばれた政治家が政治を主導する体制を樹立できたのである。

（八）保守・中道右派の自民党と比べ、民主党は自由主義・中道左派の政党である。しかし、民主党内の一部にも、保守・中道右派的な政治主張をする政治家が一部いるし、また社会民主主義的な主張を行う政治家もいる。

要するに、民主党と自民党の間には「共通点」もあれば、それぞれの「個性」もある。人々は弁証法的に両者の「共通点」と「個性」の関係を扱う必要がある。両者の違いを誇張すべきではないが、両者の違いを過小評価すべきでもなく、同時にこの二大政党内部の異なる派閥間の違いを忘れてはならない。一部の学者たちが、民主党と自民党は「同じ穴のムジナ」と考える大きな根拠は、民主党のリーダーたちは自民党出身であるからであり、確かに、鳩山氏、小沢氏、岡田氏などは皆、かつて自民党の人間であった。しかし、彼らは自民党内部でも、対中関係を重視し、対米関係においては「自主」を主張した「田中角栄—大平正芳—竹下登派」に所属しており[10]、その度合いにおいて、民主党と自民党の相違とは自民党内部の中道派・穏健派と右派・強硬派との相違であり、それが政党間の相違に発展したと考えることができる。中根千枝氏の考えに基づくと、自民党内の派閥とはもともと「党の中にある党」[11]であった。現在、一定の意味において、何年も前にその殻を破り飛び出した、その自民党の「党の中の党」が、その他自民党以外の政治勢力と結びつき、今の民主党ができたと言える。

3 民主党の対外政策の二大柱——対米関係と対アジア関係

対外関係では、鳩山氏は米国について「イラク戦争の失敗と金融危機によって、米国主導であったグローバル化は終結に向かい、世界は多極化の時代を迎えようとしている」、「米中の覇権争いの中でいかに本国の利益を保護するかが日本が直面している課題である」との考えを示している[12]。鳩山氏が示した「友愛外交」の理念は、中国のリーダーの「調和の取れた世界」外交の理念と共通し、共鳴するところがある。もし、日本政府が本当に「友愛外交」政策を実施することができるなら、「友愛外交」と「調和の取れた世界」の共鳴は今後の日中関係の考えの基礎となるだろう。

しかし、鳩山氏の「友愛外交」の理念は、長年自民党の外交政策とともに歩んできた保守メディアからの反対を受け、米国の保守勢力からも反対や挑発を受けた。日本の親米右派勢力と米国の保守勢力は互いに呼応し合い、「中国脅威論」あるいは「中国不信論」を展開し続けることで、「友愛外交」が成り立たないことを証明しようとし、世論の圧力を加えることで、民主党に自民党と同じ路線を歩ませようとしている。そのため、鳩山氏は時代の流れに順応した「友愛外交」の理念を堅持しなければならず、「大変な困難に打ち勝つ」強い意志と非凡な勇気を持たなければならない。

「中道主義」の政権として、民主党の新政権の外交政策は「各方面の要素と慎重にバランスをとった行動」になるだろう。極端に走らず、タカ派の民族主義的方針をとらず、米国と中国の間で「行動の自由を拡大できるよう努力」[13]し、小泉氏のような「親米疎中」の姿勢はとらず、日米同盟関係も変更せず、しかし、日米同盟の前提の中で「さらなる独立」を採る外交的立場を取ろうとしてきた。

❖——(1) 対米関係

対米関係においては、第二次世界大戦が終結してからすでに六〇年以上が経過しているにもかかわらず、日本は依然として、日本の軍事評論家が言うような「米国の占領下」にあり、「米国の海外における最大の軍事基地」、「ホワイトハウスの海外における最大の弾薬庫であり、最大の監視基地」等となっている[14]。現在日本の四七都道府県のうち、二九の都道府県に米軍の軍事施設があり、軍用飛行場一四カ所、港九港および兵営、訓練場などを含めて米軍施設は一三〇カ所を超えている。しかも日本の一部の戦略家は、日本は「被占領」の屈辱に引き続き耐えるのは、「中国の脅威」に対応するためであり、このためなら仕方がなく[15]、これは日本の外交戦略の一つの「解決しようのない問題」であると考えている。しかし、国際情勢が変化するにつれ、日本人は「ひとつの公共財としての日米安保の価値はすでに低下している。日本のこの公共財に対する支出とその収益はまったくバランスがとれていない」ことに気付きはじめている[16]。

かつて、自民党は米国の「核の傘」を利用して、日本の国家安全を守ろうと主張し、日本の右翼勢力は自身で核兵器を保有しようとまで主張していた。しかし、オバマが提案した「核のない世界」政策の影響の下、自民党の外交国防政策や右翼メディアの主張は日本国内で支持基盤を失っている。経済では、米国の引き起こした金融危機のひどい影響で、日本経済は抑圧され、その回復の希望はアジア、特に中国に託されるようになった。このような背景において、民主党は、対中関係の改善を通じ（しかし、依然として中国に対しては強い警戒心を持っているが）、日米同盟を堅持しながら対米「対等な関係」を勝ち取り、長年の米国追従、米国の全世界的戦略の重要な「コマ」としての受け身の境地から抜け出すことを望んでいる。

民主党は米国との「対等な関係」の確立を望んでいるが、これは口先だけのものではない。例えば、普天間の米軍基地の移設問題、日米地位協定の改定、「核密約」の問題、自衛隊による給油停止とアフガンへの国民生活支援の拡大、米国の核の先制不使用承諾要求などの課題において、民主党政権は、確かに本気で行動を起こしており、二〇〇九年十月に訪日した米国国防長官のロバート・ゲーツ氏（彼はブッシュ政権でも国防長官を務めていた）の怒りを買い、日本の新政府は「日本が米国との軍事同盟関係に違約し、台頭しようとしている中国に接近するのであれば、将来重大な結果を招くであろう」と警告されるに至っている。ゲーツ氏が民主党のリーダーに圧力をかけた、その目的は、米国のブッシュ前大統領が定めた、中国に対するアジア軍事戦略の布石の「固定化」にある。

鳩山首相は二〇一〇年三月まで依然として、普天間の米軍基地を沖縄県外ないし日本国外に移設するとの主張に固執してきたが、四月に中国の艦隊が沖縄と宮古島の間の宮古水道を通過し、日本の護衛艦が中国艦隊に接近し、艦載ヘリの異常接近が発生した。宮古水道の中央部は日本の領海ではない（たとえ領海でも、すべての船舶は「無害航行」の権利がある）。しかし、日本のマスコミは「中国が日本を威嚇した」と、中国の海軍力の発展を憂慮して大騒ぎし、「中国側の強硬姿勢の背景には、鳩山政権の対中政策と日米関係の悪化がある」と論評した[17]。五月二十七日の日本全国知事会議で東京都知事の石原慎太郎氏が「尖閣諸島をめぐり日中間で衝突が起こった際、日米安全保障条約が発動されるかどうか」と質問した。それに対する鳩山氏の回答に「（米国は尖閣諸島の）帰属問題に関しては、日本と中国の当事者同士でしっかりと議論して、結論を見出してもらいたいということだと理解している」という語句があった。それで石原知事が報道陣に、「日中間で尖閣諸島の帰属を協議しようって、こんなバカを言う総理大臣がいるのか?」と激怒し、知事会議で鳩山首相はほぼ四面楚歌状態だった。また、「総理は外国人参政権の問題で、『日本列島は日本人のためだけのものではない』と述べたが衝撃だ」と批判する声が出た。その後、日本のインターネットで鳩山氏のことを「亡国へ導く首相」

とまで評する、激しい批判が怒濤のように押し寄せた。

鳩山首相は一方で、アメリカ、国内右翼、マスコミからますます強くなってきた圧力を受け、もう一方で、沖縄民衆、政権友党の社民党などから大規模デモまで発展してきた圧力を受け、「現在台頭してきている」中国へも警戒心を持っている。

以上の「挟み撃ち」の中でついに普天間基地問題でアメリカに屈服し、自分の約束を守らず、このような「翻雲覆雨」（言葉や態度ががらりと変わること）のやり方は日本国内の基地反対派と擁護派の両面からの激しい批判を受け、鳩山首相は辞任に追い込まれた。

鳩山首相の辞任はアメリカのソフトパワーと対日政治支配力の強さの現れである。アメリカは自分の言うことをあまり聞かない首相を、日本人が自ら辞めさせようと仕向ける力を持ち、一九七〇年代にアメリカが田中角栄氏を覆したことと同様のことを繰り返している。

対日関係において、米国の「ソフトパワー」というものは、米国の戦略利益に基づき、日本国民の感情を十分に掌握しており、日本国民に米国だけが自分たちを守ってくれると深く信じさせている。もちろん日本国内の親米右派勢力や一部のマスコミの協力を得られている。「米国は戦略の巧みさにおいて誰も叶わない」[18]。中国の一部の学者は、鳩山氏の辞任は日米関係の問題にうまく対応していないせいで、中国とは無関係だと議論していたが、しかし、首相辞任は日本国内の政治問題であるにもかかわらず、実に深層に「中国要素」が存在しているのだと私は思う。日本の政治問題は結局「中国問題」なのである。日本がアメリカを怒らせてはいけないと思う潜在的な理由は、中国に対する深刻な不信感によるのではないか。それ故、戦略的な、真の相互信頼関係を樹立することは、これからの中日関係を改善する根本的な方策なのである。

自民党内の右派メディアは懸命に国内世論を扇動し、米国による日本政府への圧力に積極的に協力している。ちょうど普天間問題をめぐる駆け引きが膠着状態にあった二〇一〇年春、鳩山政権は三月の韓国哨戒艦の沈没事案、四月の中国海軍の公海上の演習と東シナ海における中日海洋調査船の摩擦を「理由」にして、鳩山首相が普天間問題で自分の「最低でも県外」等とした公約を白紙にし、米国に対して「屈服」し、二〇〇六年の日米合意の原案に戻し、それに反対する福島瑞穂消費者・少子化担当相（社民党党首）を罷免した。このことは、三月下旬になっても「極力、県外」を目指すと言い張る鳩山首相は、明らかに四月のいわゆる中国の海軍力増強加速によって海上自衛隊の護衛艦と異常接近した事件で方向転換を決意したのである。これは、民主党が抱える根強い対中不信感の現れであり、このことが、鳩山政権に大きな打撃を与えたのだろう。

日本国民は米国と日本の右派によって騙されて、日本の安全のために米国から離れることはできないと考えていたが、米国は「本心」かつ「有効的」に日本を守ろうとしているのかどうかだんだんと疑い始めるようになった。日本が今まで「米国に占領されている」現状や（日本の飛行機は東京付近の一部の領空内に飛行することさえ許されていないことを含め）、米兵による犯罪は、「独立国家」である日本には耐えがたいことであった。そして、ともに連立政権をとっている左派友党である社民党が「対米一辺倒」を是正する政策に対し断固たる態度を貫いていることにより、岡田外相は「社民党との連立政権の必要」を対米関係における外交カードとして使うことができるのである（このことで、社民党は小さな政党であるが、その作用は大きいということが説明できる）。

❖――――（2）対アジア政策

「日米の対等な関係」と並んで、東アジア共同体も民主党の対外政策におけるもう一つの柱である。自民党も民主党も、東アジア共同体の確立を提案したことがあるが、両者の東アジア共同体政策には、共通点もあるがそこには明らかな違いがある。国内の一部の学者は、自民党と民主党が主張する東アジア共同体政策の共通点ばかりを強調するが[19]、ここでは、両者の違いについて主に論じることにする。

（一）対米関係を一貫して強調することを日本の外交の基軸とした自民党は、東アジア共同体を外交政策の「柱」としたことはなかった。民主党は、東アジア共同体を日米同盟と並ぶ外交政策の柱とした。民主党の東アジア共同体政策には理想があり、長い歴史を持つ。アジア版のEUを構築し、一つの「不戦共同体」[20]を作ることであり、徹底的に戦争が発生する根源を絶つことである。少なくとも、このような共同体を構築することで、中国との関係の改善を通じ、日本の安全保障のコストを下げ、日米安保による日本の重い負担を軽減することで、日米関係の対等化を促進することができる。

（二）自民党はいつも日本を「西側諸国の一員」として考え「アジアの一員」として考えることはなかった。しかし、民主党の東アジア共同体の政策理念には明確な「アジア意識」が含まれている。鳩山氏の話を用いて言うなれば、「我々は自分の身分を忘れることはできません。私たちはアジアの国家であります。私は、今、日増しに活力を増している、東アジア地区を日本の基本生存範囲として確認しなければならないと考えています」[21]、「アジアはやがて欧米と肩を並べる世界経済の第三極となるでしょう」[22]。

（三）自民党は東アジア共同体問題について、米国の態度を懸念し、いわゆる「価値観外交」であると鼓吹した。それに比べ、民主党は、東アジア共同体は「ＡＳＥＡＮ10＋6」を含むと主張してはいるが、米国を排除しようと試みており、しかも先に中国と相談することで、実質的に米国を含まず、かつ米国を排斥しない東アジア共同体であると主張している。岡田外相は、「米国は東アジア共同体の正式な参加メンバーにはしない」[23]と明確に述べている。

（四）自民党は、東アジア各国間の社会制度や経済発展の段階および価値観の差異やギャップ、相違点を強調しすぎ、実際には東アジア共同体は一つの「空想」にすぎないと考えていた。しかし民主党、特に鳩山首相は、日中韓の国々が東アジア共同体を共同で建設する提携プロセスにおいて、海域、領土問題をめぐる争いを氷解あるいは「風化」できると主張し、このような「先に提携を進め、その過程においてギャップを氷解させる」主張は鄧小平氏の「争議はとりあえず置いておいて、共同で開発しよう」との主張と同工異曲であり、鳩山氏の「対アジア外交の新思惟」と言うことができる。「すべての偉大な歴史的事件は、すべて空想から始まり現実をもって終結するのである」[24]。

（五）東アジアの協力問題について、自民党は農業の保護について多く考え、しかもイデオロギー的な色彩を帯びていた。しかし、民主党は、主として日本経済とアジア経済とが日に日に融合していく現実に順応し、日本経済界の強い要望を反映することに気を配っている。日本の財務省の統計データを見ると、二〇〇九年上半期の日本の対米貿易の比重は一三・七％であり、対中国では二〇・四％であった。冷戦が終結したばかりであった一九九〇年、日本の対米貿易の比重は二七・四％を占めており、その頃の対中貿易の比重はたったの三・五％であった。二〇〇〇年と比較すると、二〇〇八年の日本の対米輸出は七％も下落し、中国への輸出は四倍以上に増えているのである。まさに民主党のブレーンである寺島実郎氏が言うところの「日本の主要貿易国の中で、中国は劇的な変化を示している」[25]。日本経済界は、アジア、特に中国における省エネ、環境保護など低炭素経済領域でのビジネスチャンスをしっかりとつかむことによって、今後の日本企業は活路を見出すことができるということに気付いたのである。民主党政権の「東アジア共同体外交」政策は、日本経済の死活問題と未来の発展に関わり、戦略的意義を備えている。東アジア共同体の実現にはまだ時間がかかるが、東アジア共同体という理想に向かって努力する過程において、日本企業の東アジア、特に中国に対する投資と貿易活動の発展はより深く行われるだろう。

筆者は、東アジア共同体は「良いこと」であると考えている。第一に、地域経済の一体化は昨今の経済グローバル化の重要な特徴であり、時代の流れでもある。一九八〇年代以来、世界中で区域性経済グループは迅速に発展し、各大陸にあまねく分布した。その中で最も突出したのがＥＵや北米自由貿易協定、および東南アジア連盟である。欧米と比べて、東アジア地区ではまだ地域経済の一体化を成し得ていない。現在、東アジア共同体を実現するための長期目標の要望は日増しに高くなっている。

第二に、米国のサブプライムローン危機が世界金融危機を引き起こして以来、米国人の消費優先で貯蓄のない生活モデルに大きな変化が生まれた。米国居住民の貯蓄率はすでに、危機前の〇から五—八％まで上昇した[26]。オバマ大統領が近頃発表した「経済再平衡」政策では、米国の過度な消費、過度に輸入に依存した経済メカニズムを極力転換しようとしている。これは米国の需要の勢いが減少し、やがては長期に及ぶ可能性を意味している。そして近年来の米国の保護貿易主義も部分的に盛り上がりはじめており、オバマ大統領はさらに米国の輸出政策の振興政策も打ち出している。このような背景の下、長年対米輸出に頼ることで、経済を発展させてきた東アジア各国の輸出型経済は厳しい難問に直面している。より早く「モデル転換」、つまり、「輸出主導型」の成長モデルから「内需主導型」の成長モデルへ転換しなければならないのである。しかし、日本国内での内需拡大には限度がある。中国の内需拡大の潜在力は大きいけれども、その潜在力を掘り起こすためには長期間の努力が必要である。しかし、もし、東アジア各国が経済提携をより深めることができれば、経済を互いに補い合え、その効果を発揮することで、地域内各国の内需の総和をより大きくすることができる。つまり、「1＋1は2より大きい」「区域総内需」となり、互いに有益な効果を得ることができるのであり、特に日本では「日本経済の未来が中国にある」という声がしばしば聞かれる。

第三に、気候の変化を初めとした、世界の環境危機が日増しにひどくなる背景の下、運輸によるエネルギー消費量と排出量が比較的少ない、地理的に近い国家間の経済協力、つまり地域経済協力ないし地区経済を一体化することは、世界環境危機対応要求にいっそう符合するため、より大きな効果と利益を生むことができ、当然、より発展を重視するべきなのである。

第四に、東アジア共同体の目標とは、一つの崇高かつ理想的なものである。その理想とは、アジアの復興の実現であり、近代史上のいわゆる「先進的な欧州、遅れているアジア」的な屈辱的な歴史を徹底的に変えることである。アジアの経済復興はアジアの国際的地位の上昇に有利である。アジアの国際的地位の上昇は、アジア各国の国際的地位の「底上げ」にも有利である。アジアの国際社会における発言権を強めることはアジア各国にとって有利である。

第五に、周辺地域が争いなく安定していることは、世界各国にとって最も重要な対外戦略である。約三〇カ国と国境あるいは海を隔てて接している国家である中国からすれば、周辺を安定させる任務は特に重大であり、その任務はとても困難である。欧州でフランスとドイツによって成立した「欧州石炭鉄鋼連盟」欧州六カ国の共同市場において戦争の根源を徹底的に排除した経験を見習い、東アジア共同体というこの長期目標の実現のため努力する過程によって、「東地域の安定」を得、我が国の周辺環境の一部分を占める東アジア地区の安定促進を望むことができる。

東アジア共同体をどのように推進していくかについては、筆者は次のように考えている。

第一に、東アジア共同体は長期的な目標であり、人によってはこの目標を漠然としたものだと見るかもしれないが、それは違う。長期的な目標として、この目標を実現する過程においてのみ、だんだんとその輪郭を現すことができるのである。東アジア各国の関係改善の見地から見れば、「過程」は「目標」より重要なのである。第二に、東アジア共同体は、欧州が欧州連合を作った貴重な経験に注目しそれを吸収するべきである。その中、一番学ぶべきところは、フランスとドイツ両国の協力がだんだんと拡大する欧州連合の基礎になったことである。最近、呉健民氏が「中日の協力はアジア台頭の基礎」と主張している[27]。しかし、「欧州モデル」をただ真似るのは良くない。EUの前身である欧州共同体は冷戦の中で形成されたものだが、東アジア共同体は冷戦後に提案されたものであり、冷戦後の国際情勢の中で作られるものであるからだ。EUは長い間、政治的要素がその促進作用を果たしたが、東アジア共同体としては、政治的要素から離れることはできず、特に政治的要素からの抵抗を排除する必要があるとしても、「政治化」になりすぎるのは良くない。現在、世界が直面している環境危機は、環境保護についての共同の絆を東アジアに与え、「環境共同体」の建設や、王敏氏が打ち出した「生活共同体」[28]あるいは「漢字文化圏」[29]等の建設など、その意義において、我々は「欧州モデル」を完全に超えることができるだろう。第三に、「分野推進」[30]、「領域推進」[31]、「改革推進」[32]は東アジア共同体建設の「トロイカ」として牽引してくれるだろう。この三者は矛盾なく同時並行して進み、互いに補完し合わなければならない。同時に、この三方面はそれぞれ段階ごとの目標を制定し、例えば三年、五年、一〇年、二〇年、ないし五〇年、各段階においていくつかのことを完成させ、その中には具体的な検討内容、スケジュール、提携方法が含まれ、周到な努力によって手配と準備がなされなければならない。

注目すべきは、民主党政権の「東アジア共同体外交」は米国の強い関心を生んでいることであり、その関心の核心はつまり、東アジアの提携は米国を排斥するか否かである。二〇〇〇年にすでに米国の学者、サミュエル・ハンティントン氏は次のように指摘した。「もし、米国が唯一の巨大大国的支配者と言う地位を失ったと見なされれば、日本と中国が手を組む可能性は大きい」、「中長期的に見れば、日本は米国への依存から脱して、自主性を求めるだろう。長期的に見れば、最終的に日本は中国に追随せざるを得ないだろう」[33]。米国の「アジア2025」の報告では、今後、日本は三つの選択を迫られている。（一）米国との軍事同盟関係を保持する。（二）独立した軍備を拡充する。（三）中国に接近する。「もちろん、米国が最も期待しているのは（一）であり、絶対阻止すべきは（三）である。そのために米国が真っ先にしなければならないことは、日本との正式な軍事同盟を強化することである。もし、この機会を逃してしまえば、日本はやがて中国に接近してしまうだろう。……米国は駐日米軍を米軍の東アジア地区における『司令塔』に引き上げるだろう。これは『中国に接近する日本』の可能性に対する戦略である」[34]。

しかし、鳩山氏が東アジア共同体の長期目標を再度打ち出し、中日韓が共同で東アジア共同体の建設に力を入れることを表明しているちょうどその頃、日本の一部メディアは「東アジア共同体の主導権の争奪」について大きく騒ぎ立て、中日韓の提携のあら探しをし、冷水を浴びせ、「政治は熱いがメディアは冷めている」状態を作り上げた。このことは、一方では鳩山氏が適時にその「東アジア共同体外交」構想を明晰にし、日本国民に対しうまく説明することができなかったことを表しており、もう一方では、日本国内にはまだ古い考えを持つ人がおり、いまだに「脱亜入欧論」から抜け出せず、アジアの隣国に対する深い蔑視と優越感を捨てられず、「西側諸国の一員」であり決して「アジアの一員ではない」といううぬぼれた傲慢な態度を変えられないために、高い所から東アジア共同体を「主導」しようという心理、そしてその主導権を中国に持って行かれることに対する怯えが生まれていることを示している。今後民主党政権が「東アジア共同体外交」を推進するにあたっては、まだまだ多くの困難な道を歩まなければならない。米国による「米国を含まない東アジア共同体」を阻止しようとする横暴な立場にどのように対応するかについては、民主党も米国に対し、「妥協はするが、完全には屈服しない」立場をとる可能性があり、菅首相の下でも、東アジア共同体政策を引き続き推進するだろう。

以上述べた鳩山政権の対外政策は部分的に修正されても、基本的には菅政権の下でも継承されるだろう。まさにアメリカの学者が論評するように、「鳩山首相が失敗しても、彼の短期間の任期の意味はわれわれ多数の人々の想像よりもはるかに深遠であろう」、「何十年後、われわれは鳩山氏が日本の歴史上不可避の転換点を創始したと認めるだろう。それは、順次漸進しながらだが、しっかりと日米関係を作り直し、同時に外交政策の重点をアジア新興国に移すことである」[35]。すなわち、首相としては失敗したにもかかわらず、鳩山氏が日本の新しい進路を創始したのである。鳩山氏の辞任する際の挨拶の中にも「しばしば宇宙人だと言われております。勝手に解釈すれば、今から五年、一〇年、二〇年先の姿を国民に申し上げているのではないかと思います」、「東アジア共同体もそうです。必ずその時代がくるんです。国境を感じなくなる時代をつくっていく」[36]。しかし、鳩山首相の失敗の原因の一つはやはりあまりに理想主義に走り、日本のマスコミに左右される国民の認識が彼の理想主義についていけなかったからではないか。それに、深遠な思想、理想を持つ政治家に寛容と忍耐を与えない日本の政治文化と社会忍耐力の弱さも、日本の政治指導者が頻繁に代わる深層にある原因ではないだろうか?

4 民主党政権の政策決定モデル

民主制度の一つの形態として、「議院内閣制」の権限委任手順は次の通りであろう。

（一）選挙により国会議員を選ぶ。つまり有権者は権限を国会議員に委任する。（二）国会議員が首相を選ぶ。国会議員の中から首相が選ばれ、首相は内閣を組織し内閣を運営する権限と責任を負う。（三）首相が大臣を選ぶ。つまり、首相（総理大臣）が大臣（国務大臣）を任命し統率する。国務大臣は内閣のメンバーとしてその任務を展開する権限を持つ。（四）大臣が官僚を選ぶ。つまり、大臣は自分が管理する省庁の官僚を任命し（「資格任用制度」の導入によって、大臣が自由に官僚を選ぶ権限は制約された）、官僚は大臣を「補佐」する権限を持ち、大臣が下した決断には、官僚は従わなければならない[37]。

しかし、自民党政権時代には、上述した権限委任のうち、第（二）の部分ですでにねじれが起きていた。つまり、首相は国会によって選ばれたわけではなく、自民党内部の総裁選挙によって決定され、国民は首相を選ぶにあたって何の発言権も持たなかった。さらに重大な問題は第（四）の部分にあった。組織された内閣の各大臣は、官僚をコントロールできず、官僚を大臣に服従させることができないばかりか、逆に官僚によってコントロールされ、実際には大臣が官僚に服従していたのである。その結果、内閣は「官僚の代理人」（大臣）の集まりとなってしまった。これについて、ある学者は、日本の議院内閣制は「官僚内閣制」にその名が変わるだろう、と述べた[38]。この制度の下では、人々は政府の政策決定が一体どこで行われているのかがわからず、誰も責任を負わない体制が出来上がったのである。

民主党のマニフェストによると、上述した四つの権限委任部分の中の第（二）の部分は自民党モデルを継続し、党首が首相になったため「国会で首相を選ぶ」ことについては不問に付した。民主党が打ち出した「脱官僚支配政治」のキャッチフレーズでわかるように、民主党が徹底的に変えたかったのは第（四）の部分である。政治家が持つべき政策決定を主導する立場を回復させ、官僚を政治家の「補佐」的な立場に戻し、同時に政府と与党の二元体制を改め、政策決定を内閣で一元化するのである。

「脱官僚主導」は非常に重要なことであり、民意の反映であると言える。しかし、選挙期間に「官僚の手から権力を奪回する」「脱官僚支配政治」のキャッチフレーズを打ち出した民主党は、一旦選挙に勝ち、真の与党となってみると、政権をとるということは官僚つまり、この巨大な国家管理の専門チームのサポートと協力から離れることはできないことに気がついた。よって「脱官僚支配政治」のキャッチフレーズは「脱官僚主導政治」に改められるだろう。

民主党が政権をとったばかりの頃、一部の官僚は既得権益が侵されるために、対立感情を持った。一時期、人々はまだ自民党の「巻き返し」を期待していたが、自民党が一定の期間内に復活できる望みがないことに気付きはじめ、さらに党内で内部分裂が起こっているような状況においては、民主党と官僚はより早く「適応」し、さらに多くの官僚が民主党の政治家の「補佐」の地位を甘んじて受け入れることとなった。

民主党が提出した「政治主導」の主張はあるいは、日本特有の「政治体制改革」の引き金になるかもしれない。しかし、民主党が「政治主導」を実践する過程においても、「単純」になるのを防がなければならない。日本の官僚チームには確かにいろいろな問題が存在する。一部の官僚と政界や財界が、権力を利用して私利を貪る「癒着」問題以外にも、日本が「経済大国」の目標を実現した後は気が緩み、戦後のエリート官僚のように一生懸命勉強し刻苦研鑽しない者や、目の前の具体的な仕事をこなすことで満足し、どうやったら上役が満足し、出世の鍵となるかしか考えていない者もいる。しかし、画一的かつ単純な「脱官僚」のキャッチフレーズは、国を治めるにあたっては不利かつ非現実的である。なぜなら、このキャッチフレーズは、民主党が日本の官僚チームに対してまだ、客観的かつ公正な評価ができていないことを反映しているからである。日本の大部分の官僚の働きは滅私奉公的であり（「トランスペアレンシー・インターナショナル」が行う「腐敗認識指数」の国際比較で見ると、日本の官僚チームの腐敗度は比較的低い）、勤勉で努力家である。

日本の今の官僚の中にも多くの質の高い者が存在し、有能で優秀な人物がいることは否定できない以上、官僚チームに対し「例外なし」とする方法を採ることは「良い官僚」に一種の「切り捨てられる」「窓際に追いやられる」という感覚を与えてしまうだろう。そして各級官僚部門およびその官員の心からの協力がなければ、政府の政策決定のレベルにも影響してしまうことは免れない。民主党の政治家は自信を持ちすぎてはならず、この巨大な、内外政策に通じた、国家を治める専門チームのサポートを認めるべきである。政治への熱い情熱はあるが、専門知識と経験の足りない政治家が政策決定を主導する（彼らがしっかりと勉強していたとしても）ことにも、同じように人々は安心できないのである[39]。さらに厳しいことを言えば、画一的かつ平凡な「脱官僚」はそれら国家のために尽力する能力と思想のある、有能な官僚たちの積極性をくじいてしまうだろう。もし多くの官僚たちが消極的かつ怠業的な状況が生まれれば、行政の効率に影響し、国家運営が正常に行えなくなる可能性がある。このように、民主党は「以後も一切の責任を負わなくてはならない」受動的な局面に陥る可能性があるのである。

単純に「脱官僚」を叫び行動することは、次の世代の官僚チームの質にも影響する。報道によると、二〇〇九年の日本の第一種国家公務員試験に出願したのはわずか二・二万人であり、二〇〇五年の三・一万人に遠く及ばなかった[40]。二〇〇九年末に行われた中国の第一輪公務員試験の「百万人科挙」を再現するような盛況ぶりとは鮮明な対比を見せた。もちろん、出願した人数の多さが今後の官僚チームの質を決定するわけではない。なぜなら、もし、ある国家で多くの若者が公務員試験に出願するとしたら、それは公務員になるメリット（権力や地位、公用車や公費での飲食、公費での海外出張など、明らかなものや隠れた待遇を含む）を追求するからであり、「国民へ奉仕する」ためではない。その状況では、先を争って出願した公務員たちを官僚チームとして育成し作り上げることが良いこととは限らない。しかし、日本経済が低迷し、就職も困難な今日この頃、理論的に考えればより多くの若者が公的機関に集まり、就職に活路を求めるはずである。しかし、二〇〇九年に公務員試験に出願した人数は経済危機前の二〇〇五年に比べ三分の一も減っており、これは、政府公的部門の、俊才青年に対する吸引力の下降を意味し、このことは、官僚チームの質を向上させることについて「吉報」とは言えない[41]。筆者は、中国の公務員の「幸せ」と日本の公務員の「不幸せ」はどちらも公務員が「国民の公僕」となるのに不利なものであると考える。

5 新たな発展段階に入った中日関係

唯物弁証法では、いかなる事物の変化発展もすべて内外の共同作用による結果であり、内因は自身の変化発展の根拠と動力となり、外因は事物の変化の条件となり、外因は内因を通じて作用する。そのため、日本がどのように発展し、右を向くのか左を向くのかは、日本国内の矛盾（内因）の発展によって決定される。中日関係、中国と日本の関係は、現実には私たちが期待し理想とした日本との関係ではない。我々の対日関係をどのように発展させるかについての決定は、日本がどのようにどちらを向くかとは関係がない。我々の国家戦略と利益、ひいては我が国の「周辺地域の安定化戦略」と密接に関わるアジアと世界平和の発展の需要に立脚するべきである。

長い間、特に自民党の森善朗内閣、小泉純一郎内閣以来、中国は、日増しに保守化・右傾化・親米化していく日本と付き合っていかねばならず、「目の中には米国しかない」かつ対アジアの外交戦略に欠けた日本政府と付き合ってきた。自分たちを疲れさせても、努力を続ければ、たとえ右翼政権とであっても、互いに「戦略互恵関係」の共通認識の確立を達成することができた。

民主党が政権をとって以降、我々は対日関係上、民主党・社民党・国民新党で組織された新たな与党団体と付き合うことになり、自民党との付き合いに慣れた中国にとって、新たな構想と戦略が必要になった。つまり、中日関係は、新たな発展段階に入ったと言えるだろう。

総合的に見ると、民主党政権は中日関係の発展に有利である。鳩山首相の辞任は普天間基地問題でアメリカと互いに意地を張って譲らないことで失敗した結果だと思う。それはアメリカと心が一致しない、ほかの日本の政治家に重要な教訓を与えるだろう。菅首相が着任した後、急いで「日米同盟は日本外交の基軸」と表明した。それと同時に「対中関係も同等に重要だ」[42]と明確に打ち出した。民主党は対中関係の発展を重視し、誠意を持っている。対米関係と対中関係を同時に重視することは可能だと思う。なぜなら、グローバルの時代で日本にとって対米関係と対中関係は、一気に「正三角形」にならなくても「正反対」でもないからである。長期的に見れば日本がアメリカに対する過度な依存から脱し、対米関係を損なわない状態で中国にだんだんと全面的に接近する方向性は堅持し、対米関係と対中関係とのバランスを模索していくだろう。

岡田克也外相、民主党のリーダー層はなかなか素晴らしく、「裏の将軍」と呼ばれる小沢一郎氏も中国に対しては友好的であり、「日米中三国の関係は『正三角形』であるべき」だという主張を行っている。

尖閣諸島をめぐる問題や東シナ海の境界線等の問題の矛盾をどのように処理するかが、今後の中日関係が直面している大きな難問である。我々が注目しなければならないのは、民主党が中国に対して友好的であっても、日本は国家利益に関する問題の上ではかなり強硬な立場をとっている、これは国内政治にとって必要なことであるということである。言い換えれば、国家利益を守ることにおいては、どの政党あるいは政権であっても最低ラインは守るであろうし、国内の支持を得る最も重要なカードであるということである。もちろん、異なる政党や政権では国家利益に対する考えも異なるだろう。領土や海域の境界問題において、民主党がどのような政策をとるのかについては、これから見ていかねばならない。

筆者は、次のように考えている。ハト派とタカ派の国家利益に対する考えの相違点は二つである。一つは安全に重きを置くか発展に重きを置くかであり、もう一つは安全利益について、伝統（軍事）安全問題に重きを置くか、非伝統安全問題（例えば、環境保護）に重きを置くかである。右派とタカ派は冷戦思想から生まれ、伝統的安全あるいは軍事的安全に比重を置いて考えるので、必然的に親米となる。さらに政治と軍事を重視し、隣国間に発生した主権争いや利益矛盾に対しては強硬的な態度をとる。温和派あるいはハト派は発展と非伝統的安全問題に比重を置き、経済外交を重視する。対米関係と対中・対アジア関係の間のバランスをとることに注力し、日本近海の海底エネルギーと原料の開発について、中国などアジア国家との間で協力することに注力する。温和派あるいはハト派が主張する路線は、明らかに日本国民の利益に符合し、まさにライシャワー氏の「日本は他国との貿易によってのみ生存できる。もし生存していきたいなら、他の大多数の国よりもより平和的であり、貿易に対して開放的な世界である必要がある」[43]という発言の通りなのである。

民主党政権がもたらしたもの、両国関係の古くからの難題や障壁（特に歴史問題）を克服するチャンスをしっかりと利用するために、我々は外交において、より日本との対話を強化すべきである。近年、東シナ海問題は中日間に摩擦が一番発生しやすい敏感な問題となっており、両国の社会ではこの問題に関する報道が異常に敏感で、国民感情が非常に対立している。

東シナ海問題が「中日関係の中の「虫歯」のようなもので、時々に両国に痛みを感じさせている」[44]。二〇一〇年五月末温家宝総理が訪日する際、両国政府は東シナ海問題の原則に関する共同認識表明を正式に発表することを決定した。それは中日共同で「虫歯を抜き取るプロジェクト」の実質的な一歩を踏み出したことを意味する。アメリカのある戦略予測機関は「中日双方が譲歩しない限り、東シナ海紛争を解決することはできない」と予測している[45]。今までに、中日両国が東シナ海紛争に費やした資源と精力はすでに未来獲得可能な利益をはるかに超えている。東シナ海紛争を平和裏に解決するため、中日双方はそれぞれの国民に対して誠心誠意そういう現実を説明する必要がある。

また、日本に対する軍事外交を強化し、双方の戦略的信頼を深め、中日関係の「第四の政治書類」の中にある中日両国に関する「互いの脅威とならない」共通認識を現実のものにすべきである[46]。過去の中日両国における事実上の「相互に脅威となる」関係から「互いの脅威とならない」関係となることは、一つの認識において飛躍的と言えるだろう。問題は、どのようにこの斬新な認識を実際の行動の中で行うかであり、この共通認識に背くようなことがあってはならず、特に両国が軍備競争の泥沼に陥ることは避けねばならない[47]。日本人に、中国は日本を「威嚇」してはいないと知らせることは、これまでの日本外交と国民感情のもつれをほどく助けになり、「日本は中国に対応するために、国家の尊厳を傷つけても米国の保護に依存するしかない」という神話を突き破る。これも、民主党が対米・対中関係のバランスをとるための一連の政策を促進する助けとなるだろう。日米同盟を維持すると同時に、日本は米国のグローバル戦略の中の「中国を制するコマ」の役割から脱却することができる。

経済においては、「危機対応型」の中日経済貿易関係を構築する必要がある。これは二〇〇七年の米国サブプライムローン危機により発生した世界金融危機の影響がいまだ去っておらず、さらに、人類文明は、気候変化を初めとする世界的な環境危機にも直面しているからである。この二つの大きな危機を比較すれば、環境危機のほうがより深刻で根本的で、緊迫している。危機は当然良いことではないが、危機は人々の目を覚まさせ反省を促し、中日両国ひいては東アジア各国の経済協力レベルに新たな歴史的チャンスを与えた。つまり、より早く「危機対応型」の中日経済協力関係を築くことへの後押しである。このため、我々が直面している最初の課題は、この二つの危機の接点をつかむことである。世界金融危機発生後、たとえ「金融危機時代後」に入ったとしても、米国の消費需要の下降の流れは必然的に長期化し、これは米国への輸出に大きく依存している中日両国の経済成長の外部環境に重大な変化をもたらすだろう。そのため、我々はこの地域内で新たな経済成長ポイントを見つけなければならず、この新たな成長ポイントとは、「低炭素経済」の発展であることは疑いようがない。環境保護、省エネルギー、新エネルギー、電動自動車や関連設備、新型総合農業（食料・綿花の生産だけではなく、藁などの副産品を利用して作る生物エネルギーやプラスチック等の材料）、低炭素型物流システム、砂漠産業、原子力発電設備や原子力発電の安全などを全力で発展させることである。これらの新興産業の発展は新たな経済の成長ポイントになるだけでなく、経済を回復へと導き、石油等の伝統的なエネルギーへの依存度を減少させ、環境保護につながる。とにかく、「危機対応型」の中日経済関係は「低炭素経済」の発展をテーマとし、環境保護、低排出、省エネルギーと石化エネルギーへの依存の減少をもって、中日経済関係の大きな方向性とすべきである。

地域協力については、筆者が先に鳩山首相が再度訴えた東アジア共同体の提案に積極的に賛同すべきであると考えた後、ある学者は、改革開放以来、中国は持続的かつ高速な経済成長を遂げ、世界の経済秩序の中心的位置に立ち、米国と「G2」戦略対話の仕組みを形成し、世界の大舞台で大活躍を始めているこの時に、中身のない地域における協力計画を話し合うことは中国に「世界戦略の勢力構造の視野に欠け、全世界戦略目標を引き下げる」副作用を生むのではないかと考えた[48]。筆者はこのような国内学界によくある観点は十分ではないと考えており、かつ中国は「G2」などという中国をだますようなほめ殺しに賛成していないということは言うまでもなく、このように世界戦略を重視した米国も北米自由貿易区を作ったのではないか？　さらに資源や環境、文化などの領域の課題を考えれば、東アジア地域での協力を積極的に進めることが中国にとっては理にかない、必然的な政策の選択であると思う。さらに、戦略の上から見ると、前述したように、周辺地域を安定させることは世界各国の最も重要な対外戦略である。近年来、我が国では東西南北で、程度こそ違うが、我が国と直接あるいは間接的に関わりのある混乱が次々と発生している。その背後には、国外の大国、特に米国の黒幕が見え隠れしており、日本の問題とて例外ではない。これに対し、我々は決して成り行き任せにしてはならず、対処すべき時にはすぐ対処しなければならない。政治や外交、経済などを運営する多くの手段として、能動的に安定した周辺環境を作らなければならない。そして、文化上から見て、「東アジア文化共同体」の実現について努力しなければならない。その中でも、「漢字の統一化」を推進することを通じて「漢字文化圏」を実現することが重要である。世界のその他の古代文明と比べ「漢字を媒体とし、広大な東アジア地区で形成された文化圏が五〇〇〇年続いていることは世界史上の奇跡と言える」[49]。要するに、「環境」と「文化」が、あるいは、東アジア共同体の二つの大切な切り口となるかもしれない。二〇一〇年三月下旬に砂嵐が東アジアの大部分を襲った時、中国のメディアではある学者が「砂嵐を抑えるためには、さらなる国際協力の強化が必要だ」[50]と叫んでいたが、実際、この問題が東アジア共同体の最緊急課題として提出されている。今回の砂嵐の源は中国だけではなかったが、しかし大部分において中国の環境破壊の問題が深く関わっていることであり、これは、中国の「黄色の台頭」が東アジアの災いとなる可能性があることを意味し、また、中国の「緑の台頭」が東アジアの福となる可能性も意味している。明らかに「緑の台頭」は中国の目指すべき道なのである。

　グローバル的環境危機と地域的環境危機は、良くないことではあるが、中日ないし東アジア各国をつなぐ堅牢な縁の絆をもたらしてくれた。中国のリーダーたちは、何度も、中日両国の「和が互いの利となり、争いは互いの傷になる」と指摘した。もし、この話から何かが派生するならば、中日両国の「和は互いを利するだけでなくアジアを利し、争いは互いを傷つけるだけでなくアジアを傷つける」と言えよう。この「亜」の字はアジアの環境も含んでいる。

民間交流の面において、まずやらなければならないことは、どのように中日両国の各業界・各地・各級の人々の交流を広げ深めていくかである。両国の人々の互いの感情と心理を「反感が反感を刺激する」の悪循環から「好感が好感を促進する」の好循環に変わるよう努力することである。もし、日本の国民の対中感情が改善されれば、民主党の親中と日米関係の調整政策にとって、さらに大きな世論の支持と活動の余裕を生むことができるであろう。日本国民の対中感情の改善については、我々は成果を上げることが可能である。なぜなら中日の人々の互いの感情は互いに影響し合っており、特に、生活や文化、教育、旅行の面から見れば、中日の互恵については枚挙にいとまがないのである。中日両国の人々の切実な感情から言えば、すでに生活は「生活共同体」の中にあり、すでに中日両国ないし東アジア地区全体の実際的状態となっているのである。民間交流を通じて、「生活共同体」のさらなる建設を進めることは、両国民の切実な願いであり、両国の政府から国民まで各種各業界の人々が皆、このために実際に努力することができるのである。

要するに、「環境」こそ二十一世紀中日関係のキーワードである。「環境」は「道義」（地球村を救う）であり、「環境」は「共生」（中日を含む東アジア各国人民の共同生存空間を守る）であり、「環境」は「紐帯」（中日をつなぐ最重要の戦略的紐帯）であり、「環境」は「特需」（日本経済にとって「朝鮮特需」を上回る巨大な市場需要、中国もこれからの新しい成長分野）である。

注

[1] 卓南生『民主党「清新政治」假象终结』新华社「参考消息」二〇一〇年六月三日。
[2] 鳩山由紀夫「私の政治哲学」「VOICE」二〇〇九年九月号。
[3] 関岡英之『拒否できない日本 アメリカの日本改造が進んでいる』文藝春秋、二〇〇四年四月二一日。
[4] 前出鳩山由紀夫「私の政治哲学」。
[5] 二〇〇一年に党内左派から社会主義インターナショナルに加盟すべきという提案がなされたこともあるが、当時の代表である鳩山由紀夫は「左派というのは民主党のコンセンサスではない」と反対した。「朝日新聞」二〇〇一年八月七日。
[6] 德拜斯、哈里思「中川昭一之死与自民党鹰派的落日」「NEWSWEEK」二〇〇九年一〇月一二日。
[7] 第一七三回国会における鳩山内閣総理大臣所信表明演説——平成二一年一〇月二六日。
[8] Japan's 'Change' Agenda. By Fred Hiatt. Washington Post. September 28, 2009.
[9] 三橋貴明「不能容许日教组的「恶法支配」」「VOICE」二〇〇九年一〇月号。
[10] 田中角栄对美国有些「不听话」、曾被美国狠狠地整了一下、终于不得不灰溜溜地退出政治舞台。二〇〇一年小泉内阁上台时、田中角栄的女儿田中真紀子担任外务大臣的一个目的就是想要收集美国整她的父亲的证据、还没得手就因为与外务省官僚闹矛盾而被小泉逐出外务省。
[11] 中根千枝『タテ社会の人間関係』講談社、一九六七年、一二一頁。
[12] 前出鳩山由紀夫「私の政治哲学」。
[13] "Japan, the Middle Power", By Tobias Harris , NEWSWEEK, Oct. 12, 2009.
[14] 冯昭奎、林昶『中日关系报告』时事出版社、二〇〇七年、一二〇—一二四頁、小川和久『日本的战争力』阿斯康姆公司、二〇〇五年。
[15] 増田俊男『日本大復活!——アメリカを救う国家戦略が黄金の時代の扉をひらく——』PHP研究所、二〇〇六年、五六—七八頁。
[16] 刘迪『日美关系仅靠同盟难以维系』「环球时报」二〇〇九年一一月一六日。
[17] 「対中穏便外交」の影」読売新聞、二〇一〇年四月三〇日。
[18] 同右。
[19] 刘昌黎『「鸠山构想」与中日共同推进东亚共同体』「日本学刊」、二〇一〇年第一期。
[20] http://www.kantei.go.jp/jp/hatoyama/statement/200911/15singapore.html.
[21] http://www.iza.ne.jp/news/newsarticle/politics/politicsit/296384

[22] 同右。

[23] 「新华网」二〇〇九年一〇月一六日。

[24] 「新华网」二〇〇九年一〇月一五日。

[25] 陈言『日本亲美入亚　鸠山内阁启动「友爱外交」』「人民网」二〇〇九年九月二九日。

[26] 斯宾塞『中国没有必要把钱借给美国』「解放日报」二〇〇九年一一月七日。

[27] 呉健民「亚洲崛起　中日合作是基础」「環球時報」二〇一〇年五月二七日。

[28] 王敏「いま世界で　東アジア生活共同体の現在・過去・未来」「婦人之友」二〇一〇年四月号。

[29] 王敏「漢字文化圏　東アジアの絆を再認識しよう」「朝日新聞」二〇一〇年二月一八日。

[30] 从板块来看，当前东亚合作已然形成为「一个板块（东盟）、三条轴线（中国与东盟、日本与东盟、韩国与东盟）以及10＋3（东盟＋中日韩）对话」的格局。今后，面临着加强东南亚（东盟）板块（减少矛盾，提高一体化水平）、构筑东北亚（中日韩自贸区）板块、加强东南亚板块与东北亚板块的连接（包括板块之间的连接和三条轴线的建设）、推动多层次的次区域、次次区域合作（图们江地区、湄公河流域等）等课题。在推动多层次的次区域、次次区域合作方面，东亚主要国家或国家集团之间可能形成竞争，应该注意次区域、次次区域合作也应该遵行开放、透明、包容原则，使这种竞争成为良性竞争。

[31] 从领域来看，应该从最容易搞、最易于寻求共同利益的领域开始，如节能减排等环境方面的合作，货币合作（首先落实中、日、韩和东盟已达成的「货币合作协议」即「清迈协议」）、大幅度扩大人员交流、食品安全、反恐、海上运输线的安全、新型传染病、防灾（特别是应对气候变化导致的灾害增加）等等领域。国际合作的经验证明，相关国家越是合作，就越能够发现需要合作的领域其实很多很多。

[32] 从改革来看，正如温家宝总理最近所说，中国「不改革开放，就是死路一条」。这个道理同样适合于东亚共同体，也就是说，东亚共同体的成员国不改革开放，不摒弃经济上的民族利己主义，东亚共同体也只能是画饼充饥。以日本为例，其一，日本如果不大力推进农业改革，继续采取保护本国农业的传统政策，就可能使农业问题成为其开展地区合作的一个重要障碍。其二，日本如果不改变其传统的巨大企业集团（每个集团包括银行、制造企业、流通企业等等）以及日本流通体系的排外性和封闭性（这使得其他国家很难进入日本国内的市场），也将可能成为走向东亚共同体的一个障碍。

[33] サミュエル・ハンティントン、鈴木主税訳『文明の衝突と二十一世紀の日本』集英社新書、二〇〇〇年、五二頁。如需更多地了解亨廷顿的上述观点及其有关评论，冯昭奎：『日本：战略的贫困』中国城市出版社，前言七—八頁。

[34] 中丸薫『気高き日本人と闇の権力者たち』文藝春秋、二〇〇六年、一七九—一八〇頁。

[35] www.time.com/time/world/article/0,8599,1993402,00.html

[36] www.asahi.com/politics/update/0602/TKY201006020201.html

[37] 所谓「官僚」、指的是各省厅事务次官以下的高级公务员、这一精英阶层在战后日本经济腾飞时期曾经发挥过重要的作用、应该说是「有功」的、但是、随着时间的推移和形势的变化、在部分官僚中间出现了与特殊利益集团勾结、以权谋私的现象、在工作中也逐渐失去了当年的献身精神。

[38] 飯尾潤『日本の統治構造──官僚内閣制から議院内閣制へ』中央公論新社、二〇〇七年。

[39] 将政治家派驻各省厅的做法在近年来的自民党政权中已经实施、例如在麻生内阁、已经有六〇—七〇名议员进入各省厅、而民主党领导层则将「派驻」各省厅的政治家增加到大约一〇〇名、分别担任大臣、副大臣和政务官等职、其中包括那些在当选的三〇八名议员中占四六%（一四三人）、由于缺乏从政经验而被称作「小泽孩子」的年轻议员。人们担心、民主党的议员们（只有少数人有过阁僚经验）是否都能做到不是依靠照念官僚事先准备好的稿子、而是凭自己的见识面对国会辩论？

[40] 「新京报」二〇〇九年一一月三日。

[41] 有中国作家描述他在日本的电视台广播里看到的「行政刷新会议」的「甄别工作小组」对官员进行质询的情景、说接受质询的官员「诚惶诚恐、像很多天没有交作业的小学生」、有的甄别人员对官员的回答感到不满时怒不可遏、斥责官员「你们这是对国家的背信弃义！」官员们的狼狈样子通过「电视转播、网上转载、致使官员们几乎信誉扫地」（许家祥『日本官员的不幸福生活』「同舟共进」二〇〇五年第三期）。

[42] sankei.jp.msn.com/world/china/100605/chn1006051642003-n1.htm

[43] 前出冯昭奎、林昶『中日关系报告』、一一二頁。

[44] 「东海蛀牙还要痛多久」（社评）、「環球時報」二〇一〇年六月一日。

[45] 同右。

[46] 中日「关于推进战略互惠关系的联合声明」二〇〇八年五月一〇日。

[47] 当年美国整苏联的时候、曾经僊计了一个军备竞赛的大战略、诱使苏联把钱都变成黑乎乎的核武器。苏联光核潜艇就造了三〇〇多艘、氢弹到了一亿吨当量、核弹头几万枚。最有名的是一九八三年的「星球大战」计划、发起这个计划的里根总统说：让军备竞赛把苏联经济拖垮、「让苏联人把裤子都输掉」。当今、如果中日两国陷入军备竞赛、对美国其实是「一举两得」、既整了中国、也整了日本、因为两者都是美国数一数二的竞争对手。这说明美国人很会用钱、为了让「产军复合体」赚得盆满钵满、它大力发展遥遥领先于世界的高精尖武器并出售一些过时的武器、借以逗出别人的「勇猛」、实际上是想让别人上当、它仿佛是在逗两只蛐蛐儿、两只都用的是自己的血本、而它用的却是从两只斗气儿的蛐蛐「吸来的钱」（冯昭奎「日本：战略的贫困」、中国城市出版社、二〇〇二年、三二八、三五四頁）。

[48] 杜平『东亚共同体　应该缓行』凤凰网、二〇〇九年一〇月三〇日。

[49] 前出王敏「漢字文化圏　東アジアの絆を認識しよう」。

[50] 陈广庭、沈建真『治理沙尘暴、还需要加强国际合作』「环球时报」二〇一〇年三月二三日。

中日戦略的互恵と民間友好
――理想と現実――

劉　江永

1　問題提起

二〇〇六年から中日両国首脳の相互訪問が回復し、中日関係は、「氷を打ち破る旅」、「氷を融かす旅」、「迎春の旅」から「暖春の旅」を迎えるようになり、両国の政治関係が顕著な改善を見せた。二〇〇八年に、中国国家主席胡錦濤が一年のうちに二度も訪日したことを含む両国首脳の相互訪問は五回にものぼり、史上最高記録となったのである。

胡錦濤主席は二〇〇八年五月に訪日し、福田康夫首相（当時）とともに『戦略的互恵関係の包括的推進に関する中日共同声明』に調印しかつ発表して、多大な成果をあげた。二〇〇九年九月、自民党に代わって民主党政権が生まれた後も、日中戦略的互恵関係をさらに充実させていくことを表明した。

しかし、中日関係はまだ弱い一面があり、構造的な矛盾がなお存在し、相互信頼の樹立と民間感情の改善の課題を抱えている。二〇一〇年は二十一世紀の第二の一〇年目のスタートであって、我々は問題をきちんと整理し、解決の方向性を見出すことが必要である。

ここで、中日戦略的互恵と民間友好の理想と現実について、問題を提起したい。論理的には、中日間の政府レベルの戦略的互恵関係と民間の友好関係は、互いに補いあい、促進しあえるものであるが、しかし現実は必ずしも理想的な状態とはいえない。時には両者の間にステップの合わない矛盾現象さえ生じている。この情報化社会では、インターネットの普及に伴い、社会の透明度が日増しに高まり、国民の参加意識は絶えず高まる。その結果、知らず知らずのうちに、相対的に閉鎖的で伝統的な外交のプロセスと中日関係に新たな影響と挑戦をもたらしてくる。

今問題となっているのは、中日両国の民間感情は改善されつつあるが、そこにはなお大きな温度差が見られることである。例えば、アンケート調査によれば、二〇〇八年に中国国民の対日感情が積極的な変化を示したのに対し、日本国民の対中感情には明確な改善が見られないどころか、かえって後退していたように見える。日本国民の中日関係に対する見方も比較的厳しい。日本内閣府が二〇〇八年十月に行った世論調査によると、アンケート回答者のうち「日中関係は良好と思わない」が七一・九%を占め、前年度同時期の調査の六八%を上回った[1]。二〇〇九年の同調査では、アンケート回答者のうち、中国に対する親近感を抱く人が増えはじめたが、その割合は依然として低い。

同時期の中日民意調査によると、両国民の感情の改善に注意すべき新たな現象が生まれている。中日の政治関係の改善により、日本に対して悪い印象を抱く中国国民の減少が顕著となり、良い印象を抱く人が増えはじめたのである。しかしながら、日本のアンケート回答はこれとは正反対の結果を示した。中日両国民の相互認識に、あたかも「中国は温かいが、日本は冷たい」という傾向が現れたのである。その原因は何か？ 我々はこの問題を考えざるを得ない。本論ではこの点を中心として考え、中日両国民の相互理解を深めていきたい。

2　中国国民の日本に対する印象が好転する要因

（1）日本の首相は靖国神社参拝を中止し、中日間の歴史認識問題に関する矛盾がだいぶ解け、両国関係の重点が友好協力に移り変わったこと

振り返って見ると、小泉政権の時代、日本の指導者が靖国神社に参拝する問題は、中国の国民感情をひどく刺激した。戦後生まれの中国人の心理への影響の大きさは、日本軍が中国を侵略した歴史の記憶そのものを超えたほどであった。この点について、中国社会科学院日本研究所の中国人大学生に対して行ったアンケート調査によって立証されている。

表1が示す通り、二十一世紀に入り、中国の若年層が日本に対して親近感を持たない理由として、近代日本の中国侵略より、日本が今に至るまで中国侵略の歴史に対して心からきちんと反省をしていないことを挙げている。一九九五年以来、日本の歴代内閣のほとんどが、村山富市元首相の日本侵略戦争の歴史を認める発言を引き継ぐと表明している。だが、小泉元首相が任期中に靖国神社参拝をした結果、日本に対して親近感を抱かないと回答する中国人が五〇％以上に増えたとアンケート調査でわかったのである。注目すべき点は、その理由は何かという質問に「近代日本が中国を侵略したから」と答えた人は二七・三％にとどまったのに対して、「日本が今に至るまで中国侵略の歴史に対してきちんと反省していない」ことを理由にした人が六〇％を超えたという点である。

ほかのアンケート調査にも同様な傾向が見られる。例えば、二〇〇七年の中日共同調査によると、中国の一

表1　日本に対して親近感を抱けないと回答した中国人の割合とその理由

調査結果 / 調査年月	日本に対し"非常に親近感を抱く"と"親近感を抱く"	日本に対し"非常に親近感を抱かない"と"親近感を抱かない"	親近感を抱かない理由："近代日本が中国を侵略したから"	親近感を抱かない理由："近代日本が今に至るまで中国侵略の歴史に対してきちんと反省していないから"
2004年9-10月	6.3%	53.6%	26.0%	61.7%
2006年9-10月	7.5%	52.9%	27.3%	63.5%

出典：中国社会科学院日本研究所民意調査報告

般市民のうち、日本に対する印象が悪い原因として日本がかつて引き起こした中国侵略戦争によると感じている人が五七・五％であった。主に日本の指導者による中国人の国民感情を刺激する行動と日本首相の靖国神社参拝が原因であると答えた人は、両者あわせて六八・七％を占めた。若い学生たちにおいては、前項が占める割合は四三・六％、後者の二項の占める割合はなんと九三・六％に上っている[2]。

歴史認識問題を解決する上で、中国の一般市民が最も重要だと考えるのは、日本の南京大虐殺に対する認識問題であり、その割合は六六・七％に達する。次に首相の靖国神社参拝問題が四九・一％、三位に日本の歴史教科書問題が四八・八％を占める。一方、若い学生が最も重要だと考えるのは、日本の歴史教科書問題であり、五六・一％を占める。次に日本が過去の歴史問題に対して謝罪を行っていないことが五〇・一％、三位に首相の靖国神社参拝が四八・九％を占める[3]。

近年来の中日関係の改善は、日本国内政治の「脱右傾化潮流」に伴って現れたものとも言える。日本政治の「脱右傾化」の特徴の一つは、安倍晋三内閣以来、日本政府が靖国神社問題の日中関係に与える消極的影響を重視し、慎重な態度を取るようになっていることである。二〇〇七年九月、福田康夫が首相に就任した際、「靖国神社問題は極端な政治問題となってしまった。これは非常に不幸なことである」と靖国神社に参拝しないことを表明した[4]。二〇〇八年九月、麻生太郎が首相に就任してから歴史問題について以前より慎重になった。麻生首相は「村山談話」を継承し、日本の植民統治と侵略に対し深い反省と心からのお詫びを表明し、謙虚に過去を振り返り、ともに未来を築くことを強調した[5]。

同年十月三十一日、麻生内閣の防衛大臣濱田靖一が航空自衛隊幕僚長田母神俊雄を罷免した。その理由は、田母神氏が自衛隊の現役高官として発表した「日本は侵略国家であったのか」という文章の中で、日本軍の侵略行為を否認し、それを美化しているからである。田母神氏は、近代日本のアジア侵略を認めておらず、東京裁判の結果にも反対しているわけである。その間違った立場は麻生太郎内閣にも許されなかったのである。

これでわかるように、歴史問題において、日本の指導者が中国国民の感情を傷つけるような言動は、中国人の日本に対する印象を直接に損ねる。それに対して、日本の指導者が歴史問題において正しい立場を貫けば、中国国民、特に中国の若年層の日本に対する印象は好転する。

❖――(2) 中日首脳の相互訪問や政治関係の改善は、中国国民に積極的な影響を及ぼしたこと

アンケートを受けた中国人は、一般的に中日首脳の往来に対して高い評価をしている。二〇〇六年九月、安倍晋三首相の「氷を打ち破る旅」の訪中を発端に、中日首脳の相互訪問が回復し、強化された。それによって、中国における日本のイメージ改善に重要で、かつ積極的効果をもたらした。二〇〇七年中日共同調査では、首脳会談が両国関係の改善に及ぼす効果は大きいと考える中国人は六三・八％に達した。だが、それに対して、調査を受けた日本人は三六・二％にとどまる[6]。これでわかるように、中日首脳の相互訪問による中国人における日本に対するイメージ改善の効果は、日本人における中国に対するイメージ改善の効果より、ずっと大きいことがわかる。

中国側から見ると、新中国の歴代指導者たちが中日民間友好交流の促進を非常に重視してきていることがわかる。新中国政府の国民教育の一つとして、侵略戦争を引き起こした軍国主義の責任者と一般の日本国民とをいつも区別している。中国の主なマスメディアは、普段は客観的な事実と政府の外交方針に基づく報道が要求され、行われており、「反日」新聞・雑誌やマスメディアは存在しない。それで、中国のメディアは訪中する日本人の指導者に対して一般的に友好的な報道を行っている。そして、お客さんを困らせないという中国人の伝統的な礼儀と思いやりも、報道関係者と国民は持っている。ところが、日本の政治、社会事情と雰囲気は中国とは異なっている。日本の一部の新聞・雑誌には、販売量を増やすためか、中日首脳の相互訪問を含む中国に関する報道と評論には否定的あるいは消極的なものが多いのである。

❖――（3）日本政府と民間人の中国大震災に対する救援活動と支援が、中国国民の高い評価を得たこと

二〇〇八年五月十二日、中国国家主席胡錦濤が訪日を終え、帰国した直後に、中国四川省の汶川地域で巨大な地震が発生した。天皇と福田首相はすぐに中国指導者にお見舞いの電話をした。十三日には日本政府は中国へ総額五〇〇万ドルの緊急資金援助を行うことを決定し、その後追加で五億円の物資援助を行った。十五日、日本の震災援助隊が四川省の被災地に向け出発し、その後まもなく、日本政府はまた医療隊を中国へ派遣した。日本の各政党、団体、地方政府、大企業および会社が続々と援助の手を差し伸べ、支援を行ってくれた。当時の自民党総務会長である二階俊博氏を団長とする「中国四川大地震救助物資支援派遣団」は日帰りで汶川に近い成都市を訪れ、テント等の救助物資を送り届けた。これは、四川省の被災地に赴き耐震被災救助支援を行った最初の外国与党国会議員代表団であった。松下電器産業（現・パナソニック）等、日本企業も続々と募金活

動や救援物資の提供を行った。汶川大震災の発生後、日本の街ではスーパー、銀行、郵便局、病院、また集会会場等の入り口に募金箱が設置され[7]、通りかかる子供までもが小遣いを募金した。大震災に直面し、中日両国の国民感情には相当大きな変化が生じたのである。これはここ二〇年では珍しいことであった。

中国新華社ネットの「中国震災救援活動への支援　日本各界の心からの援助」[8]という報道は、中国のネットユーザーの中で想像を超える好評を巻き起こした。数日内に二〇〇以上の書き込みがなされ、そのほとんどが日本に対する感謝や高い評価を表すものであった。「中日友好の花が咲いた。今回の日本の活動により、過去の傷が癒やされ、双方の距離が縮まった。我々は日本に対して感謝の気持ちでいっぱいである。今後、日本の首相が靖国神社に参拝し、両国間の国民の感情を傷つけることがないように心より祈る。再度心より感謝を申し上げる！」という書き込みも、その一つの例であった。特に、日本の救助隊のメンバーらが一列に並んで、頭を下げて遭難者へ哀悼の意を表す集団敬礼の写真に、多くの中国人が心を打たれた。「多くの日本人は素質が高く、礼儀を重んじる。この点に関しては尊敬に値する。ありがとう、日本政府と日本の方々。我々は隣人として、お互いに助け合い、譲りあっていこう」という書き込みも見られた[9]。

二〇〇八年五月、日本の「新泰商商務諮詢（上海）有限公司」が全中国の男女各五〇〇名に対して、中国国民の対日感情は日本の四川被災地への救助隊派遣や募金活動により改善されたかという民間のアンケート調査を行った。その回答者の中で、対日感情が「非常によくなった」と答えた人は一一・三％、「改善された」と答えた人は六二・五％、「もともと日本に対して好感を持っており、それほどの変化はない」と答えた人は八・五％、「もともと日本に対して好感を持っており、全く変化はない」が一・三％、「もともと日本に対して好感を持っておらず、それほどの変化はない」が一二・五％、「もともと日本に対して好感を持っておらず、全く変化はない」が三・九％を占めた。

日本の調査会社は、中国四川の大震災に対する日本の救援活動によって中国国民の対日感情が改善できたと認める回答者は八三・六％であると結論づけた。今回の調査において、一五％の中国人が依然として「日本が嫌い」と回答したものの、前の各種調査による五〇％以上の人が「日本が嫌い」と答えた結果と比べると、かなり改善されたのである[10]。

❖――――（４）二〇〇八年中国初のオリンピックが開催され、日本政府や各界の熱い支持を受けたこと

衆議院議長である河野洋平氏を初めとする超党派の国会議員で結成された「北京オリンピックを支援する議員の会」には、六名の元オリンピック選手を含む二二五名の国会議員が参加した。日本は過去最大規模である五七六名で結成される大型五輪スポーツ代表団を北京オリンピックへ派遣した。福田康夫首相夫妻が北京オリンピックの開会式に出席してくれた。日本の選手団が北京オリンピック開幕式入場の際は、中国国民の中で最も人気のある卓球選手福原愛を旗手とし、入場選手には日本と中国の国旗を一緒に持たせ、現地の中国人観衆の熱い歓迎を受けた。オリンピック会場では、中国人観衆は好成績を収めた日本選手に対しても拍手と応援を送った。中日首脳往来の高まりと民間感情の改善が互いに促しあう良い循環となりつつあるのである。

しかし、中国国民の対日感情には楽観できない一面もある。福田内閣辞職にともない、麻生内閣が誕生すると、日本政府の対中政策に対する中国国民とメディアの姿勢は「言葉を聴くが、さらに行動を見る」と見守る状態に戻った。二〇〇九年二月二十六日、麻生太郎は日本国首相として初めて、「尖閣諸島（中国名：釣魚島列島）は日米安全条約を適用する」と語り、中国政府の厳しい交渉を招き、中国国民の強烈な憤慨を引き起こしたのである。もしも麻生がこのまま執政し続けたならば、中国国民の日本に対するマイナスイメージは、おそらくますます高まっていたのではなかろうかと思われる。

（5）民主党政権が誕生した後、鳩山内閣は日中戦略互恵関係をいっそう積極的に推進する外交姿勢が中国で評価されたこと

ここで注目に値することは、二〇〇九年十二月末、民主党幹事長小沢一郎率いる六百余名の訪中大型代表団のうち、自ら申し込んで参加した百四十余名は民主党の国会議員であったことである。この百四十余名の国会議員は、北京に到着するとすぐ人民大会堂で胡錦濤国家主席と握手したり、個人的記念撮影を行ったりして稀に見る温かい歓迎を受けた。日本ではいろんな見方があるが、中国では民主党の対中姿勢が高い評価を受けたのであった。

その直後、中国国家副主席習近平が訪日し、天皇も会見をしてくれた。これはもともと評価されるべきことであったが、しかしそれどころか、それと前後して日本の一部の人々は、マスコミを利用して鳩山内閣に天皇の「政治利用」のため、天皇会見の一カ月前の申請ルールを破ったと非難を加えた。鳩山由紀夫首相と小沢一郎幹事長はこういった圧力には屈服せずに、予定通りに天皇会見を実現したのである。それによって、中国における鳩山首相と小沢幹事長の知名度と好感度は大いに高まる結果となった。日本国内の政治闘争によって、中国で鳩山対中外交の評価がかえって上がったのである。中国における日本のイメージが改善されるにつれて、訪日する中国人観光客も著しく増加した。

おそらく、そういうことがあったからこそ、トヨタ自動車のリコール事件発生後、中国社会の反応は一応理性的なものだったのではなかろうかと思われる。つまり、アメリカのようにここぞとばかりに日本バッシングを行う報道がなかったし、日本のメディアによる中国産「餃子事件」についての拡大報道のような動きも見られなかった。この問題について、トヨタ車のオーナーである中国人顧客たちの満足できるような解決が得られ

れば、将来、中国マーケットにおける日本製品の売り上げはさらに増えるであろう。

3　日本国民の対中感情にあまり好転が見られない原因

近年来、中日関係には顕著な改善が見られたものの、中日両国民の感情の改善についてはなおアンバランスな状態にある。

日本国内において、右翼反中勢力が依然として存在し、日本国民の対中感情にはあまり大きな改善が見られずに、中国に対してマイナスイメージを持つ人はかえって増加したようであった。図1は「中国日報」社と「言論NPO」が共同で行った中日両国に対する国民感情についてのアンケート調査の結果である。二〇〇八年の調査では、中国のイメージについて「良くない」と「比較的良くない」と答えた日本人回答者が七五・六％に上っているのである。筆者はその主な原因は以下の通りではないかと思う。

❖（1）日本側のアンケート調査によれば、中国にマイナスイメージを抱く日本人の数は一九八九年を境に増加しはじめ、今に至るまで根本的な好転が見られない

この現象について、一九八九年、日本のテレビ局が数カ月の間に「天安門事件」を繰り返し放送した結果、中国と日中友好に非常に大きなマイナスイメージをもたらしたと見る日本の有識者がいる。彼らの指摘したように、日本の右翼団体は中国に対するマイナス報道の影響を利用し、公然と彼らの歴史観を宣揚しはじめた[11]。それで、歴史観の衝突が中日民間感情を悪化する方向へ発展させたのである。

図2の通り、総理府の歴年の外交と世論調査を見ると、一九七八年中日平和条約締結後、中国に親近感を抱

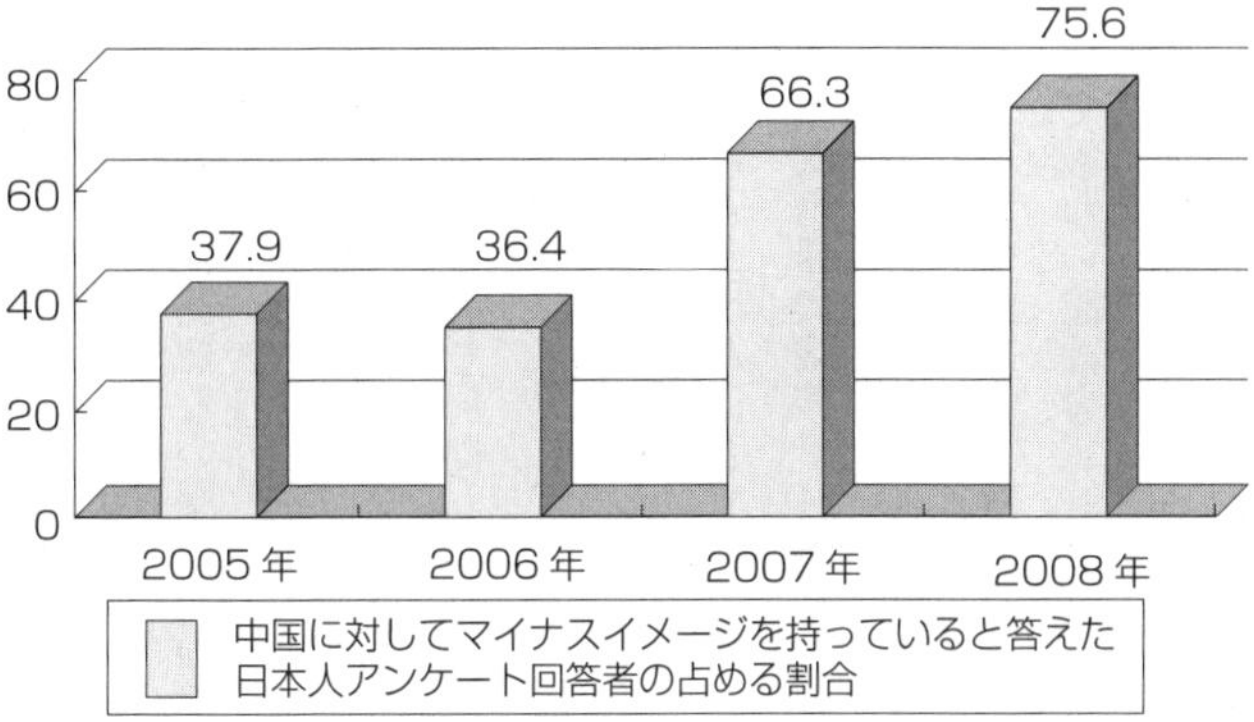

図１　2005年から2008年までの日本の中国に対するイメージの変化

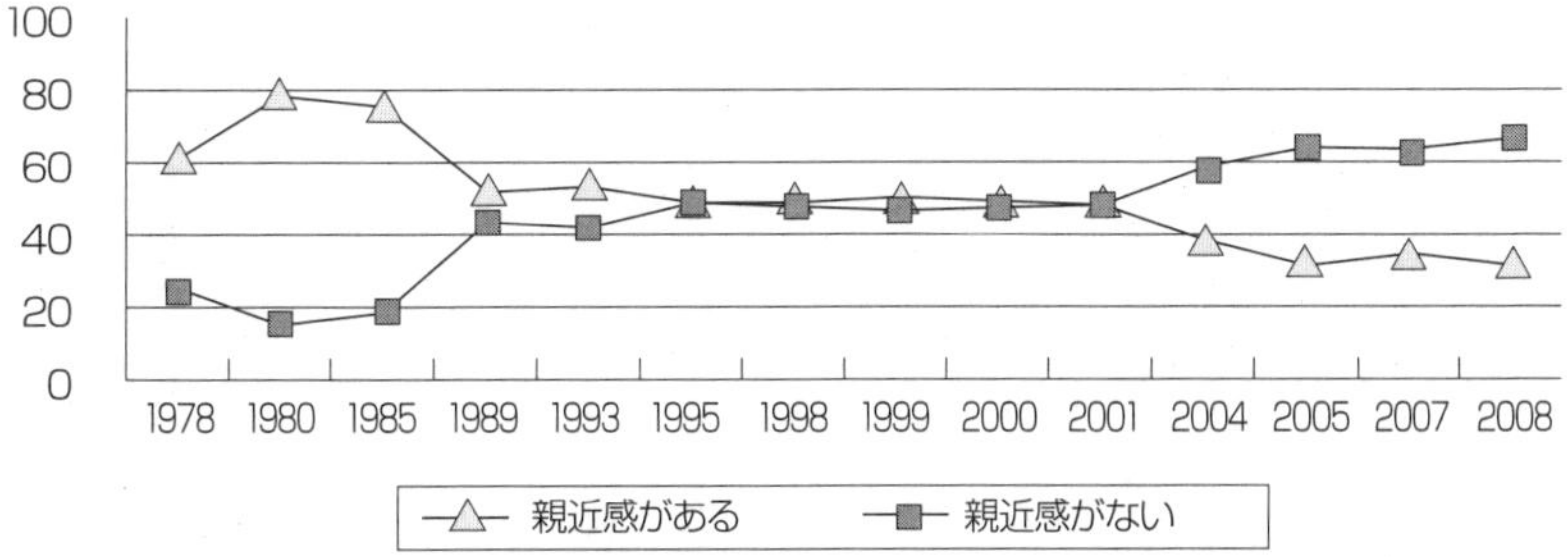

図２　1978年から2008年の日本国民の中国に対する親近感の変化

く日本人は二年連続で増加しており、最高の八〇％に達した。一九八五年から、中国に親近感を抱く日本人は減少しはじめるものの、依然として七〇％以上あった。ところが、一九八九年を境に、中国に親近感を抱く日本人は顕著に減少しはじめ、中国に親近感を抱かない人がほぼ半数を占めるようになった。

この状況は二〇〇一年の小泉政権時期まで続いていたが、小泉政権誕生後、まもなく中国に親近感を抱かない日本人の数がさらに増加し、親近感を抱く人の数を超えたわけである。二〇〇八年の日本政府の調査によると、中国に親近感を抱く人は三一・八％である一方、親近感を抱かない人は六六・六％に達した。そして、七一％のアンケート回答者が日中関係は良好とは言えないと答えたほどであった[12]。

❖――――（2）中日間に歴史問題で矛盾が発生した際、日本の右翼勢力がマスメディアを利用し躍起になって中国を攻撃するなど、政治的右傾化のことが挙げられる

中日間の絶え間ない歴史観の衝突によって、日本人の中国に対する消極的な姿勢が浮き彫りになってきている。逆に言えば中国もそうであった。小泉首相は在任中に中国政府と国民の強い反発を招いたにもかかわらず、頑固になって靖国神社参拝を行い日本国内のナショナリズムには歓迎された。日本右翼勢力の一部もそれを利用して中国批判を展開したり、侵略の歴史を美化する文章や言論を発表したりする。それによって日本の世論を反中宣伝でリードし、日本国民に嫌中感情を植え付けようとした。この右傾化の政治と社会風潮の蔓延する中で、日本外務省の何人かの外交官も「売国奴」と罵倒され、日本の政治家の中にも日本のマスコミが怖いと洩らした人が出たほどであった。

第二次世界大戦後、日本はいわゆる「民主体制」の下で、マスコミや言論の自由が確立された。これはもちろん歴史的な進歩ではあるが、まったく弊害がないわけでもない。日本の各新聞社はそれぞれの特色を出すために、特定の読者層をターゲットにして報道や評論を発表する。時には与党と政府に対しても極端に批判的な態度で厳しい論評を載せる。日本首相の訪中や、中国指導者の訪日の報道についても例外ではない。この点では、日本と中国の報道ぶりとはかなり違う。

国家も人間と同じで、欠点なく完璧なものだとは言えない。中国は日進月歩で発展している大国でありながら、改善すべき問題も多く存在する。ただ問題となっているのは、メディア産業が発達し競争の激しい日本において、テレビの視聴率を高めるためか、あるいは新聞や雑誌の定期購読者や読者を確保するためめか、中国に

ついてマイナスのニュースばかりを報道する傾向があることである。ある新聞と雑誌では極端な中国人の中国批判を利用して、自分の主張したいことを宣伝することもある。それに、世界で発生する日本に関するさまざまな問題についても、往々にして中国に責任を転嫁したりする傾向もある。こうして、日本の一部の読者には暗い中国観が植え付けられたのである。そしてまた、このような日本の読者の趣味に迎合して、ほかのマスコミも同様な報道と評論に変わりつつあるように見える。一種の悪循環である。

このようなマスメディアの影響下において、「言論NPO」二〇〇七年のアンケート調査の結果によれば、「中国に良いイメージを持っていない」と答えた人の中で、六一・七%の人がその理由として「中国はいつも歴史問題で日本を批判するためだ」と答えており、次に「中国は資源や食料の確保において自己中心的である」が四二・四%を占めている。歴史認識問題の解決については、「首相の靖国神社参拝問題」と答えた人が五九・七%であり、「中国の教育や教科書問題」と答えた人が四五・八%に上り、「日本の教育や教科書問題」と答えた四三・三%を上回った[13]。

これでわかるように、日本における一部の中国に対するマイナス報道は、日本国民の中国観に相当な影響を及ぼしている。今後全面的に中日戦略的互恵関係を推し進めていくためには、双方は交流を深め、長期的で弛まぬ努力を続けなければならない。この過程において、両国のマスコミはお互いに相手の進歩と積極的な対応に目を向けて客観的かつ全面的に報道していくべきである。そうしてこそ、はじめて両国の間で誠実に意見を交換し、誤解を解き、友好を深めていくことができる。

❖――（3）日本人の身近な利益に関する具体的な問題、例えば中国の食品安全問題等が日本社会において幅広く注目されていること

最も典型的な例として、二〇〇八年一月に日本の千葉県と兵庫県で発生した「天洋食品公司」製の輸入冷凍餃子の食中毒事件がある。使用が禁止されている農薬メタミドホスが規定値を大幅に超えて含まれており、中日両国の警察当局により刑事犯罪事件として立件調査されることとなった。この事件の真相はまだ解明されていないが、日本のマスメディアの大量な報道は日本国民の中国食品安全問題に対する不安を過度に煽った。それによって、日本人の中国に対する不信感がいっそう高まり、親近感が著しく減った。それに対して、中国に長期的に滞在する日本商社の日本人でさえ、日本国内の新聞やテレビの中国に関する報道ぶりに違和感を感じているほどである。

二〇一〇年三月二十六日に、中国政府は餃子事件の中国人容疑者の拘束を日本政府に通告した。これに対して、鳩山首相は中国側の努力に感謝の意を表した。この問題は一段落し、ほっとしたと思ったが、しかし日本マスメディアの一部は、まだ不信な目でこの調査結果を評論していた。

❖――（4）近年において中日両国の経済発展のアンバランスによって、一部の日本人に心理的不均衡感を生じさせたようである

過去における一部の日本人がかつて中国に対して抱いていた哀れみ、遠慮、寛容の心理が、新世代の日本人にはほとんど存在しなくなったことが挙げられる。長期にわたり中国問題を報道していたある日本人のベテラン記者は、こういった傾向を憂慮している。彼は次のように現状分析している。

一部の日本人は中国の発展をきちんと認めたくないため、いつも中国のマイナスなニュースを知ることで、自分を慰めたり、納得させようとしている。日本の新聞社では、その社説だけが新聞社の考えを代表するものであり、編集部はよく検討した上で、その趣旨、内容と観点を決定する。だが、海外から国内本社に送られた記事は一般的に記者個人が選定し、新聞社は必要に応じて掲載する。このため、日本の現地記者は重要な役割を担うことになる。彼らは本社が必要とする情報に基づき取材を行うが、どのような文章を書くかは彼らが自分で決定する。過去、中国に来たことのある日本人記者は一般的にもともと中国に対して興味もしくは好意を抱いている場合が多かったが、現在の記者はそうとは限らず、仕事のために中国に来たという場合がほとんどである。中には国内の読者に迎合する報道をしようとするあまり、偏見が含まれるといったケースも見受けられる。また、中には西洋の価値観で中国のことを推し量ったり、見たりすることに慣れてしまっているというケースもある。

中国人と比較すれば、日本人の物事の見方は相対的に消極的かつ悲観的であり、危機意識が強い傾向がある。この点は、日本のマスメディアの報道にもよく反映されている。例えば、中国の成長、特に中国の国防力の増大に対して、いつも日本に不利であると強調するきらいがある。二〇〇八年九月から十一月にかけて、日米両国が行った外交問題に関する専門家のアンケート調査の結果、日本において、「向こう十年日本にとっての重要なパートナー国はアメリカである」と答えた回答者は三四％であり、「向こう十年アジアの平和と安定において最も脅威となる国は中国である」と答えた回答者は五一％と首位を占め、北朝鮮の二七％をはるかに上回ったのである[14]。

❖──（5）中国政府関係者と日本のマスコミ関係者との良い関係も、中日友好関係の一環であるが、偏向報道は誤解を招く

日本の新聞社で働く記者はそれぞれ政治部、経済部、社会部に分かれ、彼らはそれぞれ専門的な背景や視点を持つ。中には仕事に誇りを持ち、中国に駐在する期間、現場や第一線に深く食い込み、具体的に報道している記者もいる。彼らが中国の深層に存在する問題を見つけた場合、善意や記者の良心からありのままを報道するかもしれない。だが、これらの報道は日本の新聞紙上に載った瞬間、中国政府と関係部門はそれを知るはずがなく、改善もできないし、間違った報道について訂正してもらうこともできないままである。そのため、これらの報道によって日本の読者たちの中国に対するイメージはさらに悪くなる一方である。

時には、日本人記者の先入観による報道は、読者の誤解を生じかねない。筆者愛読の日本のある新聞でもこのような問題が起きていた。例えば、二〇〇九年二月二十二日のこの新聞では、「例年の旧正月、チベットでは漢民族とチベット民族が一緒に旧正月を祝うが、今年は違う。チベット族が沈黙をもって政府に抗議を行っているからである」[15]と報道されている。実は、チベット暦の新年と中国の旧暦の旧正月は三年に一度同じ日に重なるが、二年目は一日ずれ、三年目は一カ月ずれるのである。前二年のチベット暦の新年と旧暦の旧正月が重なる年は、チベット民族は漢民族と一緒に新年を祝う。二〇〇九年二月二十五日のチベット暦の新年は、ちょうど中国の旧暦の旧正月から遅れること一カ月であったため、旧正月を一緒に祝うチベット民族のにぎやかな風景が見られなかっただけなのである。しかし、二月二十五日になれば、チベット等のチベット民族も、ともに喜び、歌を歌ったり、踊りを踊ったりし、チベット暦の新年を過ごすのであり、この新聞の記者の先ほどの報道とは全く異なるのである。

「友好は易いが、理解は難しい」。これは日本の著名な中国問題専門家である京都大学教授竹内実氏の名言である。誤解と理解という矛盾の中で、隣国とうまく交流し、問題をうまく処理できれば、誤解は理解を生む母親となり、理解は誤解を埋める墓となり、交流とコミュニケーションは誤解を解き、理解の架け橋となるべきであろう。とにかく、まず等身大の中国に関する報道が大切である。

❖――（６）中国は中国のことを、日本を含む外国人に説明する努力がますます重要になるが、まだ足りない

中国が世界から注目されることは、中国の発展の速度が速いため、中国人の予想以上になっている。そのため、取材を受ける中国企業や個人は、勉強をし続け、自身の素質や教養を高め、外国メディアへの話し方を学ぶ必要がある。そして、率直な意見交換を通じて相互理解を深めるために、知識やバランス感覚を身につけなければならないと思う。

筆者は国際問題の研究と教育に従事する者であり、近年、中国国内外からのマスメディアのインタビューを受ける機会がわりと多い。時には日本の論客との討論会に参加する機会もある。その中で、最も大きなチャレンジとなったのは、二〇〇八年三月九日に筆者が参加したフジテレビでの生中継の討論会だと思う。

テレビ局側は中国の国防費、「毒入り餃子事件」等の議題を設定し、日本語による「四対一」の論争の場を設けた。日本側の出席者には中国に対して強硬な立場を採ってきた自民党国会議員の（故）中川昭一氏、民主党国会議員の前原誠司氏らの四人が含まれていた。前原氏はかつて民主党の代表を務めたことがあり、今は鳩山由紀夫内閣の国土交通大臣である。我々はかつて北京や東京で何度も顔を合わせており、中日関係について率直に意見を交換し、本音で両国関係を語りあえる間柄である。前原氏は安全保障問題に関しては、中国に対

して厳しい態度である。当日のテレビ討論番組でも、キャスターに「これまで中国は現実的な脅威だと主張してきたが、今もその認識は変わりませんか」と聞かれると、彼は依然として「変わっていない」と答えていたのである。

そのいわゆる「根拠」の一つとして、日本の二〇〇八年度の防衛費予算は前年度より〇・七四％増加したにとどまったのに対し、中国の国防費は一七・六％も増加し、その絶対額がアメリカドル計算で日本の防衛費を上回ったことを挙げている。そこで、私は、真に国の安全に対する脅威となりうるかどうかを量る基準は、何も軍事費支出だけではなく、同時に実力と意図が備わっているかどうかを考えなければならないと指摘した。例えば、アメリカの軍事費の支出はとても膨大なものであるが、日本は脅威を感じたことはないばかりか、かえって安全だとさえ感じている。それはなぜかというと、アメリカは日本の同盟国だからである。中国は日本の同盟国ではないが、敵対国ではないし、日本を攻撃する意図もない。その上、私は、また具体的なデータで、なぜ中国の国防費が比較的速いスピードで増加しているかを説明し、中国は日本の脅威ではないことを証明した（一一〇―一一四頁参照）。私は前原氏を説得しようとするつもりはなかったが、日本の視聴者の前に自分の観点を明らかにし、日本国民に独自の思考の参考とすることができれば、十分であると思ったものであった。

（故）中川昭一はかつて小泉内閣の経済産業大臣、麻生内閣の財務大臣を務め、二〇〇八年にチベット問題について、一部の国会議員を組織し、中国に対して圧力を加えたことがある。当日のテレビの生放送討論の中で、彼は「毒入り餃子事件」について中国側と福田首相を強く批判した。そこで、私は本案件は刑事事件であり、いかなる可能性をも排除すべきではなく、中国の警察は懸命に調査中であり、日本の警察と協力を深めるべきであると強調する一方、日本のメディアの大げさな報道と評論にも問題があることを指摘した。また最後に、中国として日本の食品消費市場と多くの消費者が中国食品を購入してくれることに対して感謝の意を表した。日本は生魚を食す民族であり、清潔で衛生的であり、食品安全を重視する。これは中国の食品の衛生や質を高め、食品安全を確保する一助ともなっている。今後も日本が中国に対して食品安全の経験を紹介し、両国の協力で共通の安全を守っていけることを希望する。

このようなやり取りで、フジテレビでの生中継の討論会を終了した後、中川昭一氏も、前原誠司氏も笑顔で私と握手し、一緒に写真を撮ってくれた。特に中川昭一氏の態度がすっかり変わったのが印象的であった。私が「ぜひ中国を訪問してください」と言うと、彼は「中国外交学会の招待があったが、いつか行きます」と答えてくれたが、実現できなくて非常に残念であった。あの「毒入り餃子事件」は、二〇一〇年三月に中国人容疑者が拘束されたことによって一段落した。その日の討論会で自分の発言を振り返ってみて、間違っていなかったと安心した。

筆者は、中国人が日本のメディアとの付き合い方を学ぶことは、本当の中日友好事業の一部分であると考える。故周恩来総理のように、日本のメディア関係者および彼らの労働を尊重し、中日友好を守るという大局から、全面的かつ客観的に問題を分析して語り、事実をもって道理を論じることによってのみ、理論で人を説得し、情で人を動かし、徳で人を和し、中国人の良好なイメージを確立することができると考える。

4 中国と日本はなぜ相互信頼が欠けるか

❖——（1）中国人はなぜ日本を信頼しないのか、いかにして中日間の心の和解が実現できるのか

中日間の歴史問題については、日本政府は一九九八年に発表された「中日共同宣言」で、「過去の一時期の中国への侵略によって中国国民に多大な災難と損害を与えた責任を痛感し、これに対し深い反省を表明した」

と明記した。日本政府が政府間の正式文書で戦争の性質について正式に記したのは、これが初めてのことで、大きな進歩だったと私は見ている。

しかし、一方では、日本はたいへん婉曲な形で戦争に言及していた。「深い反省を表明した」という表現は国交正常化を実現した際の「共同声明」の表現を踏襲した文面である。これまで、日本の指導者は数多くの場で戦争について口頭で詫びてきたが、問題は、その表現方法や行動がその時々により違いが出てきていることである。また、指導者が代わるごとに、表現の誠意や行動も異なってきた。「靖国神社に参拝しない」と明言した政治家もいれば、「かならず参拝する」と主張する政治家もいる。外部に、日本人の指導者は戦争処理あるいは歴史認識に対し、それぞれ異なった見方をしているというイメージを与えかねない。このことは日本のイメージを損ない、隣国の日本を見る目にも直接マイナスの影響を及ぼしていると思う。

戦後五十周年にあたる一九九五年、村山内閣は「歴史を教訓に平和への決意を新たにする決議」(不戦決議)を提出し、国会の意志として、日本は歴史上、侵略戦争で隣国に被害をもたらしたことを認め、不再戦を日本国民と世界に宣言しようとした。この決議は衆議院でかなり書き直される形で可決されたものの、参議院では反対にあい、提出が見送られた。その頃からほぼ一〇年以上、日本の政治的右傾化という社会風潮が蔓延し、「政冷経熱」の中日関係もその影響を受けた結果の一つであった。そして、中国と日本の間に、戦後残される問題がまだ完全に解決されていないままである。戦争中の日本による強制連行に関する民間賠償の問題などがそれである。

歴史が心に残した傷は、政治家たちの勇気ある行動で癒やすことができると思う。それで、数年前、私が広島で講演した時、四〇〇人の聴講者に提案したのは、戦争の傷痕が残っている地方への、指導者たちによる相互訪問である。つまり、日本の指導者は中国の南京と重慶を訪問し、反省と慰霊の旅をする。中国の指導者は日本の長崎と広島を訪れ（胡耀邦総書記が生前長崎を訪問したことがある）、平和と友好の旅をすることである。

ただ、日本の政局のことを考えれば、こうした相互訪問はまだすぐに実現できるものではないようであるが、まずは、草の根レベルの相互訪問を提案したいのである。青少年交流でも個人観光でもかまわない。まずは、日本人の南京訪問と中国人の広島訪問を先に進め、その上で、両市市長が相互訪問をすること。もし両国指導者による相互訪問も実現できれば、一般市民の相互訪問もそれによりいっそう促されるものと期待される。二〇〇九年十二月に逝去した平山郁夫氏は、広島生まれの原爆体験者として南京を訪れ、南京で城壁の修復活動に力を捧げたが、これは両国国民の心の和解につながる素晴らしい行動だったと思う。

❖――（2）日本はなぜ肝心なことについては、中国に対する信頼感が欠けているのか

当面、日本の対中認識には、一つの矛盾がある。つまり日本にとって中国経済の発展は有利なチャンスであるが、安全保障の面では中国の成長が不安材料であり脅威であると見ていることである。

例えば、日本防衛省所属の防衛研究所は、二〇〇八年三月に発表した報告の中で、中国は早くて二〇一〇年に空母を建設するとし、中国海軍戦略は日本列島から台湾およびフィリピンに繋がる「第一列島線」内の海域における「近海防御」から、インド洋までの「遠海防御」へと転換しつつあると指摘した。そしてまた、中国の宇宙計画については、人民解放軍と密接な関係にある機関が計画に参与し、多くの衛星は軍事利用の目的であり、「反衛星試験のミサイルはアメリカの人工衛星だけではなく、日本の情報収集衛星をも撃破できる」とまで述べた[16]。日本人関係者の中には、「尖閣諸島（中国名：釣魚島）などは中国の陸上からの航空支援の可能な地域であり」、「この海域に中国の空母が進出し、中国軍が尖閣諸島（釣魚島）に上陸して実行支配の宣言

を試みた場合、これを独力で排除するのはかなり難しいことになろう」と憂慮している人がいる[17]。

二〇一〇年の中国国防費の増加幅は二桁未満で、昨年比七・五%増だったとはいえ、これまで比較的穏健だった日本の代表的な大新聞である「朝日新聞」の社説は、なお中国国防費の不透明さを強調し、中国は時代に逆行して「覇権国家を目指している」と見られてもやむを得ないと中国を非難している。それだけではなく、この社説はさらに中国がパキスタンなどでの港湾建設に協力していることは、インドの警戒感を高めれば、軍拡競争も引き起こすと述べた[18]。防衛関係の背景を持つ人がこの社説の執筆に参加したか、それとも新聞の販売量を拡大するつもりか、わからない。とにかく、「朝日新聞」は私の愛読する新聞の一つであるだけに、このような新聞の変調は理解し難い。日本の読者はこれによる重大な誤解を生じ、ミスリードされることがなければ幸いだがと、心配せざるを得ないのである。

たしかに、日本の一部の人々は速いスピードで発展している中国に対し、地政学から見る不利な局面に出会うかもしれないという危機感を持っている。要するに、日本は安全保障において、依然として中国を「競争相手」、「防衛対象」と見なし、真のパートナーとは見ていない。同時に、日本が中国国防費の増加に対して不安を抱えている背景には、近年日本の防衛費が減少していることへの不安と焦りがいくらか含まれている。二〇〇三年から二〇〇八年にかけ、日本の防衛費は六年連続小幅減少している。一方、中国の国防費は二〇〇八年時点で四一七七・六九億人民元、およそ五七二・二九億ドルに達し、日本の同年度の防衛費支出を超えたのである。日本の関係部門は、中国が国防の透明度を高めるべきだと繰り返して主張することで、中国の国防力の増大を牽制する思惑もあるように見える。日本の一部のマスコミも、時にはアメリカ発の情報を借りて、自身の観点を強化し、「国際社会」共同の関心として拡大宣伝しているのである。

二〇〇九年九月に、民主党が衆議院選挙の圧勝によって与党となった。その直後、アメリカ駐留部隊の沖縄普天間基地の移転問題をめぐる日米間の対立がまず浮き彫りとなった。民主党政権は自民党政権と米国政府の間に合意した日米協議にNOと言いはじめているからである。それに加えて、沖縄県民や地方政府や社民党は、民主党の鳩山政権に対し、アメリカ側の圧力に屈服せずに、アメリカの軍事基地を沖縄の普天間から県外へと移転させるよう求めた。

しかし、もう一方では、これまでと同様に、日米対立が深刻になるにつれて中国がその「犠牲者」となりかねない。日米関係者が今日本のマスメディアを利用して、いわゆる「中国脅威論」を大げさに騒ぎたて、アメリカ軍が沖縄にとどまる理由を作っているのである。

最近の例を挙げると、二〇一〇年四月に、中国人民解放軍の海軍が東シナ海から宮古島南東に至る公海上で正常な訓練を行ったが、日本の一部メディアはこれをほしいままに誇張し、日本に対する「示威行動」だと書き立てた。これについて中国国防部の報道官は海軍艦隊が公海上で正常な訓練を行うことは世界各国の通常のやり方である。関係国は主観的な臆断や勝手な推測をすべきでないし、なおさらに、いかなる過激な行動も取るべきでない。関係国のメディアは工夫を凝らして誇張したり、事実を大げさに報じるべきでないと表明した。

その重要な背景として、駐沖縄米軍基地の移設問題をめぐる日米間の摩擦が先鋭化していることだけではなく、日本政府が新防衛大綱を策定中であることがある。そのため、日米の一部はこれを機に、再び日本メディアで「中国脅威論」をいたずらに書き立てているのである。その動機は決して単純ではない。

5 正しい判断力で相互理解を深めよう

日本が中国に対する戦略的信頼感を持たなければ、中日戦略的互恵関係は本物になれない。日本の対中信頼感は、知的交流の中で率直な意見交換を通じて、相互理解を深めることが重要である。特に、以下の二つのことを正しい判断力で見てほしい。

❖――――(1)中国の国防費の増加をどう見るべきか

中日両国の国防費支出について、筆者は両国政府が発表したデータを比較して分析してみた。一九五二年から二〇〇五年までの間、自国の貨幣で計算する経済規模は、中国は二六八・五倍増加し、日本は八一・七倍増加した。該当期間に、中国の国防費は四二倍増、日本の防衛費は四六倍増となった。また、該当期間における中日両国の年平均物価上昇率はそれぞれ三・三%と四%であった。もし日米同盟、つまりアメリカが日本に核の傘を提供している要素を加えると、中国の国防費は日本の防衛費に比べて決して高いとは言えない。中日両国の国防費の支出の増大には、以下の三点の共通な法則がある。

1、国防費の増加と経済の成長は、基本的に正比例な相関関係で発展する

すなわち、一国の経済成長が速いほど、国防費の増加も速くなるが、その経済成長が停滞すると、国防費の増加も多少減速となる。これはむしろ正常な状態である。

中国の一九八五年から二〇〇四年までの二〇年間の年平均経済成長率は九・四%以上であり、国防費の年平均増加率は一三・四%であった。物価上昇率の要素を除くと、国防費実質年平均増加率は七・四%であった。日本のことを振り返ってみると、一九六一年から一九八〇年の二〇年間に、日本経済の年平均成長率は五%を超え、防衛費の年平均増加率はなんと一四%となり、二桁増加をしており、物価上昇率を除くと、防衛費の実質年平均増加率は七%であった。

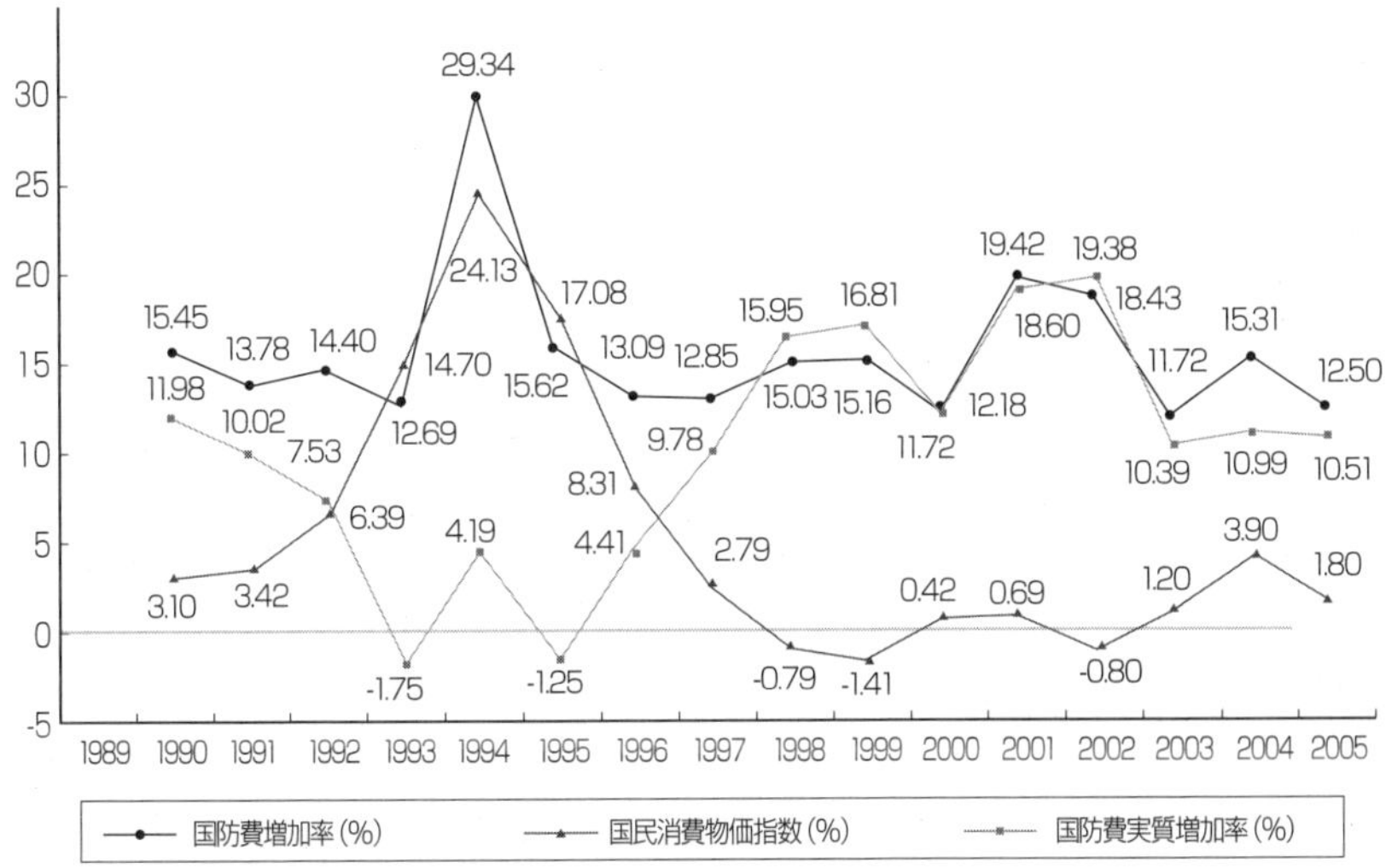

図３　中国国防費の増加率と全国国民消費物価指数の比較
出典：『2006 年中国の国防白書』

2、インフレと国防費増加には直接かかわりがあり、その影響力は経済成長よりも大きい

仮に国防費の上昇率がインフレ率を大きく下回っている場合、国防費の実質的な減少となる。そうすると、インフレ率が高い場合、経済成長率が低くても、国防費は実質的な増加となるためにその増加率が高くなることもある。例えば、一九九四年の中国経済成長率は一二・六％であるのに、国防費の増加率は二九・三％であったが、それは中国が一九九三年から社会主義市場経済に入ると物価高となり、同年度のインフレ率が二一・七％に上ったことによるものである。同様なことは日本にもあったが、一九七四年に、日本の経済成長率はマイナス一・二％だったのに対し、国防費は二八・五％と増加していた。これは、当時日本は石油危機に瀕しており、物価の上昇率が二三・二％に上ったためである。

ここから見るに、現在、中国の国防費支出の増加は一定の補償的性質があると言える。なぜならば、

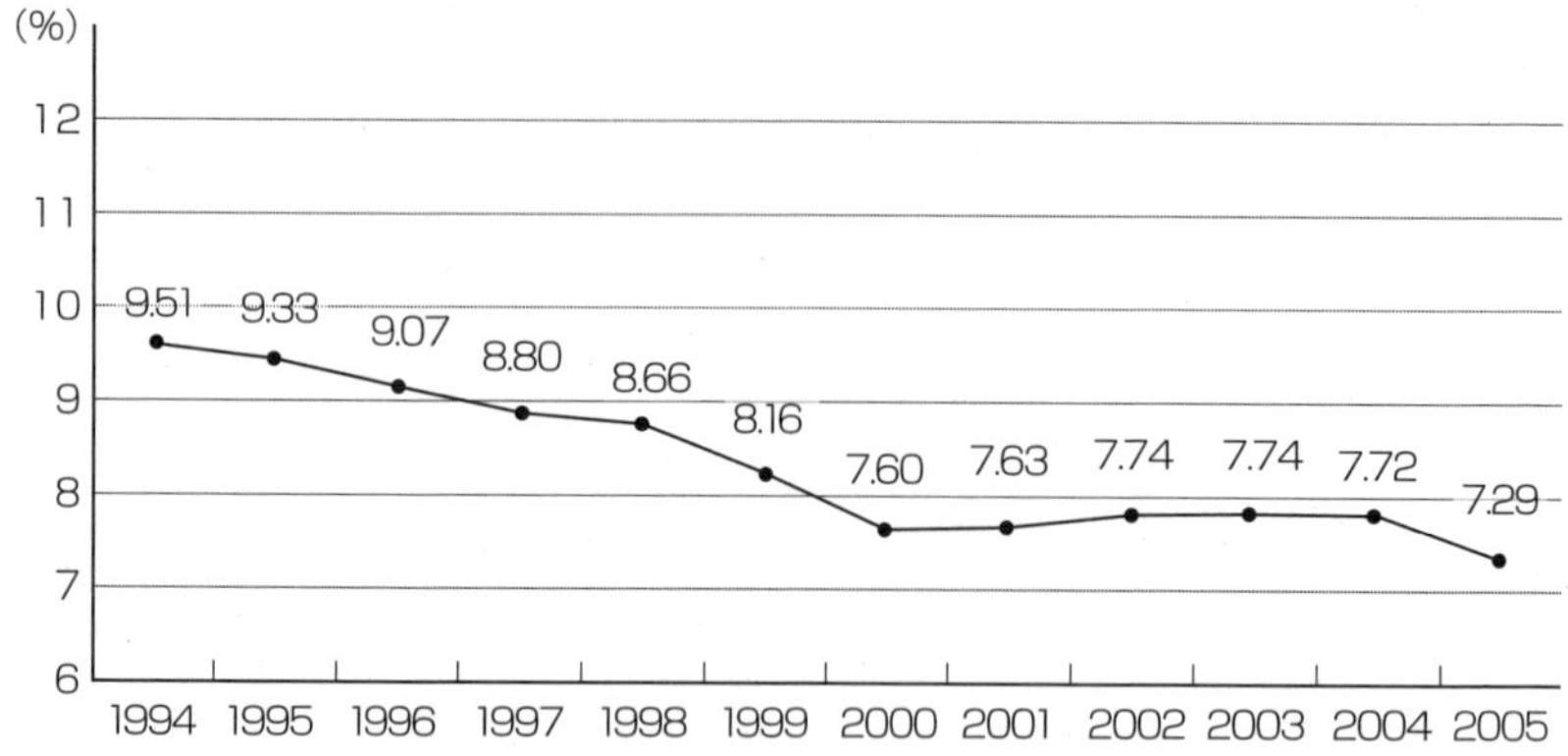

図４　中国の国家財政支出に占める国防費の割合（%）
出典：『2006年中国の国防白書』

中国は改革開放の初期に、経済建設を中心とする資金を確保するために、国防費への支出の増幅をかなり抑えられたからである。一九七九年から一九九四年までの一六年間、中国の国防費の年平均増加率は六・二％であり、同期間の物価上昇率は七・五％であった。つまり、該当期間の中国の国防支出は実際には年平均マイナス一・三％となっている。二〇〇七年、中国の経済成長率、物価上昇率はともに日本の六倍以上であり、国防費の増加率も当然日本を上回っていたのである。

３、財政収入が増加し、国家予算が全体的に比較的余裕がある場合、国防費増加が相対的に高くなる

例えば、二〇〇八年度の中国の国防費は一七・六％増加しているものの、支出項目で最も高い増加率というわけではなかった。同年度中国の教育費の増加率は三五％であり、農業への投資は二五％増加したのである。一九七二年の中日国交正常化以来、中国の国防費が経済全体（ＧＤＰ）と財政支出に占める割合は大幅に減少しており、現時点では日本とほぼ同じレベルである。例えば、日本の防衛費がＧＤＰに占める割合は一九五三年では二・二％であったが、中日国交正常化を実現した後の一九七三年では〇・八

%に下がり、二〇〇五年では〇・九%であった。日本の防衛費が財政支出に占める割合は、一九五三年では一五・四%であり、一九七三年では六・四%となり、二〇〇五年に五・五%と下がった。日本と比較してみると、中国の国防費がGDPに占める割合は一九五三年の九・一%から、一九七三年では五・三%となり、二〇〇五年に一・三%にまで減少した。また、中国の国防費が財政支出に占める割合は一九五三年の三四・二%から、一九七三年では一八%となり、二〇〇五年に七・三%にまで減少したわけである[19]。

日本では、ともするとアメリカの一部の人の大げさな言い方を真似て、中国の実際の国防費支出は公布されている数字よりも大きく、不透明な部分もあると主張する人もいる。実は、三菱、日立、富士通、NEC等多くの日本の大企業が防衛省から防衛関係の受注をしている。もしも他国がこれらの防衛関係の受注をした日本企業の基本金または研究開発費も日本の防衛費の計算に含めるべきだとし、さもなければ透明度に乏しいと主張すれば、日本は絶対に受け入れないであろう。そうである以上、中日双方は両国政府が発表した数字を下にして、比較研究を行うことが適当であると思う。

日本の「中国脅威論」に対しては、日本の有識者からも異論が上がっている。日本「国際アジア共同体学会」代表の近藤栄一教授は「中国脅威論の神話」について次のように指摘した。中国の軍事費はすでに日本を追い抜いたとはいえ、「その軍事費総額は、米国の九分の一、核兵器に換算するなら一〇〇分の一以下です。しかも中国の人口は日本の一〇倍、国土面積は二五倍、一四カ国と国境を接し、五十有余の少数民族を抱えています。中国が空母の建造をはじめたと報道され、中国の海軍力の脅威が喧伝されているけれども、すでに日本は、日向と伊勢という二隻の精強な空母を擁し、その海軍力は英国海軍力の二倍、米国第七艦隊と匹敵するまでに増強されています。いま私たちに求められるのは、いたずらに中国の脅威を喧伝することではありません。むしろ経済的社会的文化面の相互依存の絆を強めて、二十一世紀安全保障の中心的課題にせりあがった、海賊やテロ、鳥インフルエンザや狂牛病など非伝統的な安全問題に共同対処する、未来志向の共通政策を構築していくことです」[20]。

近藤氏のような見解は正しいが、現在日本では多数派ではないようである。このため中日両国間の戦略的互恵関係の構築にはなお長い時間を要すし、引き続き交流や意思疎通を強化することが非常に必要である。

❖――――（2）米軍基地と中日関係をどう見るべきか

一部の日本人論客は「在日米海兵隊は日本の周辺の軍事的な脅威がある限り必要だ。台湾海峡有事など中国への対処、北朝鮮が韓国に攻め込む朝鮮半島に対する抑止、尖閣諸島や先島諸島など離島防衛のために駐留している」と強調した。それは「沖縄に海兵隊が集中しているのは地政学的に重要だからだ。沖縄から台湾、朝鮮へ一日で部隊を投入できる」、もし「これが静岡県米軍キャンプ富士からなら、台湾まで三日、朝鮮半島までは二日かかる」と、沖縄の対中軍事基地の役割を日本の新聞で主張している[21]。

以上の見方は日本防衛関係者の本音を代表しているかもしれないが、自らを欺き人をも騙すものは通用しない。以下の六点を取り上げて説明したい。

（一）もし日米が朝鮮半島への迅速な派兵の必要性を本当に考慮しているのなら、韓国に近い山口県の岩国基地に米軍を移転すべきであり、沖縄に駐留する必要はないからだ。岩国基地に移転できないのは、やはりこの住民の強い反発があるためであろう。

（二）もし、日本が沖縄に米軍基地を維持する真の目的が台湾海峡への介入にあるのだとしたら、中国との間に戦略的互恵関係を構築するという日本政府の表明の真実性に疑念が生じる。うまく対応できなければ、中日戦略的互恵関係は戦略的誤解関係に変わる恐れもないとは言えない。

（三）日本と周辺国との領土問題に関して、実は日米同盟がいくら強化されると言っても、ロシアは「北方四島」を長年占有しつづけているし、アメリカは独島（日本は竹島と呼ぶ）に対する韓国の主権を支持しつづけている。アメリカはあくまでも自国の世界戦略と国益から対外戦略を展開する。中米関係は中日間の島をめぐる係争に影響されないと思う。

（四）中国が釣魚島（日本名：尖閣諸島）係争を武力解決するとか、シーレーンを支配するとかいうのはまったくの杞憂であり、極端な考え方である。これは政治的に想像もつかないことであるばかりでなく、軍事的な面から言っても考える意味のないものである。

（五）もし日本が「中国脅威論」に基づいて対中戦略を制定しているとすれば、間違った判断により、戦略を間違った方向に導くものである。したがって、二〇一〇年末に発表される予定の日本防衛大綱と安全保障分野における民主党政権の姿勢が、今最も中国に注目されているところである。

（六）社会心理学の概念に「予言の自己実現」という言葉がある。それはつまり、もともと存在しないことについて、まるで存在するように想定し、そしてそれに対応するための行動行為をした結果、自分の予言が現実となるプロセスのことである。アメリカの著名な学者であるジョセフ・S・ナイ氏は「中国を敵と見なしてはならない。もし中国を敵と見たら中国はいつか真の敵になるからだ」と主張しているが、これは「予言の自己実現」を避けたい一つの例である。

要するに今後、反テロ、反海賊、災害救助など、連合国家の平和維持行動の需要により、中国は適度な国防費支出の増額を続けるが、同時に透明度についても適度に高めていき、日本の自衛隊との防衛交流を強化し、信頼関係を築き、戦略的相互信頼や提携を徐々に推し進めていくべきである。中日米関係を良い方向に導くためにも、米軍基地の問題を日米間の戦後に残された問題として、外交交渉を通じて処理してほしい。

❖――（3）二十一世紀において中日双方は隣国同士として、交流のルートをさらに切り開いて拡大していかなければならない

中日両国の間に君子の交流と親睦の道があるが、それは「隣嫌我避、隣楽我喜、隣困我援、隣悪我防、隣好我学」にまとめることができると思う。これは国際関係の「処世哲学」でもある。

「隣嫌我避」とは、隣国が嫌がる言動はできる限り避けることを指す。福田康夫元首相が靖国神社参拝問題について「隣国が嫌がることはやらない」という言葉はその良い例の一つである。日本に行く中国人観光者たちが、向こうに迷惑をかけないように日本人社会のマナーと文化習俗に注意を払う必要もある。「隣楽我喜」とは、隣国に喜ぶことがある場合、同じように喜びの気持ちをもって接することを指す。例えば、北京オリンピックの際に、日本も参加してともに盛り上げたことである。「隣困我援」とは隣国が困難にぶつかった際にすぐ援助の手を差し伸べることを指す。「隣悪我防」とは、隣国からの侵害を防ぐことだけではなく、隣国の失敗を戒めとしてそのような結果にならないように防止することも意味する。つまり孔子が言う「見不賢而内自省也（不賢を見ては内に自ら省みるなり）」[22]ということである。「隣好我学」とは隣国の良いところを見習うことを指す。つまり孔子の言う「見賢思斉焉（賢を見ては斉《ひと》しからんことを思う）」[23]ということである。日本は省エネや都市建設、環境保護の面において、中国にとって学ぶべきところが多くある。中国は隣国と交流を深め、ともに前進するばかりでなく、「隣国を鏡とし」、自国の不足部分を絶えず点検しながら、隣国に学

ぶべき立派な点を常に取り入れていくべきであろう。

注

[1]「朝日新聞」二〇〇八年一二月七日。
[2] 工藤泰志編『中国人の日本人観　日本人の中国人観』言論NPO、二〇〇八年五月、五七頁。
[3] 同右、七〇頁。
[4] 新华网东京九月一九日电。
[5] 麻生太郎二〇〇八年一〇月二五日接受中央电视台『高端访问』栏目独家采访时的发言。
[6] 前出工藤泰志編『中国人の日本人観　日本人の中国人観』七八頁。
[7] 王敏「胡锦涛主席访日与战胜地震灾害的决心」、二〇〇八年第六期「対外传播」月刊、四四頁。
[8] 中国新华网、http://news.xinhuanet.com/newscenter/2008-05/15/content_8181182.htm
[9] http://view.home.news/cn/comment?newsid=8181182&page=2
[10] http://bbs1.people.com.cn/postDetail.do?id=87640033&boardId=13
[11] 赵启正『向世界说明中国（续编）』新世界出版社、二〇〇六年一月、九三頁。
[12]「朝日新聞」、二〇〇八年一二月七日。
[13] 前出工藤泰志編『中国人の日本人観　日本人の中国人観』七一頁。
[14] 米国戦略国際問題研究所（CSIS）と朝日新聞による共同アンケート調査、「朝日新聞」二〇〇九年二月一三日。
[15]「朝日新聞」一三版、二〇〇九年二月二二日。
[16] 参考：日本防衛省所属の防衛研究所が二〇〇八年三月二六日に発表した『東アジア戦略二〇〇八』。
[17] 阿部純一『「富国と強国の統一」を目指す中国の軍事近代化戦略』PHP総合研究所「日本の対中総合戦略」研究会最終報告書『日本の対中総合戦略——「戦略的パートナーとしての中国」登場への期待と方策』五九頁。
[18] 参考：「中国国防費 伸び鈍化でも「覇権」の色」「朝日新聞」一三版、二〇一〇年三月五日。

[19] 劉江永『中国与日本：変化中的〝政冷経熱〟关系』北京、人民出版社、二〇〇七年二月、五一一頁。
[20] 近藤栄一「世界金融危機後のアジア共通政策をどう描くか——アジア地域統合ダイナミズム：東アジア共同体への道」二〇一〇年三月一二日に青山学院大学で「国際アジア共同体学会」の主催する国際アジアシンポジウムで発表した論文より。
[21] 川上高司「軍事的脅威がある限り必要」「朝日新聞」一三版、二〇一〇年一月一三日。
[22]『論語・里仁第四』。
[23] 同右。

「平成維新」と日本政治、外交傾向の評価分析

高　海寛

日本の政局に歴史的な変化が生じている。この変化は自民党の保守政治が引き起こした、日本の政治発展において必然の結果であった。民主党が政権を取り、一連の内政改革と変革的な政策案を提出し、日本の政治を転換させようと努力しているのは、日本の政治にとって、重要な意義がある。鳩山内閣の発足時には追い風が吹き、多くの有利な点を備えていた。しかし、政治や経済問題についての経験や能力、経済問題や社会問題、さらには自民党等からの対抗についての対応能力については、まだ、試されている段階であると言える。鳩山内閣が対米関係の調整や、アジアや対中関係における積極的な外交政策の重視、日本と東南アジア地区の安定的提携関係に至るすべての政策には、戦略的な積極的意味合いを持っている。しかし、米国との対等な関係を築くには、米国からの抵抗もあり、難易度は高い。中国や東南アジアとの関係を発展させるには、日本側の積極的な態度が必要で、適切な状況把握と努力が不可欠である。

民主党の連立政権が発足して、もう二カ月になる。十月二十六日、鳩山首相は国会にて再び施政方針演説を行い、新内閣での国内外政策について詳しく述べ、さらにこれを「平成維新」と称した。目下、鳩山内閣は新

しい内政・外交政策を全力で推し進めている。政権は安定期へ移行し、形勢は良好に見える。どのように選挙や政権の「公約」を守るのか、多くの難問に立ち向かい、政治と各事業改革を実現するのかが、今後の鳩山内閣の重要な課題である。

1 歴史的変革の中における日本政治

自民党が下野し、民主党が政権を取ったことで、日本の政治は新たな時代へと向かおうとしている。国内外では、日本の政局が変化した内的要因はどこにあったのかについての研究が行われている。

日本の政局の変化は歴史的な変化であり、日本政治史の発展において必然的な流れである。このような重大な変化は、事実上、日本の政治の構造的な問題が引き起こしたものである。自民党の半世紀以上にわたる長期政権により、政治自体の老化と硬直化を招き、内外政策に遅れが生じた。自民党は時勢の変化に対応できず、時代の流れから外れ、考え方が陳腐になっていた。冷戦終結後の国際政治の変化によって、日本の政治もその転換の過渡期にいたはずだが、自民党は変わらず、基本的に冷戦時代の国際感と伝統的・保守的な国内政治観を持ち続け、冷戦時代の内外政策を踏襲しつづけた。

長い間、自民党一党だけが威張っており、その姿に、野党や国民は嫌気がさしていた。自民党は国民の民意と利益を重視せず、特に対米関係において日本人の民族的自尊心をひどく傷つけた。自民党のやり方は腐敗にまみれ、党内や官僚たちは政治倫理をなくしていただけではなく、派閥闘争や金権政治に明け暮れ、政治家の子弟の世襲を大いにやっている。冷戦終結後、日本は何度も政権の交代をし、首相は一〇人以上も代わり、改革についても検討を行ってきたが、結局は外側を変えただけで、中身は同じようなものであった。自民党は問題の所在について正しく認識せず、自身は旧式の伝統的政治から脱することができないまま、相変わらず伝統的な保守政治を踏襲していたのだ。

マクロ的な角度から日本政治を分析・診断すると、日本の政治の変化はより深い原因的要素を持っており、日本政治の根本的理念に関係すると言える。同時に、自民党政治が老化・硬直化したというよりも、むしろ日本全体がとっくに政治的に老化、硬直化、陳腐化していると言える。これは完全に自民党が招いた結果である。長い間、日本では民族主義意識が日本の政治を支配し、左右してきた。政治大国の戦略意識に翻弄されて、日本は民族主義政治を実行して、戦前とは異なってはいるが、その思想意識は膨張状態となっていた。日本の外交問題の根源も政治的な部分から出ていた。冷戦戦略とイデオロギーの大きな影響を受け、日本は国際外交において米国に依存し、米国の冷戦国際戦略に合わせ、自国の政治と利益の軌道から外れていた。

日本は常に自国を「西洋側の民主国家である」と自称していたが、実際は、米国式西側民主主義の弊害を受けていた。明治維新の頃、日本式の民主主義は封建主義の要素を持ち、民主主義の名の下、西側の政治意識を推し進めるのと同時に極端な民族主義を推し進めて、ついには軍国主義にまで至った。実際、今日まで、日本で民主主義の旗の下で行われたことは決して本来の民主主義の道ではない。日本はまだ経済大国の優越感に満足し、経済大国の自負でもって、民族主義は膨れ上がったが、政治問題についてはおろそかになっていた。

自民党は、国際政治の環境と大きな背景の変化の影響をも受け、総崩れとなってしまった。冷戦の終結は国際政治を転換させ、一部の国家が持っていた伝統的な保守政治も次第にダメージを受け、衰弱し、転換期に直面している。世界はより国際化、グローバル化と多極化に向け加速していった。世界一級の強権政治や経済体制は次第に弱体化し、新しい改革を行わざるを得なくなった。米国さえ、国際政治の流れの影響を受け、変化している。

自民党と政界には、一種の傾向があった。つまり自分たちは自分自身の問題がどこにあるかについて意識しなかった。もう一つの傾向として、一部の人間はこれらの問題を意識しなかったわけではないが、既得権益を守り、伝統的な民族主義の利益を守るために現状維持を守ることに慣れてしまっていたことがある。自民党と一部のリーダー、政治家は変革を望まず、事態が深刻になり抜き差しならぬ状態になってからようやく、しぶしぶと政治変革と「維新」を行わされてきた。

小泉氏は、高らかに改革を叫び、実際には自民党の民族主義戦略や政策に適応しないメカニズムを変えることで自民党の保守政治を強化したと言える。彼は「自民党をたたき壊す」というスローガンの下、自民党をぐちゃぐちゃにした。改革という名の下、経済混乱を引き起こし、貧富の差は拡大し、外交は失敗し、問題が山積したことは、かえって自民党政権を脅かすことにつながった。

日本の政治が袋小路に迷い込む中、民主党などの革新勢力が機運に乗じて現れた。もともとは自民党と似たり寄ったりである民主党であるが、自民党と争う中で、日本の政治の問題点と出口の在りかについて認識しはじめ、自身を改革路線と位置付け、自身の政治主張を形成していった。革新的政治傾向を追求するとともに、自身の政治・政策主張をより深く完全にしていったのである。民主党は新しい政治思考で日本の政治に対峙し、政治変革を行おうとし、伝統的保守政治と区別して新時代を画そうとする歴史的意義を持ち合わせていた。

鳩山首相は二〇〇九年十月三十日の衆参両院臨時国会で、歴代の自民党首相とは明らかに異なった施政方針演説を行った。全編を通じ大きく話を広げず、大国的戦略や民主的価値観等のイデオロギーも持たず、空論的なスローガンがなく、十分に変革の理念と思想を首尾一貫して主張した。演説は簡潔で、奥深く、親しみやすく、国民と国家利益を重視することを十分に表現し、また、世界に対しても誠心誠意をもって接し、冷戦の考えがあまりないことを示した。

鳩山首相は施政方針演説の中で、「戦後行政の大掃除」、「国体の改革」の必要性を語った。彼は話の結びに、官僚から国民へ「大政奉還」をする必要があると述べ、現在行おうとするすべては「血を流さない平成維新である」と表現した。鳩山首相は、現在行われているすべての変革について、明治維新と同じ高さにまで高めた認識を示した。これは戦後の日本政治の改革を強く重視した表れであると言える。

明治維新とは西洋の政治理念、仕組みを吸収し取り込むことで、西洋の現代文化を模倣し、西洋の経済モデルを手本とし、国家の政治・経済・軍事の現代化を促進したことを指す。日本は明治維新を通じ国家政治の転換を実現した。同時に国家主義化を進め、最終的には軍国主義の基礎を固めた。しかし鳩山首相の言う「平成維新」とは、西洋の民主制度を正し、西洋の政治と日本化した西洋政治モデルが持つ弊害を克服し、それを完璧にして日本の現実に合わせていくというものである。

民主党政権の発足以来、日本の政治にはプラスの変化が現れはじめた。民主党政治は自民党の伝統的保守政治とは同じようにはならないだろう。しかし、民主党の変革と維新の目的は改良型の政治革新を進めることであり、決して徹底的な変革ではなく、革命でもないため、日本政治を根本的に転換させるものではない。特に、この独特な国情を持つ官僚体制国家では、民主党が完全な「官僚政治からの脱却」を考えたとしても、それは現実的ではない。改革もまた徹底性を持つことは難しいのである。

民主党は一つの革新勢力として、国民の思いに従い、日本の政治の現状を変える努力を行っている。先の選挙での民主党の勝利と政権交代で、日本の政治において半世紀以上も覇主の座にいた自民党を引きずり降ろした。これは、一つの重大な時代の変化である。民主党が改革を徹底的にできるかどうか、成功するかどうかにかかわらず、これは皆、時代の政治を反映した姿であり、新たな政治の意義を持っている。それは伝統や保守的民主主義に基づいた右傾化の勢いを弱め、冷戦思想と政治理念に基づいた日本保守政治を打破するものであり、良い意義と深い影響を持つものであることを否定してはならない。

当面の日本の政治を分析する際には、新しい思考方法と角度で考える必要がある。自民党と比べて、民主党は若い政党であり、自民党のような古い政党と比べて、政治活力を持ち合わせている。自民党は官僚や中産階級を主体としたのに対し、民主党は社会性と民衆の代表性を持っている。民主党の政治概念は、比較的新しく、保守的な考えも少なく、政治理念は自民党とは異なっている。民主党と自民党保守政治勢力を比較しても、決して互いに同列のものではない。

しかし、民主党の一部分の議員は自民党を離党した者である。小沢一郎氏、鳩山由紀夫氏など主要メンバーの多くが自民党の出身者である。一部の人はその考え方において保守政治の薫陶を受け、個人によっては自民党よりもより保守的である。民主党自身も、伝統保守の二面性をも持っている。

2 鳩山政権の内政的有利点と直面している試練

民主党連立政権が発足して、まもなく二カ月がたつ。この期間のパフォーマンスについては申し分ないと言えるだろう。全体的に各界の評価も良く、発足段階での支持率は七一％にまで達していた。近頃は少し下降しているが、相変わらず国民の良い評価と支持を得ている。鳩山政権はわりと安定的に移行し、序盤戦は良い出来だったと言える。今後、鳩山内閣の鍵は、選挙時と「政権公約」の約束をいかに実現するかであり、各政策をいかにしっかり実施するかにかかっている。

政治の面では、鳩山内閣は変革の姿勢を保ち、「行政の大掃除」を進め、過去の「官僚に頼る」政治から「政党主導型政治」へと転換し、構造改革を行うことで、「政治家の政策決定への直接関与」を行う。このために、鳩山内閣は自民党が残した行政インフラを作り替え、国家戦略局を立ち上げ、首相が直接に政策協議を行うことにより、国政方針計画の統括指揮をとることとなった。また、各省大臣・副大臣・政務官の「政務三者」での立案・政策決定の仕組みを作り、各省・庁事務次官の会議を撤廃した。

現在、内閣構成メンバーは皆、旧政権官僚ではなく、与党メンバーであり、改革意識を持っている。民主党、社民党、国民新党の連立政権の歩調は徐々に合い、協力してことに当たっている。あれは協調ではないと言う評論家もいるが、避けようのない意見の不一致がある場合にも話し合いを続け、融和を続けていく。総体的に、鳩山内閣政権はしっかりと安定し、発展傾向も良好であると言える。

鳩山内閣と民主党は、自民党の保守政治の関連問題を解決しようとしている最中である。世襲制に反対し、金権政治に反対し、官僚主導型の政務に反対し、団体や企業の政治献金問題を徹底的に解決しようと努力することは政治腐敗問題を解決することにつながり、国家公務員の退職後、特定利益団体に移動する「天下り」の伝統的作法の禁止につながるだろう。これらの主張は国民や社会における声や願いを反映したため、国民の心に深く浸透し、各界や国民の支持を得て、国民の目に新政府の新しい変化を映し出した。

鳩山首相は施政報告の中で「友愛政治」に触れ、全編を通じ「国民生活を重視する」ことを強調した。これは「マニフェスト」の中でもメインとなる公約であり、例として、高速道路料金の無料化、児童手当の増額、高齢者福祉問題の解決、農業補助金、「納税者が決して必要とはしていない大型公共設備の建設の廃止」などがある。これらは日本の国民に実質的な利益を与えることになる。困難は大きいが、鳩山内閣はこれらを推進し、公約を果たす決意をしている。これらの「民心事業」は人々の心に深く印象付けられており、鳩山政権のハイライトと言えるだろう。

自民党は野党となり、すっかり勢いをなくしてしまった。一部の長老級保守勢力の姿が政治の舞台から消え、自民党は衰えている状態であり、またさらに分裂していく可能性もある。復活して政権を取り返すのはしばらく難しいだろう。近頃、谷垣禎一氏が党首に選出されて後、自民党も過去の教訓を総括し、認識の調整を行い、政治綱領と政策の位置付けの再度見直しを進め、自己の転換を努力しながら行っている。自民党は今でも「政治の刷新」を叫んでいるが、まだ新しいコンセプトの政治綱領を打ち出せていない。しかも、谷垣氏などは、靖国神社への参拝を続け、世襲を維持し、派閥政治を引き続き行い、根本的に全く変化していないため、人々の心を得ることはできていない。自民党は今では民主党勢力と選挙区争いをする力も持ち合わせていない。比較すれば、民主党は政治において完全に優勢である。

その他の政党や政治勢力・団体にも変化が現れている。日本共産党は野党に列しているが、比較的客観的に民主党政権に対しており、過去の政権担当者に対して行ったような反動行動は起こしていない。近頃は、鳩山氏の施政報告を日本政治が「また前進した」とプラス評価している。公明党は、実際はまだ自民党との関係が切れていないが、政治同盟軍的色彩はすでに薄まっている。谷垣氏などは日本遺族会を訪問し、取り込もうとしているが、まだその効果はあがっていない。現在の自民党の最大の支持団体である日本医師会と日本歯科医師会も、民主党への接近を始めている。情勢は民主党が有利な方向へと動いている。

近頃、神奈川・静岡両県で行われた参議院補欠選挙でも民主党は二議席を得た。総議席数は一一五席に達し、過半数である一二二議席まで残りわずか七席となった。現在、小沢氏はすでに選挙対策を始めており、見通しによれば、民主党勝利の可能性は非常に高い。自民党は自信を失い、気力も不足し、参議院選挙への「危険論」が表れる心配がある。

これまでずっと日本の政局における重大ポイントや、政府の進退は「経済」が握ってきた。現在、国際経済が持ち直してくるにつれて、日本国内の経済状況も好転の兆しが見えた。日経平均株価の動きも、変動はあるが割合平穏である。十月末の失業率は、これより前数カ月の五・七％以上から五・二％に下がった。九月度の貿易額は輸入が三六・九％減少したが、輸出は三〇・七％上昇し、五二〇六億円の黒字となった[1]。これらの経済回復状況が民主党政権にとって有利に働いている。

鳩山内閣が直面している問題や困難、試練については、国内だけではなく国外の各界も注目し、民主党政権の安定に関心を抱いている。現在の戦略的問題は、民主党は徹底した政治変革を行うことができるのか、歴史的な「平成維新」を実現することができるのかであり、今後の鍵は「政権公約」が守れるか否かである。現在、鳩山内閣は政治献金や普天間基地の移転問題、二〇一〇年の財政予算編成までに及ぶ具体的な難関をクリアできるかどうか、今回の臨時国会を滞りなく終わらせることができるかどうかの最中である。来年（二〇一〇年）夏の参議院選挙で、民主党も試されることになるだろう。

まず、日本国内には依然として古い保守的政治意識が存在し、理念・意識の転換を図ろうとするならば、長期的なプロセスが必要となる。それと同時に民主党の改革はさまざまな抵抗にあっている。まずは「官僚政治」を打破する過程において、保守官僚の硬化した習慣性のある拘束力の排斥を受け、同時に彼らと各方面の実際の利益にも触れることになる。例えば、八ツ場《やんば》ダムの建設停止など、さまざまな無駄遣い事業の問題については、抵抗が大きい。ある事業を中止しても、地方の保護主義の抵抗を受けている。

自民党は「腐っても鯛」であり、依然として民主党に対抗する強敵であり、このままおとなしく引き下がるはずがない。自民党はすでに臨時国会での反撃を開始し、一部の問題について民主党と対立している。二〇一〇年の財政予算をめぐる審議や、今後の「金融モラトリアム法案」など一二の法案審議上で、鳩山内閣は自民党からの質疑や反対を受けるだろう。自民党は今後もさまざまな手段で対抗し、民主党と鳩山内閣へ挑んでくるだろう。来年（二〇一〇年）夏の参議院選挙の際に、自民党と民主党は再度戦うことになるが、厳しい戦いとなることだろう。

民主党政権は始まったばかりであり、その執政能力はまだ弱い。特に若く経験の乏しい議員たちが政治を行っており、行政と経済管理の能力、経験に乏しく未成熟である。民主党の政治主張は理想主義すぎるところがあるため、理論的かつ実務的であることが必要であり、各種政策に操作性と実現性を持たせることで、ただの安請け合いとなることを避けなければならない。どのように政治の国民への返還を具体的に表現するのか、地方の権限をどう拡大するのかなど、多くのことをすべて実現しなければならない。

民主党は組織と人事においては「官僚の手から政権を奪還する」ことを比較的容易に行うことができた。しかし自分自身がどのようにそれを把握し、権力を実行するかには大きな課題がある。このため、三党連立政権の一体化をさらに強化し、党内の一元化を行い、好ましい相互作用を形成し、互いに緊密な協力を重視すべきである。同時に、自民党は、鳩山氏の政治献金偽装問題を政府の「致命的な弱点」とし、鳩山氏に対し圧力をかけてきている。これは鳩山氏と内閣にとって頭の痛い問題である。

現在、日本経済の完全回復までには、まだ距離がある。経済は依然として困難な状況である。どのように経済構造改革を行うかは大きなテーマである。どのように承諾を実施し、財源問題を解決し、子ども手当等の課題を実行しつつ、予算超過を防ぐか、税収を増やし、国債を大量に発行しながら、国民生活への影響を抑えるか、鳩山内閣にとって両立するのが難しい試練と難題である。

3 鳩山外交政策の調整と戦略的意義

外交と外交政策の調整は、鳩山内閣が変革を実行するための重要な部分であり、「政権公約」の重要ポイントである。新政府が成立してまもなく、民主党と鳩山内閣は、その外交政策を明確に示した。十月二十六日の施政報告の中で、鳩山首相は自民党が行っていた政治大国戦略には言及せず、「国際貢献」についても強調せず、さらには西洋の民主主義の価値観の普及についても強調せず、日本外交の具体的な新政策について重点的に語った。

鳩山内閣は「自主」と「対等な対米関係」を謳い、東南アジア諸国家や中国との友好関係を強化し、「東アジア共同体」構想を主張している。また「専守防衛」と「非核三原則」を堅持することを強調し、世界の非核化を促進し、世界の環境問題などに積極的に対応していく。これらが今の日本外交の重要な点である。鳩山氏の日本外交政策の調整は、「平成維新」の中の「外交維新」と言うことができる。

今、国際政治はまさに新しい転換期を迎えていると言える。米国など西側諸国も、伝統的な保守政治や外交意識・理念を新たに考えているところである。特に、米国は世界中が上り調子かつ外交戦略が弱まるにつれ、自身の外交政策が国際的には人心を得ることができないことに気付いた。オバマ大統領も極端な自国中心主義を転換し、多国間外交を重視しはじめている。十月二十三日の国連会議の演説で、オバマ大統領は、世界を「全く新しいビジネスパートナー」[2]と述べた。その他西側の同盟国の米国に対する意識も若干、変化していると言える。

二年前からの米国の金融危機は、世界的な経済危機を引き起こした。米国経済悪化の直接的な、主な被害者は、日本やヨーロッパ等の西側同盟諸国であった。同時に、国際的な政治力と勢力構造に新たな変化が現れ、冷戦後の西側諸国による天下制御情勢を打破した。G8はG20に発展し、「BRICs」が出現し、その上、米欧中日の4Gや米中の2Gなど新たな戦略的グループが形成される可能性がある。特にアジア地区においては、米中日の戦略的三角関係の中で、中国の国際上における戦略的地位は日ごとに日本を凌駕している。

米中の接近は止まらず、日本は劣勢に立たされている。

冷戦終結以来、日本の対米追従の関係は変わることがなかった。特に小泉政権後は、「米国一辺倒」の政策であり、米国の自国中心主義に極力協力することで、日本の外交と国家利益に大きな損害を与え、日本は持つべき外交と戦略的地位を失い、その地位をおとしめた。卑屈外交は日本と国民の心の傷となり、日本は上から下まで、一種のあきらめが漂った。よって民主党は、日本の新たな戦略的位置と政策の選択について考えているのである。

民主党は、伝統的な米国依存や西側諸国との連携外交の考えや理念を転換させようと努力している最中である。鳩山氏と民主党は「米国主導のグローバル主義の時代は終結に向かおうとしている。我々は多極化時代に向かっている」[3]と考え、民主党も「日本は対外政策を新たに調整しなおすべきであり、多元外交、特にアジアにおける多元外交を重視するべきである」と考えている。

日米関係を正常化させ、受身的な対米外交を改め、日米同盟を定義しなおすことは、日本の新時代外交における要中の要である。日本は協調外交を強調していると同時に、さらに「密接」かつ「深い」日米の「基軸関係」を強調している。鳩山政府は日米関係を悪化かつ敵対させたいのではなく、平等かつ合理的な相互関係を築くために調整したいとの考えである。

日本は日米地位協定や、沖縄の米軍基地移設問題、インド洋での米軍給油問題などの解決のために話し合いを行っている。これらは本来、話し合いで解決できる問題であり、特に、米国は他国に駐留する軍の移設に関して、当然駐留側はその滞在国の言う通りにすべきであると考え、日本の主権と民意を尊重すべきである。オバマ政権はブッシュ政権とは異なり、本来協調的な姿勢を持っている。しかし、米国側は依然として強硬である。十月二十日に来日した米国のゲーツ国防長官は、問題の早期解決を求め、普天間基地は沖縄以外には移設させないとの強硬姿勢を示した。

日米関係の調整は大変な困難を伴い、決して順調とはいかないだろう。日米関係の調整は日本の全体的な外交に直接関わり、また、東アジア地区の安全と戦略の枠組みを転換できるかどうかの根本的な問題にかかわってくる。日米関係の調整がうまくいけば、米国の国際的なイメージチェンジに有利でもある。米日は、協調関係における問題についてともに向き合って進むべきであるが、米国の調整幅は決して大きくなく、日本は譲歩しなくてはならないだろう。

日本は今まで反核を唱えつづけ、「非核三原則」を堅持してきたが、その反核は反米ではなく、実際は米国の核の傘の下にいての反核であり、公正ではないダブルスタンダードで、米国の核保持を支持してきた。鳩山政府は本当の意味での反核の実行について努力し、オバマ大統領の「核なき世界を目指す」構想を支持している。さらに、米国は核兵器の先制使用をしないことを明言すべきであり、核兵器の削減を率先し、さらに全面的に核兵器を処分すべきだと主張している。近頃国連では、日本提出の「核廃絶決議案」が採択された[4]。鳩山政府の政策主張は国際的な核問題解決への本当の糸口となるだろう。

鳩山氏およびその内閣は、環境外交など国際的に関心が持たれている問題に対しても積極的な政策を行っている。温室効果ガスを一九九〇年比で二〇二〇年までに二五%削減するとし[5]、国際的に評価された。鳩山首相は十月二十三日のASEAN+3首脳会議では、「発展途上国に対し資金や技術援助を行い、国際的な環境問題への取り組みを積極的に推し進めていく」と述べた。

日本は、今までずっと「西側諸国の一員」であることを強調し、米国を重視しアジアを軽視する外交政策をとってきたが、鳩山政府は、アジア外交を重視している。鳩山氏はかつて「我々は自分の身分を忘れることはできない。我々はアジアの一国家である」[6]と述べている。鳩山外交はアジアに立脚し、米国への依存体質から転換し、アジア外交によって、対米・対中外交の戦略的均衡性を保とうとしているが、決してそれは「脱米入亜」ではない。

今までも日本は「東アジア共同体」の立ち上げに追従してきたが、それは誠意からではなかった。自民党政府は米国の不満を恐れ、中国の戦略的地位が高まることで自身の主導権が危うくなるのを恐れていた。鳩山首相が、今、全力で「東アジア共同体」の確立を推し進めていることは、自民党とは対照的である。「東アジア共同体」の確立のために、中国と東アジア諸国家全体の連携への参加を積極的に推し進めている。これは東アジア地区の再編と提携に有利であり、日本が受動的な外交局面から抜け出すにも東アジア外交の実質的な主導権を握るのにも有利であり、米国も中国も支持せざるを得ない。しかし、現在から見ると、共同体の確立にはまだ多くの困難や障害がある。

鳩山氏の施政報告の中では、中日関係について多くは触れていないが、しかし、中日戦略の互恵関係を引き続き堅持し、日中関係の発展を重視することは、鳩山氏の対中外交においてはっきりとしている。今年（二〇〇九年）九月下旬に出席した国連会議期間に行った、鳩山首相と胡錦濤主席との会談では、「戦略的互恵関係をもっと中身のあるものにする」、「お互いの立場を超えた友愛外交を展開する」ことを明確に強調した。これには、戦略的互恵関係をさらに深め、互いの違いを認め、調和のとれた共存を目指し、両国関係のさらなる密接な発展の強化を強調するという意味が含まれている。

政権を取って以来、鳩山政府の中国に対する態度は積極的であり、誠意と決心が表れている。中日双方は、現在各領域での連携を展開している。東アジア自由貿易区、東アジア共同体の立ち上げには、日本側も中国に対するかつての消極的かつ逃避的・排斥的な態度を改めている。東中国海（東シナ海）のガス油田開発の問題では、鳩山氏も誠実な対話と協議による解決を強調し、東中国海（東シナ海）が「友愛の海」となるよう努力すると述べている。歴史問題については、鳩山政府と与党も的確に把握し、「村山談話」の精神を継承し、靖国神社に参拝しないことなどを明らかにしている。

しかし中日間には依然として構造的な歴史と現実的な問題が存在し、互いの関係に制約や影響を与えている。日本国内では依然として中国や対中国関係についてのしっかりとした認識が不足している問題がある。特に、近年は中米の「G2」に関してや、中国のGDPが近く日本を抜くという議論が、日本の社会ではいまだに中国に対して懸念を抱いていることを示しており、中国の実力とその戦略的地位の増強、中米関係の密接化など、自身の戦略的地位が滑り落ちていくことを直視したくない気持ちが表れている。

自民党党首の谷垣禎一氏や小泉氏、安倍氏、麻生氏と一部の国会議員たちはいまだに靖国神社に参拝し、鳩山内閣の対中友好外交に不利な影響を与えている。鳩山氏は「互いの立場を超えて」と主張しているが、イデオロギーの領域では中日間でもまだ摩擦が起きる。特に「新疆独立」、「チベット独立」などの問題については、鳩山氏は、中国の内政問題との態度を明確にしているが、一部の勢力は民主主義や人権などの言い訳を使い介入している。また、近頃ではルビア・カーディルにビザを発給し、彼女とダライ・ラマの訪日を許可した。日本社会でも、彼らの分裂活動に舞台を提供する者がいるのである。台湾、東中国海（東シナ海）ガス油田、釣魚島（尖閣諸島）問題など、敏感な民族利益に触れる問題に、鳩山内閣の対中外交が試されるであろう。日本においては、野党も社会も大局を見て政府の足を引っ張らないことが必要であり、選挙のために日本の国際的な信用や名誉を失い、日本のイメージを傷つけてはならないのである。

北東アジア地区については、鳩山内閣は対露関係を重視し、ロシアとの政治・経済の「両輪」関係を発展させることで、領土問題の適切な解決を期待している。鳩山外交は北朝鮮に対しても一定の軟化した態度を示している。韓国、北朝鮮とも鳩山内閣には期待を示している。日本の対北朝鮮外交は相対的に理性的であるが、核問題と拉致問題の解決への大きな変化は難しいであろう。

鳩山内閣が政権を取ったことで、日本国内の極端な民族主義と政治の右傾化が一定の制約を受けることになった。イデオロギーと冷戦思想も薄まるだろう。鳩山首相は九月の国連会議上で、日本は「アジアと西洋、先進国と発展途上国、多様な文明の間の橋となる」[7]ということを強調した。これは日本の国際政治に対する意識が正常化した表れであると言えるだろう。

対米関係の調整が成功するか否かは、民主党の改革の勝敗、日本の国家戦略と外交の未来にかかわってくる。アメリカに口出しするのを怖がっている日本にとっては、米国に「NO」と言いだし、「米国との対等関係」を打ち出し、米国に核の先制攻撃不使用を求め、さらには守ってくれた核の傘をなくすことは、十分な政治的勇気が必要なことであり、日本の外交上の大きな進展である。しかし、日本の対米外交の改革と調整は、そんなに簡単に実現できないであろう。

鳩山内閣の外交政策は、実務性と合理性を体現し、過去の「国際貢献」、「大国にふさわしい力を発揮する」など、表向きは立派なスローガン外交から抜け出した。同時に鳩山内閣の外交政策は「独立した思想を持つ外交政策」と行動を基礎としているので、国内外に評価されている。

鳩山外交は始まったばかりであり、その外交政策はまだ十分なものではなく、システム化もされていず、まだ不慣れであり、戦略性も完全に備えてはいない。鳩山内閣の対外政策は三党の連立政権の話し合いの結果であり、今後はさらに相互調整が必要になってくるだろう。鳩山内閣の対外政策も、旧時代の外交の跡を持つことは避けられないだろう。「友愛外交」を推し進めていく中で、日本は小さなことにこだわって大切なことをしくじるようなことがあってはならず、戦略的思考と広い視野を持つことが必要である。

※本論は遼寧大学で開催されたシンポジウム「世界の枠組みの変動中の中日関係」で発表した論文で、遼寧大学の『日本研究』二〇〇九年第四期にその概要が掲載された。

注

[1]「日本経済新聞」二〇〇九年一〇月二二日。
[2]「環球時報」二〇〇九年九月二七日。
[3]「ニューヨークタイムズ」二〇〇九年八月三一日。
[4]「読売新聞」二〇〇九年一〇月三〇日。
[5]「人民日報」二〇〇九年九月八日。
[6]「ニューヨークタイムズ」二〇〇九年八月三一日。
[7]「朝日新聞」二〇〇九年九月二五日。

二〇〇九年度中日経済貿易関係の回顧と展望

呂　克倹

二〇〇九年度の中日経済貿易協力状況を顧みると、中日の経済ハイレベルの対話で両国の経済貿易分野の戦略的互恵関係を密にし、中日貿易は低下の中に上昇があり、日本の対中投資は谷間を抜け出し、中国の対日投資は悪い環境で上昇しつつあり、中日の省エネ環境保全協力は具体的な推進段階に入り、中日韓の協力は積極的な進展ができている。次に二〇一〇年度の中日経済貿易協力の予想を展望する。中日は共同して国際的な金融危機に対応し、「危機以後」および中長期間の協力発展方向を検討すべきだという結論を出し、中日経済ハイレベルの対話システムを十分に利用し、省エネ環境保全模範プロジェクトの建設を加速させ、技術貿易協力レベルを向上させ、サービス貿易協力を推進し、双方向の投資を積極的に激励し、中小企業間の協力を推し進め、中日企業による第三国市場の共同開発および東アジアの地域一体化プロセスの推進をサポートすることを提案している。

双方が共同して努力した結果、二〇〇九年度の中日関係は日本政権の交代後、安定的な経過と良いスタートを実現した。両国の指導者は頻繁に訪問しあい、継続して中日関係を強化し、全面的に戦略的互恵関係を推進することが確認され、両国間で経済貿易協力の展開のために力強い保障が提供されている。二〇〇九年の中日経済貿易協力は金融危機の厳しい試練に耐えられ、協力基礎が依然として強固なものである。全体から見れば、「危機」と「機会」が併存し、「低下」の中に「上昇」がある。二〇一〇年に継続して金融危機からの挑戦に対応し、長期的なことに着眼し、大局のことを考えるのが、中日経済貿易関係の面する重要な任務である。

1　二〇〇九年度中日経済貿易協力の概況

❖（1）中日貿易

中日貿易は一九九八年のアジア金融危機以来、継続して成長してきているが、今回の国際金融危機の衝撃を受けて日、米、欧などの市場需要が落ち込み、この一一年間で初のマイナス成長を見せた。二〇〇九年度の中日貿易総額は二二八八・五億ドルで、前年比一四・二%減であった。そのうち、中国の日本への輸出は九七九・一億ドルで、前年比一五・七%減、日本からの輸入高は一三〇九・四億ドルで、前年比一三・一%減であった。日本は継続して欧州連合（ＥＵ）、アメリカに次いで中国の第三貿易パートナーとなっている。

前年のトレンドから見れば、中国の需要などの要素の支えで、中日貿易の下げ幅が次第に小さくなり、良い方向へ向かっているのである。中国のインフラ施設建設の投資を強化することにより、多くの関連産業が機械設備への需要を促し、日本から中国への機械、電子、自動車、発電設備および関係部品の輸出高の顕著な回復を牽引している。中国側の統計によると、中日貿易金額の十一月単月分はマイナスからプラスになり、伸び幅は二・九%で、十二月単月分の伸び幅は二四・四%となったということである。一方、日本側の統計によると、十一月の中国への輸出高は前年比七・八%増で、一四カ月ぶりのプラス成長となったということである。

強調しなければならないことは、中国との貿易が日本全体の対外貿易の中で非常に良い成績が得られ、二〇〇九年に中国はアメリカに代わって、歴史的に日本の第一輸出市場となると同時に、日本の第一輸入国としての地位がより固まっていることである。

❖——（2）日本からの対中投資

日本からの対中投資は下半期に年初からの谷間を抜け出し、活発になった。二〇〇九年度の投資プロジェクト数は一二七五件で、前年比一一・三％減であり、払込金額は四一・一億ドルで、同一二・四％増であった。二〇〇九年十二月現在、日本からの対中投資プロジェクトは累計して四万二四〇一件あり、払込金額は六九四・八億ドルとなり、日本は中国の外資利用で第二位となっている。

投資分野から見れば、中国の内需拡大に関係する製造業投資は堅調に保ちつつ、特に商品のハイエンド化の発展趨勢に合わせ、ハイブリッド自動車、電動自動車など先進製造業が相次いで中国に進出し、多国籍企業の対中国の製紙、化工、新材料など大型の戦略的な投資プロジェクトが相次いで開始され、省エネ環境保全協力プロジェクトは増加し、実質的に歩み出し、サービス業は中国市場への進出を加速させ、卸売・小売業の投資は増え、金融・保険・不動産業は増資の成長源となっている。

投資地域から見れば、日本企業はやはり珠江デルタ、長江デルタ、北京、天津など沿海発達地区に集中しているが、内陸の経済の成長に従い、湖北省武漢などの中部都市は日本企業から注目されつつあり、世界最大のガラスメーカーＡＧＣにより設立された省エネコーティングガラス工場をはじめとするプロジェクトは武漢に集まった。

❖――（3）中国からの対日投資

二〇〇九年に中国からの対日直接投資は悪い環境の中で伸び、大型合併プロジェクトが増えた。年間の非金融類の直接投資は一・六億ドルで、前年度比で三六五・八％急増であった。二〇〇九年十二月現在、対日投資金額は累計して六・七億ドルであった。蘇寧電器は五七〇〇万人民元を投資し、日本の有名な家電チェーンのＬＡＯＸの二七・三六％の株を取得し、中国企業による日本上場企業の初合併を実現した。聯想集団は、ＪＡＳＤＡＱに上場する日本システム開発企業ＳＪＩに五〇億円出資し、その四〇％の株を取得することについて基本的な合意に達した。

❖――（4）第二回中日経済ハイレベル対話が成功裡に行われた

二〇〇九年六月七日に、第二回中日経済ハイレベル対話が東京で成功裡に行われた。王岐山副総理と当時の日本の外務大臣・中曽根弘文が対話を共同して主催した。双方は経済金融情勢、環境エネルギー協力、貿易投資問題、地区および国際経済問題など四つのテーマについて深く討論し、多くの共通認識に到達した。今回の対話を通じ、経済貿易分野で中日の戦略的互恵関係を強固にし、両国の経済界の協力強化の信念を強くした。

胡錦濤主席の二〇〇八年訪日の時に双方が発表した「中日両国政府　交流と協力の強化に関する共同コミュニケ」の中の四一項目の経済分野の協力プロジェクトは大部分が積極的に実行され、今後、継続して関係作業を推進していくと確認された。また、厳しい情勢に面し、中日両国は協力を強化し、積極的に二〇カ国集団のロンドンサミットの合意事項を着実に実行し、世界経済の早急な回復を促進していくと双方で確認した。共同して貿易保護主義に反対し、ＷＴＯドーハラウンド交渉での成果をめぐり、交渉で早急に、世界経済の健全な発展を促進し、各側の利益のバランスが取れるようにさせる一括協議がまとまるように推し進める。中日双方は、省エネ、環境保全、金融、農業、貿易投資、知的財産権、情報通信、流通物流、災害減少、災害防止および地域経済協力などの分野における協力を強化することについて合意し、双方の関係部門は八項目の協力書類を締結し、共同して交流活動を三回行った。

❖——（5）中日の省エネ環境保全協力は具体的な推進段階に入った

中日の省エネ環境保全協力は深化して発展し、二〇〇九年十一月に、第四回中日省エネ環境保全総合フォーラムが北京で行われた。中日双方は四二件の省エネ環境保全協力プロジェクトを締結し、関係する地区は東部沿海から中西部へと拡大し、水質整備、火力発電、汚水処理、リサイクル利用など多くの分野にわたって、両国の民間省エネ環境保全協力が具体的な推進段階に入っていることを物語っている。なお、温室効果ガス排出取引も中日の省エネ環境保全協力を拡大させるためのチャンスをもたらしてきている。現在、日本商社、CDM専門機構、鉄鋼、電力企業各社が参加する対中のCDMプロジェクト数と温室効果ガス取引量は、イギリスに次いで二番目となっている。

❖——（6）中日韓協力は積極的な進展ができている

二〇〇九年は中日韓協力の十周年で、第二回中日韓指導者会議は十月十日に北京で開催された。三国の指導者は中日韓の協力プロセスを回顧し、将来の協力の青写真を計画し、広く共通認識に達した。会議で「中日韓協力十周年共同コミュニケ」と「中日韓持続可能な開発に関するコミュニケ」が発表され、一歩進んで中日韓協力の方向が明確にされ、協力の中身が豊富になっている。

中日韓指導者は、できるだけ早く三国の自由貿易地域の官産学共同研究に関する共通認識を実行に移すため、十月二十五日に、三国の経済貿易部長がタイで行われる第六回中日韓経済貿易部長会議で共同コミュニケを発表し、三国が二〇一〇年上半期に、かつ第三回中日韓指導者会議の前までに、中日韓自由貿易地域の官産学の共同研究をスタートすることを提案した。

2 二〇一〇年予測の展望および協力へのアドバイス

二〇一〇年の中日経済貿易関係は新しいチャンスに面しているし、新しい挑戦にも面している。当面の世界経済情勢はやはり複雑で厳しいが、主要な国家の経済は改善の兆しが現れている。今回の危機は、中日経済貿易協力の見直しと計画を行い、戦略的互恵関係を深める契機を提供している。中日両国は共同責任を負い、手を取り合い、戦略的互恵、優勢の相互補完、共存共栄の原則に基づき、協力分野を開拓し、協力方式を作り、経済貿易協力のレベルを高め、共同利益を図り、矛盾や相違をなくし、「金融危機以後」および今後の中長期間の協力発展方向を検討しなければならないと思う。省エネ環境保全、技術貿易、サービス貿易、双方向投資、中小企業、第三国市場の共同開発、地域協力などの分野で一歩進んで具体的な協力を推進し、中日経済貿易分野の戦略的互恵関係をよりハイレベルに発展させ、アジアないし世界経済の安定・繁栄と発展の促進に貢献する。

❖――――（1）中日経済ハイレベル対話システムを十分に活用し、政策の疎通と協調を強化する

中日両国は継続して協力を強化し、共同して国際的な金融危機に対応し、危機によるアジアへの悪影響を減

らさなければならない。両国は、第三回中日経済ハイレベル対話を二〇一〇年に中国で開催することを決め、両国指導者の相互訪問の経済貿易に関する成果を実行に移し、経済回復と「危機後の新時代」の経済政策および具体的な分野における多角的協力・両国間の協力について、テーマを決めて討論を展開し、今後の協力方向を確定する。

❖――（2）省エネ環境保全協力の推進を深め、模範プロジェクトの建設を加速させる

中日の省エネ環境保全市場は広く、潜在力は大きい。中日双方は、資金、技術協力の有効な方式を検討し、中日の長期貿易協議書の更新に結び付け、省エネ環境保全技術協力分会などをプラットフォームとし、今までの、鉄鋼、石油、電力、化工、汚水汚泥処理などの各分野における交流をベースに、協力内容を充実させ、潜在力のある分野を選定し、協力模範プロジェクトの設立を共同して推し進める。

❖――（3）技術貿易協力を促進し、協力レベルを向上させる

中日両国の経済の相互補完性は強く、技術貿易の発展空間は広い。両国政府は、技術貿易協力の覚書を実行に移し、中日技術貿易工作組会議の役割を十分に発揮し、両国企業の技術貿易の中で遭遇した実際的な問題を解決し、技術貿易発展を促進する具体的な措置を制定し、企業がハイテク技術の相互譲渡と共同研究開発のスムーズな進行ができるように良い環境を作り、中日の技術貿易の実質的な発展を推し進めなければならないと思う。

❖——(4) サービス貿易協力を推進し、中日経済貿易協力に新しい動力源を与える

中日両国のサービス貿易はすべて世界の上位にあり、両国のサービス貿易促進分野における協力潜在力は大きい。両国は、自国の企業を組織し、相手の開催するサービス貿易分野の展示会に参加し、訓練機会を提供しあい、ソフトウエア、情報サービスのアウトソーシング、文化、運輸、観光、コンサルタントなど各分野における具体的な協力を強化しなければならない。

❖——(5) 双方向投資を積極的に激励し、良い環境を営む

企業の相互投資は中日経済貿易協力の重要な内容である。中国政府は日本と投資関係の協力強化を重視し、実力のある企業による日本への投資を激励・応援しており、現在の商談システムを利用し、日本政府との協力を強化し、投資促進の措置と経験について交流し、投資機会と情報を提供し、相互投資の中の障害を排除し、双方企業の投資協力のために良い外部環境を作ろうとしている。

❖——(6) 中小企業の協力を推し進め、産業協力の基礎をしっかりと作り上げる

中日両国は共同してもっと緩やかなビジネス環境を作り、両国の中小企業による国際協力の展開のために便宜を図らなければならない。中国側は条件がそろっている国家級経済技術開発区で「日本中小企業産業科学技術園」を設立し、これを省エネ環境保全協力に結び付け、日本側と共同して、循環経済、環境保全産業、生態工業園区などにおける模索と実践を進めようとしている。

❖——（7）中日企業による第三国市場の共同開発を応援する

東アジアの周辺諸国家の交通、通信、電力などのインフラ施設分野におけるネットワーク化建設をサポートすることは、中日両国の将来の経済発展戦略の重要な内容となっている。双方で融資協力の展開を検討し、共同して関係プロジェクトの建設を推進・参加し、東アジアのインフラ施設の建設レベルの向上を促進するよう提案する。現在、両国の関連経済団体、金融、保険機構が協力覚書を締結しており、良い模索を行っている。双方は、両国企業が関係システムを十分に利用し、国際競争の中で協調と協力を強化し、第三国市場の共同開発を激励・サポートしなければならないと思う。

❖——（8）東アジアの地域一体化プロセスを推進し、アジア市場を共同して育成する

中日韓協力においては、中日韓の自由貿易地域の官産学の共同研究を共同努力して推進し、第七回中日韓経済貿易部長会議を開催し、中日韓の流通・物流などの具体的な協力を強化する。ＡＳＥＡＮとの協力においては、中日とＡＳＥＡＮ自由貿易地域の発足をきっかけに、継続してＡＳＥＡＮ各国と協力分野を拡大し、協力レベルを上げる。東アジアの経済成長の促進においては、共同して東アジアの内需拡大に力を入れ、域内の貿易を拡大し、域内の人員、物資と資金の流動規模を拡大する。

中日関係の安定発展に向けた「大いなる思考」と「小さな処方箋」

黄 星原

中日関係は常に国際社会に注目されている。氷河期、氷を砕く旅（安倍総理の訪中）、氷を融かす旅（温家宝総理の訪日）、春を迎える旅（福田総理の訪中）、暖かい春の旅（胡錦濤国家主席の訪日）を経て、中日関係は両国政府と人々の共同努力の下、現在基本的に安定し、健全で双方向的な発展の軌道に入っている。日本の鳩山首相は今年訪中予定であり、中国の指導者も年内に訪日予定である。時機をとらえ、両国関係の長期発展の青写真を描き、相互信頼、相互協力の関係を築き、さらに一歩進んだ双方の共同利益を確立し、継続して両国の交際交流構造を完全にし、各分野での実際的な合作を強化拡大し、両国の戦略的互恵関係を包括的に推進し、中日関係を新たな段階に引き上げる。これは中日関係の安定的な発展の基本的な考え方である。

健全で安定した中日関係を発展させることは、すなわち一時的に膠着し、冷え切った関係を修正することであり、さらに双方が深く再認識した上で出した責任ある結論でもある。だから多くの学者は、民主党による政権交代後の中日関係についてさらに楽観的に見ている。日中双方が最近行ったさまざまな形式での世論調査によると、両国の青年学生と一般庶民の中で、中日関係はさらに一歩改善される、と楽観している人が七五％を超え、二国間関係の発展の見込みについて少しずつでも改善されると考える人も六五%に達している。中日の戦略的互恵関係理念は深く人々に根差し、その内容は絶えず豊富になっており、各分野での実質的な関係は新たな段階に発展してきている。中日両国は大きな変動、大きな調整過程に置かれている相手側を新たに認識しはじめ、お互いの相手に対する見方や位置付けはもっと事実に基づくものとなり、関連する政策の制定もより理性的になってきている。二国間関係の発展レベルの引き上げは、双方がそれぞれ既存の利益を考慮するだけでなく、双方の共通の利益からも必要なことである。グローバル化は絶え間なく進み、地球全体に及ぶ問題は日増しに顕在化してきている今日、「ウィンーウィン」や調和の取れた協力は大勢の赴くところとなっている。気候の変化等の地球規模での挑戦と課題に対面すると、いかなる国でも国際協力システムを超越して独自に対応することはできず、同じアジアにあり、近隣国である中国と日本もまた例外ではない。これは大いなる趨勢なのである。

では、現在の中日関係は何の心配もないのだろうか? 私個人の経歴と経験から思うに、表面が熱くても深層部の温度は低いことがあるように、政策の決定から実施までにはある程度の時間差がある。中日間のいくつかの深いレベルでの問題の解決には我々はさらに多くの苦しみと努力を払わねばならず、決して軽く考えて油断してはならないのである。これが一部の人が中日関係には依然としてその「不確定性」があると言及する理由である。

私はかつて外交官として日本に前後二回、全部で一一年間駐在していた。素晴らしい出来事もあれば、心が痛む思い出もある。一九八〇年代末から一九九〇年代初頭、私は中日関係の「ハネムーン期」に巡り合わせた。私は長崎と大阪の総領事館で働き、交流に忙しく、交友に忙しく、忙しくてたまらず、「風調雨順（気候が順調。物事がすべてうまく運ぶようになっていること）」と言えたであろう。当時、人の往来は頻繁であり、日本の天皇も歴史的な中国訪問を果たした。交流は大規模に行われ、日本の青年三〇〇〇人が北京に集まった。受け入れ条件がまだ整っていなかった中国にとって、この二つのプロジェクトの日程は史上前例のないものであったと言える。二十一世紀初頭、中日関係は「氷河期」となり、私もまた巡り合わせることとなった。私は東京の大使館でスポークスマンとして、交渉や論争に忙しく、忙しくて目が回るほどであった。四字熟語で表すとしたら、「風雨飄揺（情勢が非常に不安定なこと）」であろう。歴史問題と台湾等、中日関係の政治的基礎に及ぶ古くからある問題が同時に爆発し、東シナ海の油田開発問題等、過去には問題ではなかったことまでもが問題となった。まるで「毎年毎月必ず問題があり、どれもがとても敏感な問題だ」というような状態であった。ある人が「苦労した三〇年が、一回靖国神社に参拝しただけで、国交正常化前に戻ってしまった」と当時の両国関係の悪化の程度を表したほどである。

この二回の経験の対照はとても明らかである。それゆえ、中日関係の容易でなかった転換について私は他人よりももっと深い感銘を受けており、中日関係が早く健全で安定的で良性な発展の軌道に乗ることをもっと切に願っており、その中の不安定要素に対してとても敏感である。これは大真面目な話である。

中日関係の健全で双方向的で安定した発展目標を実現するには、我々は何をしたらよいのだろうか？　両国の間にはすでに四つの政治的公文書があり、すでに一致した共通認識と暗黙の了解以外に、我々はまだ過去の経験と教訓の中からいくつか大いなる知恵を生かすべきであり、中日関係にひとたび問題が起きたならばちょっとした「処方箋」を書かねばならない。

1 大人の付き合いには君子の心と君子の腹をもって向き合う

人と人、国と国の付き合いは皆同じであり、互いに信頼しあうことが関係安定の基本である。中日間でとりわけ強化しなければならないのはこの点である。（中国と日本は、）河川は違うところにあるが、太陽と月は同じものである。人々はよく「一衣帯水」、「唇歯相依（運命共同体）」等の言葉で中日関係の密接さを表す。しかし地理的・歴史的・文化的背景が異なるため、中日両国には大きな相違が存在している。中日関係の現実の状況は、二国間の関係が良いときは、共通点を求め相違点を残すことは問題ではない。だが関係に問題が起きてかつ適宜妥当な処理ができていないときは、往々にしてさまざまな要素の影響を受けやすく、互いに勘ぐるようになってしまう。

日本で「中国が強大になったら日本にとって脅威になるかもしれない」という言い方があるが、これは中国の発展方向に対して安心できないという懐疑を表しており、結果としてさまざまなバージョンの「中国脅威論」がついてくる。中国の軍事費が上昇すれば「中国の軍事的脅威」と言い、今年中国の軍事費が下がったら「中国の軍事実態の不透明性」と言い出す。中国もまた多くの人が日本の将来の方向に対して疑惑を持っている。「日本は憲法改正への歩みを加速している。戦後の平和主義の歩みを放棄するのではないだろうか」、「日本が日増しに軍事防衛活動を活発化しているのは、日本の軍国主義復活と関係があるのではないだろうか」等など。そこで「一つの山には二匹の虎を許せない（アジアの覇者は一人だけだ）」とか、甚だしきに至っては「日本はもはやもう役に立たない」等のことも言い出す。互いの戦略の意図とその向かう方向に対する猜疑心は、互いの信頼不足から起こり、またさらに一歩進んで相互信頼の基礎を損ない、信頼に対する危機を引き起こす。これ以外に、ごく一部の人のごく稀な行為が疑惑を誘発していることも無関係ではない。

中国人はよく「君子の交わり」と言うが、日本でも「大人の付き合い」と言う。成熟した関係には一定の決まりがあり、それはつまり一方の対外政策および行動は相手側の受け止め方や反応を考慮しなければならない、ということである。あなたが相手側を気に掛けてこそ、相手側もあなたを気に掛けてくれるのである。

2 「人が犬を噛む」とニュースになるが、人はいつも犬を噛むわけではない

中日両国の八〇％以上の人々にとって、相手側の情報を得るルートは主にメディア、特にテレビである。中国の人々が日本に対して良くないイメージを持っているのはいわゆる「愛国主義教育」の結果だという言い方には、私は賛同しない。しかし、中国メディアの現実の日本に関する報道は、大きな進歩はあったものの依然として不十分であり、多角的ではなく、全面的に深く掘り下げた報道も足りていないことは認める。「岩松看日本（岩松が見た日本）」のような見たところ制作手法も目新しくないテレビのドキュメンタリー番組がなぜ中国と日本で大きな反響を呼んだのか、その原因の一つもここにある。

私は日本が中国のことを紹介するにあたり、さらに改めて考え直すべきところがあると感じている。中国では現在日本へ旅行に行く人がどんどん増えており、日本の本やテレビを目にしないならば、日本に対するイメージはすこぶる良いであろう。しかし、彼らが日本の書店の棚に据えられた大量の中国を罵倒し攻撃している本や雑誌を見たら、あるいはテレビで某政客や評論家が中国に対して不遜なことを言っているのを聞いたら、彼らの日本に対する良いイメージは皆変えられてしまうだろう。瀋陽の日本総領事館侵入事件と、河北省石家荘市の毒入り餃子事件は良い例だと思う。二〇〇二年、瀋陽の日本総領事館に侵入しようとした人が、警備の

中国警察により侵入を断固として阻止された。この事件は一人の名前を売りたい日本の記者によって事前に設置されたビデオで撮影され、加工編集後に日本のテレビ局で何百回も繰り返し放送された。この事件を見る限りどの国家であれ正常な対応であり、かえって知ったかぶりのテレビキャスターたちによって「中国の武装警察が日本の領土に暴力的に侵入した」という政治事件に拡大解釈されてしまい、さらに声高に中国政府に対してこの件の「謝罪」を要求してきた。この事件は警備にあたった警察官たちに嫌な思いをさせ、中国民衆も憤慨したが、この記者だけが密かにほくそ笑む結果となった。なぜなら彼は「ニュース賞（ジャーナリズムの賞）」を得たからである。

もう一つは二〇〇八年一月末日の旧正月（春節）前夜に発生した事件である。日本のあるテレビ局が報道したニュースで、千葉県と兵庫県の日本人三家族合計一〇人が中国から輸入した餃子を食べたら中毒症状を訴えたというものだ。一時はさまざまな議論がまるで天地を覆い尽くすかのように噴出した。中国ではめったにない大雪の被害により食品の提供がスムーズでないときに、日本の店舗から中国食品が続々と棚から締め出され、このような個別の刑事案件がまたテレビキャスターたちにより中国食品の安全問題に拡大解釈されてしまったのだ。私は、大多数の中国人はこの種の事件が発生してしまったことを辛く感じている、と信じている。なぜなら人の命にかかわり、また中国製品の信用にかかわることだからである。中国側政府はこの件を非常に重視し、緊急に品質検査員と警察職員を日本に派遣し、日本の警察と一緒に事件の調査を展開した。中日間の貿易額はすでに二〇〇〇億ドルを超えており、この数字はすでに両国の関係が密接であることを表しており、また同時にいつでも各種さまざまな問題が起こり得ることを表している。問題発生後、キーポイントは双方の「緊急対応」と「長期的な効果を発揮するメカニズム（の構築）」であり、積極的に役割を果たす必要があり、誠意をもって速やかに問題の原因を解明し、さらに適宜妥当な処理をし、損失を最大限減らし、特に両国関係に衝撃を与えたり損ねたりしないことである。からかったりあざけったり、邪推したり、甚だしきに至っては無遠慮に大げさに騒いだりするのは、役に立たないばかりでなく、かえって面倒を起こすことになる。事件が起きるのは恐れていない、事件を起こしてしまうことを恐れているのだ。「小さなことを大きく騒ぎ立て、小事を大事件にする」この結果は、騒げば騒ぐほど両国の人々の感情に距離を開かせ、簡単な問題を複雑にさせ、問題解決の余地を狭くさせてしまう。これは必ずしもメディアが望んでそうしたのではないが、往々にしてメディアが気を付けないときにこのような結果になるのだ。

頻繁に中日間を往復する「関係者」として、私は常にある困惑を感じていた。私が感じているお互いの国家の実情は、往々にしてメディアの報道とは大きな隔たりがあるのだ。この隔たりを縮小させるのは、メディアがなすべき最も重要な責任である。

過去に私たち両国のマスメディアは、少なくとも一つは足りないところがあったと思う。つまり、現実の中国または現実の日本を全面的、客観的、正確で、真実に反映していなかったということである。その内三つの面で食い違いが存在している可能性がある。第一に急激に発展する中国と変化に深く入り込んだ日本に、関連する報道は、正確さ、タイムリーさが十分ではなく、お互いの位置付けの食い違いを引き起こしている。第二にごく一部の問題がとどまることなく拡大され、全体イメージが曲解されることにより、国民感情の食い違いを引き起こしている。第三に多くの人々が望むお互いの関係改善の願いと、少数の過激派による面倒を引き起こす政策尺度の食い違いである。この三つの食い違いが過去互いの国家イメージについての見方が正確でなかった原因なのである。メディアは中日関係の発展方向の案内役となるべきで、中日関係の現実の状況を反響させるべきであるか、それとも敏感な問題をそそのかしたり刺激したりするべきか、答えは明確である。前者であるべきであって、決して後者ではない。しかし後者にも利点がある。それはメディアの追求する「センセーション効果」である。問題はセンセーション効果と良性の循環は時折矛盾し、双方の政府の冷静な処理と民衆の仔細に見分ける力が必要なのである。

3 「極端な民族主義（ナショナリズム）」と「愛国主義」は同じことではない

ある日本人の友人が、最近彼の書いた著書――『和解とナショナリズム』を送ってくれた。本の中では、民族主義は「排他」を前提にしてはならないことが強調されていた。私はかつて中国で二つの怪事に遭遇したことがある。一つ目は「拒絶日本貨（日本商品をボイコットしよう）、拒載日本客（日本人客を乗せないようにしよう）」と書かれたトラックとタクシーを、あろうことかある大都市の公衆の面前で見かけたのである。もう一つの怪事はスポーツの試合の最中、一部の中国人の観衆が日本人選手に対してブーイングやヤジを飛ばしたりしていたのだ。私は、多くの中国人はこのようなやり方に賛成していない、と信じている。なぜならこれは文明を持ち客好きな歴史ある国のイメージとも、改革開放による大国のイメージとも、全くかけ離れているからだ。私は日本でも同じような経験がある。右翼の宣伝カーが反中スローガンを車体に掲げ、耳をつんざくような大音量のスピーカーでいつも周辺住民を脅かしている。日本の騒音規制法はこのとき全く無視されていた。私自身も日本に駐在時に銃弾や白い粉末が入った不審な郵便物を何度も受け取ったことがある。このようなやり方は、規範を守り謙虚で礼儀正しい日本人のイメージとかけ離れている。私も同様に、大多数の日本人は右翼のやり方に対して賛成していないと信じている。

ある学者は、日本の右翼の国粋主義と中国の「極端な民族主義（ナショナリズム）」の比較をしたところ、両者には似ている部分がたくさんあると考えている。例えばスローガンはすべて「愛国」で、彼らの叫ぶスローガンはすべて「反中国（または反日）」であり、使い方もとても「極端」、結果として自国のイメージを損ない、文明社会の笑いものになるだけなのである。この学者は彼らに「愛国賊」という可愛いネーミングをつけた。

各国家には皆このような一部の極端な勢力がおり、人数的には多いわけではないが、影響力は必ずしも「限定的」ではない。肝心なのは、政府が、彼らは民衆の一部ではあるが、民衆の多数意見の代表者ではないということを理解し、さらにその影響を受けて関連する政策を策定してはならない、ということである。さもなければ、大多数の人々の正当で合法的な権利と利益、甚だしきに至っては国家の利益が侵害されてしまうだろう。

4 「鈴を解く人」になり、「罠を仕掛ける人」にならないようにする

中日両国の間に歴史、台湾、東シナ海等多くの「敏感な問題」がある。両国の政府と有識者はこれらの問題を解決すべく、良いアイデアや方法をたくさん出す必要がある。「論争は据え置き、共同開発する」というのは鄧小平氏から出た良いアイデアである。ことにぶつかったとき、特に面倒なことに遭遇したとき、良いアイデアがなくても慌てなくても大丈夫だ。まず「冷却処理」をし、問題を刺激しないようにする。刺激することで問題を複雑化させたり、さらに何も問題がないのに紛糾させたりするようなことをしてはいけない。

中国が韓国との「敏感な問題」を処理するときに、次のような二つの原則がある。一つ目は歴史問題を現実の問題にしないこと。二つ目は学術問題を政治の問題にしないこと。中日間の東シナ海油田開発問題は、最近出てきた新しい問題であるが、メディアに持ち上げられて、あっという間に今、中日間で最も手を焼かせる問題となってしまった。双方の指導者の間には、この問題の解決についてすでに重要な共通認識が成立しており、

両国の事務当局の協議も積極的な進展を見せている。私がこの問題を提起した目的は、この問題の解決が比較的困難であるからこそ、両国政府の能力と知恵をいっそう表現できるということである。あまり科学的な根拠のない概念を持ち上げ、まだ共通認識に達していない境界線を死守して、過去に問題となっていなかった前提条件を設定することは、結果として、必然的に双方の操作スペースをどんどん小さくしてしまう。中国には「鈴を解くのは鈴を結んだ人しかできない（ことの解決は原因を作った人がすべきだ）」という諺があり、問題の最終的な解決にはまさに「大いなる知恵」と「大いなる構想」が必要である。

最近、ある映画が日本で大変流行っている。「泣きながら生きて」というタイトルで、ある中国人の父親が娘の留学の夢を実現させるため、日本で一五年間奮闘したドキュメンタリー映画である。中国人の執着と日本人の寛大で温厚な様子が詳しく徹底して描写されており、これは相互理解を深める傑作であり、ほほえましく感じる。この他、私の中国人の友人が一〇年の歳月をかけ、ある歴史を題材とした記録映画――「靖国」を監督した。このような映画は中国人から見てもとても敏感な映画であるが、日本であれこれ紆余曲折を経た末、ついに良識あるメディアと民衆の支持を得て、日本の映画館で上映できるようになった。このこと自体、包容と理解を反映しており、政治と文化交流の範疇を超越した「大いなる知恵」を体現している。私の先生であり友人である趙啓正氏の言葉を借りると、健全で安定した中日関係はちょうど坂を登る自動車のようだ。アクセルはずっと踏み続けねばならず、緩めてはならないのだ。

民間交流
——日中関係の基軸——

蔡　建国

今日、日中関係は安定的に発展している。政府間の行き来も頻繁で、経済・文化交流も活発であり、戦略的互恵関係はより推進され、日中双方とも両国の関係が絶えずこのように良好に発展していくことを望んでいる。しかし両国の民衆、特に日本の民衆の中国に対する好感度は引き上げられたが、日本人の嫌中感情は依然として厳しく、両国の民衆の心には依然として距離がある。それ故、文化を媒介とした公共外交と民間交流を強化し、相互理解を促進し、相互信頼を増進させ、疑いを解くことは、両国関係発展・改善の重要な任務である。

1

日中の民間交流は二〇〇〇年の悠久の歴史があり、両国関係の政策制定と関係発展の基軸であり、友好関係の維持という大局は両国の官民の普遍的な共通認識である。日本の新政権誕生後、日中関係は大きく改善されたが、日中関係の複雑な要素が入り混じった双方の国民の嫌悪感を短期間で解消するのはとても難しい。そのため、双方の国民感情を改善し、両国関係の大局を維持し、日中の戦略的互恵関係を構築することは、今日、日中両国の官民が非常に重視すべき問題である。

国民の嫌悪感の原因は非常に複雑であり、歴史問題、現実的利益、カルチャーギャップに基づく誤解等大きく分けて三つあり、三分野ともすべて軽視することはできない。

❖――（1）戦争歴史の認識問題

中国は被害者側の国として、日本の〝侵略戦争〟により被害を受け、戦後今なお右翼勢力の戦争史観の刺激を受け、官民双方の反感が引き起こされている。日本は加害者側の国として、右翼勢力主導のあいまいな戦争史観によって一部の人たちに隣国の戦争批判意識に対して倦怠感を生ませ、反感を抱かせている。特にこのような雰囲気の中、歴史に関する知識と是非をはっきりさせる能力が十分でない青少年が歪曲された歴史と世論の影響を受け、中国に対する誤解、甚だしきに至っては敵意を抱くことは由々しき問題である。

❖――（2）地縁政治における現実と利益との交差や重なり合いによる衝突と摩擦要素

現実と利益との交差や重なり合いによる衝突や摩擦、およびそれぞれの国内で発生した深刻な変化により、民衆が相手方の変化をどう見て認識するのかという気持ちがまだきちんと調整されていない。日本の民衆は、昔の経済小国・中国が急激に発展し、経済大国となった今日、金融危機で重要な役割を果たしている事実にいかに向き合うか。中国の民衆は敗戦国の影をぬぐい去って普通の国家となり、続いて政治大国の道を歩み出した日本の戦略および実践をいかに評価するか。以下の数組の対比は、東アジアでかつて歴史的な恨みがあり、また現実的な変化があった国家が、すでに相並ぶ二強となった現状を証明している。

（一）今日の世界構成で、中国の役割は日に日にはっきりとしてきているが、日本の役割も軽視できない。

（二）中国経済は継続して成長し急速に発展している。日本は戦後六〇年間の平和への道を堅持し、経済は継続的に低迷しているが、堅実な総合的国力があり、世界第二位の経済大国の地位を依然として守っている。

（三）中国は東アジアの地域合作の推進とアジア・太平洋地域の平和への過程で非常に大きな役割を果たしているが、日本の鳩山新政権は東アジア共同体の設立を積極的に提唱している。

（四）中国は、調和の取れた国際関係の構築、国際関係の民主化を提唱し、単極と覇権に反対しているが、日本は、世界の大国、地域の大国と協力もありながら複雑な矛盾も抱えているという状態に置かれている。新政権は一方では東アジア地域の協力を強化しているが、もう一方ではプレッシャーに迫られ、日米同盟関係を堅持している。

（五）中国が家を守り、国を守り、統一された大局の現代的な軍事体制を促進し、アジア、ひいては世界の重要な軍事力を担うようになり、世界平和を守る際に積極的な役割を果たすこととなったが、日本はこれに対して〝中国の軍事脅威論〟を唱え、中国の経済ならびに軍事技術の発展を牽制しようとしている。

❖――（3）カルチャーギャップに基づく誤解

中国文化は世界の文化の重要な構成要素であり、その五〇〇〇年の文化伝統の歴史と他に与える影響は、世界でもすでに独特な体系となっている。さらに中国および西洋文化の影響を受けて発展してきた日本文化は構造の深部にその特色が見受けられ、他国に理解され難い。また大陸文化（中国）と島国文化（日本）の相違は誤解を生みやすく、意思の疎通・理解が難しく、カルチャーギャップに基づく誤解を生じさせやすい。日本文化の頑強で強靱な特徴が、誤解の解消を難しくさせている。カルチャーギャップのほか、日中両国はそれぞれ近代化において異なる段階にあることが、双方の文化理解を難しくさせる原因の一つとなっている。双方の人々の行き来が頻繁になり交流が深まるにつれ、過去のほとんど交流がなかった時代や浅い理解状況から、摩擦や対立が増えてきた時代に変わるのは、正常な現象ではあるが、複雑な日中関係と直面し、かえって誤解を生む要素となっている。このような状況はまだ続くことが予見される。文化を重視することは両国関係における役割から見ても現実的で意義がある。私は、カルチャーギャップに基づく誤解は、日中交流と意思疎通において乗り超えられる障害だと考えている。

総合的に分析すると、上述の三分野の要素は、双方の国民感情が下降する原因となっている。これらの要素を正視し、民間交流の促進、相互理解の促進を検討することは相互理解を得るのに効果的な方法であり、文化交流の独特な機能を重視し、日中の公共外交と民間交流の両国関係において重要な役割を発揮していることは、二〇〇〇年にわたる日中交流の歴史が証明しており、民間交流の伝統を発揮するのは日中関係の本質により定められている。

2

歴史上、民間交流は昔から日中関係の重要な部分であり、このような交流を安定的に維持している。特に日中国交正常化の過程で、民間交流は潤滑油の役割を果たしていた。日中関係を発展させるには、政府外交以外に、公共外交と民間交流が重要である。二〇〇七年四月、温家宝首相は日中文化スポーツ交流年の開幕式に出席し、朝のトレーニングをする東京の市民と交流をはかり、立命館大学を訪問し、孔子学院の教師や学生と話し合い、立命館大学の学生と野球の交流試合等を行った。この年の冬、福田首相は中国を訪問し、北京大学での講演以外に、わざわざ山東省曲阜を訪れて孔子廟を見学し、文化のルーツ探しの旅を展開した。二〇〇八年五月、胡錦濤国家主席は日本を公式訪問し、両国関係の発展史上、新たな一頁を記した。民間の文化交流推進は胡主席の訪日重要課題であった。早稲田大学を訪問して講演を行い、日中青少年友好交流年（日本）の開幕式に出席し、卓球選手と試合に興じ、古都奈良等を訪問したことから、胡主席が緊迫した公式訪問の日程の中でも、民間交流に比重を置いていることが明らかである。小沢一郎民主党幹事長は百四十余名の国会議員を率いて訪中し、議員たちの中国に対する理解を深め、日中関係の改善と発展のために積極的な役割を発揮した。日中双方の指導者がこれら民間交流活動を重視していることは、民間の文化交流が両国関係の発展の基礎であることを今一度実証している――これは二〇〇〇年にわたる交流の歴史伝統である。

日中の民間交流ルートは非常に広範であり、相互依存度は絶えず引き上げられ、いわば〝合わせ鏡〟である。このような状況はもちろん喜ばしいことであるが、私たちはこの喜びに浸っていることはできない。適宜意思疎通を行わねばならず、誤解を解くことに努め、民間交流を強化し、お互いに相手に対する研究を強化せねばならない。誤解をなくす効果的な方法は、両国関係の発展と戦略的互恵関係の支持を深めることに対する国民の民意を勝ち取ることである。

日中の民間交流の一大キャリアーとして、日中双方の留学生の役割はとても大きいものがある。

一九八〇年代中頃の中国改革開放以降、日本留学のうねりが盛り上がり、多くの情熱的な青年が日本へ渡り勉学に励み、言語・環境の壁、文化の雰囲気、歴史背景、価値観やライフスタイルの違いなどの相違・困難を克服し、日本の先進的な科学技術と経済管理等の知識を学び、知識の海の中を航海した。

十数年来、一〇万人以上の中国人学生が日本で勉学に励み、その人数は歴史上最高に達し、中国の日本留学史上第二次ピークとなった。留学後、一部の学生は日本に残って仕事に就き、自分の事業を継続し、一部の留学生はITハイテクノロジーの先端分野で活躍し、開発・研究の仕事への従事から、大学で教鞭を執るようになり、日本の教育に従事するようになった。これらの留学生は日本の社会に溶け込み、自分が居住している国、すなわち日本の繁栄と発展のためにさまざまな貢献をし、彼らの業績は日本の与野党に注目されるようになった。現在日本に居住する華僑華人と留学生は総計ですでに七〇万人を超えている。その内、改革開放後に日本へ来た新世代の華僑華人が九五%前後を占めており、日本に居住する華僑華人の主体である彼ら（新世代）のグループが急速に発展し強大化していることが見て取れる。彼らの大部分が高学歴・高学位であり、現代の急激な科学技術発展の知識を掌握しており、最新の科学技術の最前線に従事し、創造力と高レベルの知識・科学技術力を以て日本に足場を築き、日本の主流社会に溶け込み、日本社会の発展と繁栄のために貢献し、日本国民の賞賛を受けている。一部の留学生は帰国後中国で働き、現在政治・経済・科学技術等の各分野を学び、中国の発展と現代化事業のために働いている。これは現在の中国社会では新戦力である。

実践が証明するように、日本に留学している中国人留学生は日本の先進的な科学技術の知識を学ぶだけではなく、日本の文化と伝統を学び、日本人の国家建設・社会発展のためのまめな努力や、まじめさ、倹約的な姿、和を重んじる伝統を学び、中国での仕事でこれらを体現し、中国伝統の文化に溶け込ませ、実り多い成果を上げてきた。日本に留学している中国人留学生は日中両国の社会発展の中、優れた才能と知識を発揮し不滅の貢献をした、と言うことができる。もし中国人留学生が科学技術の革新、社会の進歩での役割がすでに国家建設の中で貴重な戦力になっていると言うならば、文化伝播の役割も同様に巨大であり、日中の文化を広める絆と橋梁であると言える。

日中両国は同じ漢字文化圏におり、文化の上でよく調和し、良好で緊密なつながりがある。このようなつながりは、一〇〇〇年以上前の隋唐時代から始まり、中国文化は日本に伝わり、日本の社会と文化の進歩を強力に促進してきた。近代以降、中国はまた日本を通して、西洋文化と日本文化の伝統を学び、日中両国の民衆は二〇〇〇年にわたる悠久の歴史的な交流で互いに学びあい、手本とし、ここから芽生えた文化の親近感は歴史の検証を経て、イデオロギーと社会制度の大きな違いを超越して、今なお続いている。このような密接な関係は、日本と中国以外、世界の他の国家間では到底考えられない。

文化が多元化している今日、日中間の文化交流と伝播はさらに多くの方式で行われている。文化の要素は往々にして国際関係に影響する。留学生は自分たちの民族文化に強烈なアイデンティティーと執着心を持っており、文化因子の伝達者であり、民間の相互信頼関係を増進させるのに有益な役割を果たすことができ、このような役割はグローバル化・情報化された現代ではとりわけ重要である。日本社会で生活し、両国の文化を掌握した留学生たちは、積極的にさまざまな誤解と摩擦を取り除く使命を担い、周囲の人々に中華文化を宣伝し、そして日本の文化を中国へ紹介し、日中文化の相互理解を増進する中で媒介者の役割を担っている。

現在日本に留学している中国人留学生たちは自主的に創設したメディアを通じて、中国の文化と時事政治の重大ニュースを紹介し、留学生と華僑華人社会に各種文化の情報を提供し、そして日中関係の維持等の政治問題を通して自身の考え方を表現している。それらは華僑華人のグループと日本社会に一定程度の影響を与えている。メディアを創設することは、ある種の経営活動だが、日中の民間交流を強化し、両国関係の発展を促進し、中華文化の伝播等の分野で独特の貢献をしていることは、疑義をはさむ余地がない。

中国語のメディアを創設するほか、日本に居住する中国人学者は次々に著作を刊行し、日本語の書籍を出版し、中国語教材を編纂している。概算統計によると、現在すでに一〇〇〇冊を超えており、多くの本が日本の各賞を受賞している。これは在日中国人学者の学術レベルを明らかにすることと中国文化を広めることすべてにプラスな意義がある。

日本に居住する中国人留学生と華人華僑は日中関係の発展に対して貢献しており、日中関係発展の直接の証人であり、日中関係発展を身をもって体験している。長い間、留学生は絶えず変化する日中関係の複雑な雰囲気の中で生活し、国情、政治、文化、経済、言語等が全く異なるために生み出されるさまざまな摩擦と困惑を体験してきた。歴史問題と中国の発展により引き起こされた多くの誤解等の政治問題ならびに日本社会の中国に対する偏見は、少数の犯罪事実が誇張されることにより、留学生に対する差別等の要素を形成し、常に留学生たちを襲っている。この種の複雑な環境の中で生き残り、知識を求め、さらに着実に日本社会のために黙々と貢献してきた彼らが受けた心理的圧力は、言わなくとも明らかである。在日中国人留学生たちは日中関係が良好に発展することを渇望し、〝民間大使〟の役割を発揮し、積極的に日中関係の大局を擁護し、日本で複雑に入り組んだ関係の有利な形勢を利用し、民間交流の各種ルート開拓に努力し、日中関係の発展という大事業のために微力を捧げるのである。

そのため、私たちは現在の日中の民間交流の主軸の一つ――留学生の役割を十分に認識する必要がある。双方の文化の重要性を把握する彼らの力が日中両国それぞれの分野で役割を十分発揮し、相手国の実際の状況を本国の民衆に伝えることができるようになり、彼らもまたカルチャーギャップに基づく誤解の解消において現実的な貢献ができる。この意味から言うと、留学生という資源の日中関係における持続的発展への推進等の問題がすでに我々の目の前に来ている。現在日中双方の留学生の割合は非常にかけ離れており、役割も大きな違いがある。日本から中国に赴いた留学生を自発的に中国社会に溶け込むよう導き、中国を理解し、日中文化理解の絆と媒介者にする必要がある。日本の社会・文化などに対して深い理解を持つ〝知日〟派の人材を育成するのと同時に〝知中〟派人材の育成にも強力に取り組むべきであり、将来の日中関係のために未来思考型の人材を育成する。これは両国関係の発展にとって必要なことであり、時代の要求でもある。日中関係の改善は若い世代に望みを託し、未来は若者たちの肩にかかっており、日中関係の健全な発展のため、さらに多くの青年学生を育成するという任務は非常に重要である。

私たちは留学生が任務をしっかりと果たすことが、日中関係発展の重要で効率的な方法、両国の経済繁栄、社会進歩を促進するための重要な主軸であり、東アジア地域の合作と平和安定の重要な役目であると見なしている。

3

未来の両国関係の構築にのぞむ時、大量に集約された人員の往来のきっかけをいかにとらえ、本当に日中の民間外交の重要性を重視し、的確に民間のそれぞれの分野での官では代わり難い役割を発揮させるかが大切である。機会をうまくとらえれば、特に留学生の役割、つまり異文化への理解を深めたり、カルチャーショックによる誤解、偏見、ひいては敵意の解消に半分の労力で倍の成果を上げることができるのである。

しかし残念なのは、このような心の内から相手のことを理解したいという希望はまだ日中両国民の願いと行動になっていないことだ。また日中の留学生が両国関係改善の役割を発揮することがまだ重視されておらず、民間外交上で日中関係の重要性は理論上では認識されているが、実践ではまだ強化されていないことは残念である。

民間交流と政府外交においては、多次元的角度から日中関係を考えねばならず、さもなくばそのすべてを掌握するのは難しく、その本質もとらえ難く一方的な結論を下しがちになる。これは日中関係の複雑で入り組んだ性質によりもたらされている。日中間には大きな相違があり、また双方で重複する利益の問題が絡んでいる。これにより双方が戦略的で高度な視点から日中関係の重要性を認識するよう求め、原則性と融通性を統一し、違いは違いとして尊重しながら共通点を探る精神で適切に、理性的に矛盾、摩擦、相違を解決すべきである。日中関係の発展にあたり、当面の急務は民間交流の強化である。日中間の交流の歴史には双方の友好関係を深めてきた多くの経験があり、参考にすることができる。その歴史は継続して大々的に広める価値がある。

私たちは、以下の諸方面からさらに一歩進んだ民間交流にしよう。

（一）学者は相手に対する研究に重点をおくべきであり、客観的・理性的な角度から相手を見たり研究すべきである。そして社会への貢献、民衆への貢献による成果から、民間の相互理解を促進する役割を果たすべきである。私たちは、日本を研究する中国人学者は中国を研究する日本人学者よりはるかに多くても、我々中国人の日本に対する研究は十分ではないと言うべきである。日中間の文化を絆として、多方位、多ルート、多領域で交流を強化し、誤解と偏見をなくし、意思の疎通を果たすことは、両国関係の発展を推進する上で重要な意義がある。

（二）マスコミは客観的・理性的に相手を報道すべきであり、業務にあたる者は総合的な品質を引き上げ、社会の責任感と使命感を引き上げるべきである。これはメディアに従事する者にとってとりわけ重要である。一部のマスコミの価値観と相手に対する誤解・偏見により、往々にして読者は正確な認識を得難くなっている。それ故、マスコミの責任は重大である。

（三）適切に青少年の文化交流と民間の往来を推進し、日本政府が中国人の日本観光への入国の敷居を下げることを呼びかける必要がある。現行の審査許可制度はある意味で硬化しており、双方の交流や意思疎通に役立たない。文化交流と民間の往来は、平等で相互に信頼のおける基軸の下に確立すべきである。

（四）言語には文化情報が豊富に織り込まれている。言語学習を強化し、言語を交流のツールとする。現在日本語を話せる中国人は非常に多い。しかし、中国は日本の一二の都市に一九カ所の孔子学院（教室を含む）を設立し、日本人のために中国語の学習機会を提供したが、また、日本の各大学には中国語課程があっても、中国語を話せる日本人は少ない。日中の文化学習を重視し、異文化に対する理解を深めることを強化すべきである。

（五）日中双方の民衆は謙虚に相手方の社会発展の成果を評価し学ぶ必要がある。私たちは両国の国交樹立以来の日中関係、発展、友好、合作をテーマとして見るべきである。私たちは真剣に日本が社会発展する上で得てきた成功経験と失敗から得た教訓を学ぶべきであり、中国の発展にとって回り道をしなくてすむようにすべきである。いずれにしても、中国の改革開放以来、日本は過去の技術、借款等の分野で中国を支持している。これに対して、中国人は感謝の気持ちを抱くべきであり、日本人は中国の短期間で得た巨大な業績を喜ぶべきであり、嫉妬せず、ともに手を携え日本経済を発展させるべきである。

つまり、日中関係の大局を維持し両国関係の未来を創造するには、公共外交と民間交流がその役割を発揮することが必須であり、このことはすでに二〇〇〇年にわたる日中交流の歴史の中で繰り返し証明されている。

日本新政府の東アジア共同体構想およびその実現の可能性について

――心理文化学の視点から――

張　建立

中日文化関係の現状を的確に把握するためにも、また中日関係の未来を理性的に推考するためにも、「東アジア共同体」は非常に重要なキーワードとなるであろう。二〇〇九年九月に発足した鳩山内閣は、「日本の新政府は、アジア外交の重視を宣言します。そして、その柱になるのが「東アジア共同体構想」です」と表明している[1]。日本の新政府の「東アジア共同体構想」は、果たして単なる民主党政権の自民党政権時のアメリカ偏重の外交政策に対抗するためのパフォーマンスなのか、それとも民主党政権が描き出そうとしている外交政策の質的な変化、すなわち「親米入亜」から「脱米入亜」への青写真なのか、その実現の可能性があるのか、といった問題について、政治、外交、経済分野の専門家たちによって、すでに非常にすばらしい分析が行われたが、しかし管見の限り、社会文化の視点からこの問題を取り上げた論文はさほど多くない。そこで、本稿では、主に心理文化学の視点から[2]、理論と歴史経験との二つのレベルからアプローチし、日本新政府の東アジア共同体構想およびその実現の可能性について大雑把な分析をしてみたい。

1　日本新政府の東アジア共同体構想の特徴

周知の通り、東アジア史上において、東アジア地域の国際システムに最も深い影響を及ぼしてきたのは、朝貢システムであった。朝貢システムは、条約システム、植民地システムと並ぶ三大国際システムの一つであり、中国の秦・漢時代から清王朝の滅亡にかけて二千年余り実在してきた東アジアの国際秩序であり、中国中原地域政権を核心とした政治秩序である。中国中原地域政権は、この朝貢システムの中心的な存在であり、日本を含めた各朝貢国がその地位を認め、しかも中央政権との関係の距離に基づき、定期的あるいは不定期的に何らかの形式をもって中央政権に敬意を表することとなっている。ただ、ほとんどの時期は、日本がこの朝貢システムの端に位置していた。二〇〇九年十二月十日に、民主党の小沢一郎幹事長が同党の議員約一四〇人を含む、総勢約六〇〇人を率いて中国を訪問した際、一部の日本のマスメディアに朝貢外交と揶揄されたことも、まさに右のような歴史背景があったからである。

朝貢システム内の国際秩序は、中国人の集団締結原則に基づいて維持されていた[3]。すなわち、朝貢システムは、階級、信仰、種族、力の強弱などの非自然的な要素ではなく、主に家族成員を区別する親疎、内外、遠近などの要素に基づいてシステム内における諸国家の位置づけを行うものである。朝貢システムが崩壊しはじめた十九世紀以来、東アジア地域においては、いまだに安定的な国際秩序が構築されていない。日本は、日本を中心とする東アジアの国際秩序の構築をかなり以前から試みてきたが、例えば、第二次世界大戦時の「大東亜共栄圏」、自民党政権時の「東アジア共同体構想」および現政権の「東アジア共同体構想」など、いずれも朝貢システム崩壊後、新しい東アジア国際秩序を模索してきた産物である。

第二次世界大戦時の「大東亜共栄圏」は、植民地システム下の東アジアの国際秩序構想である。数多くの昭和初期の日本知識人たち、例えば「アジア主義」の論客ら、西田哲学系統の歴史哲学者、政治学者たちなどは、次々に動員されあるいは自ら「大東亜共栄圏」の理論構築に積極的に参入していたが[4]、しかし、欧米の真似をして植民地主義的価値観に基づき、武力をもって東アジアを統一し、日本独り占めの東アジアを実現させようとする「大東亜共栄圏」は、東アジア人に極度に憎まれて、とうに唾棄されたものである。

自民党政権時の「東アジア共同体構想」は、日本独り占めの東アジアを実現させるために、武力にこそ訴えようとしなかったが、しかし、相変わらず欧米の価値観に基づいて東アジア国際秩序の構築を求めようとするものであった。二〇〇二年一月、小泉首相が東南アジアを歴訪し、「東アジアの中の日本とＡＳＥＡＮ」演説において、「東アジア共同体構想」に言及した。二〇〇四年九月、小泉首相の国連総会演説において「東アジア共同体」という言葉を用いたが、これは、日本政府が戦後初めて正式に「東アジア共同体」の概念を提起したものである。それ以後、日本政府の公式用語およびメディアの使用する用語として定着するようになった。日本各主要メディアは、「東アジア共同体」を積極的に取り上げてさまざまな討論を行ったが、しかし、二〇〇五年八月に東アジア共同体評議会による「東アジア共同体構想の現状、背景と日本の国家戦略」と題する政策報告書が提出されるまで、当時の日本政府にも民間にも東アジア共同体の構築に関するきめ細かい戦略はまだ欠けていた。当該政策報告書の中で、自民党政権のための東アジア共同体構築の青写真は、初めて具体的に描き出された。

「東アジア共同体評議会（The Council on East Asian Community：ＣＥＡＣ）」は、二〇〇四年五月十八日に設立され、会長には中曽根康弘元首相が、議長には伊藤憲一日本国際フォーラム理事長がそれぞれ選任された。設立当日は、日本国際フォーラムのほか、日本国際問題研究所、国際金融情報センター、国際経済交流財団、世界平和研究所、総合研究開発機構、日本国際交流センターなど一一のシンクタンク、新日鐵、東京電力、トヨタ自動車、三井物産、住友商事、松下電器産業（現・パナソニック）、エイベックスなど一三の企業そして四〇人の有識者が参加する「評議会」という体制でスタートしたが、参与あるいは来賓として内閣官房、外務、財務、経済産業、農林水産、厚生労働、文部科学、国土交通、文化の九省庁からも一三人の政府関係者がかけつけ、官民を網羅した真にオール・ジャパンの知的プラットフォームとして出発した。

「東アジア共同体構想の現状、背景と日本の国家戦略」という政策報告書の最大特色の一つと言えば、イデオロギーにおける日本と中国との違いを強調し、欧米の価値観をもって東アジア地域協力を主導しようとすることである。二〇〇五年十二月、マレーシアの首都クアラルンプールで第一回東アジアサミットが開催され、当時の小泉首相の演説は基本的にこの政策報告書の趣旨に沿って行われた。しかし、自民党政権時の欧米価値観に基づいた「東アジア共同体構想」は、当時公表されたクアラルンプール宣言にも十分に反映されなかっただけではなく、最終的には中国など東アジア主要国家の呼応を得ることもできず、結果を残せないまま消えてしまった。

それに対して、日本の新政府の「東アジア共同体構想」は、提起されて間もなく中国と韓国からの積極的な呼応を得ることができた。中日韓協力十周年の際に、中国、日本、韓国の首脳は北京において二〇〇九年十月十日に会談し、「中日韓協力十周年を記念する共同声明」を発表した。その共同声明の中に、「我々は、一九九九年に三国間協力が立ち上がって以来、三カ国の共通利益は継続して拡大し、対話のメカニズムはさらに進展し、各分野における協力は徐々に進展し有益な結果をもたらしたとの共通理解に達した。三カ国は、未来志向の包括的協力のパートナーシップの設立を通じ、政治的信頼を強化してきた。三国間経済協力および貿易・投資は活発に発展し、三カ国は互いの重要な経済パートナーとなった。文化的交流および人と人の交流はダイナミックで緊密であり、互いの国民の間の理解と友好を強化した。三カ国は、開放性、透明性、包含性という原則に基づき、長期的目標として東アジア共同体の発展および地域協力に引き続きコミットし、同時に地域・国際情勢に関する三国間の意思疎通および協調の向上を維持した」とあるように、ここに至って、「東アジア共同体」という言葉は、初めて中、日、韓三カ国の共通政治書類の中に明確に書き入れられた。

ところで、なぜ日本新政府の東アジア共同体構想は、中国、韓国からこのような熱烈な呼応を得たのであろうか。その最大要因の一つと言えば、日本新政府の東アジア共同体構想では、「自立と共生」という中国にも韓国にも受け入れられる新たな集団締結原則が打ち出されているからであろう。

二〇〇九年十一月十五日、鳩山首相はシンガポールで開催されたアジア政策講演にて「アジアへの新しいコミットメント――東アジア共同体構想の実現に向けて」と題して演説を行った[5]。演説の中で、日本とアジアとの関係および日本新政府の東アジア共同体構想を推進していく決意などが述べられていた。

日本の新政府は、アジア外交の重視を宣言します。そして、その柱になるのが「東アジア共同体構想」です。私の東アジア共同体構想の思想的源流をたどれば、私自身が大切にしている「友愛(yu-ai)」思想に行き着きます。「友愛」は「博愛(fraternity)」と訳されることもありますが、自分の自由と自分の人格の尊厳を尊重すると同時に、他人の自由と他人の人格の尊厳をも尊重する考え方のことです。「自立と共生」の思想と言ってもよいでしょう。

実は、「自立と共生」の思想について、早くも一九九六年に鳩山由紀夫による旧民主党を立ち上げた際の「立党宣言」の中ですでに詳しく述べられている。そして「Voice」二〇〇九年九月号に掲載された「私の政治哲学」にも下記の通り再度援引されている[6]。

私たちがこれから社会の根底に据えたいと思っているのは「友愛」の精神である。自由は弱肉強食の放埒に陥りやすく、平等は「出る釘は打たれる」式の悪平等に堕落しかねない。その両者のゆきすぎを克服するのが友愛であるけれども、それはこれまでの一〇〇年間はあまりに軽視されてきた。二十世紀までの近代国家は、人々を国民として動員するのに急で、そのために人間を一山いくらで計れるような大衆（マス）としてしか扱わなかったからである。私たちは、一人ひとりの人間は限りなく多様な個性を持った、かけがえのない存在であり、だからこそ自らの運命を自ら決定する権利を持ち、またその選択の結果に責任を負う義務があるという「個の自立」の原理と同時に、そのようなお互いの自立性と異質性をお互いに尊重しあったうえで、なおかつ共感しあい一致点を求めて協働するという「他との共生」の原理を重視したい。そのような自立と共生の原理は、日本社会の中での人間と人間の関係だけでなく、日本と世界の関係、人間と自然の関係にも同じように貫かれなくてはならない。

鳩山首相の政治哲学の形成経過、内容などからもうかがえるように、彼は「自立と共生」の思想を、自分が目指そうとしている東アジア共同体の締結原則だけではなく、日本社会内部における集団締結原則および世界新秩序の原則にもしようとしている。これは、一種の政治哲学理念の創新とも言えよう。

「自由」・「平等」理念は、一種の権利理念であり、「個人」という西洋の「human constant」[7]に基づく価値観である。「個人」間の関係は、競争、利益を出発点とするものであるから、この種の価値観に基づいて国家間の関係を処理する場合、鳩山首相の言うように、「自由は弱肉強食の放埒に陥りやすく、平等は「出る釘は打たれる」式の悪平等に堕落しかねない」。そこから導き出される国際秩序モデルは、本質的には非道徳的なものになってしまう。

一方、鳩山首相が唱えている「友愛」すなわち「自立と共生」の思想は、一種の道徳理念であり、お互いの自立性と異質性を尊重しあったうえで、なおかつ共感しあい一致点を求めて協働するということを重視するものである。ここから導き出されてくる国際秩序モデルは、極めて包容性のある、かつ道徳を強調するものであるから、本質的には自制的な、温和な秩序である。

「自立と共生」の思想には、東アジア価値観の特徴もあれば、また同時に現代国際秩序の主権平等原則も取り入れられている。まず国際秩序を構築するには、階級やイデオロギー、種族、力の強さ等非自然的要素に基づかない点においては、古代東アジア国際秩序の内在的な原則に極めて近く、東アジア価値観の特色を持っているが、一方、鳩山首相がそのアジア政策演説の中でも述べているように、「「開かれた地域協力」の原則に基づきながら、関係国がさまざまな分野で協力を進めることにより、この地域に機能的な共同体の網を幾重にも張りめぐらせよう。（中略）ある分野で協力する意志と能力を持つ国々が先行して参加し、その協力が成果をあげるに従ってメンバーが増える」という日本新政府の東アジア共同体構想の中では、「理想と夢を共にする人々」が共同体のメンバーで、「協力する意志と能力を持つ国々が先行して参加」してもいい[8]。この考えから見ると、日本の新政府が目指そうとしている東アジア共同体の締結原則には、西洋の個人社会の集団締結原則である契約原則も色濃く含まれていることがわかる。

東アジア価値観の特徴もあれば、また同時に現代国際秩序の主権平等原則も取り入れている。これこそ、日本の新政府の東アジア共同体構想が中国および韓国からいちはやく呼応された主要理由であろう。

2 日本新政府が「自立と共生」の東アジア共同体を構築しようとする動力

ところで、日本の新政府が「自立と共生」の東アジア共同体を構築しようとする社会動力は何であろうか。一般的に考えれば、主権独立の民族国家が一体化を求める動力は、主に経済利益を求めることにあると考えられる。例えば、区域協力における最も成功するモデルであるEU（欧州連合）の創設動力についても、ほとんどどこのように考えられている。

ヨーロッパ一体化の根本原因は、過去半世紀にわたってヨーロッパ大陸が直面していた一連の共同的な経済問題によってもたらされたものである。一国または両国間の政策が失敗に終わってから、民族国家の指導者たちは経済利益を求めるために、多国間方式で各種の経済挑戦に対応することを試みるしかないと考えるようになった。

ヨーロッパ一体化の発展は、一連の理性選択による産物であり、特に経済利益、相対権力、信頼できる約束という三つの要素は、国内利益集団間とEU構成メンバー国間とのかけ引きの結果である[9]。

東アジア共同体を構築する社会動力についても、学者らはほとんど経済面から分析を行っているが、ここで、筆者としては、以下の三点から、日本の新政府が目指そうとしている「自立と共生」の東アジア共同体の社会動力について、分析してみたい。

まず、理論的なレベルから見れば、心理文化学では、「安全、社会交際と地位」は、すべての文化モデルの人が必要不可欠な社会要求であると見ている。その点では個人も、国際行為体としての国家も同じであると考えている。例えば、客観的に見れば、日本は国土が非常に狭くて小さい国であるが、しかし大日本と称したがる日本人は、少なくはないであろう。こういう類の言動はまさに地位要求の満足を求めようとする現れである。安全、社交、地位という三種類の社会要求は互いに関連しあい、影響しあう。現実生活の中で、人間は単一要求のために行動する場合が極めて少なく、往々にして一種の要求が他の要求に付随するものである。人間の各種の社会要求は、順に生物性、社会性、感情性要求という三つのレベルに分けられる。

では、人間のこのような社会要求に対しては、いかにして満足させることができるのか。心理文化学では、人間の各種の社会要求は、集団の中で満足されるものだと考えている。人間は孤立した存在ではなく、各種の社会関係を締結して、すなわち集団を構成して生きていかなければならない。社会の最小単位は個人ではなく集団である。人間の各種の社会要求も、各種の社会関係の中でこそ満足を得ることができる。集団は、さらに一次集団と二次集団に分けられる。文化モデルによって、集団締結の原則も異なり、人間の要求を満足させる方式も異なる。東アジア共同体は、国境、民族、血縁を超えた大きな二次的集団であるとも考えられる。それは、東アジアの人々が各自の要求を最大限に満足させるために生まれてきた産物である。したがって、東アジア共同体を構築し、安定した新たな東アジア秩序を構築させることは、日本の新政府の願望だけではなく、また中国、韓国など東アジア国家の共通願望でもある。

それから、実践的なレベルから見れば、区域経済一体化の強化は、日本の新政府の東アジア共同体構想を促進したであろう。第二次世界大戦以来の国際政治発展状況を振り返れば、超国家経済連合体の発展はすでにブームになっている。現在、すべての区域協力組織の中で、ＥＵは最も成功している超国家経済連合体であると言えよう。ＥＵには立法、行政と司法制度があり、法的拘束力を持つ公共政策を公表し実施することもできるので、ヨーロッパ社会の価値分配には重要な影響を及ぼしている。一方、東アジア地区では、過去半世紀にわたって中、日、韓それぞれが目覚ましい発展を遂げてきたが、しかし区域協力と区域国際政策協調においては、思うほど順調に進んでいない。鳩山首相はその政策演説の中で「目を欧州に転じれば、悲惨な二度の大戦を経て、それまで憎みあっていた独仏両国は、石炭や鉄鋼の共同管理をはじめとした協力を積み重ねました。さらに国民相互間の交流を深めた結果、事実上の不戦共同体が成立したのです。独仏を中心にした動きは紆余曲折を経ながらその後も続き、今日のＥＵへと連なりました。この欧州での和解と協力の経験こそが、私の構想の原型になっています」と述べている。

マコーマック(McCormack)がその『空虚な楽園――戦後日本の再検討(*THE EMPTINESS OF JAPANESE AFFLUENCE*)』の中で、「日本が「共栄圏構築」に失敗したその原因は、日本が隣国の国民に帰属感のあるまたは喜んで参加しようとする共同体の青写真を提供することができなかったからである」と指摘しているが[10]、しかし実際は、日本は隣国の国民に帰属感を与えたくないわけではなく、「大東亜共栄圏」といった植民システム下の共同体ビジョンは、日本以外の東アジア各国の賛同を得るには無理があったからである。自民党が欧米の価値観に基づいて構想した東アジア共同体も、日増しに強くなってくる中国からの支持と呼応を得ることができなかった。自民党政権の失敗、ＥＵに対する鳩山首相本人の認識を加えて、日本新政府がたどり着いたのは、欧米価値観の偏りを正そうとする「自立と共生」の原則に基づく東アジア共同体構想であろう。

なお、鳩山首相が唱えている「自立と共生」の政治理念は、国内政策においては積極的に「地域主権国家」と日本永住資格のある外国人参政権の実現、外交政策においては東アジア共同体の構築である。「自立と共生」は、鳩山首相の政治宿願である。早くも一九九六年に鳩山首相が民主党を立ち上げた時、「自立と共生の原理は、日本社会の中での人間と人間の関係だけでなく、日本と世界の関係、人間と自然の関係にも同じように貫かれなくてはならない」と宣言していた[11]。したがって、「自立と共生」理念に基づいて構築された東アジア共同体は、日本の新政府が自民党政権時の「アメリカ偏重」外交政策に対抗するための一種のパフォーマンスではなく、「親米入亜」から「脱米入亜」へという外交政策の実質的な転換を目指そうとしている青写真であると理解したほうが妥当であろう。これこそ、日本の新政府が「自立と共生」の東アジア共同体を目指そうとしている最大の社会動力となったのであろう。

3 日本新政府の東アジア共同体構想実現の可能性

では、日本新政府の東アジア共同体構想の実現の可能性はあるのであろうか。

まず、論理的なレベルから言えば、日本新政府の東アジア共同体構想の実現手段は、人間の要求を満足する手順に合っているので、実現可能だと考えられる。鳩山首相はその演説「アジアへの新しいコミットメント——東アジア共同体構想の実現に向けて」の中で、次のように述べている。

貿易、投資、金融、教育など、広範な分野で協力を具体的に進めることを、何よりも重視します。協力の過程で我々は、みんなでルールを決め、みんなで協働し、みんなで知恵を出し合い、みんなでルールを守るようになります。その結果、現実の利益が得られるだけでなく、相互信頼の感情が育まれることも期待されます。(中略)我々にできる協力の分野は、これらにとどまりません。核軍縮・核不拡散、文化交流、社会保障、都市問題もあるでしょう。将来的には、政治的な協力について話しあうこともあり得ます。また、ある分野で協力する意志と能力を持つ国々が先行して参加し、その協力が成果をあげるに従ってメンバーが増える、といったケースも考えられます。（中略）最後に、私が「東アジア共同体構想を前進させる際に最も大事な鍵になる」と思っていることに触れておきたいと思います。それは「人」です。日本製品がアジア諸国で普及しても、日本でアジア諸国からの輸入が増えても、それだけで相互理解が実現することはありません。「人と人との触れ合い」を通じて初めて、我々は真にわかりあえます。その技術、道具を互いに学びあうことも大切です。こうして我々は、さまざまな協力を始めることができるのです。

右の記述からもうかがえるように、鳩山首相がその東アジア共同体構想を実現させる工程は、非常に理性的なものである。つまり、まず貿易、投資、金融、教育などの分野で協力を具体的に進め、力の及ぶ範囲のことから協力を具体的に進め、人間の生物的な要求、社会的な要求、情感的な要求の満足といった順序で穏便に協力を具体的に進めることは、非常に実行しやすいものでもある。

一方、当面の日本社会の現状から見れば、短い期間内で日本新政府の東アジア共同体構想の実現が可能かどうか、まだいくつかの不安要素が存在している。鳩山首相はそのアジア政策演説の中で東アジア共同体のメンバーを明確にしなかったが、しかしアメリカ外しを試みようとしていることはたぶん間違いないであろう。これは、言うまでもなく米国に警戒されるに違いない。オバマ政権発足後、米国は世界の他の地域における米国の影響を戦略的に縮小する姿勢を見せているが、しかしアジア太平洋地域においては、非常に積極的にいろいろなことにかかわろうとしている。まさに多くの専門家にも指摘されている通り、米国の存在は、きっと東アジア共同体の構築に重大な影響を及ぼすことになろう。また、日本国内外における鳩山政治哲学の賛同者の多寡も影響してくるのであろう。

4 むすび

総じて言えば、東アジア情勢の複雑さに、鳩山首相個人の政治運命の盛衰および民主党政権の不安定さを加えて、「自立と共生」の東アジア共同体の構築は遅延されてしまうかもしれないが、しかし東アジア地域における融合と一体化は歴史の大勢であり、理論的に見れば、「自立と共生」の原則に基づく東アジア共同体の実現の可能性は非常に大きいと考えられる。しかも、このモデルは、将来的に東アジアにおける最も理想的な国際秩序モデルになるかもしれない。

鳩山首相は東アジア共同体のメカニズムなどの問題について明言せず、また自民党のように日本主導で東アジアを日本独り占めにすることを堅持しようとしていない。これは非常に賢明なやり方である。なぜかと言えば、新しい東アジアの国際秩序は最終的にどの国によって主導されていくのか、口先でいくら討議しても意味はない。それは、どこかの国のエリート政治家の独りよがりの考えで決定できるような問題でもない。ただ、将来いずれかの国が実質的に主導的な役割を果たすことになるであろう。それにしても、かつての朝貢システム下のような国際関係の再来は不可能であろう。東アジア共同体における諸国は、最大限の自主自立を確立し、友好的に付き合っていくであろう。朝貢システム崩壊以来、日本はずっと東アジアをリードしようとしてきたが、しかし歴史的に見れば、どんな時でも、日本は東アジア秩序の核心になれなかった。今日に至っても、日本が東アジアのリーダーになりたがっているのは明白だが、しかし実力は伴わない。

最後に二点を指摘しておきたい。まず一つ目は、日本では、例えば安倍晋三、麻生太郎などのように、著作をもって自分の政治信念を表わそうとした政治家がいるが、しかし鳩山由紀夫のような非常に体系化されている政治哲学を持っていて、しかもそれをわかりやすく説明できる政治家は、さほど多くはない。早くも一九九六年に、鳩山由紀夫は「自立と共生」の思想について詳しく述べていた。したがって、彼が唱えている「自立と共生」の思想に基づく東アジア共同体は、ふとひらめいた考えではないようである。

二つ目は、日本国内外の多くのメディアや学者らは、日本新政府の東アジア共同体構想の内容が曖昧であると評し、一部の民主党議員も二〇一〇年参議院選挙後でないと東アジア共同体の内容をより充実し得ないと指摘しているが、実は、鳩山首相のアジア政策演説の中では、東アジア共同体の構想と政策について、すでに非常に明確に述べられている。では、いったいどんな内容が参議院選挙で過半数を獲得して民主党政権を安定させてからでないと充実し得ないのであろうか。たぶん日本国家の未来像に関する内容こそ、「多数民意」という重要な条件が必要とされているのであろう。日本は近代以来、ずっと強国と同盟関係を組む外交政策を実施してきた。もし民主党が夏の参議院選挙も衆議院選挙のように過半数の議席を獲得し、政権を安定させることができれば、鳩山首相の唱えている「自立と共生」の思想は、着実に実施に移されていくであろう。それが可能となれば、日本が強国同盟の古いやり方を改める日もそう遠くないかもしれない。日米安保条約締結五十周年に当たる二〇一〇年は、日本にとって、近代以来の外交政策に対して実質的な変化をもたらす記念すべき年になるかもしれない。

注

[1] 鳩山由紀夫首相によるアジア政策講演「アジアへの新しいコミットメント——東アジア共同体構想の実現に向けて」http://www.kantei.go.jp/jp/hatoyama/statement/200911/15singapore.html

[2] 心理文化学の創始者は、許烺光（Francis L.K. Hsu）である。心理文化学の研究方法などについては、尚会鵬・游国龍著『心理文化学——許烺光学説的研究与応用』第二章第三節、中国台北、南天書局、二〇一〇年を参照されたい。

[3] 尚会鵬「『倫人』与『天下』：解読以朝貢体系為核心的古代東亜国際秩序」『国際政治研究』二〇〇九年第二期。

[4] 子安宣邦、趙京華訳『東亜論——日本現代思想批判』吉林人民出版社、二〇〇四年、五一—五四頁。

[5] 前出 http://www.kantei.go.jp/jp/hatoyama/statement/200911/15singapore.html

[6] http://www.hatoyama.gr.jp/masscomm/090810.html

[7]「human constant」は許烺光の造語である。〈ひと〉は、社会生活において、いつも他者や文物との良好な心理＝社会的ホメオスタシスを維持しようとする、動的均衡過程の中にある。個々人が生涯にわたって社会や文化とどのような相互作用を営んだか、心理＝社会的ホメオスタシス過程の中に比較恒常的なパターンが見られる。許烺光はその恒常的な局面を「human constant」と名付けている。浜口恵俊は「human constant」を日本語で「人間常相」と訳している（浜口恵俊『日本研究原論』有斐閣、一九九八年、八〇頁）。尚会鵬は「人間常相」より「基本人際状態」と訳したほうがより正しいと主張している（尚会鵬「『縁人』：日本人的『基本人際状態』」『日本学刊』二〇〇六年三期）。

[8] 前出鳩山首相演説「アジアへの新しいコミットメント——東アジア共同体構想の実現に向けて」。

[9] Andrew Moravcsik『欧州的選択』上、四—五頁、朱立群「欧州一体化理論：研究問題、路径与特点」『国際政治研究』二〇〇八年第四期より援引。

[10] McCormack Gavan, 郭南燕訳『虚幻的楽園』上海人民出版社、一九九九年、一八三頁。

[11] 前出 http://www.hatoyama.gr.jp/masscomm/090810.html

※本稿は二〇一〇年三月に執筆されたものである。

II

日中・東アジア文化の考察——歴史、社会的背景から現況まで

中日文化交流史に見られる「自我」と「他者」
――相互作用の四種の類型とその含意――

黄　俊傑
（翻訳：水口　幹記）

1　はじめに

ここ三百年来、東アジア各国の知識人は東アジアという「接触空間」（コンタクトゾーン）[1]において、文化と権力との関係において不均衡な交流と相互作用を展開している。二十世紀以前の「東アジア」で行われていたのは、中華帝国を中心として構成されていた「華夷秩序」下での交流活動であったが[2]、二十世紀前半期の「東アジア」は日本帝国を中心として構成されていた「大東亜共栄圏」がそれに取って代わり、東アジア各国人民に日本帝国侵略の血と涙の歴史記憶をもたらすことになった。

中日両国は地理的に近接しており、古来より文化交流や政治コミュニケーションが頻繁で、関係もいたって密接である。学者・商人・政客等さまざまな中日両国の人々の「政治的自我」と「文化的自我」が、旅行の経験によって得た「他者」となる相手方の政治実態・文化価値と強烈な衝突を起こし、それゆえに、双方の「自我」のアイデンティティが強化され、「他者」と「自我」との同調や異趣を鮮明に認識するようになるのである。本稿では近世中日文化交流史を柱とし、「自我」と「他者」との相互作用によって現れる四種の類型の緊張関係を分析し、この四種の類型の緊張性（張力）の含意するところを検討する。

2 類型（一）「政治的自我」と「文化的自我」の張力

中日文化交流史に見られる第一類型の張力は、「政治的自我」と「文化的自我」の間の張力である。「政治的自我」とは、人がその国家・社会集団や団体に対する政治帰属意識を基礎として形作った「自我」のことを指す。そして、「文化的自我」とは、人がある文化や価値観および伝統に帰趨して形作った「自我」のことを指す。「政治的自我」と「文化的自我」の両者の間には、中日文化交流の特定状況下において、常にある緊張性が生じているのである。

この類型における緊張性が最も鮮明な形で現れているのが、十七世紀の徳川時代の儒者山崎闇斎（一六一九―一六八二）とその弟子との間で行われた対話の場面であろう[3]。

（山崎闇斎）嘗問群弟子曰、「方今彼邦、以孔子為大将、孟子為副将、牽数万騎来攻我邦、則吾党学孔孟之道者為之如何？」弟子咸不能答、曰、「小子不知所為、願聞其説」。曰、「不幸関逢此厄、則吾党身披堅、手執鋭、与之一戦而擒孔孟、以報国恩。此即孔孟之道也」。後弟子見伊藤東涯、告以此言、且曰、「如吾闇斎先生、可謂通聖人之旨矣。不然、安得能明此深義、而為之説乎？」東涯微笑曰、「子幸不以孔孟之攻我邦為念、予保其無之」。

山崎闇斎が弟子に提示したこの極めて啓示的な意義を有している仮定の問題は、実は十七世紀東アジアの歴史背景と関係がある。第一の背景は一六四四年の満洲人の南下による大明帝国の滅亡である。大清帝国は十七世紀中葉に東アジアに出現し、日朝等の国を初めとする東アジア周辺地域を脅威にさらし、大清帝国が軍を起こし日本東征をするのではないかと憂慮されたことである。第二の背景は、十七世紀以降、日本思想界に「日本の主体性」という思想が徐々に台頭しはじめ、多くの思想家が「中国」は日本のことを指すのであるとしたことである。例えば山鹿素行（名は高佑、字は子敬、一六二二―一六八五）のように、当時の日本の知識人たちが日本を軽視し、「専嗜外朝之経典」[4]するという現象に全く納得ができず、日本を大いに賞賛し、「天地之所運、四時之所交、得其中、則風雨寒暑之会不偏。故水土沃而人物精、是乃可称中国、万邦之衆唯本朝得其中（後略）」[5]のため、ただ日本だけが「中国」と称することのできる資格があるのだと主張する人物もいた。佐久間太華（?―一七八三）もまた政治上の万世一系・天下安寧をもって日本が「中国」と称することができる理由であると述べている[6]。その他、山崎闇斎の弟子であり崎門三傑の一人である浅見絅斎（一六五二―一七一一）[7]、闇斎学派の上月専庵（一七〇四―一七五二）[8]、および十八世紀の陽明学者佐藤一斎（一七七二―一八五九）[9]なども みな同様に日本の主体性を強調した主張を行っているのである。

このような歴史文脈の中で、山崎闇斎は「もし孔孟が軍を率いて日本を侵略したならば」という仮定の問題を提示したのであり、彼について孔孟の道を学んでいる学生は答えることができなかったのである。右の問答は十七世紀日本の儒者が「自我」に関して持っている二重構造を浮き彫りにしている。つまり彼らの「政治的自我」は日本にアイデンティファイしているが、彼らの「文化的自我」は中国山東地方の孔孟思想の精神的故郷にアイデンティファイしているのである。「孔孟が軍を率いて日本を侵略する」というような問題に直面したとき、彼らが持っている二つの「自我」は激しい緊張状態に置かれることになるのである。十七世紀の徳川時代の日本の儒者やその学生たちだけがひとりこの二つの「自我」の分裂問題を有しているのではなく、魯迅（一八八一―一九三六）研究をしていた文学者竹内好（一九一〇―一九七七）も、第二次世界大戦期に彼の「政治的祖国」（日本）が「文化的祖国」（中国）を侵略するという状況に直面して、彼の二つの「自我」が激しく引き裂かれて苦痛に耐えることができなかったのである。

中日両国の政治コミュニケーションにおいて、最も深く影響を与えた事件の一つは一八九四年に甲午海戦において満清政府が日本に敗れたことであり、もう一つは一八九五年の台湾割譲であった。台湾割譲は全くの青天の霹靂であり、台湾を「四百万人同一哭」させ、日本の知識人にも甚大な衝撃を与えた。その中の重要な代表的人物の一人として、近代日本「文明開化」の啓蒙家であった福沢諭吉（一八三五―一九〇一）を挙げることができる。

福沢諭吉は生涯において六十余の著作をものし、その中の『勧学篇』は近代日本人の世界観に対して甚大な影響を与えた一書である[10]。福沢諭吉は日本国内において近代の普遍的価値である「自由」「平等」「博愛」等の美徳を大いに提唱し、彼は『勧学篇』の冒頭でその義を明らかにしている[11]。

「天は人の上に人を造らず、人の下に人を造らず」と云へり。されば天より人を生ずるには万人は万人皆同じ位にして、生れながら貴賤上下の差別なく、万物の霊たる身と心との働を以て天地の間にあるよろづの物を資り以て衣食住の用を達し、自由自在互に人の妨をなさずして、各安楽にこの世を渡らしめ給ふの趣意なり。

福沢諭吉の掲げた「天は人の上に人を造らず、人の下に人を造らず」という語句は最も人口に膾炙した名言となり、彼が生涯において提唱した人類「平等」という価値の標語ともなり、彼の「文化的自我」の最も重要な構成要素であったと言うことができる。

しかし、一人の日本国民として、彼の「政治的自我」は当時の愛国主義的雰囲気の中に深く没入していた。甲午海戦で日本が満清を打ち破った後、一八九四年十二月から一八九八年五月まで、福沢諭吉は『時事新報』において台湾事務に関する一連の意見を公表していた[12]。これら台湾に関する言説は、福沢諭吉が提唱した近代的普遍価値とは完全に背反していた。彼が台湾に関して述べた意見の中で最も代表的なものは、一八九六年一月八日に発表したものである。福沢諭吉は次のように述べる[13]。

我輩は討平鎮圧の手段に就ても遺憾少なからざるものなれども、既往の事は今更ら致方なしとして、今回の騒動こそ好機会なれ兵力を以て容赦なく掃蕩を行ひ、葉を枯らし根を絶ちて一切の醜類を殲滅し、土地の如きは尽く之を没収して、全島挙て官有地と為すの覚悟を以て大英断を行ふ可し。若しも然らず一時の鎮圧に終るときは、今後とても頻々是種の騒動を見るは必然にして甚だ不手際のみならず、其騒動の度ごとに国内の人心を動かし、商売上に影響を及ぼして、其繁昌を妨ぐるは勿論、島地に移住企業の計画なども之が為めに思ひ止まりて折角外に向ひたる人気を沮喪せしむるに至る可し。海外所領地の小紛擾、敢て国家の大事に非ざれども、其影響する所は小ならず。速に大英断を行ふて一挙に禍根を覆し、永久に騒動の患を絶たんこと我輩の改めて当局者に勧告する所なり。

福沢諭吉の日本の新植民地台湾に対する主張は、「兵力を以て容赦なく掃蕩を行ひ、葉を枯らし根を絶ちて一切の醜類を殲滅」せよというものであって、このような主張は日本国民としての「政治的自我」の表現ではあるが、彼が掲げた人類平等の文化的価値とは離反している。福沢諭吉の「政治的自我」と「文化的自我」は中日両国相互作用の過程において、ひどく引き裂かれているだけではなく、完全に分裂しており、修復しがたい緊張性を露わにしているのである。

以上の山崎闇斎と福沢諭吉の具体例によって、我々は中日交流相互作用の歴史過程の中で、日本人の「政治的自我」と「文化的自我」が常に緊張関係にあることを見て取ることができた。我々はこの第一類型の緊張性の分析を今一歩進めることによって、以下の点に気付くことができよう。それは人間存在の「政治的自我」と「文化的自我」の差異は、「政治的自我」が常に短期性で、自己の利益や国益に関する問題に及ぶものであるのに対し、「文化的自我」が長期性・理想性の文化価値理念のアイデンティファイをその基礎としているものであるということにある。両者は具体的かつ特殊な歴史状況の中において、常にその大きな落差を有しており、分裂は免れ得ないものなのである。

3　類型（二）「文化的自我」と「文化的他者」の張力

近世中日関係史において見られる第二類型の張力は、「文化的自我」と「文化的他者」との緊張性である。この類型の緊張性は主に思想家や知識人の中に見出すことができ、中でもそれは「華夷之弁」を価値理念とする中国経典が日本に伝来した後の日本の思想家が中国経典を読むときに現れる。そこでは、「中国文化主体」と「日本文化主体」の間の激しい衝突を免れ得ず、彼らが「文化的自我」としての日本文化にアイデンティファイし、彼らの「文化的他者」である中国文化と巨大な張力を生み出しているのである。

ここでは、日本思想家による『論語』の解釈を例に取り、日本思想家の「文化的自我」と「文化的他者」の張力の問題を分析していく。『論語』の中にはしばしば「華夷之弁」の問題が見られる。『論語』八佾篇には

「子曰、夷狄之有君、不如諸夏之亡也」とあり、『論語』子罕篇には「子欲居九夷」の語がある。その中で孔子が居すことを欲した「九夷」とはどこを指すのかについて、漢代以降の中国歴代儒者たちの争論は止むことはなく、あるものは九夷は淮泗の間で、北は斉・魯と接していると主張し[14]、あるものは九夷は現在の朝鮮を指すと言っている[15]。しかし、徳川時代の日本の儒者が『論語』を読むときには、「九夷」に関して別の新解釈を提示している。十七世紀日本の古学派の大家である伊藤仁斎（維楨、一六二七—一七〇五）は、『論語』を「最上至極宇宙第一書」[16]と崇拝していたが、彼は孔子が居すことを欲した「九夷」について以下のように解釈している[17]。

夫子嘗曰、「夷狄之有君、不如諸夏之亡也」。由此見之、夫子寄心於九夷久矣。此章及浮海之歎、皆非偶設也。夫天之所覆、地之所載、鈞是人也。苟有礼義、則夷即華也。無礼義、則雖華不免為夷。舜生於東夷、文王生於西夷、無嫌其為夷也。九夷雖遠、固不外乎天地、亦皆有秉彝之性。況朴則必忠、華則多偽、宜夫子之欲居之也。吾太祖開国元年、実丁周恵王十七年。到今君臣相伝、綿綿不絶。尊之如天、敬之如神、実中国之所不及。夫子之欲去華而居夷、亦有由也。今去聖人既有二千余歳、吾日東国人、不問有学無学、皆能尊吾夫子之号、而宗吾夫子之道。則豈可不謂聖人之道包乎四海而不棄？又能先知千歳之後乎哉？

伊藤仁斎が言う「礼義」とは現在で言われているところの「文化」のことであり、彼は文化の有無を新たに華夷区分の基準と定め、それによって、地理境域を華夷区分とする中国伝統的な言説を批判しているのである。

伊藤仁斎は日本を孔子が居すことを欲した「九夷」とし、彼が提示したこのような「六経責我開生面」（王夫之の詩）という効果の新見解は、伊藤仁斎が孔孟の学に心酔しているとはいえ、彼はやはり日本人であるのだということを明らかにしている。彼にとっては、日本文化は彼の深層では「文化的自我」であり、中華文化は最終的には「文化的他者」であり、彼は「九夷」を日本と解しているように、心中には「文化的自我」と「文化的他者」の間の距離をなくす意図が存在しているのである。そしてこの種の「文化的自我」と「文化的他者」の遠近親疎の別が存在しているから、十七世紀の荻生徂徠（物茂卿、一六六六―一七二八）をして次のように言わしめるのである[18]。

若夫吾邦之美、外此有在、何必傅会『論語』、妄作無稽之言乎？ 夫配祖於天、以神道設教、刑政爵賞、降自廟社、三代皆爾、是吾邦之道、即夏商古道也。今儒者所伝、独詳周道、遽見其与周殊、而謂非中華聖人之道、亦不深思耳。自百家競起、孟子好弁而後、学者不識三代聖人之古道、悲哉！

このほか、三教融合を主張した心学者石田梅岩（一六八五―一七四四）も次のように述べる[19]。

我国之神明、慣以親近為本、以遠為不敬。因或有願望於物、以願状祈於神明。完成其願之時、如初始之願状、建鳥居、為修覆神社也、如此接受人之願等。然聖人曰敬而遠之、有雲泥之違。以是見之、好儒学者、背我朝之神道、可謂罪人也。

荻生徂徠と石田梅岩の言説中に、二人の日本思想家の思想世界の中では、日本文化の基礎である神道信仰が彼らの「文化的自我」の深層構造となっていることがわかる。儒学を基礎とする中華文化は確実に日本思想家の「文化的他者」であり、両者の間にはその緊張性が絶えず横たわっているのである。

4 類型（三）「政治的自我」と「政治的他者」の張力

近代中日関係史上に現れる第三類型の張力は、「政治的自我」と「政治的他者」の間の張力である。ここで「政治的他者」と相対する「政治的自我」とは、一個人の政治的同一性によって形作られた政治側面における「自我」のことを指す。一方の「政治的他者」とは、一個人の政治上における非同一性によって「他者」となった政治的対象のことを指す。十九世紀末の東アジアの歴史の扉が急速に開かれようとしていたこの時期において、「政治的自我」と「政治的他者」の衝突は、当然予期できるものであった。ここでは台湾割譲前後の台湾の富商李春生（一八三八—一九二四）を例とし、第三類型の張力を説明しよう。

李春生は一八三八年に生まれた福建泉州同安の人で、一八六五（清・同治四）年に台湾へ渡り、商売に成功し富をなした後、次第に台湾社会のリーダーとなっていった。一八九五年、清が台湾を割譲し、六月十二日に日本軍が基隆に到着すると、台湾人は脅威に感じ、李春生は台北各界のリーダーとともにアメリカ領事館やイギリス商人である和記洋行のイギリス人と基隆に同行することを願い、日本軍に対し民意を伝え、台北を戦禍から守ることを要請した。日本が台湾を占領した翌年（一八九六）、日本の植民政府の初代台湾総督樺山資紀（一八三七—一九二二）は五十九歳の李春生に日本訪問を要請した。彼は台湾返還後に撰した『東遊六十四日随筆』[20]に日本訪問期間の見聞と感想を記している。

李春生は在野の知識人にして商人ではあるものの、十九世紀末の東アジアと世界情勢に対して、極めて卓越した見識を有していた。李春生は早くから台湾の地位の重要性を強く主張し「台湾一島、関繫中華全局」[21]と述べており、日本の明治維新以後の富国強兵を高く評価して、当時の中国人による日本軽視の偏見を強く批判した[22]。李春生はまた伝統的な中国の持つ「夷夏之防」理念に強烈に反対しており、日本の富国強兵は「最宝貴、至関重之耶蘇」[23]という信仰を除き、政治上はみな「中国三代之政教」を実行している[24]と認め、弱体化していた中国が立ち上がり日本を見習うことを期待していた。

しかし、一八九六年に李春生が樺山資紀の要請に応じ家族と同族の若者八人を連れて日本を訪問した際に、彼の中にある「政治的自我」と「政治的他者」の緊張性が完全に露出してきてしまった。李春生は訪日期間中、東京浅草で観劇したことがあった。演目は中日甲午戦争であり、劇が中国の惨敗のシーンに至ると、日本観衆が拍手喝采して快哉を叫んでいた。しかし、中国人である李春生はうなだれて顔を覆い、心をひどく傷つけられた。彼は嘆息して以下のように記している[25]。

惟是新恩雖厚、旧義難忘。予雖忝為棄地遺民、自願改妝入籍、然此等慘目傷心之景、在他人興高采烈、務期争先快睹、独予則任慫慂、終是不忍躬親一視、以免重興賈子之嘆!

李春生の言う「新恩」とは台湾を割拠した日本の新統治者より受けた礼遇のことであり、彼が日本の植民地の属民としてすでに日本の新国民となったことをも指す。彼が言う「旧義」とは彼の漢民族の一人としての「文化アイデンティティ」のことを指し、彼が中原政権に対してアイデンティファイしていることをも指す。李春生は『東遊六十四日随筆』の中で三度自分のことを「棄地遺民」と称しており[26]、台湾割譲以後の台湾人が政治的に満清帝国から捨てられた「孤児」としての苦しみの中にあることを十分示している。政治「孤児」としての李春生の「政治的自我」は、実に漢文化にアイデンティファイした「文化的自我」の上に構築されているのである。台湾割譲初期の李春生以外では、日本占領時代に『台湾通史』を撰した連横（雅堂、一八七八―一九三六）が抗戦時期に中華民国政府主席の林森（原名は天波、字は長仁、子超と号する。一八六八―一九四三）に送った手紙の中で、自分を「棄地遺民」[27]と称している。一九四九年の後に香港・台湾に亡命した儒学者も自分たちが時の政権に簡単に翻弄された後、香港・台湾に漂泊した心情を「花果飄零」[28]という言葉で形容し、彼らの「政治的自我」と「文化的自我」の緊密な関係を明らかにしている。しかも彼らの政治上の「棄地遺民」としての「政治的自我」が、一度「政治的他者」としての異民族政権（日本のように）と衝突・遭遇すると、すぐに厳しい緊張性が呼び起こされてくるのである。

5 類型（四）「文化的他者」と「政治的他者」の張力

近代中日文化交流史に現れる第四類型の張力は、「文化的他者」と「政治的他者」の間の緊張関係である。東アジア各国による密接な交流活動において、観察者としての旅行客は、旅行中にしばしば旅行先の国家の文化伝統と政治的現実との間にある大きな落差を体験する。

ここでは、二十世紀初めに中国へ渡った日本人学者を例として、旅行者が感じた「文化的他者」と「政治的他者」との間の緊張性について述べていこう。中国文化の源流ははるか長く遠く、人文の伝統も深厚であり、日本の漢学者は中国文化に対して常に強い憧れの気持ちを抱いていた。京都大学の漢学者内藤湖南（一八六六―一九三四）が中国文化に崇敬の念を有していたことは、周知の事実であった。彼は中国文化の先進性を崇拝し、十世紀には中国はすでに「近世」の歴史段階に進んでいたと考えていた[29]。しかし、内藤湖南は一八九九年九月十三日から十月二十一日まで訪中した際、北京貢院の汚穢や人材に対する軽視・侮辱、そしてそこからうかがえる「国勢漸衰、委靡不振」[30]という現実に対し、長嘆せざるを得なかった。彼は彼の「文化的他者」としての中国文化を口を極めて賞賛しているが、彼が中国各地を旅行して、彼の「政治的他者」としての現実中国の没落に対して、落胆せざるを得ず、北京の崇文門に至った際には「無限凄涼、不覚涙下」[31]と述べ、甚だしきは「平常与中国人擦肩而過、衣袖相触亦覚不快」[32]とまで述べている。内藤湖南の旅行記の中に、我々は彼の心中に「文化的他者」と「政治的他者」の中国の両面に対する強烈な緊張性を見て取ることができる。この種の旅行の感想は、吉川幸次郎（一九〇四―一九八〇）・青木正児（一八八七―一九六四）・宇野哲人（一八七五―一九七四）といった同時代の日本漢学者の中国旅行経験の中にも見出せる[33]。

内藤湖南ら日本の漢学者が訪中時に経験した「文化的他者」と「政治的他者」の間の張力から、我々は東アジア文化圏の中において、中国は実に一つの巨大な、しかも「不可避の他者」[34]であることを見て取ることができる。東アジア周辺地区の人々の心中では、文化中国は一種の概念化された理想の中国であり、千百年来文化的な理想が歴史の流れの中で蓄積され、想像によって構築された要素を少なからず含んでいるのである。しかし、政治中国は実体化された現実の中国であり、今現在の権力構造関係によって塑像されており、具体的かつ実在する存在で、想像の入り込む余地は少ない。そのため、二十世紀初めに内藤湖南ら日本の漢学者が、唐詩や宋詞・『四書』等の経典によって組み立てられた中国文化の理想を胸に抱いて日本から大陸へ旅行に来たものの、政治の乱れや治安の悪化、街中の汚穢、人々が勝手に痰を吐くといった現実の中国を目の当たりにして、両者の間に強烈な落差が出現し、彼らの心中にある「文化的他者」と「政治的他者」が合致するのは難しく、かえって緊張性を産出してしまったのである。

6 結論

本稿は中日文化交流経験の中に現れる四つの類型の張力について検討してみたものである。(一)「政治的自我」と「文化的自我」の張力、(二)「文化的自我」と「文化的他者」の張力、(三)「政治的自我」と「政治的他者」の張力、(四)「文化的他者」と「政治的他者」の張力がそれである。本稿での「自我」と「他者」の相互作用の検討から、以下のいくつかの点について総合的な観点から指摘することができる。

第一に、人の「自我」は多面的な心身の総合体であり、しかも社会政治の文脈の中で深く染みわたっていき、社会政治要素の制約を受け、なおかつ社会政治生活と密接な相互作用があるという点である。東アジア近世史上、中日両国の文化と政治の関係は極めて密接であり、そのため、「自我」と「他者」は政治と文化との二つの範疇において、相互に作用し複雑な関係を産出するため、本稿が分析検討した四つの張力は、ただこの複雑な関係の中で四つの比較的突出した類型を取り上げたにすぎないのである。

第二に、「自我」が政治と文化の状況の中に深く染みわたっているため、ここで言う「自我」は固定した不変不易のものではなく、その存在するところの政治と文化の状況と相互に作用し、政治と文化の変化に伴い改変するものであるという点である。「自我」に相対する「他者」も、政治と文化の状況に伴い消長と変化を繰り返し、時とともに進化するものである。さらに注意すべきなのは、歴史文化が蓄積するものと政治状況とが相互に作用した「自我」は常に旅行の経験中において、「他者」を観察することによって形成、あるいは覚醒されるものである。十九世紀アメリカ人の「アイデンティティ」は常にヨーロッパ旅行の経験において堅固に形成されたのである[35]。二十世紀初めの日本の明治維新成功後の最も中国蔑視の強い時代において[36]、日本の漢学者宇野哲人が訪中し、長城八達嶺に登り中国を睥睨《へいげい》したときに、彼の日本アイデンティティが呼び覚まされ、長城の上で日本の国歌を高らかに歌い上げたことは、このことを最も端的に示す例証である[37]。そのため、我々は、「自我」と「他者」の構築と変遷はともに状況性（situatedness）を有しており、しかも両者の間には相互浸透や相互作用があるのだということを指摘することができる。

第三に、「自我」が常に「他者」との接触を通してその主体性を形成するという事実から、我々はさらに一歩進めて、「自我」と「他者」の相互作用の過程において、いかに過度に膨張した「自我」を押さえて、最終的に人を押さえて自分の意見に従わせるといった結果を避けるかは、まさに深く考察する価値のある問題であるということを指摘することができる。

※二〇〇七年六月に浙江工商大学日本文化研究所は台湾大学歴史学部特聘教授、台湾中央研究院中国文哲研究所併任研究員、台湾大学「東亜経典與文化」研究プロジェクト総責任者である黄俊傑教授を講師に招いて、公開講演会を催した。本稿は講演原稿に基づいて、水口幹記氏が日本語に翻訳したものである。

注

[1] Mary Louis Pratt, *Imperial Eyes: Travel Writing and Transculturation* (London: Routledge, 1992, reprinted 1993, 1994, 1995, 1997, 2000), p.6.

[2] John K. Fairbank ed. *The Chinese World Order* (Cambridge, Mass.: Harvard University Press, 1968).

[3] 原念斎『先哲叢談』江戸、慶元堂、擁萬堂、文化一三（一八一六）年、巻三、四頁下―五頁上。

[4] 山鹿素行『中朝事実』、廣瀬豊編『山鹿素行全集』第一三巻上冊、東京、岩波書店、一九四二年、二二六頁。「外朝」とは中国を指す。

[5] 同右、二三四頁。

[6] 佐久間太華『和漢明弁』、『日本儒林叢書』第四巻、論弁部〈序〉、東京、鳳出版、一九七八年、一頁。

[7] 淺見絅斎「中国弁」、『山崎闇斎学派』『日本思想大系三一』東京、岩波書店、一九八二年、四一八頁。

[8] 上月専庵『徂徠学則弁』、『日本儒林叢書』第四巻、一四頁。

[9] 佐藤一斎『言志録』、『佐藤一斎・大塩中斎』『日本思想大系四六』東京、岩波書店、一九九〇年、二二七頁。

[10] 福沢諭吉は当時の日本で「国民百六十名の中一人は必ず此書を読たる者なり。古来稀有の発兌にして亦以て文学の急進の大勢を見るに足る可し」と推算している。福沢諭吉『学問のすゝめ』（東京、中央公論新社、二〇〇二年）に見える。中訳本は群力訳『勧学篇』〈序〉北京、商務印書館、一九九六年、一頁。

[11] 前出福沢諭吉『学問のすゝめ』三頁。中訳本は、前出群力訳『勧学篇』二頁。

[12] 陳逸雄訳解「福沢諭吉的台湾論説（一）（二）（三）（四）」、『台湾風物』四一巻一期および二期、四二巻一期および二期、一九九一年三月・六月、一九九二年三月・六月。

[13] 福沢諭吉「台湾騒動」、『時事新報』一八九六年一月八日社論、「福沢諭吉的台湾論説（二）」、『台湾風物』四一巻二期。引用文は七七頁に載る。

[14] 中国古籍に「九夷」の名はよく見られる。『爾雅』釈地に「九夷」の称があり、『韓非子』説林上に「周公旦攻九夷、而商蓋服」、『呂氏春秋』古楽篇に「商人服象為虐於東夷」、『呂氏春秋』楽成篇に「猶尚有管叔蔡叔之事、與東夷八国不聴之謀」とあり、孫詒譲（仲容、一八四八―一九〇四）は「九夷実在淮泗之間、北与斉・魯接壌、故『論語』「子欲居九夷」。参互校覈、其疆域固可攷矣」と述べる。孫詒譲『墨子閒詁』上冊〈非攻中第十八〉、北京、中華書局、一九八六年、一二六―一二七頁に見える。

[15] 清の儒者劉宝楠（楚楨、一七九一―一八五五）は『論語正義』に皇侃（四八八―五四五）『論語義疏』を引いて「子欲居九夷、与乗桴浮海、皆謂朝鮮、夫子不見用於中夏、乃欲行道於外域、則以其国有仁賢之化故也」という。劉宝楠『論語正義』上冊、北京、中華書局、一九八二年、三四四頁に載る。

[16] 伊藤仁斎『論語古義』、関儀一郎編『日本名家四書註釈全書』第三巻、論語部一、東京、鳳出版、一九七三年。また伊藤仁斎『童子問』に見える。家永三郎ほか校注『近世思想家文集』巻上、第五章、東京、岩波書店、一九八一年、二〇四頁。

[17] 前出伊藤仁斎『論語古義』第三巻、一三七―一三八頁。

[18] 荻生徂徠『論語徴』、関儀一郎編『日本名家四書註釈全書』第七巻、東京、鳳出版、一九七三年、一八六—一八七頁。

[19] 石田梅岩『都鄙問答』〈問云「遠鬼神」之事之段〉、柴田実編『石田梅岩全集』東京、石門心学会、一九五六年、四五—四七頁。

[20] 本書の初版は福州の美華書局から一八九六年に出版された。現在は李明輝等編『李春生著作集（四）』（台北、南天書局、二〇〇四年）に収録されている。

[21] 李春生『主津新集』、前出李明輝等編『李春生著作集（二）』巻一「台事其一」、九頁。

[22] 同右、巻一「論日報有関時局」、二四頁。

[23] 李春生『民教冤獄解』、前出李明輝等編『李春生著作集（三）』「援鄰責言」、三五頁。

[24] 前出李春生『主津新集』、李明輝等編『李春生著作集（二）』巻二「権衡倒置」、一三〇頁。

[25] 李春生『東遊六十四日随筆』、前出李明輝等編『李春生著作集（四）』、二〇四頁。黄俊傑・古偉瀛「新恩与旧義之間——李春生的国家認同之分析」参照、李明輝編『李春生的思想与時代』台北、正中書局、一九九五年、二一〇—二五六頁。

[26] 前出李春生『東遊六十四日随筆』、一七五、二〇四、二二六頁。

[27] 連横「致林子超先生書」、『雅堂文集』、台湾文献叢刊第二〇八種、台北、台湾銀行、一九六四年、一二七頁。

[28] 唐君毅（一九〇八—一九七八）『説中華民族之花果飄零』台北、三民書局、一九七四・一九八九年。

[29] 内藤湖南「支那上古史」、『内藤湖南全集』東京、筑摩書房、一九四四年、九頁。

[30] 内藤湖南「燕山楚水」、前出『内藤湖南全集』第二巻、一三〇頁。

[31] 同右、三九頁。

[32] 前出内藤湖南「燕山楚水」、七五頁。

[33] 黄俊傑「二〇世紀初期日本漢学家眼中的文化中国与現実中国」、拙著『東亜儒学史的新視野』台北、台大出版中心、二〇〇四年、二六五—三一二頁。

[34] 子安宣邦『漢字論——不可避の他者』東京、岩波書店、二〇〇三年。

[35] William W. Stowe, *Going Abroad: European Travel in Nineteenth-Century American Culture* (Princeton: Princeton University Press, 1994).

[36] 山根幸夫『大正時代における日本と中国のあいだ』東京、研文出版、一九九八年。

[37] 宇野哲人『支那文明記』、小島晋治編『幕末明治中国見聞録集成』第八巻、東京、大東館、一九一二年。中訳本は張学鋒訳『中国文明記』北京、光明日報出版社、一九九九年、六〇頁。宇野哲人が一九〇六年に訪中し、一九一二年一月に再度訪中したときの遊学の経験やその意義に関しては Joshua A. Fogel, "Confucian Pilgrim: Uno Tetsuto's Travels in China, 1906," in his *The Cultural Dimension of Sino-Japanese Relations: Essays on the Nineteenth and Twentieth Centuries* (New York: M. E. Sharp, 1995), pp.95-117 を参考にした。

日本人の自己認知と知的文化特徴論

尚　会鵬

筆者は以前、許烺光の「心理—社会均衡（Phycho-social Homeostasis, 以下ＰＳＨ）」理論および、関連する「基本的人間関係（Human Constant）」の概念は、中国や日本、米国など大規模文明社会の「ヒトのシステム」に新たな視点を与えるものだと指摘した[1]。まさにこの視点から、筆者は「縁人」を日本人の「基本的人間関係状態」を示す言葉として使用することを提案する。「自己認知」は基本的人間関係状態の四つの次元（他の三つの次元とは情感、交換と群体タイプである）の一つであり、一つの文化方式のもとで、人はどのように認知し、自己と他者の心理プロセスを区別するのかを指し、人の心理活動のより深いレベルに属し、基本的人間関係状態の「内なるイメージ」と称することができる。自己認知と基本的人間関係状態の他の次元とは密接な関係があり、文化方式の違いによって異なる。

本文では、「縁人」の自己認知の次元について考察しようと思う。

1　日本人の文化心理の特徴についての探求

「自我（self）」ならびにそれと関係する「人格（personality）」は心理学、精神学における二つの重要な概念である。心理学では自我について「自身の特徴、行動表現などの属性的認知であり、自身によって発生する動作、行動、決定、ロジックの推断、生活体験などの組織や調節、コントロールを行うものであり、人の身体および属する社会的財産（社会的資源）の基礎となるひとつの特殊な心理プロセス」であると定義されている[2]。人格については、「個人に関係する心理プロセスおよび心理状態の組織集合体」[3]、「人格とは個人に内在する力量と一致する態度や価値、知覚パラダイム等の複合体で、その相互関連が持続するシステム」[4]だと定義されている。しかし、現代心理学においては、「自我」と「人格」、この二つの概念について、このような広範囲の論争は起きないかもしれない。現在、心理学の教科書上で使用する人格の概念とは、大半が、西洋諸国の個人主義に対する理想の説明であり、その概念と西洋人の生活の現実も完全に一致するとは限らないが、その他の文化の人間については触れる必要はないとされている。一部の心理学者はこの問題に注目しており、その結論は皆、比較的慎重なものとなっている。例として、米国の人格心理学者であるジェリー・バーガー（Jerry Burger）氏は「自我の概念について異なる観点があることは、つまり二つの文化類型から来た人間にとって、自我の満足と良好な感覚概念についての考え方がある部分で異なっていることを意味している。典型的な個人主義文化の中で生きてきた人間は、彼ら独特の価値観と個人の達成に気付いた時に良好な感覚を覚える。逆に、集団主義文化の中で生きてきた人間の自己満足感は、彼らが自分と他人との関係を感じ取った時に発生する。この文化では、帰属感を見つけた時や自分にふさわしい役割が与えられたと感じた時に、良い気分になる。全体主義文化の中では、社会に溶け込むことと、自分の成すべきことを完成させることが、誇りを感じる源であるし、個人主義文化の中では、個人が成果を上げ、独立性を持つ時が最も満足する」[5]と指摘し、また、日本を例に取り、現代の人格心理学の中で、自我・自尊・自己実現・自己評価・自己表現・成功動機・人間関係などの問題についての考え方は適さないと指摘した[6]。バーガー氏の「個人主義文化」と「全体主義文化」の概念が妥当かどうかについて今は論じないが、彼が指摘した、現代心理学の局限性については誠実であると言うべきである。

実際、日本ではすでに、ある学者が、現代心理学における自我や人格等の概念の局限性に気付き、日本人独特の文化心理の研究に力を注いでおり、この意味において彼らを「日本文化心理学派」と称すことは何の問題もないかもしれない。しかし、この方面の討議構成は非常に大きな領域であり、多くの学説に及ぶことになる。方法論から見ると、この領域において比較的重要なのは、「精神分析」と「社会心理」の二つのベクトルに沿って展開していくことである。

「精神分析」方向の研究者は皆、精神科医のバックグラウンドを持ち、豊富なカルテの蓄積があるため、その多くは精神病理の角度から日本人の自己認知方式を認識することになる。日本で最も早く登場した精神病理学者である古沢平作氏がその一派の先駆者として知られている。彼は早くにドイツに留学し、フロイトの影響を受けた。彼はフロイトに「エディプスコンプレックス」[7]の普遍性について疑問を提起し、さらにフロイトの目の前でそれと対応する「阿闍世《あじゃせ》コンプレックス」について発表したが、残念なことに、当時のフロイトは見向きもしなかった。一九三三年、古沢氏は論文を発表し、正式に日本人の文化心理における「阿闍世コンプレックス」の概念を用いた。阿闍世とは仏教に出てくる人物で、その物語の概要は以下の通りである。

阿闍世は王舎城の王子で、その母親は韋提希《いだいけ》夫人であった。韋提希夫人は夫である頻婆沙羅《びんばしゃら》王の自分に対する愛を守るため、子どもを産むことにしたが、この子どもは森の中の仙人の化身であった。予言によれば、仙人が死ぬまであと三年もの時間があった。韋提希夫人は早く子どもを産みたいがため、仙人を殺し、それにより産まれた子どもが阿闍世であった。仙人の恨みを恐れたため、阿闍世は産まれた時に、高い塔の上から落とされたが、幸運なことに軽傷ですんだ。阿闍世は成長した後に自分の境遇を知り、母親の美しいイメージを失い、母親を殺そうと考えたが、臣下に制止された。阿闍世は一種の罪悪感に苦しんだため、体中が化膿し悪臭を放ち始めた。この時、阿闍世の母親だけが心をこめて彼の面倒を見た。この声なき献身を通じ、韋提希夫人は自分を殺そうとした息子を許し、阿闍世も母親を許した[8]。

古沢平作氏は、「父を殺して母を娶る」エディプスより、仏教の「父を殺して母を捕える」阿闍世の方が自然であることに思い至ったが、彼がこの仏教物語について文化心理学を用いて解読を行っているとき、この二つの物語はそれぞれ違う意味を持つことに気が付いた。前者は父性原理であり、後者は母性原理であり、エディプスは最終的に罰を受け死んでしまうが、阿闍世は悟りを得ている。このような違いをもとに、古沢氏は「阿闍世コンプレックス」を用いて日本人文化の心理的特徴を表現した。古沢氏の弟子であった小此木啓吾氏はこの思想からさらに修正と新たな展開を加えた。

「阿闍世コンプレックス」の主な特徴をまとめると、

（1）息子と理想化した母親との一体感。

（2）母親の理想イメージを失うと、母親に対し憎悪を抱く。
（3）事情を理解すると、息子は母親を許し、母親との一体感が復活する[9]。

この母性原理をもとにした罪悪感の自覚は、その懺悔を通じ母子間の親密な関係が復活するという心理的特徴があり、これは懲罰の恐怖を反映しているだけでなく、より高レベルの意識、互いに許し合い互いに依存するということを反映していると言える。「エディプスコンプレックス」が個人主義の罪悪観がもとになっていると言えるならば、「阿闍世コンプレックス」は「関係性」や「原因」をもって特徴となす文化である。

この学派のもう一人の代表的人物として土居健郎が挙げられる。彼も精神科医として長期にわたって医療に従事する中で、日本人には独特の心理的特徴があることに気付いた。この特徴は日本語にある特有の言葉「甘え」において集中的に表れるものである。土居氏のこの「甘え」理論について、筆者は自著で専門的に批評紹介しているが[10]、ここでは、土居氏の「甘え」理論と古沢平作氏の「阿闍世コンプレックス」との共通点を補足したい。両者はともに日本人の人間関係に対する考察であり、母子一体をゆえんとする他人への依存心は、一種の相互依存の自己認知方式であり、あるレベルにおいて「甘え」は阿闍世コンプレックスの解釈と見ることができる。

同じく精神科医である木村敏氏も土居氏の「甘え」理論に同意し、「甘え」の本質とは「感情を持ち、一種の親しみある態度で甘えること」だと考えた。木村氏は西洋人の「自己」とは「いつでもどんな状況でも不変である自我の一部分」であり、日本人の「自己（自分）」とは西洋の「個人」的な「自己」のような確実性を持つ実体ではなく、対人関係においてもたらされる、生活空間の中で流動するものであると考えた。西洋人の「自己」とは一種の独自性を持ち、恒常性と連続性を持つものであるが、日本人の「自分」とは自己以外の部分において自己が得るべきである一部分であり、恒常性や同一性を持たないものを指す[11]。要するに日本人の「自分」という概念とは、主体の中から出て来る抽象的な実体ではなく、むしろ「具体的な他人との関係において把握される、自己の成すべきことを達成することで得られる、自身の外からやって来る現実性である」と言える[12]。日本人にとって、「自分」とは自身の内部にその根源を求めるものではないため、「私は誰？」「あなたは誰？」という問題は自身によって決定されるものではなく、「私」と「あなた」との間、つまり人と人との関係性によって決定されるものなのである。

もう一つのベクトルとして、一部の社会心理学者による研究がある。日本の著名社会心理学者である南博氏は、日本人の自己についての観点の影響は比較的大きいとし、「日本人の自我においては、外在する「客我」の意識が特に強く、他人の考えを気にしすぎることが自我の構造全体に影響する。外在する客我の意識が強すぎるために、内在する自我は圧迫され、否定性を持つ自我が形成される」[13]と考えた。彼は「日本人の自我の不確実感」と「集団での我」などの説の中で、日本人は主体性に欠け、自我が確立せず、自己主張がなく、積極的能動的な行動をしないなどと思われているのは、皆、自我の不確実性から来るものであるとの考えを示した[14]。南氏がまとめた日本人文化の心理的特徴、例えば、集団依存意識、集団における個人の位置を気にすることや、大勢に従うこと、行動の定型化（型の重要視）なども、個体が自我の確実感を得るためのものである。南博氏は、日本人のこの文化心理にも良い点があるとも指摘しているが、否定的な意義においてより多く自身の持論を展開している。彼は「社会の現代化の一つの目印とは、人の自我の確立及びそれを基礎とした個人主義の発展である」[15]と考えた。この観点には明らかに、戦後の日本社会が西洋に追いつこうとした時代の烙印が存在する。

元京都大学社会心理学教授である浜口恵俊氏が、日本人の自己認知の特徴の基礎を分析している中で提起した「間人」理論も、一つの代表的なものである。彼は、西洋の「個人」的な自己認知の特徴は、一種の不可侵的な独自性を持つ「人格」が存在することであり、自己の存在の確実感と自己依存の態度が「個人」の存在条件であり、個人の核心部分（通常「自我」と呼ばれる）を形成していると考えた。これに対し、「間人」にはこのような核心はない。「間人」は「自我」の延長ではなく、一種の「対人関係の中で意識する関連性が人自身である」という存在方式である[16]。「他者との一体感（ある時には対立する感情）を前提とし、対人感覚の中で自己を確認する」。浜口氏も、土居氏や木村氏の精神分析学派の観点に同意し、日本人の「自我」とは他者と共有する空間がもたらす相対的な特徴であり、他者に依存し他者に協調する自我であると考え、社会からの抑制と均衡を受けながら他者との相互依存の上に確立されたものであるとした。しかし、精神科医たちの考えとは違い、浜口氏はこれらの特徴を病態や未成熟な表現であると見なさず、高い評価を与えた。「これらの依存傾向は未成熟な人格であると見なされがちだが、これは他者に対する一方的な依存ではなく、相互依存である。しかも相互依存することにより、人の勝手な要求は意識的に抑制される。社会システムにおいてもこのような自己抑制は常に要求される。このような相互間の自己抑制は、実際的に高度に成熟した成年人の行動方式であり、むしろ社会生活の中で「自己」を主張する行為こそが子どもの行動であると見なすことができる」[17]と浜口氏は考えた。浜口氏と似た観点を持つ者に公文俊平氏がいる[18]。浜口氏と公文氏は「日本文明学派」に属し、彼らは日本人の自己認知方式について肯定的な高い評価を行い、経済で成功した日本人の自信を体現した。

社会心理学に属する方式としては他に「異文化研究」学者の研究がある。彼らの多くは社会心理学出身であり、日本人の自己認知や人格、人間関係から、これに関連する児童保育、家族の習慣、学校機能や青少年の社会態度に至る問題について、異文化研究を行い、詳細で確実な調査データをもって、日本人の自己認知の重要な特徴を証明（一部の流行した考えも偽証）したが、紙面に限りがあるのでここでは紹介しない[19]。

2 「縁人」的自己認知の集団における特徴

上述した学者たちは、日本人の自己認知方式の特徴を努力しながら研究している。しかし、日本人の研究者であっても西洋人の研究者であっても、日本人の自我および人格の特徴について述べるときには、その多くが相対する西洋の「個人」の意味の上から立論していることを指摘せねばならない。このことは、日本人の自己認知方式の特徴に関する考察は中国を含む東アジア社会、ひいてはすべての非西洋社会にまで拡大することができるという意味を含んでいる。日本人と中国人の基本的な人間関係状態は、ともに人の相互性の強調をその特徴としている。先の文章で述べた「阿闍世コンプレックス」や「甘え」理論、「間人」理論は、日本人の心理文化の特徴を説明するものであるが、それらが体現する人の相互性の強調や他者との相互関係において自己を定義する意味において、中国人の自己認知方式と同じ部分がある。中国人と日本人はともに、生物体をもって人を定義するのではなく、一つの人間関係において人を定義するのであり、自己認知方式はともに「ガリレオ式」であり「クラウディオス式」ではない[20]。よってこれらの説明の多くは中国人にも当てはまるのである[21]。

西洋の「個人」に対応する意味において、日本人の文化心理を知ることはむろん重要なことであるが、それだけでは十分とは言えない。日本人を西洋の「個人」と区別するだけではなく、その他の非西洋世界（例えば中国）の心理文化の特徴からも区別して考える必要がある。しかし、残念なことに現在、この種の考察はまだ少ない。我々の角度から見ると、上述の日本文化心理学派が指摘した日本人の文化心理の特徴には、二つの鍵となる未解決の問題がある。第一に、日本人の自己認知の参照グループの特徴とは何か？　同じように人間関係の中で自己を定義する中国人との違いはどこにあるか？　第二に、日本人の自己認知はどのような文化メカニズムに従って行われるのか？　この二つの問いに答えることができてはじめて日本人の独特な文化心理を本当に把握できたと言える。筆者は、相互性の強調が特徴である基本的な人間関係状態を一つのアジア型とし、「縁人」のような日本人の基本的人間関係状態の四つの次元は、西洋の「個人」と違うばかりではなく、同様に相互性を強調する中国人とも異なるもので、この点が我々にとってより重要なものであると考える。

先に「縁人」的自己認知における参照グループの持つ特徴について考察したい。この問題は我々の視点では「心理―社会均衡（ＰＳＨ）」モデルにおける第三層（「親密社会と文化」層）の構成問題に帰結できる[22]。親族も日本人のＰＳＨモデル第三層の重要な内容である。しかし絶対的優先的地位にはなく、親族グループは恒久的ではないが、西洋の「個人」的第三層のような見知らぬ者によって構成されるものでもない。「縁人」の第三層と第二層の境目は曖昧であり、第三層の中には常に本来第二層に属するメンバーが存在する。「縁人」は自己の人間関係の範囲をその関係の遠近によって定義し、内から外へ向かって「身内」「仲間」「他人」に分類される。これと中国人の「身内（親人）」「知人（熟人）」「見知らぬ人（生人）」によって構成される人間関係の範囲は相似している。しかし、中国人と違うのは、これは血縁資格のみに基づいているわけではなく、その他の要素を持つ縁（血縁、地縁、因縁、あるいはその他の要素）も含まれ、一緒に個体を組織しているということである。よって、一定の転換性や不確定性を持つ。中国人の「身内（親人）」と「知人（熟人）」の間は転換できないものであるが、日本人の「身内」と「仲間」の間には一定の転換性が存在する。例えば、伝統的な日本の「家」には、非血縁関係である、使用人や雇い人、弟子などが含まれている。日本人が所属する密接な関係の小グループには、皆このような性質がある[23]。

個体の所在が一つの転換可能かつ、やや不確定な人間関係の範囲にあることによって、人間関係における「自己」はさらにはっきりとしない、不確定な位置にある。これと、中国人の「自己」が中心となった同心円的人間関係の範囲（費孝通の言うところの「差序格局」）とは明らかに対照的である。個体の行為は自己の利益や自己の体験や欲望などの「個人」の「自己意識」に基づいて行われるわけではなく、倫理規範に基づいたある種固定的な「役割意識」によって行われるわけでもない。むしろ、個体と他者が互いに影響しあう際の状態や他者の反応や感触である「他者意識」に基づいていると言えるだろう。個体の存在は他者の存在を通じ定義されるだけではなく、その交際範囲の中心がどこであるかも見出すことができない。自己確定の相対的な困難性が個人にもたらした影響こそが、南博氏の言う日本人の自己の「不確実感」である。

日本語の独特な表現方式であれば、「縁人」という自己認知上の特徴をうまく説明できるかもしれない。日本語は多くの状況のもとで主語を省略することができるだけではなく、出現していない人を呼び表すことができ、話し手と相手との関係、身分や地位などを動詞の変化によってはっきりと判断することができる。我々は中国語（多分、他の言語でも）において、ある特定の状態のもとで主語となる人称を省くことができるが、日本語にとってはこの状況はより普通のことであるらしい。日本語の語尾変化の特徴は、多くの状況のもとで、もし主語・目的語の人称として表れた場合、かえって洗練不足を明らかにしてしまう。交流する双方の動詞（特に日本語独特の受身動詞）の語尾変化によって、そのセンテンスが指す主語と目的語をはっきりさせることができる。これだけではなく、センテンスの中で出現する人称は、話し手と相手の関係に基づいて変化することができ、これは非常に独特なものである。例えば、子どもを相手に話す場合には「私」は「パパ」と呼ぶことができ、「あなた」を「ママ」と呼ぶことができる。しかし友人相手の場合には別の表現方式がある。「私」と「あなた」はいくつもの関係の中で以下のように変化する。

自分（I）　　　　　　あなた（You）
パパ（子ども）お前
僕（友人）君
私（上位者）あなた
俺（兄弟）兄貴

これは、日本人の「私」と「あなた」の定義について、関係が異なれば形式も異なることを説明している。英語においては不変である「私」（どんな時でも大文字のI）とあなた（You）とは全く異なる。中国語では「私（wo 我）」の呼び方はいくつかあり[24]、他人との関係の中で自己の定義を表現する特徴はあるが、中国言語における「私（wo 我）」の異なる呼び方は、より道徳を重視し、自己をへりくだる特徴を持つようであり、実際の生活上ではもちろん、子ども・友人・地位が高い人・兄弟などに対し、「あなた（ni 你）」「私（wo 我）」と呼び合うことができる（時によっては地位が高い人に対し「あなた（nin 您）」と呼ぶことがあるが、これは主に北方で流行している呼び方である）。この英語との類似は日本語とは大きく異なっている。このことによって、日本人の自己はさらに大きな不確定性のある表現を持つと見ることができる。

3　「縁人」的自己認知の文化メカニズム

ただ「縁人」の自己認知の参照群体の特徴を指し示しただけでは十分ではないだろう。「心理—社会均衡」原理によると、「基本的人間関係状態」とは文化の変量と相関する均衡体であり、各次元すべては均衡的性質を持っている。よって、「縁人」の自己認知の均衡メカニズムをもっと理解する必要がある。この問題について考察する際に、現代心理学における一部の概念の局限性について指摘しておく必要がある。例えば、現代心理学では、「自己」はいくつかに分類される。米国の心理学者G・H・ミードは、「主我」は（I）と「客我」（me）であるとし、フロイトは「エス」「自我」「超自我」であるとした。さらには「現実の私」「理想の私」のような分類もある。これらの分類方法は日本人を含む人類の心理活動を理解するのに有用であるが、これらの概念は基本上、西洋の個人社会の経験に基づいており、西洋の個人主義における自我の分析により適し、「縁人」のような独特な自己認知のメカニズムを分析する際には完全に適用できるものではないと言わなければならない[25]。このような認識に基づき筆者は心理―社会均衡の角度から、日本文化の特徴についてのいくつかの新概念を用いて、「縁人」的自己認知の文化メカニズムを試しに明るみに出してみようと思う。

第一に、「個の私」と「集団の私」の融合。個人社会においては「個人」と「集団」は二元対立状態にあり、現代の社会心理学の中でも多くがこのような対立的意味においてこの一組の概念を使用している。しかし、基本的な人間関係状態は「個人」の社会ではなく、個人と集団は対立するとは限らない。日本社会のように個人と集団の間にはっきりとした境界がなければ、「個の私」と「集団の私」の二つの概念を用いて自己認知方式を述べるのに適している。この一組の概念が反映するのは、人がすでに持っている個体性や相互性、個体性と相互性が補いあうことで成立する属性である。一定の意味において、「個の私」は小さな「私の群れ」と見なすことができ、「集団の私」は大きな「私の群れ」と見なすことができる。もちろん中国であっても日本であっても「個の私」を強調しすぎることは不適当であり、「個の私」と「集団の私」が融合しあい、ともにあることが求められる（ここが個人を強調する西洋文化と違うところである）。「縁人」モデルの特徴とは、「集団の私」はさまざまな縁が繋がってできた密接な関係の集団であり、集団の中の「他者」とは個体が自己を優先的に定義することを考えた、つまり個体が比較的強い「他者意識」を持つことである。この意味において、「縁人」の「集団の私」とは「個の私」を拡大したものではなく、「他者の中の私（他者の目に映る自我）」の集合体なのである。

第二に、「外の私」と「内の私」の切り替えについてである。文化上では、個の私と集団の私の融合が求められるが、生物体の基礎である個体の本当の意味での存在を完全に否定するというわけではなく、本当の自我が表現される際には適切な状態と適切な他者のもとで行われる。これは「外の私」と「内の私」の区別と転換という、もう一つの自己認知の文化メカニズムである。「外の私」と「内の私」という概念には「人前の私」と「人の後ろにいる私」や「本当の私」と「嘘の私」も含まれる。基本的人間関係状態には、人の相互性を強調する特徴があるため、生活上より多く他者の考えや感情、行為について考えなければならず、時に個体は真実の自己を表現できない。この意味において、「縁人」の人生は、やや多くの演技的性質を持つ。このやや突出した表現について、日本語では「本音」と「建前」という概念で表わされる[26]。「本音」とは「内の私」や「人の後ろにいる私」であり、個体の本当の願望や希望を表し、フロイトの言う「エス」の概念に近い。「建前」とは「外の私」「人前の私」を指し、その多くが理想や道徳・原則・規則・儀式などを表しており、フロイトの「超自我」の概念に近い。「縁人」の状況のもとでは、個体の外の私と内の私は対立状態にはなく、個体はより多くのエス部分を保持することができる。エスは「個人」のように潜在意識レベルまで深く深く抑圧されたものではなく、中国人のように完全に役割化したものでもない。個の私と集団の私が均衡するプロセスの中で、犠牲となる個の私部分を「本音」という形をとって存在させ解放することによって、個人のPSHは平衡動態を得ることができる。このメカニズムは先のメカニズムを補完するものと見ることができる。このような状況のもと、人は「自由」であると言え、その「自由」は個体がすでに持っている「エス」の中や「超自我」の中にあり、「エス」を潜在意識の中に抑圧する必要もなく、特定の場合や特定の人・事情においては、その多くは「表してはならない意識」レベルに置かれる。当然、アジアでも西洋でも人は皆、「ペルソナ」を被っているが、たとえそうであっても西洋の個人にとっては、行為におけるはっきりとした「外の私」と「内の私」の区別は、ある種の病気（精神分裂病など）だと思われる可能性が高いが、「縁人」にとっては自己を「外の私」と「内の私」に分け、二者を把握しうまく切り替えることは、病気としては見られず、一つの高度に成熟した表現だと見られる。「建前」と「本音」は一つの文化設定であり、他者の「外の私」と「内の私」を正確に識別することは、人が社会化する中で持たなければならない「文化的技能」である。この二者の切り替えをうまく把握することで、個体の役割はたやすく切り替えられ、集団の原則や主義・道徳などに相対的な処理が可能であるため、集団の私と個人の私の融合のために求められる個の私の抑制や犠牲によってもたらされる内心の焦りを軽減させることができ、行為における自他の協調や個体と群体の動態均衡状態を可能にすることができる。この状況のもとでの個体と群体は二元対立をするものではなく、集団もまた個人に対立するものではなく、二者は融合しあい、ともに存在するのである。

第三に序列に対する強調である。自己を定義する人間関係の範囲の不確定性や自己の非固定性、個の私を集団の私に融合させるなどの特徴は、行為における「自分」の定義をより難しくすることは疑いようもない。PSHの原理に基づけば、個体は他人と互いに影響し合う中で、自己と他者との関係を定義しなければならない。自己さもなければ、個体は他者とどのような確実な関係を築くこともできず、安全感も得ることができない。自己の確実感を得ようとするならば、「他者」によるある種の区別の力を借りて、一つの序列を設定する必要があり、序列およびその序列の位置によって「自己」を定義することが特に重要である。序列と位置を強調することは「自─他協調」性自己が自己の確実感を得るために必要なことであり、先の二つのメカニズムを補完するものである。「縁人」は対人関係の中で自己を定義するために設置された序列であり、ヒンズー教社会の超自然的なカースト制度とは異なり、現実生活に基づいた区別である。また、中国人のような完全に血縁の遠近に基づいた役割や関連する人倫秩序規範的な序列とも異なり、それ以外の区別、例えば年齢や性別・学歴・力関係・才能や置かれた状態など、より固定的ではなく状況によっていくらでも変化する要素について考える必要がある。よって、縁人社会の「他者」とは、多くの状況において個人社会にある地位を等しくする「同資格者」ではなく、中国社会のような完全に固定化された「役割」でもなく、さまざまな区別によって高いもしくは低い位置にいるより大きな機縁性を持つ「縁者」であり、自己の決定すら個人の置かれたその時その場の状況と他者との関係によって取り決められる。これが南博氏（それから中根千枝氏など文化人類学者）のまとめた、序列の中で個体の置かれた位置をより重視する日本人の特徴である。日本人が文化心理において比較的簡単に権威に服従し、自分の置かれている位置を受け入れやすい（いわゆる「各持ち場を守る」）原因であると筆者は見ている。

4　「縁人」の自己認知方式の利点と弊害

日本人の自己認知方式は、西洋の一部の学者が言うような「未成熟」や「病気」ではなく、日本の学者が称賛するような完全無欠なものでもない。日本人の自己認知方式にも利点と弊害が存在する。

「縁人」は自己認知方式の長所の一つである。個体が他人との協調行為をとることによって群体に融合することで、人間関係が比較的大きな柔軟性や融合性を持ち、他人を本位とする傾向や個体と他者の協調性がやや強く現れる。この特徴は日本人が小集団の中で調和のある関係を形成し、集団のために献身することをさらに容易にし、集団もより大きな一体感を表すことができる。あるアンケート調査がこの方式の長所を証明している。例として、親切・相手の立場の尊重・信頼と誠実・自己抑制・相手との協調・連携・妥協などがある[27]。「縁人」状態の個体は比較的たやすくどのような資格の人とも親密な関係を築くことができる。これは日本の企業組織が近代から現代へ速やかに移行できた文化心理的理由である。もう一つの長所とは、縁人状態の個体の「エス」と「超自我」は対立関係ではなく、個体は「超自我」を維持すると同時に「エス」も保持している。これは、一つの集団の中で、個体は「建前」の形式をもって、集団の原則や理想・主義・規律を処理することができ、また同時に「本音」(「エス」)の形式で、個人の本当の欲望や情感、考えなどを処理する。西洋の「個人」社会におけるこの二者は対立状態にあり、通常は同時に顧みることはできない。もし、多めに「エス」を保持していれば集団の原則や理想と衝突し、この時、個体は通常、集団から離脱する。エスは抑圧された状態にあるため、群体と個体は対立する。しかも個体はエスが抑圧されているために常に焦燥感を抱く。「縁人」の状況のもとの個体はこの二者間の切り替えをうまく行うことで、エスの抑圧から生まれる個体心理上の焦燥を軽減することができるのである。

「縁人」の自己認知方式にも欠点はある。この認知方式は根本的に「集団の私」が中心となっていると言え、個体はその所属する群体に比較的強い依存をし、群体に強すぎる服従を示し、個体の独立性を軽視し、個体としての人の権利や独立価値をおろそかにする傾向がある。この方式における個体は主体性に欠ける特徴を示す。群体は個体に対し、より強い規範的制約作用、風俗習慣や道徳法規などを含む多くのレベルによる制約作用があり、冠婚葬祭の際に着る衣服にも特定の規範がある。日本人の文化心理上には次のようなマイナス面の特徴が現れる。例えば、忠君思想や権威への盲目的な崇拝、集団から孤立することと「世間」(世論)を恐れるために、内心の焦燥や比較的強い群集心理(ひいては自分が他人と同じような季節に合わせた服を着ていないだけで不安を覚える）を表すこと、他人の考えによって自分の行為を決定すること、人生が強い演技的性質を持つことなどである。

「縁人」の自己認知において、これらの特徴は日本人として最大の「集団の私」――日本人全体の側面を体現している。例えば日本が外来文化を吸収する上で現れた「和洋折衷」的な多面性や宗教信仰上の多元性と寛容性、さらには日本の対外関係における曖昧性や欠けている主体性、臨機応変性などである[28]。

一九九〇年代、日本が経済大国になって後、日本人は自身が西洋個人主義とは異なる方式で成功したことを誇りに思っていた。しかし、バブル経済の崩壊後は、米国式の個人主義文化が流行した。特に若者の間で、個人を強調し個性を突出させ個人の利益や幸せを優先させるなどの傾向が現れた。近頃、日本の若い年代の自我について書かれた心理学書『他人を見下す若者たち』[29]が日本でベストセラーとなった。この本は心理学の立場から、日本の若者たちの「ひび割れた」情感世界の中に存在する二つの相反する心理変化――一つは自我の膨張であり、もう一つは自己萎縮、他人を極端に軽視するなどの心理変化――に入り込んだ。この本では、自我の膨張は現代の日本の若者にとってただの仮面でしかなく、その背後に隠れているものこそが、自己萎縮の真の姿であると考えた[30]。本論文の立場から見ると、自己認知および関連する人間関係のパターンは、生物体の遺伝子と類似しており、文化において変化しづらい部分である。自己認知や人間関係のパターンに変化が起こらないというわけではなく、この種の変化が生物の遺伝子変化の、その緩慢さだけでなく、変化の判断とその得失の評価が難しさに類似していると言いたいのである。理論上では、もし「縁人」の自己認知方式において、個の私と集団の私の融合の程度がより個の私側に傾いていたとすれば、外の私と中の私の切り替えがより中の私寄りであったら、序列重視の傾向が権威のない方、平等な方へ向かったとしたら、日本人の個体の創造性や独立精神の育成など、日本人の文化心理上の欠点を補う上では有利であると言える。しかし、同時に「個人」のパターンに、例えば孤独や無関心、他人との協調能力の欠如や人間関係の疎遠などの問題が発生するだろう。しかし、この推測も理論上でしかない。文化に関係する基本的人間関係状態の各要素は互いに補完・制約しあい、一つの均衡体を形成している。西洋の「個人」的自己認知方式とキリスト教倫理は互いに適合する。キリスト教では神の存在が力を持ち、自己の弱化や原罪倫理に基づく罪悪意識などが個人主義の制約作用となり、後者と一緒に一つの均衡体を形成する。日本には、このようなキリスト教の倫理観がなく、これに相応する制約要素がない状態で個人主義を強調することがどのような結果になるかは、何とも言えないのである。我々は、人の生物遺伝子の変化によって人は天才にも馬鹿にもなることをすでに知っている。「縁人」の自己認知方式は、この「文化遺伝子」の変化であり、すでに失った「縁人」方式の長所が「個人」方式を生み出すような弊害的結果が出現することはあり得ない。『他人を見下す若者たち』がベストセラーとなったことは、人々が「縁人」的自己認知の方式の変化の不確定性に対する不安を反映したものと言えるのではないだろうか。

注

[1] 尚会鵬「許烺光の「心理—社会均衡」理論及びその中国文化的背景」『国際政治研究』二〇〇六年第四期。
[2] 沙蓮香『社会心理学』中国人民大学出版社、一九八七年、一六七頁。
[3] 同右、六六—六七頁。
[4] ウェット・バノ『心理人類学：文化と人格研究（*Culture and Personality*）』黎明文化事業公司、一九七九年、八—九頁。
[5] ジェリー・バーガー（Jerry Burger）『人格心理学』中国軽工業出版社、二〇〇四年、二五〇頁。

[6] 同右、二五一頁参照。

[7] エディプスとはギリシア神話上の人物である。伝説によると、神の予言により彼が自分の父母を殺すことを知り、エディプスが生まれた時、父親によって崖に捨てられ、その後、羊飼いによって助けられ、コリントス王に育てられる。エディプスは成長し、「父を殺し母を娶る」という運命から逃れたいと考えていたが、偶然にも自分の父親を殺してしまう。スピンクスという怪物を退治したため、エディプスはテーピス人より新たな王として迎えられ、前の国王の妻を娶ることとなった。実は彼女は自分の本当の母親であった。やがて四人の子どもが生まれる。その後、全国的に疫病が流行したとき、神が現れ、前国王の犯した罪を取り除くことで災難はなくなると語った。彼はその原因を追及していく中で、自分が父親を殺し、母親を娶っていたことを知った。母親はその事実を知り、首をくくって死に、エディプスも悲しみの中、自分の両目を突き、放浪の後に死んだ。フロイトは、男子は幼児の頃、一種の母親に恋し父親を仇と思う感情を持つと考え、それを「エディプスコンプレックス」と名付けた。

[8] 浜口恵俊『日本研究原論：関係性としての日本人と日本人社会』有斐閣、一九九八年、八頁。仏教における阿闍世の「父を殺して母を捕える」伝説には多くの説があり、この考え方は古沢の創作である。『観無量寿経』の阿闍世の物語の概要は次の通りである——阿闍世は悪人に唆され、父親である頻婆沙羅王を幽閉し、食事を与えなかった。阿闍世の母親である韋提希夫人はそれを知ると、牢の番人に賄賂を使い、蜂蜜と小麦粉を体中に塗り、胸飾りに美酒を詰めて、密かに王の元へ行きそれを食べさせた。阿闍世はそれを知って激怒し、母親を刺し殺そうとしたが、二人の大臣より制止された。阿闍世は殺せなかった母親を幽閉した。韋提希夫人は幽閉された後、日夜不安を覚え、いくら考えてもわからぬ因果を思い、釈迦仏に祈るしかなかった。釈迦仏はこれを知り、大目鍵連と阿難に様子を見に行かせ、自身も耆闍崛山より雲に乗って牢にやってきて、韋提希夫人に西方浄土の「十六観法」を説いた。韋提希夫人は悟りを得、きっぱりと教えに沿って「十六観法」を納め、極楽浄土へ向かった。

[9] 小此木啓吾『日本人の阿闍世コンプレックス』中公文庫、一九八二年。

[10] 尚会鵬「土居健郎の「甘え」理論と日本人と日本社会」『日本学刊』一九九七年第一期を参照されたい。

[11] 木村敏『人と人との間』、前出浜口恵俊『日本研究原論——「関係体」としての日本人と日本社会』七八頁。

[12] 同右。

[13] 前出浜口恵俊『日本研究原論——「関係体」としての日本人と日本社会』七九頁。

[14] 南博『日本的自我』一九八三年、四頁。

[15] 右記の本、一頁を参照されたい。

[16] 前出浜口恵俊『日本研究原論——「関係体」としての日本人と日本社会』七六頁。

[17] 同右、七九頁。

[18] 公文俊平『情報文明論』ＮＴＴ出版株式会社、一九九四年、二七〇―二九一頁。ちなみに浜口氏の「間人」の概念の英文表現である The contextual は公文俊平氏によるものである。

[19] これよりも早い研究として、カウディル（Caudill）とその仲間たちが、日本人の母子関係は米国の母子関係と異なる、人を満足させるという証明を行った。柏木見紀氏の研究では、日本人青年は米国青年に比べ普遍的に消極的な自己評価を行うことを証明した。Ａ・マーサ等『文化と自我』浙江人民出版社、一九八八年、一五〇―一五一頁、一五一―一五二頁、を見ていただきたい。また、比較的新しい研究については、Human Behavior in Global Perspective, *An Introduction to Cross - Cultural Psycholog* by Marshall H.segall, Pierre R.Dasen, John W.Berry, YpeH.Poortinga, Allyn & Bacon,Inc.1990. 日本版『比較文化心理学』上下巻、田中国男・谷川賀苗訳、北大路書房、一九九五年：岩田記『こころの国際化』北大路書房、一九九五年を参照されたい。

[20] これは許烺光による二つの自己認知の比喩である。西洋人の自己認知方式はクラウディオスの天動説に似ている、つまり「自己」が世界の中心であり、自己の周りを世界が動いていると考えた。中国人と日本人の自己認知方式はガリレオの地動説であり、自己は世界の中心ではなく、自己と周囲の世界はともに動いている。詳しくは前出Ａ・マーサ等『文化と自我』、三七―三八頁を参照されたい。

[21] 学者にとって中国人の自己認知の総括的な特徴については、まるで制限でもあるかのように曖昧模糊としており、個体対自己の独特性、方向感、目標や意思には等しく強い自覚がなく、「関連性自我」あるいは関係の傾向などにも及び大きな柔軟性がある。何友暉、陳淑娟、趙志裕『関係取向：為中国社会心理方法論求答案』、楊国枢、黄光国主編『中国人的心理与行為』台湾桂冠図書公司、一九八九年、四九―六六頁。

[22] ＰＳＨモデルの詳細な評論については、尚会鵬の前出「許烺光の「心理―社会均衡」理論及びその中国文化的背景」を参照されたい。

[23] 日本人のＰＳＨモデルについては『許烺光著作集・八　日本的真髄　家元』台湾南天書局、二〇〇一年、一三八頁を参照されたい。

[24] 例として「己」「吾」「余」「俺」「自己」、古代の言葉では「朕」「寡人」「臣」「不才」などがある。

[25] 中国の文化心理学研究者もこの問題について考え、新たな分類を補充した。例えば、（１）人前にいる私と人の後ろにいる私、（２）大きな私と小さな私、（３）公的な私と私的な私、（４）外の私と内の私、（５）本当の私と嘘の私。詳しくは汪鳳炎、鄭紅『中国文化心理学』曁南大学出版社、二〇〇四年、四五―四八頁を参照されたい。

[26] 増原良彦『タテマエとホンネ』講談社現代新書七四五、一九八四年九月二〇日。

[27] 前出浜口恵俊『日本研究原論――「関係体」としての日本人と日本社会』八九―九六頁。

[28] 日本の対外関係における文化的特徴については、筆者の『文化与日本外交』（共著、『日本学刊』二〇〇三年第三期）の中で考察している。

[29] 速水敏彦『他人を見下す若者たち』講談社現代新書、二〇〇六年。

[30] 『中華読書報』二〇〇六年九月二五日を参照。

中日間の心理メカニズム比較

霍　建崗

社会心理とは、本質的に言えば、社会個体の相互交流の中でだんだんと形成されるものである。この交流には、個体が所属する社会においての個体間の交流や、異文化・異文明との交流も含まれる。異なる個体間が「ぶつかり合う」過程で、そのギャップの解決方法を探しながら、最終的に個体が等しく受け止めることができる普遍的な社会心理が形成される。本論の目的は、感性と理性的な心理発展を主なよりどころとし、中日比較の角度から、中日間の心理的相違を作る社会的要素の分析を行い、日本人が感性を重んじ、中国人が理性を重んじるその根本的原因を探っていくことにある。

文明のぶつかり合いの激しさの程度が、往々にして社会心理の発展に重要な影響を及ぼす。

ユングは「主体と客体の関係は、常に一種の適応関係にある。なぜなら、主客体間の各関係は互いの影響を通じ、双方の修正条件を先決条件とするからである」と指摘した。中国人であろうが、日本人であろうが、民族的社会心理の形成過程において、社会個体である人は、そのすべてが客体環境と相互適応の過程にある。このような環境には、社会個体間の小さな環境も、個体と社会全体の大きな環境間の関係も含まれ、ひいては個体と自然環境間の関係も含まれる。

民族心理の形成過程では、自然環境の社会的な制約作用は非常に大きなものである。もともとの自然や地理的条件、気候が適しているか否かは、往々にして社会の中における主客体間の相互影響の形式や頻度に影響を与える。さらには人の理性の発展にも影響を与えるのである。

同時に文明間の交流は、異なる心理段階の文明間のぶつかり合いにおいても、文明程度の低い民族に対し、異なる影響を与える。中国を例にすれば、漢代以降、中国の農耕文明は匈奴、鮮卑、突厥、契丹、女真、蒙古などの比較的大きな遊牧文明との間で次々と衝突した。匈奴や突厥は「国境線型」の衝突であり、文明の相互的な融合や影響には限りがあった。これに対し、鮮卑や契丹、女真は、中国の農耕文明の一部分あるいは全部を征服した。蛮族が先進文明地区に進入したことによって起きた文明の衝突は、往々にして心理的成熟を加速させた。鮮卑の北魏や契丹の遼や女真の金、清は中原の主になって後、遊牧文明から農耕文明に迅速に転換し、伝統的な中国文化の心理メカニズムを受け入れたのである。

中国と日本は同じ農耕文明である。しかし、両国は海を隔てているため、互いの主客体の心理衝突の過程は、匈奴や突厥のような激しいものではなかった。日本と中国文明の結びつきは一方的かつ断続的であり、日本が中華文明を受け入れる過程において、自身の体制と文明要素の改造を通じて変質を実現させたとしても、この変質は不完全なものであり跳躍的前進であると言わざるを得ない。跳躍的前進とは、日本の民族心理の発展が人によって断ち切られることも意味している。律令時代の日本は、中国の政治制度を摸倣し、中国の宗教や文化を取り入れた。これによって日本の文明化は加速したが、多くのマイナス的な影響ももたらした。明治維新後も、日本は迅速に欧米の文明を受け入れ、現代化を迅速に実現したが、同時に、日本の発展に極端な偏差が起こり、最終的には第二次世界大戦のような低迷期を招いたのである。

歴史や地縁、文化的影響によって、中日関係は特別なものであると言える。中日関係の状態をどのように定義するかについては、まず、中日関係の要素とは一体どのような面を持つのか、これらが中日関係においてどのような重大な影響を与え得るのかについてはっきりと決めなければならない。

1 歴史的要因

ここで言う歴史とは、日本が中国を侵略した近代以降を指すのではなく、古代以来の中日関係のもめごとの歴史である。両者の歴史的相互影響において、中日の基本的な特徴が作り上げられ、また、中国人の対日本、対中日関係における特殊な「コンプレックス」に影響したのである。

歴史的要因の第一は、「師」と「徒」のコンプレックスである。中日両国は隣接しており、地縁の面から見ると、中国は典型的な大陸国家であり、日本は典型的な島国である。しかも、日本はアジアの最東端にあり、日本の学者は日本を「仏教弘法の末」と自認している。地理から言えば、日本は文化の受け入れ側に属し、文化の輸出側になるのは難しい。古代も、今日でもそうである。たとえ、現在の日本が「日本独特の文化の普及」の強化をずっと強調していても、国際的な共鳴を得ることは難しいのである。歴史的に言えば、唐、宋、元、明、清の各時代において、政治制度、哲学思想、ひいては宗教において日本は中国から習得したものが多い。一部の中国人にとっては、日本文化とは中国文化の分枝であり、日本は中国文化圏の中にあり、中国はその「師」として、中華文化圏の宗主であると考えている。日本を見るとき、見下すのに慣れてしまい、対等な目で見ることが難しい。しかも、彼らの目に映る「弟子」が師匠を「超えて」しまうとき、その地位の大きな変化に適応するのが難しいため、一種の「憎悪」を生むのである。現在、中国メディアでは「中国のＧＤＰが日本を超えた」と盛んに報道し、日本を軽視し、日本をおとしめる世論が再び台頭している。中国の日本に対する態度は、往々にしてその「師弟」関係の観点から抜け出すことは難しく、このことが中国の対日関係の発展に、理性的な基礎を欠乏させ、しばしば中日関係の巨大な変化を起こしてしまっているのである。

第二は、侵略戦争の影響を徹底的になくすのが難しいことである。多くの中国人は、「軍国主義」や「右翼」などのレッテルを貼るのが好きであり、主観的、直観的な定義が理性的、客観的な分析を凌駕する。中国の対日外交がイデオロギーの影響から抜け出していても、一世代上である政策決定者の目には、過度に軍国主義を強調することで、しばしば日本の軍事化を過度に重視し、「右翼化」を過度に強調することで、日本の政治や社会的発展についての誤解を生み出している。現在の中国の政策決定層の日本についての見方は客観的になりつつあるが、上述したイデオロギーの雰囲気から抜け出せない民衆が、理性的な政策決定の障害となっている。民衆のひどく偏った見方が中国の対日政策の足を引っ張っているのである。

第三は、歴史的境遇が異なることである。中国は大陸にあり、歴史において、北方の遊牧民族の侵略を受け、ひいては北方民族が中原の主となったこともある。民族の融合の過程で、中国文化を主体とし、他民族の文化的特徴を受け入れることによって、中国の現代文化を形成した。異民族との長期的な付き合いの中で、中華民族は容認することや妥協することに長けながらも、かつ強靱な民族的性格を作り上げた。日本では歴史上、元が二回海岸に攻めてきたことと、江戸幕府末期に西洋列強が力ずくで開国を迫ったこと以外では、外からの異民族に侵攻されたことがない。このため日本民族は外の世界との付き合いが得意ではない。しかも、外の世界について考える際には、自分を主として考えがちであり、立場を変えて考えることが得意ではないため、自己主張の膨張を招きがちである。二十世紀に日本が行った海外侵略の大部分は、日本民族のこの種の閉鎖性が生んだ尊大さによって引き起こされたものである。そしてこのような性格だからこそ、周辺諸国との間で良好な関係を築くことができないのである。

2 制度的要素

第一に、官僚制と封建制の対立が挙げられる。中国では、秦漢の時代に、ほぼ完璧な官僚政治制度を作り上げていた。西欧においては、近代絶対主義が統治的地位を占めたときにようやく、中国のような官僚政治制度を確立することができた。日本は、江戸時代においてすら、その官僚制度は初歩的な段階にすぎなかった。律令国家時代の日本でも、中国が確立した官僚政治制度を取り入れようと思っていたが、当時の日本ではこの制度を確立するための経済と社会的基礎に欠けており、また、豪族が政権の柱となって、「才有る者を登用する」科挙制度に反対した。そのため、その後の日本の歴史では、鎌倉、室町、江戸という明確な封建制を特徴とした幕府が登場した。制度の違いは、政策決定や、交際方法の違いを引き起こすのである。

官僚制度は、集権的かつ理性的な施政を特徴とした。逆に封建制度は権力の分散と主観的な協調を特徴としていた。外交において、中国は日本に対し、重要かつ果断な決断をしばしば行うが、日本は権力が分散しているために、重要な決断はしばしば長期的な協調を必要とし、外部からの圧力がなければ、妥協することも難しい。新中国の成立後、中日関係は長い間低迷期にあった。米国による要因もあったが、政界ないし社会内部にこれについての共通認識に欠けていたことも一つの重要な原因であった。

第二に、中国の社会制度と日本の社会制度の違いが挙げられる。中国と日本は、外交政策の決定について、同じように国内の民意による制約を受ける。日本ではその政治体制が議院内閣制であり、政府の主要メンバーは議員によって構成されるため、選挙による影響は、米国のような大統領制国家に比べて大きい。民衆の中国に対する感情の良し悪しが政府の対中態度に影響する。中国では、毛沢東時代には政策決定において、メディアをほとんど政府管理下に置いていたために、その世論を気にする必要はなかった。しかし、例えば、米国との関係改善の際などには、やはりその一貫した政治システムの運用が必要であり、説明と働きかけを行うことによって、党内と民衆の反発を防いだのである。

改革開放後、商業性メディアとインターネットが流行するにつれ、民意の表現方法が多様化したことで、政府の外交上の政策決定における懸念材料が増え、ひいては日本よりも民意に注意しなければならなくなった。このことは政治学上の政権合法性理論から解説することができる。一つの政権の合法性について、民主政権から言えば、選挙とはその合法性の最も重要な源である。政治的業績はその合法性を補完するものであるが、その重要性は選挙に比べ軽いものである。しかし、権勢的な政体にとって、その合法性は二つからなる。その一つは、歴史的合法性である。つまり「共産党がなければ新中国はない」と言うことで、中国共産党政権の合法性を強調することである。中国と日本は近代戦争をしたことから対日態度については、この影響を受けざるを得ない。二つ目は、政治的業績である。中国政府からすると、対日交流において間違いが起こった場合、日本の特殊性から見ても、重大な政治的問題が発生すると考えられる。例えば、東シナ海の問題について、中国政府は非常に慎重である。なぜなら、一歩でも道を踏み間違えれば、政治的業績はゼロもしくはマイナスとなってしまうからである。そのため、対日外交上、中国政府の態度は積極的ではなく、対米外交のようにはいかないのである。

第三は、法理に重きを置くか、政策の臨機応変さに重きを置くかの制度上の違いである。日本は文化上、全国的な共通認識を形成しにくいため、法律が唯一の「共通認識」となっている。例えば、日本国憲法の第九条に対する日本国内の考えはまちまちである。そのため、法律を守ることが各方面の最大公約数となり、法律が成立すれば、皆、法律に基づいて施政を行うことしかできない。もし、やり方を変える必要があれば、法律を改正する必要、もしくは、憲法を解説する責任を持つ「内閣法制局」によって説明がなされなければならない。

海外派兵が憲法に反するか否か、内閣法制局がこれについての法律解釈を発表する前、各方面では、それぞれが有利な自己解釈を行っていた。そして、条件的「合法」の解釈が発表された後、この解釈が新たな「共通認識」となった。さらに言えば、台湾問題において、日本は「サンフランシスコ条約」に基づき、台湾の統治権を放棄しているが、サンフランシスコ条約では、台湾を中国に返還することについては明確にされていない。よって、日本はこのことについて「台湾は中華人民共和国に属していると明確に表明」することはできないとしている。日本はいわゆる「台湾の地位未定論」をいまだ堅持していると説明することはできるが、しかし、もう一方の面から見れば、日本国内において台湾の地位に関してさまざまな考えがあるために、日本は明確な態度を示すことが難しいとも言える。法律に基づくことが、いかなる政権にとっても、安全であり間違いがないのである。

中国では、政策の臨機応変さがその行動原則であると言え、中国は古くより、政治は法律よりも力を持つ。建国後はさらにその傾向が強くなった。法律は不健全であり、政治のリーダー層の決定あるいは某一級政府の「政令」は、時によっては法律以外がその出発点となっている。そのため、中国の日本に対する決定については、機敏なところがある。例えば、一九七二年に中日の国交が成立した後にも、中国の法律には日本の賠償を放棄すべきかどうかの規定は存在しなかった。そのため、政治リーダーの決断がその根拠となった。しかし、現在、中国の民間レベルでの日本に対する賠償請求が次々と棄却されている。合理かどうかは別として、日本側の核心的根拠は、一九七二年の共同声明の中で、中国は日本に対する賠償請求を放棄したからである。日本はこれを法律的根拠として、中国の民間の日本に対する賠償請求を棄却したのである。中国政府の臨機応変さは、そのとき、瞬間的にはその政治的目的を達成することができるが、日本はそれを中国の「善意」とは認識せず、冷静に「法律的承諾」と見なすのである。これが中日間の「法、政」についての違いであろう。

3 文化的相違

第一に日本には核心的価値観、例えば儒学を核心とする価値観の欠乏が挙げられる。日本は外来思想を受け入れる過程において、中国における儒教のような自我意識の核心を持たなかった。そのため、西側思想が日本に流れ込む中、日本の伝統が吸収される中、日本人の意識や行動に入り込む中で、遭遇した障害は中国よりも軽かったであろう。日本は外来思想を受け入れる過程において、そのギャップの激しい衝撃や、識別を経由しなかった。そのため、外来思想は嚙み砕かれることも練られることもなく、日本社会に入り込み、「日本の思想界の無秩序化」を招いた。民族と国家において、核心となる価値観がなければ、外部との交流において障害を生み出しやすい。世界人類共同の価値観というものは存在しないが、国際間の価値観の相当部分において共通認識は存在する。相互理解を基礎とすれば、共通認識は簡単に生み出せ、互いの信頼関係も構築しやすい。しかし、日本はその核となる価値観が不足しているため、その行動の特徴は明らかに特殊である。例えば外交上、日本は相手側の妥協を譲歩と見なすため、最初に達成した共通認識あるいは協議に満足せず、さらなる要求を出してしまう。例えば、東シナ海問題において、中国と日本は、部分的共同開発を行う意向で同意したはずなのに、日本側はこれに満足せず、世論や政府内部では、中国にさらなる譲歩を求めている。これも、日本の島国的心理から生まれたものである。

第二は、「公私」の概念において、日本と中国や欧米の国家は等しく異なっていることである。中国や米国の「公」とは「公共」を指し、全民共同の意味である。しかし、日本の「公（おおやけ）」は、公共という意味を持たない。日本の学者の大多数は、日本は「Public」の概念に欠け、いわゆる「公」とは「天皇」を指し、天下は公のために在るというその意味は「天下は天皇のためにある」ことだと考えている。このような主君に対する全体的忠義の概念は、戦後の民主化の過程で薄まってきているとはいえ、それに代替する公共的な概念はいまだに全く確立されていない。冷戦後の日本は「国際貢献」を主張し、国際的公共利益サービスを行った。日本の国民は完全には認めないが、日本政府はいわゆる「国際貢献」を進めていたときも、その主な目的は「日本の正常国家化」という、偏狭的な利己的目標の実現であり、その独善さは、日本の政策における一つの基本的な立脚点でもある。戦後の日本の国際的公共利益領域でのパフォーマンスはいま一つであり、敗戦国である一面があるとしても、日本政府や国民のこのことに対する正確な認識に欠けることも、重要な原因である。

中国の「天下は公のために在る」には、はっきりと公共利益という一面がある。確かに中国の世界観とは一つの文化概念であり、一つの次第に拡大していく概念であるが、目前にある公共利益について重視しているのは、誰の目にも明らかである。国家利益を実現すると同時に、他国の民衆の福祉にも気を配っている。建国後、毛沢東の「第三世界の人民を救う」という思想は、マルクス主義から来るイデオロギー的原因を持つが、その中においても、中国の「公」の概念は疑いようもなく、相当に重要な作用を持っている。前述したように、公共利益を重視する中国と公共利益の概念に欠けた日本では、往々にして共通認識の達成が難しい。中日間の共同利益は往々にして中国の政策決定者の頭の中にあるが、日本の政策決定者はしばしば日本の利益のみから出発し、相手側の考えについての概観に欠ける。「中国脅威論」を創り出した人間は、日本の軍事学者であり、日本の中国に対する考えをうまく説明した。「脅威か否か」という利己主義に限って言えば、中国が発展する歴史的重要な意義について、少なくとも一九九〇年代においては、多くの日本人は考えが及ばなかった。

第三は、平等に重きを置く中国と、「甘え」に重きを置く日本の違いである。日本の精神分析の泰斗である土居健郎氏は「甘え」には「依存を求め、慰めを求める」心理的特徴が含まれ、その最初の表れは、子どもの母親に対する未練であると考えた。土居健郎氏は「甘え」は日本人の心理特徴の最も重要な表現であると考えた。二十世紀初頭の中日関係と中日関係が正常化した後から一九九〇年代初期の中日関係について分析を行うと、「甘え」の形跡がはっきりと見受けられる。日本にとっては、上述した二つの時期において、日本は優勢な地位にあり、どのような目的であっても、意図的にそのような関係を築いた。一つ目の時期については言うまでもない。なぜなら、その頃の中国は完全に独立したものではなく、日本の一部の人間、例えば右翼の黒龍会などは孫文の革命運動に積極的に介入し、「甘え」の関係確立を望んだが、日本政府としては西側列強のやり方を学び、中国を略奪しようと望んだ。しかし、略奪行為として、日本の一九四〇年代の「大東亜共栄圏」には、日本政府による日本を首領とした「東アジアの甘えの関係」を作り上げたいというたくらみがはっきりと表れていた。二番目の時期においては、日本は中国の現代化に大量の資金を投入し、援助を行ったが、実際は、日中間のこのような「慰める—慰めを求める」関係を固定化したかったのである。ひいては一九八九年に中国が制裁を受けた際には、日本は真っ先にその関係を破ったのである。この期間、日本はひたすらに中国のG7加入を求めていた。日本が希望するこの種の関係は、実際は、一方的な願望による空想にすぎなかった。中日間のパワーバランスに変化が現れると同時に、中国人の思想も日本が思ったようには進まなかった。日本は中国のいわゆる「反日」にヒステリックに反応し、実際に「甘え」の関係を構築することができないことが恨みとなった。ここ数年は、日本は欧州が提出した、中国のG8への加盟に積極的に反対しており、これは、その恨みの表れと見ることができる。日本は自民党政権時代、米国に一途に服従したが、これも「甘え」の一つの表現である。民主党が政権を握ってから提出された、いわゆる「緊密かつ平等な日米同盟」において、米国との平等を求めているのは、米国がだんだんと日本をおろそかにしはじめたことによる心理上の欠落感から

「騒ぎ立てる」ことで米国を振り向かせようとしているのだと言ってよい。

中国は対日関係において、少なくともこの種の「甘え」の関係を認めなかった。「和平共存の五カ条原則」によって、中国は対米においても、対日においても平等が一番重要なことであると定めた。過去、いわゆる中華システムの中で、中国と他国の間で安定した主従関係が形成されていなかったとしても、礼を受けたら礼を返し、立場の上下があったとしても、対等はその最も中心となるものであった。そのため、中国は日本との付き合いにおいて、しばしば日本の中国に対する視線の変化への対応に苦慮する。対日外交においては、日本からの要求にどのように応えるか、中国の政策決定者の知恵が試されているのである。

二〇〇八年中国における日本社会と文化研究状況について

林　昶
（翻訳：千葉　明）

二〇〇八年という、わが国の社会経済発展プロセスの中で重要な年に連れ立って、中国の日本社会文化研究は新たな発展を実現した。基礎理論と現実対処研究の成果は豊かであり、質量ともに向上を見た。日本社会文化研究叢書の出版熱は冷めやらず、『ルック・イースト——日本社会と文化』翻訳叢書の参戦で、中国における日本社会文化研究に厚みのある息吹がもたらされた。

本論で採用した資料は、「二〇〇八年度中国国家図書館横断検索公共目録図書」と、中国における日本研究誌の論文を主とし、同時に、「中国社会科学期刊（ネット版）」と「全国新聞雑誌索引（哲学社会科学版）」等のデータと新聞雑誌資料を吸い上げた。資料の収録は二〇〇八年十二月初めまでのものとした。

1　文化研究

二〇〇八年の中国における日本文化研究の成果は、日本文化論・思想史・伝統文化と外来文化といった分野に集中し、視点が斬新で資料も豊富な、注目に値する多くの著述が現れた。

今の世の中では、文化と文化研究がいよいよ重視されてきている。「日本文化論」という命題の探求が、時を経て一向に衰えないのは、日本文化に対する深層研究が、中国における日本文化研究の基礎的な問題であることを示している。二〇〇八年は、わが国日本文化研究者の新思考を反映し、歴史プロセスと精神的要素の面から「日本文化論」を論述した著作物が多く出版された。

❖――――（1）日本文化論

楊偉『日本文化論』（重慶出版社、二〇〇八年六月）は、風土、宗教、神話、「間人主義」、「世間」、カワイイ文化と社会発展といった面から、日本人と日本文化を客観的に評価した。一方、顧偉坤『日本文化史教程』（上海外語教育出版社、二〇〇八年十二月）は、縄文時代から近代にかけての前後二〇〇〇年の日本文化史を論述したものである。

韓立紅『日本文化概論』（南開大学出版社、二〇〇八年五月）は、精神文化から入り、日本文化の特質を要領よく概括し、その上で点と面の両方から日本の哲学、宗教、文学、芸術、教育等に論及した。このほかにも、韓維柱等『日本文化教程』（南開大学出版社、二〇〇八年五月）がある。

訳書では、南京大学中日文化研究センター基金プロジェクトで、張一兵主編、南京大学出版社二〇〇八年出版の「ルック・イースト――日本社会と文化」叢書が最も注目を集めた。この翻訳叢書は、多くの日本文化研究界の重鎮や著名学者等、膨大な陣容の日本文化論・日本人論の著作七冊で構成される。それぞれ、築島謙三『「日本人論」の中の日本人――民族の核心を知る』、加藤周一『日本人とは何か』、会田雄次『日本人の意識構造――風土・歴史・社会』、堺屋太一『日本とは何か』、多田道太郎『身辺の日本文化――日本人のものの見方と美意識』、宮家準『日本の民俗宗教』、佐藤俊樹『不平等社会日本――さよなら総中流』である。このほか、鈴木貞美『日本の文化ナショナリズム』（南開大学出版社、二〇〇八年五月／平凡社新書、二〇〇五年）がある。

論文では、例えば崔世広「日本現代文化プロセスの中で打ち立てられた主要な力とその作用メカニズムについて」（『日本学刊』二〇〇八年第六期）、胡令遠「文化交流、価値指向と歴史認識——戦後中日関係の精神要素を略述する」（『日本学刊』二〇〇八年第六期）、唐向紅「日本文化の発展と変遷」（『黒龍江科技信息』二〇〇八年第三二期）、楊剄松「戦後初期日本文化反省思潮傾向試論」（『日本学刊』二〇〇八年第三期）、施宇「日本文化の発展過程から見る日本文化の独自的特徴」（『科教文匯』二〇〇八年第一〇期）等の論文があり、第二次大戦後の日本文化発展の歴史プロセスから入って、日本文化の基本傾向を分析している。

❖———（2）文化概況

卞崇道『融合と共生——東アジア地平における日本哲学』（人民出版社、二〇〇八年四月）は、日本思想文化史の中のいくつかの重要問題を探求し、明治時代以前を日本哲学思想の醸成・展開と成熟の時期、それ以後を現代日本哲学の誕生・成長と結実の時期であると位置づけることを提案する。

刁榴『三木清の哲学研究——昭和思潮を糸口として』（社会科学文献出版社、二〇〇八年十月）は「中国社会科学院研究生院日本研究博士文叢」の一冊であり、三木哲学の現実性と時代的特質をしっかりと結びつけ、昭和前半の主要思潮を手がかりに、三木清の哲学の形成と発展を解析した。

関係論文では、劉嘉「『生存』哲学と自然映像の結晶——風土の原風景から日本文化の特性を見る」（『湘南学院学報』二〇〇八年第三期）、王丹・崔岩「日本文化の政治思考」（『法制と社会』二〇〇八年第三三期）がある。

❖——（3）文化史・思想史

日本文化史・思想史を探求する著述には、葉渭渠主編『日本文明』（福建教育出版社、二〇〇八年四月）があり、風土・言語・民族性と文明、土着文明の生成、変化と特徴、大陸文明との最初期の接触等の内容を含んでいる。この本は「世界文明大系」の一冊である。ほかに胡金良編著『日本の道――文明への日本の接木』（新華出版社、二〇〇八年七月）や張宝三・徐興慶編『徳川時代日本儒学史論集』（華東師範大学出版社、二〇〇八年一月）、また森川昌和の著作の訳書『鳥浜貝塚――縄文人のタイムカプセル』（上海古籍出版社、二〇〇八年十月）、蒋春紅『日本近世国学思想――本居宣長研究を中心として』（学苑出版社、二〇〇八年十月）、龔穎『「似非」の日本朱子学――林羅山思想研究』（学苑出版社、二〇〇八年八月）、唐凱麟・高橋強主編『多元文化と世界調和――池田大作思想研究』（人民出版社、二〇〇八年十月）、さらには王金林「程朱理学の日本への伝播と林羅山の儒学神道観」（「日本研究」二〇〇八年第一期）、周暁傑「日本人の「忠義」観と武士道精神」（「蘇州科技学院学報（社会科学版）」二〇〇八年第二期）、周頌倫「武士道と「士道」の分岐と対立」（「日本研究」二〇〇八年第四期）等の論文がある。

❖——（4）伝統文化と外来文化

日本の伝統文化と外来文化の問題は、常に中国の日本研究学者が熱中する課題である。王鉄橋「日本文化の世界の中の位置づけに関する問題――新文化進化論を評す」（「日語学習與研究」二〇〇八年増刊）は、日本文明がその他の文明から独立した文明ではなく、近代以前は中華文明の衛星文明、近代以降は欧州文明の衛星文明だとしている。関連論文として、武心波「「不変」と「転変」――日本文化「二元分属」の二重構造分析」（「日語学習與研究」二〇〇八年第三期）がある。

また、林璐「日本伝統文化の山本耀司の服飾色彩に対する影響」(「広西軽工業」二〇〇八年第一二期)、張楠「生存への需要と日本の外来文化吸収の動力」(「貴州大学学報(社会科学版)」二〇〇八年第六期)、斉海娟「ある外来文化土着化の結晶――日本茶道精神分析」(東北師範大学博士論文、二〇〇八年十月)、李陸「日本儒学の日本文化への影響を論ず」(「消費導刊」二〇〇八年第五期)、陳月娥「原敬の「漢字減少論」から見た近代日本東西文明の衝突」(「日本研究」二〇〇八年第三期)等の論文がある。

近年の対外交流の中で、日本は文化外交に力を入れており、非常に効果を上げている。呉咏梅「日本文化外交序説」(「日本学刊」二〇〇八年第五期)、呉朝美「二十世紀八〇年代後の日本の文化輸出とそのわが国への影響試論」(「東南亜縦横」二〇〇八年第一〇期)等の論文が、このことについて論述を行っている。

2 社会研究

中国における日本研究のホットトピックスとして、日本社会研究、特に現代日本社会の発展、社会思潮、社会保障制度および社会生活の変化は、ずっと中国の日本社会研究者が密に関心を寄せる課題であり続けている。

❖――(1)社会概況

比較の上では、中国における二〇〇八年の日本社会研究の顕著な特色は、マクロ的把握と専門研究の並存であった。例えば連業良編著『日本社会文化完全掌握』(大連理工大学出版社、二〇〇八年四月)は、社会生活、社会運動、経済、法律、文化、伝統、自然、言語、文字等の面から日本の社会文化を論じた本である。一方、江新興『近代日本家族制度研究』(旅遊教育出版社、二〇〇八年八月)は視点を日本近代の家族制度に絞り、近代以前、明治、大正と昭和前期の日本家族制度の変遷を論述している。

このほか、現代日本の風土人情、生活習慣、生活常識、思考方式、行為規範、社会発展変化および近年の重大社会事件等を反映した著作も出版されている。例えば姜建強『山桜と島国魂――日本人の情緒を省察する』（上海人民出版社、二〇〇八年十一月）、欧陽蔚怡『日本を体験する』（湖北人民出版社、二〇〇八年十一月）、毛丹青『日本を見抜く』（華東理工大学出版社、二〇〇八年三月）、李炯才『日本――神話と現実』（中国電影出版社、二〇〇八年六月）および潘鈞『日本辞書研究』（上海人民出版社、二〇〇八年一月）等である。

❖――（2）社会意識と社会思潮

日本の社会思潮に関して、崔世広「戦後日本社会思潮の構造分析」（『日本研究』二〇〇八年第一期）は、平和主義、民族主義と保守主義の三種の思潮の消長があり、これが戦後日本の発展路線に対して深い影響を与えたとしている。また、李沢元「戦後以来の日本の社会思潮の靖国問題への影響」（東北師範大学修士論文、二〇〇八年）、林暁光・葛慧芬「日本の東西地縁対立意識と都市文化についての管見」（『日本学刊』二〇〇八年第三期）、劉利華「二元的民族心理特性の日本社会への影響」（『韶関学院学報』二〇〇八年第七期）、渡辺雅男・韓冬雪「現代日本社会構造の階級分析」（『政治学研究』二〇〇八年第一期）、雷蕾「漢字の日本化から見た日本文化の特徴」（『重慶科技学院学報（社会科学版）』二〇〇八年第七期）等がある。

武士の思想、宗教、信仰等の面の研究も、中国学者の関心を呼び起こした。論文は多く、例えば邵宏偉「日本新宗教の中の民族主義傾向序説」（『日本学刊』二〇〇八年第六期）、王秋鴻「南蛮文化の中の火縄銃とキリスト教の日本社会への影響」（『科技信息（学術研究）』二〇〇八年第三期）、孫文「アイヌへのアプローチ――かつて差別された民族の学術史」（『日本学刊』二〇〇八年第一期）、鄭匡民「社会主義講習会と日本思想の関係」（「社会科学研究」二〇〇八年第三期）、孫暁柳「日本人の無常観を論ず」（「安陽工学院学報」二〇〇八年第一期）、王家国「宗教と日本人の性格の形成」（「黒龍江教育学院学報」二〇〇八年第五期）等がある。さらに、王煒『日本武士の名誉観』（社会科学文献出版社、二〇〇八年十一月）の一冊がある。

❖―――（3）社会保障と福祉

日本の社会保障制度は六〇年の建設と発展の歴史を経て、すでに一揃いの整った体系をなしている。これについて研究した著作には、趙立新『独日社会保障法研究』（知識産権出版社、二〇〇八年五月）、羅元文・梁宏芸「中日韓医療保険制度比較と中国への啓示」（「日本研究」二〇〇八年第四期）、周娟「日本社会福祉事業民営化変革とその我が国への啓示」（「湖北社会科学」二〇〇八年第四期）、李森「日本年金制度の内包するもの、その特徴と主要問題」（「日本学刊」二〇〇八年第四期）等がある。

この方面の論文には、ほかに田香蘭「日本老齢社会保障モデルの解析」（「日本研究」二〇〇八年第三期）、周俊山・尹銀「老齢化社会の日本老年住宅発展と参考」（「日本問題研究」二〇〇八年第三期）、陳竟「隣組互助ネットワークと現代日本社会の養老ケア」（「中南民族大学学報」二〇〇八年第三期）、李巧莎・賈美枝「日本農村社会保障制度の変転とその啓示」（「日本問題研究」二〇〇八年第二期）、張玉綿・張少磊「日本公共年金制度改革とその直面する新課題」（「日本問題研究」二〇〇八年第二期）等がある。

❖―――（4）社会生活と社会問題

日本社会研究の中で、一つの重要な側面は、人々が互いに密接な関係にある社会生活である。少なからぬ学者が、日本社会運動と社会の変化を着眼点としている。例えば胡澎「日本社会変革の中の「生活者運動」」

（『日本学刊』二〇〇八年第四期）、劉檸「日本社会の「下流」化」（『二十一世紀経済報道』二〇〇八年四月七日）、師艶栄「日本女性が被る家庭内暴力についての考察」（『日本問題研究』二〇〇八年第三期）、周星・周超「日本文化遺産保護の挙国体制」（『文化遺産』二〇〇八年第一期）、施暉・欒竹民「『適正語彙』から日本人と日本社会を再度検証する」（『国外社会科学』二〇〇八年第三期）等の論文がある。

ミクロ分野では、寧晶『日本庭園文化』（中国建築工業出版社、二〇〇八年六月）、徐静波「日本飲食文化の諸特徴試論」（『日本学刊』二〇〇八年第五期）等の論述がある。

3 教育研究

日本の教育への中国人学者の関心は、主として教育改革、高等教育、大学院生育成と中日比較の側面に向く。

❖――（1）教育概況と改革

日本の「教育基本法」は理念法であり、「教育憲法」の地位を有している。呉堅・趙楊「日本教育基本法改正とその「教育憲法」の地位探求」（『高等教育研究』二〇〇八年第一二期）は、新教育基本法が旧法の「教育の中立」の基本精神から乖離し、旧法の「憲法」の地位を失って、単なる政府の教育方針に変化したとする。杜忠芳の修士論文「日本新旧「教育基本法」の比較と研究」（華東師範大学、二〇〇八年）等もある。

日本の教育改革は、持続性がある長期の過程である。この方面の論文も数限りない。例えば戴林「新世紀日本の教育改革」（湖南大学修士論文、二〇〇八年）、鄧円「戦後日本教育改革序説」（『今日南国（理論創造版）』二〇〇八年第一一期）、広田照幸・張暁鵬「現代日本教育改革の政治学分析」（『復旦教育論壇』二〇〇八年第一一期)、門脇厚司「日本の教育改革と教師の職能成長」(「安慶師範学院学報(社会科学版)」、二〇〇八年第三期)、李文英「日本調和教育発展の曲折の道」(「比較教育研究」二〇〇八年第四期)、そして徐征『超越を求めて——戦後日本学力論争』(上海社会科学院出版社、二〇〇八年八月)の一冊である。

近代教育については、王孝雲・馬金生「日本明治期留学政策論」(「日本学刊」二〇〇八年第三期)、王芳「森有礼とその「師範学校令」の日本教育近代化への影響」(「文史博覧」二〇〇八年第六期)、尹秀芝・徐亜萍「近代日本教育事業発達の原因探求」(「黒龍江社会科学」二〇〇八年第五期)は、近代日本教育事業が発展したのは、その特殊な歴史環境の中で、各種要素が相互に影響しあい、共同で作用した結果だという。ほかに、朴今海「二十世紀初頭の日本の東北朝鮮族地区に対する教育侵略」(「延辺大学学報」二〇〇八年第三期)、翟広順「梁啓超と福沢諭吉——中日教育近代化の明けの明星」(「濱州学院学報」二〇〇八年第一期)の二つがある。

国際比較については、于洪波『日本とアメリカの教育問題研究』(山東教育出版社、二〇〇八年九月)が、日本の前近代における鎖国と教育の近代化、米国の軍事占領と日本の現代教育体制の確立、米国のコミュニティーカレッジ発展の政策要素研究等を行っている。さらに、関松林『交流と融合——デューイと日本教育』(教育科学出版社、二〇〇八年九月)がある。

❖———(2)基礎教育

日本の基礎教育に関する論文には、崔文香「韓国と日本の小学校における健康教育比較研究」(「外国中小学教育」二〇〇八年第五期)、孟紅艶「中日プレスクール教育における教員資質の比較研究」(「日本問題研究」二〇〇八年第二期)、陳煥章「日本の中学校で展開する職業体験活動概観」(「外国中小学教育」二〇〇八年第八期)、聞競「日本農村義務教育と中国への啓示」(『日本問題研究』二〇〇八年第二期)がある。

基礎教育実践研究には、耳塚寛明・王傑「日本基礎教育における学業成就制約要素分析」(『教育と経済』二〇〇八年第二期)、趙彦俊・胡振京「教育の宿痾の癒しを探求する——日本の「ゆとり教育」を評す」(『教育科学』二〇〇八年第五期)、汪培「戦後日本社会科課程の沿革」(『黄岡師範学院学報』二〇〇八年第二期)、畢紅星「日本現代学校体育の変遷」(『四川体育科学』二〇〇八年第四期)等の論文がある。

❖———（3）高等教育

日本の高等教育の発展は非常な成功を収めているが、多くの教訓も残した。角野雅彦『日本近代高等教育と専門学校の発展研究』(河北大学出版社、二〇〇八年二月)は訳書であり、「専門学校」と称される日本独特の高等教育機関の起源とその発展を考察することを通して、日本近代高等教育制度の基本構造と変化および社会関係を論述している。ほかに、呉光輝「近代日本高等教育の現代的省察」(『教育與考試』二〇〇八年第二期)、解艶華「日本私立高等教育改革の新探求」(『教育発展研究』二〇〇八年第一〇期)等がある。

日本の高等教育の質の保障と評価システムの研究については、徐国興「日本高等教育評価制度発展一五年を評す」(『高教探索』二〇〇八年第一期)、張玉琴・周林薇「日本の大学の質の保障システム転換の重要措置」(『日本学刊』二〇〇八年第三期)、林師敏「日本高等教育評価メカニズムの転変と特徴」(『黒龍江教育(高教研究と評価)』二〇〇八年第三期)、張玉琴・李錦「日本高等教育認証と評価モデル」(『高等教育管理』二〇〇八年第一期)、馬彦「日本高等教育「二重構造」評価システムの実施と啓示」(『煤炭高等教育』二〇〇八年第一期)、卞崇道「日本大学教育国際化の省察」(『浙江海洋学院学報(人文科学版)』二〇〇八年第三期)等がある。

さらに、陽小玉・于小艶「当代日本高等教育の目的と効用思想について」（「当代教育論壇（マクロ教育研究）」二〇〇八年第一期）、呉琦来・魏薇「日本高等教育学際学科設置の模範例とその啓示」（「比較教育研究」二〇〇八年第三期）、臧俐「日本の教師教育改革」（「当代教師教育」二〇〇八年第二期）、郭麗「統治理論と日本国立大学法人化」（「日本学論壇」二〇〇八年第一期）、楊会良・任双利「日本の大学貸付奨学金モデルの運用とその啓示」（「日本問題研究」二〇〇八年第三期）等の論文がある。このほか、史鴻武・楊耀録「日本高等教育大衆化が我々に与える啓示」（「中国成人教育」二〇〇八年第七期）は、日本の高等教育の大衆化の過程における、政府のマクロ調整と市場調節、エリートと大衆の両方への顧慮、公・私立の並存、産官学連携、産学連合等の学校経営モデルは参考価値がある、と指摘している。

大学院教育については、二十一世紀の知識経済の挑戦と国家のイノベーション能力の不足に直面して、日本は一九八〇年代から大学院教育を大いに発展させ、大学院教育にも一連の改革を実施したが、その核心は大学院生のイノベーション能力養成であった。王文利・林巍「イノベーション能力の養成——二十一世紀日本大学院生教育改革と発展の主題」（「日本問題研究」二〇〇八年第二期）は、この点について分析を行っている。ほかには李在栄「日本教育技術学修士課程設置の研究」（東北師範大学修士論文、二〇〇八年）、梶田叡一・李永春「日本の教育学修士設立の背景——実力を向上し、社会が信頼する教師となる」（「浙江師範大学学報（社会科学版）」二〇〇八年第六期）、大塚豊「日本の「教育修士大学院」の成立と展望」（「日本研究」二〇〇八年第二期）がある。

❖——（4）社会教育

日本の社会教育の発展は、その社会の進歩、経済の発展、文化および科学技術教育の進歩に積極的な役割を果たした。

夏鴻翔『日本戦後社会教育政策』（社会科学文献出版社、二〇〇八年九月）は、「中国社会科学院研究生院日本研究博士論文叢書」の一つである。この本は、史料、調査等の方法を用いて、日本の戦後社会教育の理念政策と活動を深く検討している。

職業教育研究については、胡国勇『日本高等職業教育研究』（上海教育出版社、二〇〇八年十一月）、王紀安・井上雅弘主編『第一回中日高等職業・高等専門教育フォーラム文集』（天津大学出版社、二〇〇八年）、李雪花・張燕燕「日本中等職業教育と高等教育の接合モデルの啓示」（「河南職業技術師範学院学報（職業教育版）」二〇〇八年第五期）がこれに対して論述を行っている。さらには夏鴻翔「日本生涯教育政策実施の現状分析」（「日本学刊」二〇〇八年第二期）、馬麗華・楊国軍「公民館とその他の機関の協力形態研究」（「日本問題研究」二〇〇八年第二期）等がある。

4 文学研究

二〇〇八年の中国の日本文学研究の成果は、文学史、文学理論、作品批評と中日文学比較等の研究分野に集中している。

❖———（1）文学史

日本文学史の著作の集中的出版は、二〇〇八年の一つのハイライトだった。張龍妹・曲莉『日本文学』（高等教育出版社、二〇〇八年九月）は、「日本学基礎精選叢書」の一冊である。関連書籍にはほかに肖霞編著

『日本文学史』（山東大学出版社、二〇〇八年五月）、李先瑞編著『日本文学簡史』（南開大学出版社、二〇〇八年四月）、劉利国・何志勇編著『図説日本文学史』（北京大学出版社、二〇〇八年九月）、葉琳等『現代日本文学批評史』（上海外語教育出版社、二〇〇八年九月）、曹志明編著『日本近現代文学評論』（黒龍江大学出版社、二〇〇八年七月）、関氷氷『日本近代文学の性質とその成立』（東北師範大学出版社、二〇〇八年一月）がある。さらには李強『厨川白村文芸思想研究』（崑崙出版社、二〇〇八年三月、「東方文化集成・日本文化編」の一つ）、伍斌『和風禅味——日本芸術の文化的特徴』（北京理工大学出版社、二〇〇八年九月）がある。

日本芸術に関しては、クリスティン・グース『日本江戸時代の芸術』（中国建築工業出版社、二〇〇八年四月）、鄭民欽『和歌美学』（寧夏人民出版社、二〇〇八年三月）、唐月梅『日本戯劇史』（崑崙出版社、二〇〇八年一月）がある。

論文では、大江健三郎・王新新「世界文学は日本文学たりうるか?」（「渤海大学学報（哲学社会科学版）」二〇〇八年第二期）、袁利寧「桜花精神序説——日本文学から日本人の審美観を見る」（「成功（教育）」二〇〇八年第一二期）、閻潤英「日本文学の中の季節感と景物観を論ず」（「太原師範学院学報（社会科学版）」二〇〇八年第五期）がある。

古代と近世文学については、例えば勾艶軍「日本近世「浮世草子」の独自性格を論ず」（「日本研究」二〇〇八年第四期）、趙暁柏「日本古代随筆の言語風格を議す」（「日本学論壇」二〇〇八年第一期）、孫佩霞「中日古代神話の女性イメージ比較」（「日本研究」二〇〇八年第四期）等がある。関連論文にはこのほか肖開益等「儒家思想と日本文学」（「時代文学」二〇〇八年第一期）、聶姍「中国現代ロマン主義と道家思想および日本文化の比較ことはじめ」（「南方論刊」二〇〇八年第五期）、劉春英「日本女性文学のか細い水源」（「日本学論壇」二〇〇八年第二期）、李丹「白薇早期創作と日本文学を論ず」（湖南大学修士論文、二〇〇八年）、張能泉「日本唯美主義文学の獅吼社への影響」（『日本学論壇』二〇〇八年第二期）等がある。

❖———（2）現代文学

戦後文学は、第二次世界大戦後の日本文壇に非常に大きな影響を有している。劉炳範「戦後日本文学の戦争と平和観研究」（吉林大学博士論文、二〇〇八年）は、矛盾する戦争と平和観は、日本の作家自身の矛盾性およびその戦争と戦後社会の矛盾性への認識によって決定される、とする。ほかに劉歓萍「二十世紀八〇年代以来の中国における日本詩話研究批評」（『日本学論壇』二〇〇八年第四期）、王茹辛「二十世紀日本文学の中の「死のパラドクス」を覗き見る」（復旦大学博士論文、二〇〇八年）、張能泉「日本唯美主義文学の獅吼社への影響」（『日本学論壇』二〇〇八年第二期）等がある。

❖———（3）著名作家・作品

著名作家と文学作品の面では、日本近代著名作家・作品分析が、中国日本文学研究者の注目するホットポイントである。

川端康成研究では、康潔「周縁化された存在の出現と癒し——川端康成と大江健三郎のエロチシズム文学創作」（『日本学論壇』二〇〇八年第四期）は、川端康成と大江健三郎の創作はいずれも「エロチシズム」という周縁化された言説視角の選択を体現している、と論ずる。川端康成は「哀」と「艶」の審美情緒で、執筆を個人的宗教、虚構と幻想の中で自我を癒す非常態心理と見なし、大江健三郎の方は、凝りに凝った怪異な筆致で社会病態の人格をさらけ出し、人類の自由や健康と関連する多くの命題を積極的に探求したと見なした。こうした差異は、二人の成長の経歴、性格の特色と哲学観念の相違に関係している。

その他の作家・作品の研究としては、張沛林「川端作品の芸術自我の視点」(「日本学論壇」二〇〇八年第三期)、杜本武「『雪国』における女性の哀切視点を論ず」(「日本研究」二〇〇八年第三期)、西垣勤・劉立善「夏目漱石『虞美人草』の道義観を論ず」(「日本研究」二〇〇八年第四期)、関氷氷・劉洪濤「ある「模範的」な没落――『浮雲』の日本文学史上の地位の変遷を見る」(「東北師範大学報(哲学社会科学版)」二〇〇八年第五期)、蘭立亮「文学批評理論の視点の下で日本文学作品を解読する」(「楽山師範学院学報」二〇〇八年第七期)等がある。

現代作家に関しては、劉研「国内における村上春樹研究の概況と傾向」(「日本学論壇」二〇〇八年第二期)が「村上春樹現象」を解析し、西側現代文化と文学と村上の創作との関係を探った。さらに、尚一鴎「日本の村上春樹研究」(「日本学刊」二〇〇八年第二期)および郭勤「現代日本作家目取真俊の小説『魂込め』試論」(「日本研究」二〇〇八年第三期)、鄧桂英「『山音』における処女崇拝試論」(「日本学論壇」二〇〇八年第四期)等がある。

このほか、二〇〇八年の日本における「蟹工船」現象と社会的な反省思潮の湧き上がりに応じ、神谷忠孝・韓玲玲「小林多喜二と現代主義」(「日本学論壇」二〇〇八年第三期)、松沢信祐・韓玲玲「小林多喜二文学鑑賞の近況と意義」(「日本学論壇」二〇〇八年第三期)が、小林多喜二とその作品に対し新たな解読を行った。

❖――(4) 中日文学交流

中国における日本文学の翻訳紹介は、「文化大革命」後になってやっと少しずつ正常な発展の道をたどるようになった。唐月梅「日本文学と当代中国邂逅の運命」(「日本研究」二〇〇八年第一期)はこの歴史の変転に対し概括を加えた。関連著作では、謝迪南等「三〇年にわたる日本文学の中国伝播の歩み」(「中国図書商報」

二〇〇八年五月十三日）、曹志偉『陳舜臣の文学世界——日本文壇を独歩する華裔作家』（天津人民出版社、二〇〇八年七月）がある。

日本文学はその島嶼国としての特殊な環境とある程度の伝統的な思想傾向の影響で、古くから大陸中国文学とは異なる風格を形成してきた。霍耀林・単文平「日本古典文学における審美理念から中日文学を見る」（「経済研究導刊」二〇〇八年第一五期）、李俄憲「日本文学のイメージ・主題と中国題材取捨の関係」（「外国文学研究」二〇〇八年第二期）、曹穎「唐詩がはるか日本に伝わったころ——「竹」のイメージから唐詩の日本文学への影響を分析する」（「社会科学論壇」二〇〇八年第八期）、方長安「魯迅文学観の発生と日本文学経験」（「広東社会科学壇」二〇〇八年第一期）、趙春秋「周作人と永井荷風の「市隠」の道」（「日本問題研究」二〇〇八年第一期）がある。

また、マクロ的視点から、中国文学の伝統の影響下で発展してきた日本文学が直面する巨大な矛盾、つまり、一面で文学の優雅さを高めるために外来の影響を受け入れ、他面で土着文化の伝統を構築し、自身の特色を形成するために努力する、という矛盾を検討したものがある。例えば林塈「中日文学作品中の茶色と関連する色彩の語彙の翻訳」（「日本学習與研究」二〇〇八年第四期）、黎文静「中日文学審美観の対比研究——唐詩と和歌の比較」（「三峡大学学報（人文社会科学版）」二〇〇八年増刊）等である。

5　中日文化交流研究

❖——（1）文化交流史

近代中日文化交流の面の関連著作には、張昇余『明清時期中日文化交流研究』（陝西人民出版社、二〇〇八

年八月）、鄭匡民『西学の仲介――清末民初の中日文化交流』（四川人民出版社、二〇〇八年四月）がある。

巴兆祥『中国地方志の日本への伝播の研究』（上海人民出版社、二〇〇八年三月）は、中日文献資料と実地調査を結合させる方法を通じ、地方志が日本に伝播した歴史過程とその影響を探求した。さらに黄俊傑『徳川日本『論語』詮釈試論』（上海古籍出版社、二〇〇八年十一月）、王暁平『日本中国学聞き書き』（中華書局、二〇〇八年一月）がある。

論文では、胡令元「東亜に真正な和解を実現する文化思考」（「日本研究」二〇〇八年第四期）が、第二次世界大戦後の中日文化交流の基礎的性格、特徴とその発揮した特殊な役割は、東亜国家が民族間の真正な和解を実現する道の上で、一定の啓蒙作用と認識上の意義があるとしている。また、李暁燕「明清の際の中日文化交流ルート研究」（「東南亜縦横」二〇〇八年第二期）、任萍「中日文化交流史における浙江の地位研究総説」（「浙江樹人大学学報」二〇〇八年第五期）、王勇「ブック・ロード――中日文化交流研究」（「甘粛社会科学」二〇〇八年第五期）、許憲国「「黄金の十年」と中国近代の日本留学ブーム」（「日本問題研究」二〇〇八年第二期）、呉麗華「近代中日文化交流の趨向」（「チチハル大学学報」二〇〇八年第五期）等がある。

中日文化交流研究の成果としては、このほか王豊「唐代渤海国と日本の文化交流の原因探求」（「理論與改革」二〇〇八年第四期）、舒習龍「晩清の江蘇人と日本文化の交流と融合」（「淮北煤炭師範学院学報（哲学社会科学版）」二〇〇八年第四期）、舒習龍「晩清中日文化往来の視界の中の皖人と日本」（「史林」二〇〇八年第三期）、李兆忠「周作人の日本文化誤読」（「世界知識」二〇〇八年第一九期）等の論文がある。

❖――――（2）当代文化交流

著作では、屈慶璋『中日文化交流と発展の解析』（中国文聯出版社、二〇〇八年四月）が、中日文化交流とその発展の研究を加え、中日間の理解・了解・協力・平和の発展史を論述した。

黄大慧・周穎昕主編『中日友好交流三〇年（一九七八―二〇〇八）文化教育と民間交流の巻』（社会科学文献出版社、二〇〇八年十一月）が、「中日平和友好条約」署名以来の中日両国の文化教育および民間往来と交流の基本状況をスケッチした。ほかには王仲全『当代中日民間友好交流』（世界知識出版社、二〇〇八年五月）がある。

異文化間研究等の面では、例えば李朝輝『中日異文化間話しことば解読』（知識産権出版社、二〇〇八年一月）が、話しことばの分析を着眼点として、日本民族の独特の個性と特有の表現・交流方式を明らかにし、異なる話しことばのやり取りの情景やモデルの分析を通じて、実例を使って中日人物交流の中の文化誤読とその文化的含蓄を解析し、言語・文化・教育の面から、異文化間対話が双方向コミュニケーションに占める重要な意義を明らかにした。

❖――（3）中日文化比較

日本と中国は地縁、文化が近く、中国から見れば比較意義のある準拠枠となっている。

韓天雍『中日禅宗墨蹟研究とその関連文化の考察』（中国美術学院出版社、二〇〇八年三月）は、禅宗墨蹟の境界や分類、中国宋元禅僧墨蹟の流派、日本中世禅僧墨蹟の展開等を含む、中日の禅宗の墨蹟に対する比較研究を行った。このほか、韓釗『中日古代壁画墓比較研究』（三秦出版社、二〇〇八年十月）がある。

栄桂艶「中日文化の特質の研究――動物文化の成語、ことわざへの投射から説き起こして」（『内蒙古民族大学学報』二〇〇八年第一期）は、ことわざや成語の中で使われる動物は異なっており、それが中日両国の文化の特質を体現しているのであって、日本は「海洋漁業文化」、中国は「大陸牧畜文化」であるという。中日文化交流を探求した論文の中で、あるものは論点を中日文化の差異の比較に集中させている。北京大学日本研究センター編『日本学（第一四輯）』（世界知識出版社、二〇〇八年四月）は、文化比較、家庭、宗教の面で中日文化の差異の根源を探っている。

このほか、「融合・共生・互動――中日文化比較研究国際学術シンポジウム」が、二〇〇八年九月九日、東北大学で開催された。このシンポジウムは、東北大学中日文化比較研究所、外国語学院、「九八五プロジェクト」科技與社会哲学社会科学イノベーション基地の主宰であった。

以上、五つの方面から二〇〇八年の中国における日本社会と文化研究の状況を概説した。総合的状況から見ると、最後に提起しなければならないのは、中華日本学会年次総会の状況である。過去を総括し、成果を示し、未来を展望し、日本研究の直面する重要課題を探り、全国の日本研究交流と協力を推し進めることを趣旨とする中華日本学会年次総会「中国における日本研究――二〇〇八」は、二〇〇八年六月二十七日に長春市吉林大学で開催された。今次会議は中華日本学会と吉林大学東北アジア研究院が共同で主宰したものである。中華日本学会の一部の副会長、団体会員責任者、常務理事および関連機関の代表七十余人が参加した。中華日本学会蔣立峰常務副会長が二〇〇八年度学会業務報告を行い、二〇〇九年研究業務の方針と重要事項を報告し、さらに中国の日本研究をもう一歩改善するためのいくつかの意見を提起した。外交部アジア司邱国洪副司長が特別来賓としてテーマスピーチを行った。会議では、中華日本学会各団体会員の責任者が、所属部門におけるこの一年間の研究概況、主要成果、新年度の中心的業務と計画および学会業務改善のための提案、また日本研究においで深く検討する価値のある課題等について発言した。会議は常務理事と事務局次長を補充し、二〇〇九年年次総会は湖南省長沙で行うことを確定した。

参考資料

・「国家図書館横断検索公共目録図書」http://opac.nlc.gov.cn/F/
・「中国学術文献ネット出版データベース」http://epub.cnki.net/grid2008/index/ZKCALD.htm
・「全国新聞雑誌索引（哲学社会科学版）」二〇〇八年第一―一二期、二〇〇九年第一―二期。

新時代における中国の日本文学研究と教育について

譚　晶華

建国から一九七八年日中平和友好条約締結までの期間、文化部と中国作家協会のアレンジのもと、日中両国の作家や学者、教授間の交流が行われ、井上靖、野間宏、開高健、有吉佐和子等の作家が訪問団を率いて中国を訪れ、中国の作家と日本の文学研究者たちの座談の交流が絶え間なく行われた。第十一期第三回全国人民代表大会以降、中国は画期的意義を持つ改革開放の新時代に入る。改革開放の総方針と基本国策は、中国の社会主義建設に無限の生気と活力を注ぎ入れることであり、教育文化の領域の発展に有利な環境や条件を作ることでもあった。〝木は欣欣として栄に向かい、泉は涓涓として流れはじめる〟——改革開放から三〇年、中国における日本文学の翻訳紹介や研究教育には、ともに空前の変化と発展が起こったのである。

1

我々が知るとおり、日本文学の研究は翻訳・紹介から始まった。中国における日本近代文学の翻訳・紹介の先駆者は清代の梁啓超であるとされ、彼が日本へ亡命する船上で翻訳した東海散士の『佳人の奇遇』（一九〇〇年刊行「清議報」）、その後周宏達（周逵）が一九〇九年に「清議報」に連載した『経国美談』は、当時の政治小説において、中国語の単語を多く用いたものであり、翻訳者は単に中国語をそのまま引用し、日本語の助詞・助動詞および接続詞が持つ意味を翻訳したに過ぎなかった。しかし、彼が中国に日本文学を紹介したという意義は疑いようもなく大きい。〝五・四〟運動後、魯迅、楼適夷、郭沫若、豊子愷、郁達夫、周作人等の文学界の巨匠は、それぞれ日本の新思潮派、白樺派、唯美派や新写実派を代表する作家の代表作を翻訳した。翻訳は小説、戯曲、詩、散文や文学理論とさまざまなジャンルにわたった。北京大学アジアアフリカ研究所編集の「中国が翻訳した日本文学目録」に記載されている五・四運動から新中国成立までに翻訳された日本文学書籍は全部で一六一冊あり、そのうち長編本や、一〇名以上の作家が創作した中・短編集も収められている。新中国成立を遡ること三〇年前、日本文学の翻訳・紹介は依然として続いており、『日本狂言選』、『古事記』、『浮世風呂』等古典作品の翻訳を続々と世に送り出し、近・現代作家の翻訳作品、例えば二葉亭四迷、樋口一葉、徳富蘆花、島崎藤村、夏目漱石、石川啄木、国木田独歩、志賀直哉およびプロレタリア作家の小林多喜二、徳永直、宮本百合子、壺井栄、黒島伝治等を次々と世に広めた。この他、木下順二の戯曲、新藤兼人の映画脚本、ノンフィクション文学、児童文学、文学理論の書籍がある。北京大学編集の前述の目録には、この三〇年間に出版された一三九の作品名が記載されている。

中国日本文学研究会成立後（つまり、改革開放後の三〇年）、日本文学の翻訳紹介は、数の上でも、質の上でも空前の業績を上げた。翻訳・出版された日本文学作品は一〇〇〇種類以上にも上り、例えば、古典作品の『源氏物語』、『万葉集』、『平家物語』、『古典俳句』、『枕草子』、『竹取物語』、『伊勢物語』、『狂言選』、『浮世床』、『好色一代男』、『好色一代女』等が挙げられる。二〇〇八年の『新源氏物語』（世界最古の長編小説の誕生一千年を祝うために出版されたばかり）も含め、『源氏物語』だけでも豊子愷、鄭民欽等六パターンの翻訳版がある。近・現代作家の作品の翻訳出版は、新中国成立前三〇年よりもさらに幅広くなっている。一九八〇年代以降、上海訳文出版社は夏目漱石、森鷗外、永井荷風、谷崎潤一郎、佐藤春夫、太宰治等の作家の「日本文学叢書」シリーズを出版した。川端康成の主要代表作は、例えば河北教育出版社『川端康成十巻集』（高慧勤編集）、人民文学と作家出版社『川端康成小説集』、『川端康成散文集』等多種類の翻訳版が出版された。また、山東文芸出版社『芥川龍之介全集』（五巻、高慧勤・魏大海編集）、葉渭渠・唐月梅翻訳の三島由紀夫作品シリーズ、葉渭渠・許金竜・楊偉等翻訳の大江健三郎作品シリーズ、金中翻訳の石川達三作品シリーズ、林少華翻訳の村上春樹作品シリーズ、重慶出版社の日本反戦文学シリーズ、そしてそれ以外にも多くの優秀な日本中・短編小説訳文集が出版された。この三〇年間、中国における日本文学の翻訳・紹介・研究事業において、例えば上述の出版社以外にも上海文芸出版社、春風文芸出版社、浙江文芸出版社、海峡文芸出版社、中国文聯出版社、雲南人民出版社、江蘇人民出版社、漓江出版社、青島出版社、長江文芸出版社等多くの出版社が重要な役割を担ってきた。また、一九八〇年代以降、外国文学を翻訳・紹介・評論する月刊・季刊等の文芸雑誌、例えば「世界文学」、「外国文学」、「日本文学」、「訳林」、「訳海」、「外国小説」等も、現在までに重要な役割を担い続けていたり、かつて重要な役割を担ったりしてきた。これらの文芸刊行物は次々と日本近・現代以降の優秀な中・短編文学作品を翻訳し、発表してきた。

数十年来、日本文学の翻訳・紹介に携わってきた先達、後学たちは地道にこつこつと、風格は異なるものの、日本文学の中国語訳の多様性、豊かさのためにそれぞれ貢献をしてきた。全体的なレベルは競争の中でゆっくりと高まってきたと言えるだろう。その中でも日本文学研究会の前会長高慧勤先生は、日本文学の翻訳界および全国の高等教育学校の日本語教師と学生たちの評価がとても高い。彼女はかつて、翻訳者として、作者や読者に対しての重い責任を全うするばかりでなく、民族言語の純粋さを守るという面においても、翻訳者の大義名分から言って辞退できない責任を担っている、と話している。翻訳は原作に忠実でなければならない。しかし、文学の翻訳とは字面の意味を訳すだけではなく、原作のイメージや、原文の美しい語感や詩意を伝えたりすることでもあり、翻訳においてこれらが失われてしまうと原作に忠実とは言えない。翻訳者として、いつも作者と登場人物の立場に立ち、理解をもって作品を読むべきである。「翻訳は形から離れたとき本意を得る」、「本質に踏み込んで学ぶと同時に、本質を超えた高みに立って学ぶことも大切である」というように、全局面において原作のイメージをきちんと、適切に、真に迫って表現したものこそが、良い訳本となり得る。そのためには訳者の終生の努力が必要である[1]。言い換えれば、もし日本文学の翻訳・紹介がこれらのレベルに達していない場合、日本文学の評論・研究もこういった雰囲気や基礎が欠落し、高レベルの飛躍的な研究活動を続けることが難しくなる。現在、日本文学の翻訳・紹介の認識においてさまざまな問題があるかもしれないが、日本文学の翻訳者たちが三〇年にわたり成果のある翻訳を行ってきたことは認めなければならない。

2

一九七九年、莫邦富と私は上海外国語大学を代表し、吉林省長春市で行われた中国日本文学研究会設立大会の第一回日本文学学術研究討論会に参加した。秋晴れの空が広がる長春は、全国の各研究機関、高等教育学校、出版文化機関からの数十名の著名な学者を迎え入れ、大きな盛り上がりを見せた。当時二十八歳だった私は、参加者の中でも最も年少の代表の一人であった。私は学生時代に書面でしか仰ぎ見ることのできなかった大先輩の教授・学者の王長新、雷石楡、谷学謙、李芒、呂元明、文潔若、金中、李徳純、卞立強、李正倫、呉其尭、孫立善、唐月梅等に初めて会う機会を得た。今も大切にしている当時の集合写真には、陳濤、周豊一、兪馥英、呂元明等数名の先輩のにこやかな笑顔が残されている（一九七九年九月二十六日）。

当初、中国の日本文学研究会は国家民政部から中国一級学術団体と認定されており、全会員は二百余名いた。初代会長は林林、名誉会長は夏衍、楼適夷、二代目会長は李芒、三代目会長は高慧勤、そして呂元明、李徳純、金中等が続々と副会長を務めた。日本文学研究会の前六期学術研究討論会は三年に一度行われた。一九八二年の第二回は山東省済南市の山東大学、一九八五年の第三回は河南省洛陽市の解放軍外国語学院、第四回は広東省広州市の華南師範大学、第五回は福建省厦門大学、第六回は山東省煙台大学にて開催された。第七回以降は二年に一度の開催となり、二〇〇〇年は上海外国語大学、二〇〇二年の第八回は山東省青島海洋大学、二〇〇四年の第九回は陝西省西安外国語学院、二〇〇六年の第十回は四川省成都市の四川大学、二〇〇八年の第十一回は遼寧省の大連外国語学院で開催された。例えば「二十世紀の日本文学の発展」、「日本文学の伝統と現代化」、「古典文学の中の審美伝統」、「多元化する文化交流の中の日本文学研究」、「国際性、学際性――学術連動の中の日本文学研究」等のように、年会では学術研究討論のテーマがいくつか決められている。本会会員の学術視野を広め、中国の日本文学研究者の研究レベルを高めるため、歴代の年会では中西進、川本皓司、平岡敏夫、鈴木貞美、盛寧、厳紹瀅、王暁平、李哲権、劉建輝等国内外の著名な学者を招き、講演を行ってきた。年会の慣例により、大会の発表後「古典文学チーム」、「近代文学チーム」、「現代文学チーム」、「文学翻訳チーム」等に分かれ、チーム内では学術発言や討論が熱く、自由に繰り広げられる。

文革終了後間もなく開催された第一回研究討論会は、その研究討論内容の多くが日本のプロレタリア文学や左翼作家の創作に関するものであった。建国前三〇年の政治的環境は旧世代の多くの日本文学研究者に事後の恐れを抱かせ、石川達三作品の研究者である先輩教授はポケットの中に石川達三の研究論文を忍ばせつつも、小林多喜二の研究論文を発表するという有様だった。筆者がノーベル文学賞作家川端康成の研究論文を発表した際、先輩学者から「政治上「反動」とされる作家の研究・評価については慎重を重ね、過ちを犯さないように注意しなければならない」との好意の忠告を受けた。長年極左思潮の刺激や影響を受けてきた旧世代の研究者にそのような反応が出ることは、自然と理解できることではある。幸運にもこのような局面はすぐに変化し、全国民思想の開放に伴い、中国の日本文学研究も日増しに活発化・浸透化する局面が現れた。第二回研究討論会では、川端文学研究についての論文が多く出された。一九八五年前後、川端文学研究は一つの高潮期を迎え、異なる観点が会内外で強烈にぶつかりあった。

当時の文壇の様子を表す、純文学と大衆文学の認識の発展に関して大きな意義を持つエピソードがある。一九七九年下半期に創刊された「訳林」という雑誌は、創刊号で英国小説『ナイル殺人事件』を掲載、印刷部数六〇万冊はすぐに品切れ状態となり、読者の人気を博した。しかし、当時の外国文学界の権威であった学者の厳しい批判と叱責を受け、当時の中国政府スポークスマンのトップと胡耀邦までも巻き込む論争へと発展した。その結果、「訳林」の発行方針は受け入れられ、研究界は純文学、大衆文学の優秀な作品の異なる価値に対しても新しい認識を持つこととなったのである。

改革開放時代の中国の日本文学研究の発展の流れを簡単に振り返ると、大まかに三つの一〇年に分けられる。一番目の一〇年は開拓の段階であり、文革が終わったばかりの、研究者の視野と方法が一定の制限を受けている時代で、旧世代の日本文学研究者が新たに体勢を立て直すとともに、新世代が参加し、学習に努めている段階である。二番目の一〇年は蓄積と昇華の段階で、この時期の基本的な特徴は、旧世代の学者が文学の思想禁忌を打ち破り、基礎を固め、広く発展し、研究を日本文学の多領域に広げ、次々と重要で、補足意義のある研究成果を生み出し、同時に文革後の新世代の若い学者が大学や研究生段階の学習をほぼ終了させ、研究、教学、翻訳、出版の領域で重要な役割を担いはじめたり、日本留学で見聞を広めた時期である。三番目の一〇年は、二十世紀末から今に至るまでの、我々の現状から最も近い段階である。毋寧は、この時期の中国の日本文学研究はさらに深くなり、全面的に発展した新しい段階であると指摘している。この段階では、それぞれ異なる職務にある日本文学の教授・学者が業務の基幹をなしはじめた。また、我々の中でも多くの人が国内外で博士や修士の学位を取得し、卒業後も、日本の大学や研究機関に職を得て発展したり、中国内の大学や研究院に戻って重要な教学や研究任務を担当するようになった。こうした新しい力が中国の日本文学研究事業の深化と発展に対し、大きな影響を与えた。

以下もまた、我々日本文学研究会の深化と発展の重要なきっかけとなった。中国の日本文学研究会は、中国社会科学院外国文学研究所の中国外国文学学会に属する全国的な学術団体であり、最も重要な機能と職責は、全国に散らばる各機関の日本文学学者を取りまとめることであり、定期的・不定期に全国的な学術会議を行い（各種学術講演活動と国際学術討論研究会も含む）、情報を交換し、学術の発展を促すことにある。このため、研究会は二、三年に一度の全国的年会学術研究討論会の他に、多くの重要な学術講演会や国際学術研究討論会を行っている。例えば、日本大衆文学研究会（会長は日本ペンクラブ元会長の尾崎秀樹）と学術研究討論会を二回設け、大衆文学の定義、発生の背景、特定の作用や純文学との関係等の問題について討論を行った。日本川端文学研究会（前任会長は長谷川泉、現会長は羽鳥徹哉）と学術研究討論会を三回行い、作家川端とその作品に対して全面的な緻密な研究と討論を行い、作家・作品研究の深化と発展を推し進めた。日本解釈学会（連絡者は当該副会長の羽鳥徹哉）とも共同で重要な国際学術研究討論会を二回行っている。解釈学会の日本学者は日本文学研究者とは限らず、言語学、文字学、歴史学等の研究者も含まれる。このため、中国の日本文学研究者が視野を広め、広く他人の長所を吸収し、自身の研究方法を修正する等、補足的利益もあった。この他、研究会は日本の著名な作家や学者を招き、講演を行った。例えば、二〇〇八年十二月下旬、国際日本文化研究センターの著名な学者である鈴木貞美教授を招き、北京の中国社会科学院、日本国際交流基金会北京日本文化センター、北京第二外国語学院、上海復旦大学、上海外国語大学等続けて一〇カ所近い地で非常に重要な学術講演を行った。これらすべての学術活動は皆、研究会とその開会趣旨——全国的学術団体としての日本文学研究会のメリットと作用を最大限に発揮し、中国における日本文学研究と教育事業の全面的発展を積極的に促すことと融合している。

三十年来、中国の日本文学研究は作家・作品研究に限らず、文学史面での研究（高慧勤編集『東方現代文学史』、葉渭渠・唐月梅編集『日本文学史』と王向遠編集『中国題材外国文学史』）、文芸思潮史（葉渭渠編集『日本文学思潮史』）、和歌俳句史（李芒の各関係著述、彭恩華『日本俳句史』、『日本和歌史』と鄭民欽『日本和歌俳句史』）、日本現代文学様式研究（日本の〝私小説〟に関する研究）、比較文化学と比較文学方面の多くの研究（例えば、李征の〝新感覚派〟作家横光利一研究『表象としての上海』、王暁平『近代日中文化交流史稿』、『日本中国学術聞』、劉建輝『魔都上海——日本知識分子の近代体験』）、張哲俊『中国古代文学における日本形象研究』と『中国題材の日本歌謡』、王中忱『越界と想像——二十世紀の中国・日本比較文学研究論集』等に及んでいる。総じて、三十年来の中国の日本文学研究はだんだんと佳境に入ってきており、新しい歴史的時期に踏み入ったと言える。近年特筆に値すべき研究は、安部公房研究、大江健三郎研究、三島由紀夫研究、文化交流視点の中の日本女性文学研究、戦争文学における〝ペン部隊〟研究、植民地時代の東三省文学の研究、文学翻訳における文化学研究等々である。

以上はほんの一例を挙げたに過ぎず、多くの関係学術論文も特筆に値する。中国社会科学院外国文学の機関誌「外国文学評論」に掲載された文章——李芒先生「美の創造——日本唯美主義文学論」、李徳純先生「独特な文化背景にある青春嗟嘆――島崎藤村の『家』」、高慧勤先生「伝統創新・別立新宗」と「川端康成――〝感覚即ち表現〟」、呂莉「〝白雪〟入歌源流考」(二〇〇八年〝孫平化日本学学術奨励基金〟論文一等賞)、王向遠「日中啓蒙主義文学思潮と〝政治小説〟比較論」、「日本に〝反戦文学〟はあるのか?」、何乃英「大江健三郎創作意識論」、魏大海「日本現代小説における〝自我〟形態――〝私小説〟様式に関する考察」、高寧「虚像と反差――夏目漱石精神世界の探索」、孟慶枢「二十世紀八〇年代以来の文学批評に対する思考」、劉瑞芝「〝狂言綺語〟感の日本における導入とその原因について」、邱雅芬「『上海旅行記』――隠喩の多い文面」、林少華「中国における村上春樹――全地球化と本土化の過程の中の村上春樹」……等が挙げられる。中国における日本文学研究会の異なる世代の研究者の中には、広い視野、豊かな文学理論を持ち、素晴らしい学術方法の訓練を受けた優秀な人材も多く、特にここ数回の日本文学研究会の全国年会において、学術研究討論会は回を増すごとに熱く盛り上がり、学術レベルは徐々に高まりを見せ、会員や出席者の好評を多く集めている。

3

日本文学研究会の会員学者は主に科学研究院所・院の研究者、各高等教育学校の教師、各高等教育学校付属言語文学(文化)研究所の研究員、各出版社等の文化機構の編集者等で構成されている。研究者にはそれぞれ得意分野と異なる特徴があり、三〇年間、日本文学研究会という全国的、高レベル、かつ要求の高い学術交流のプラットフォームを通じ、情報交換、学問切磋、相互協力、共同レベルアップの目標を実現してきた。事実、各高等教育学校の日本文学教育・研究もまた中国の日本文学研究事業の継続的発展に直結する。上海外国語大学「中国の大学における日本文学コース建設の研究」課題チームが行う研究・調査は、現在中国の高等教育学校における日本文学教育の一端を担っているとも言えるため、参考として簡単に説明しておきたい。

当該研究チームは二〇〇八年三月に全国の各高等教育学校に計一七八部の調査アンケートを配り、同年六月までに八〇部を回収した。有効回答の統計結果は以下のとおりである。日本文学コースを専門に開設している高等教育学校は九七・四四％、うち文学コースの開設から五年超の学校は六一・五四％、古典文学史、近代文学史の科目を設置しているのはそれぞれ五五・一三％、七九・一四％、現代文学作品を選択科目としているのは四三・五九％、近代文学作品を選択科目としているのは七九・四九％、古典文学作品を選択科目としているのは二九・四九％である。文学関係の教師が日本語教師に占める割合が四分の一以下なのは六九・二三％、半分以下は二八・二一％に達する。本研究調査では、高等教育学校の日本文学教育で面する主要な問題——例えば各学校の日本語に対する重視の度合い、教育資金の投入、非語学系の高等教育学校が外国文学コースとその他のコースを開設する際の時間的制約、研究資料の購入、教師の能力と学生の学習意欲育成、ないしは卒業論文制作における問題等すべてに対して調査を行った。

近年、中国の大学が日本語文学、日本学といった研究調査会を催す機会が日増しに増え、各学校の教師、研究者は皆これらの講壇を利用して自身の研究結果を発表し、同業の専門家の意見と教えを受けている。こうした状況は国内の日本文学研究を推し進め、日本文学研究の後発者たちの力となり、あらゆる面において重要な意味を持つ。もう一つとても重要な現象、状況として挙げられるのは——河南、東三省と上海等の地区において、近年地域的な文学研究会（例えば、中国日本文学研究会上海分会）が結成されたことである。我々が知るとおり、上海地区は日本語専門高等教育学校が二五校あり、毎年冬休み前になると、各校が持ちまわりで文学専門テーマ研究会を行っている。博士課程の大学生と若い教師に、テーマに基づいて研究発表を行わせ、参加者が各々の意見を述べ、とても盛り上がった雰囲気である。これまでに七回行われており、研究内容は作家論、文学流派、文学傾向および方法論研究、日本文学コースの教育法にまで及ぶ。高等教育学校とその付属研究所が行う日本文学教育、交流と人材育成により、次々と絶えることなく中国の日本文学研究事業に優秀な人材が送り込まれているのである。

高等教育学校の日本文学教育は現在も大きな挑戦に挑んでいる。時代の変化に伴い、高等教育は過去のエリート教育から大衆教育へと転換した。大学定員急増後に入学した学生の中には、日本語文学専門の学習内容への認識に偏見があり、日本語が学べ、経済や法律知識も身につき、卒業後に良い仕事が見つかりさえすればそれで良いと考える者もいる。インターネット文学・アニメ文学の流行、文学の種類、作者と読者にも変化が生じている。三〇年前の学生に比べ、現在の学生は明らかに文学離れの傾向にあり、文学に興味がなかったり、文学は難しすぎる、文学は無用で実用的ではないと考える学生もいる。これは中国だけではなく、香港、台湾、マカオ、日本の文学教師に共通する悩みでもある。このため、高等教育学校の講師は教育改革のさらなる推進、教材の改定、教育手段の多元化を進める以外にも、学生がきちんと専門的な思想を持ち、日本文学を通じて、我々は人生を学び、教養を学び、知識を広め、視界を広めることができるということをさまざまな方法で学生に理解させることがさらに重要である。思想の意識、人生の理想、物事への対処方法、道徳観念、行為準則、文化風俗、言語イメージ等において、日本文学はかつて何世代もの人々に影響を与えたように、これからもますます多くの若者たちに影響を与えていくであろう。世界のグローバル化が加速し、各国経済文化交流が日ごとに頻繁になる今日、日本文化という窓口を通じて日本文化をもっと理解し、隣国の経験と真髄を参考にするのは、非常に大切なことである。このため、日本語専門教育大綱は日本文学をその主幹コースと定め、学習を通じて日本語専攻の本科生の文学鑑賞能力や審美レベルを高めたり、視野を広め、情操を陶冶したりして、素晴らしい素質と気質を育成していくとしている。また、学生が初歩的な文芸批評方法を学び取り、将来の研究・教育あるいは文学・学術論文の制作における基礎固めとなることも望んでいる。教育部が配布する「高等学校本科の日本語専門規範」においても日本文学の必修科目や選択科目の設置が必須であるとしている。

4

時はゆっくりと、しかし確実に過ぎていく。一九七九年中国日本文学研究会設立当時、私は新米の青年教師であった。私はこの三〇年、学会内外で多くの先輩学者たちがいかに大変な思いをして道を切り開き、言葉と自らの行いをもって教育を行い、中国の日本文学翻訳、教育、研究と出版事業にどれほど大きな貢献をしてきたかを間近で見てきた。現実的、厳格、謙虚な彼らの個性は、我々および新世代の若い学者に大きな影響を与え、その気持ちを奮い立たせてきた。彼らは非常に名高く、博学で、多作で、著名な方たちで、新世代の若者から見たら、彼らは一貫して才知に富み、慎み深く、仕事にプライドを持った先輩であり、心から尊敬できる、手本とすべき方々である。中にはすでに故人となられた方もいるが、我々が三〇年間歩んできた日本文学研究事業の歴史を振り返るたび、多くの忘れがたい方々やたくさんの思い出が目に浮かび、我々の胸を熱くさせる。私は文革後、教育部の批准を受けた最初の日本文学専門の博士生指導教官、北京大学の劉振瀛教授を思い出すことがある。学生時代に彼の『小説神髄』、『二葉亭四迷小説集』の訳本および多くの日本プロレタリア文学の評論文を読んだことで、日本文学研究の殿堂に誘われた文学青年も多い。私が慈父として慕う李芒先生は、長年地道に中国の日本文学研究会を取り仕切ってきた。一九八二年から一九八三年にかけ、私は北京語言大学大平班の学習期間中に何度か訪問の機会を持ったが、先生は冷たいビールを片手に、四方が本で埋めつくされた書斎で私と日本文学について語り合い、真贋の見分け方や、人生の真理を諭してくださった。最も忘れがたいのは、二〇〇八年に亡くなった日本文学研究会第三期会長、中国社会科学院外国文学研究所の高慧勤研究員で、彼女は研究とともに六百万字近くの日本文学作品――『川端康成十巻集』、『芥川龍之介全集』等の訳書を残した。森鷗外、芥川龍之介、川端康成等の訳書の文体風格は原著に逼迫しており、言葉は推敲を幾度も重ねて選び抜かれており、その優雅で優美な言葉遣いから、秀逸作品であると称えられている。高慧勤先生は爽やかなお人柄で、実直で、学問に対する態度も非常に慎み深い方であった。一九八三年、中国青年出版社『日本短編小説選』(高慧勤編集)の中で、私が司馬遼太郎『軍師二人』の翻訳を担当したが、武士同士の対話がすべて文語調となってしまった。高慧勤先生は私の二万字近くの翻訳原稿を真っ赤になるまで辛抱強く修正してくださった。このとき、私は、文学の翻訳は単に外国語の理解の問題だけではなく、文語と現代語、文章語と口語を理解し、文学の境地で伝えることの大切さを強く思い知ったのである。また、中国の日本文学研究に多大なる貢献をされた、今は亡き学者の王長新教授、李正倫先生、仰文淵先生等の先輩方も懐かしい顔ぶれである。二年前に亡くなった金中教授は、若い頃苦しい経験をされたにもかかわらず、情熱的で明るい学者であった。この六〇年前に解放軍の砲兵連隊長として、部隊を率いて上海外国語大学の門前に突き進み、上海を解放に導いた功臣は、一九七九年に長春で私と忘年の交わりを結んでいる。金中教授の翻訳された作品は的確、流暢で、躍動感のある文章で、まるであたかも彼の美しく高らかな歌声のようであった。彼がかつて私に寄贈してくださった「海が尽きれば天が岸であり、山は頂上に上れば我が峰になる」という言葉には、旧世代の日本文学研究者・翻訳家から次世代の後輩たちへの期待の意がこめられている。

多くの尊敬すべき先輩方が今もご健在で、彼らは中国の日本文学研究、事業の推進と紹介を倦まずたゆまず進められてきた。生命力と活力にあふれた現副会長の李徳純先生、特殊な日本文学研究の領域で日中両国の学者たちの尊敬を大きく得られている副会長の呂元明先生、鷹揚で、学識深く上品で、訳風も非常に慎み深く、

「天書」のような難解な西洋の〝意識の流れ〟権威の著『ユリシーズ』を蕭乾先生と共同翻訳出版した文潔若先生である。彼らにお会いするたび、いつも尊敬の念が自然と沸き起こってくる。勤勉、実直、成果の多い旧世代の学者である葉渭渠・唐月梅夫妻に対しても、私は中国の日本文学翻訳・研究領域において素晴らしい訳書や日本文学史論等スケールの大きな著書を精力的に出版し続けているという点において非常に尊敬している。出版といえば、訳林出版社の社長李景端先生も眼力のある文化人で、もとからある道は歩かず、敢えて人よりも先を歩くといった、鋭い思考の持ち主である。一九八〇年代初頭、我々若輩者の書いた原稿を出版することは簡単なことではなかった。李社長がただ、才あらばこれを挙げよと大胆に後学を起用してくださったことで、若い学者たちが早い機会に成長することができたのである。

改革開放後の新時代における中国の日本文学の研究と教育の発展の歴史を振り返ると、先輩・後輩が肩を並べて仕事をしたすべての時間がますます愛おしく感じられ、自身の成長の歴史を振り返ると、先輩仲間、恩師や友人の関心と協力に対して感謝の気持ちでいっぱいになる。もちろん、我々の努力によって中国の日本文学研究教育事業に沸き起こった新しい風にも誇りを持っている。旧世代の学者の中国の日本文学研究事業に対する貢献は誰もが認めるところであり、歴史は永遠に彼らの名前を残していくであろう。私は中国の日本文学研究教育事業は代々受け継がれるべき偉大な事業であると固く信じている。うれしいことに、優秀な才能を持った多くの若者たちが我々の戦列に加わり、旧世代の先輩学者とバトンタッチをし、この道を引き続き切り開いて行ってくれている。中国の日本文学研究と教育は今後もますます多くの成果を上げ、我々の事業ももっと大きく発展をしていくであろうことを、我々は信じている。

注

[1] 黄珺亮「他山之石、可以攻玉――高慧勤、罗新璋采访录」『国外外語教学』二〇〇四年第四号、六一―六四頁。

端午節の文化境界
――東アジア文化の枠組みと無形文化遺産の間――

劉　暁峰

1　注目を集めた端午節の無形文化遺産申請

二〇〇九年、ユネスコの第四回無形文化遺産保護委員会がアブダビで開催した審議の結果、「人類の無形文化遺産の代表的な一覧表」に新たに七六項目が追加されることが決まった。そのうち中国はあわせて二二項目が新たに無形文化遺産リストに掲載されることになり、これは中国にとってユネスコの無形文化遺産リストに最も多く登録された年になった。この二二の項目のうち、唐突に含まれることになったのが端午節である。文化部の非物質文化遺産司（無形文化遺産司）が提供した新聞通稿（政府の公式見解）の端午節の紹介には、次のように記されている。

端午節は中国の伝統的な節句で、旧暦の五月五日に行われる。すでに二千五百年余りの歴史があり、毒を払い邪気を避ける祭りの習俗から各地の多種多様な祭祀・娯楽・保健などの民間活動が生まれ、その主なものには「屈原を祭祀する」、「伍子胥を祈念する」、「艾《よもぎ》を挿す」、「菖蒲を掛ける」、「雄黄酒を飲む」、「粽《ちまき》を食べる」、「竜船の競走」、「五毒を除く」といったものがある。これらの活動は地方によって多少の違いがあり、湖北省秭帰県の「屈原故里端午習俗」、湖北省黄石市の「西塞神舟会」、湖南省汨羅市の「汨羅江畔端午習俗」、江蘇省蘇州市の「蘇州端午習俗」や浙江省など全国の広い地域でさまざまな特色ある活動が行われている。端午節は独特の民族精神と豊富な文化を有した伝統的祭日であり、中国の民俗生活にも大きな影響を与えている[1]。

一人の研究者として専門的な立場から見ると、端午節が中国政府によって申請される最初の無形文化遺産となるのは、大変不自然なことである。「百節歳為先（あらゆる祭日の中で春節が最も重要）」というように、中国の伝統的な祝祭日のうち、最も影響が大きく地位が高いのは春節である。もしも中国の伝統的な祝祭日を世界無形文化遺産に申請するリストに入れるのであれば、その筆頭に来るべきは春節なのであって端午ではないのである。さらに多くの専門家が二〇〇六、二〇〇七年には春節を無形文化遺産に申請するよう一連のアピールを行っている[2]。それゆえ、さまざまな側面から見ても、春節こそがまず最初に世界無形文化遺産の申請リストに載せられるべきなのである。春節を無視して端午だけを申請する、というのは全くもって普通ではない、人々の注目を集める特殊な行為なのである。

しかしながら、もしも視線を純粋な専門の角度からではなく社会の方に移すと、二〇〇五年十一月に韓国の「江陵端午祭」がユネスコから正式に「人類の口承および無形遺産」に認定されたことによってインターネット上で「端午保衛戦（端午節を守る戦い）」が展開されたことを思い起こしてみると、中国で最も重要な春節ではなく端午節が最初に中国政府によって無形文化遺産に申請されたことは大変容易に理解できよう。これはあの「端午保衛戦」の延長でありその象徴的な結果にすぎないのである。

二〇〇五年十一月に韓国の「江陵端午祭」が無形文化遺産に認定されたという事件の影響は極めて大きかった。その大きな原因はこの事件が一連の活動の出発点であったからだ。二〇〇四年四月中旬に、文化部が風光明媚な雲南省大理・麗江市で四日間にわたる「中国民族民間文化保護工程試点工作交流会（中国民族民間文化保護プロジェクト実験事業交流会）」を開催し、文化部副部長の周和平が総括的に講演した。その大意は「今一部の若者たちは欧米の祝祭日を過ごすことに熱を入れている。例えばバレンタインデーやクリスマス、特にバレンタインデーにはみな夢中になっている。しかし、中国自身の文化を豊かに含んだ伝統的な祝祭日がかえって粗略に扱われてしまっている……」[3]というものだが、この談話自身が何らかの波紋を呼び起こしたわけではない。しかしこの談話には背景があったのである。「人民日報」記者の劉玉琴によってこの年の五月に、以下のような記事が書かれた。

先日東北のある大学教授が文化部副部長の周和平に緊急書類を送ってきた。そこには信頼できる筋からの情報としてアジアの某国がユネスコに「端午節」を自国の文化遺産として申請しようと準備中であり、現時点ではすでに（某国では）端午節が国家遺産のリストに載せられており、まもなく国連に「人類の口承および無形遺産の傑作」として申請されることになっている[4]。

この記事の「東北のある大学教授」とは烏丙安教授である。まさしくこの報道が後の端午を守る戦いの火付け役となったのであった。中国人は長い年月にわたって端午節を祝ってきたのに、まもなく他国の「文化遺産」となってしまうかもしれないという話を聞けば、一般の中国人はとても受け入れがたい。このため中国の大きなウェブサイトやメディアではこの問題についてたゆまず協力するようになり、さらには端午節と関係の深い地方政府までさまざまな側面から関与するようになってきた。五月九日午前、岳陽市政府は政府の名義で宣伝・文化・文物などの部門の主な責任者を集め、端午節を守るための座談会を開催した。五月十一日には、岳陽市政府は南湖広場で端午を守るための一万人署名活動を行った[5]。しかし中国の多数のネチズンの戦いと非難、さらには当局によるさまざまな努力にもかかわらず、二〇〇五年十一月には、韓国の「江陵端午祭」は予定通り無形文化遺産として登録されることになったのであった。これは中国政府と人民に大変良い教訓となった。そのため二〇〇六年から二〇〇七年にかけて春節の世界無形文化遺産申請に向けての一連のアピールや、中国の端午節を最初に無形文化遺産リストに加える運動が行われ、それが実行に移されたのであった。

このような特殊な事情があったからこそ、端午節の無形文化遺産申請が、我々がここで注目し議論するテーマとなるのである。

2　端午節起源問題の学術的歪曲

先述の文化部の非物質文化遺産司（無形文化遺産司）が提供した端午節が無形文化遺産に登録されたことを知らせる新聞通稿では、端午節の紹介にもう一つ注意を引く事柄があった。それは端午節が成立した年代を二五〇〇年前と確定していることである。

端午節の起源に関しては、さまざまな学説が常に存在していたことは周知の通りである。このように端午節の始まった時期を主観的に定めてしまうやり方は、学術的な立場から見れば、同様に大いに問題がある。現代中国において、端午節の起源について最も広まっている説は、当然のことながら屈原伝説である。屈原と端午を結びつけたまとまった史料は、東晋劉義慶の『世説新語』に遡る。

周時、楚屈原以忠被讒、見疏于懐王、遂投汨羅以死。後人吊之、因以五色糸系角条、於節日投江祭之。

『芸文類聚』巻四が収録する南北朝時代の呉均『続斉諧記』による関連する記述はさらに詳しい。

屈原五月五日投汨羅而死、楚人哀之。毎至此日、以竹筒貯米、投水祭之。漢建武中、長沙区回白日忽見一人、自称三閭大夫。謂曰「君当見祭、甚善。但常所遺苦蛟竜所窃、今若有恵、可以楝樹葉塞其上、以五采糸縛之。此二物蛟竜所憚也」。回依其言。世人作粽、并帯五色糸及楝葉、皆汨羅之遺風也。

梁の宗懍による『荊楚歳時記』では、五月五日に競渡することは屈原投汨羅之説に遡るということは、すでに普遍的な説になっている。

是日（五月五日）競渡。按：五月五日競渡、俗謂屈原投汨羅日、人傷其死、故并命舟楫以拯之。至今競渡、是其遺俗。

私は、屈原伝説そのものは端午の重要な習俗（竜船の競走・粽を食べる・五色の糸を結ぶなど）を自然に取り込み一体化したものであるとかつて論じたことがある。さらに屈原本人は忠であるのにそしられ、信であるのに疑われ、「離騒」を賦して志を明らかにし、汨羅に身を投じて命を絶った。いわゆる「その志、哀れむべし、その情、憫れむべし」である。そのため、ひとたび屈原伝説が端午節に付会されると、端午の起源にまつわる最も大きな影響のある伝説として速やかに広まったのであった。現代になり、屈原の「狐が巣穴に頭を向けて死ぬ」がごとき愛国心は、民族国家の時代のイデオロギーとあい適応し、大きな生命力を獲得している。

しかし、端午が屈原を記念することに起源があるという説は、最も早い文献でも後漢のものであり、さらに梁朝の宗懍が『荊楚歳時記』を撰述した段階で、端午節が曹娥・伍子胥・越王勾践に由来するというさまざまな説が並び立っていた。そのため後世の学者たち、例えば近代の聞一多氏は、端午は呉越民族が竜のトーテムを祭祀したものだという説を提出し、近年も陳久今氏によって端午は古代の越人の新年であるという説が出されるなど、現代になってさまざまな新説が発表されてきた。しかしどの説も、今に至るまで支配的な学説になることはなく、残念なことにこれが端午節の起源に関する研究の現状なのである。

しかしながら、いま文化部の非物質文化遺産司（無形文化遺産司）は、端午節は二五〇〇年前に始まったという非常に精確な年代を示した。私の推測では、この説はおそらく史書の伍子胥が紀元前四八四年に死亡したという記録に基づいているのであろう。伍子胥が死んだのは紀元前四八四年であるが、その死後、現地で伝説が形成されるまで一～二年かかったとすれば、ちょうど二五〇〇年前であったことになる。端午節が二五〇〇年前に始まったとする根拠として最も可能性が高いのはこの伝説なのである。問題は、呉で五月五日に伍子胥を祭祀するという習俗が、史料上に現れるのはかなり後の時代になってからだということである。隋の杜公瞻が『荊楚歳時記』に注を施しているが、それは「是日競渡」の下に〈邯鄲淳『曹娥碑』云「五月五日、時迎伍君、逆濤而上、為水所淹」。斯又東呉之俗、事在子胥、不関屈平也。『越地伝』云起于越王勾践。不可詳矣〉という注である。ここで言及される邯鄲淳とは三国時代の人物である。邯鄲淳の『曹娥碑』の原文は、『叢書集成初編』の『古文苑』巻十九に収められており、より詳しく記載されている。

孝女曹娥者、上虞曹盱之女也。……盱能撫節按歌、婆娑楽神。以漢安二年五月時迎五（伍）君〔宋章樵注云：伍子胥為濤神〕、逆濤而上、為水所淹、不得其尸。時娥年十四、号慕思盱、哀吟沢畔、旬有七日、遂自投江死。経五日、抱父尸出。

この記載から我々が知り得るのは、後漢の際に呉では伍君を迎える儀式が五月に行われていた、ということにすぎない。『芸文類聚』は東晋の虞預の『会稽典録』の曹娥に関する記載を引き、「五月五日」と書いている。つまり伍子胥は端午と関わりがあるという説は、『荊楚歳時記』以前にすでに存在していたのである。しかし伍子胥の伝説が端午節に付会されたのが後漢以前に遡るかどうかについては、証明できる文献がない。この伝説だけによって伍子胥の没年をそのまま端午節の起源の年であるとするのは、明らかに妥当性を欠く。ましてや伍子胥伝説は地域的にかなり限定されている。端午節の誕生に関するさまざまな見方の中で、この伝説は基本的に呉地に限られ、影響は非常に限られているのである。

二五〇〇年前とは紀元前四九〇年前後にあたり、それはまさしく孔子が陳と蔡の国境で身動きが取れなくなった年であり、我々のよく知っている『論語』の舞台となる時代である。この時代の文化については、我々は多くの文献や考古資料によって理解することができる。しかしながら少なくとも『論語』および『論語』と同時代の文献と出土文物には、端午節にかかわる記載を見出すことはできない。文字だけについて言えば、端午節の「端」とは、「正」という意味である。「正」を「端」と言うのは古代において避諱が重んじられたことと関わりがあると言われている。かの有名な秦始皇の姓は「嬴」、名は「政」であったが、「政」と「正」は同音であり、「正」も避諱の範囲に入ったので、正月は「端月」と呼ぶようにされた。『史記』の年表で正月が「端月」と書かれているのは、まさに秦の制度に影響を受けたものである。「端」には「始まり」の意味も含まれている。『左伝』には「履端」という言葉があるが、『左伝正義』ではこれを「四始」と注釈している。つまり年の始まり、月の始まり、日の始まり、時の始まりである。ここでの「端」はまさしく「始」である。秦漢には正日を「端日」と称するものがあり、「端日」とはつまり一日（ついたち）のことであった。秦始皇が親政を始めたのは紀元前二三八年であり、秦始皇の名を避けるのはこれを遡ることはない。それゆえ端午節という名称は二二五〇年前より古いということはあり得ないのである。

実は端午節の起源にかかわるさまざまな説のうちに、最も古くかつ信頼できる年代を見出そうとすれば、それは、端午は夏至に起源を持つという説である。盛夏五月の最も重要な祝祭日は夏至であり、端午節はその長い歴史の中で夏至から最も多くの習俗を取り入れてきたのである。農耕社会にとって、太陽の変化は大変に重要であり、そのため早くから古代人の観測の対象となったのであった。古代中国では早くから冬至と夏至を認識し、さらに夏至を古代祭祀の重要な時期として祭祀の系統に組み入れたのである。『周礼』にはすでに冬至に天神を祭祀することと対になって、「以夏日至、致地祇物魅」という記述がある。『史記』は漢代の祭祀活動について「夏日至、祭地祇。皆用楽舞、而神乃可得而礼也」と記載する。後世の歴代の王朝は、夏至に地祇を祭祀するという伝統をずっと守り続けた。夏至のさまざまな風俗（例えば粽を食べたり、扇を贈ったり、長命縷を結んだりといったこと）は後に端午の風俗にとって欠かせない要素となったのであった。

時期について言えば、中国人が夏至の存在を知ったのは大変に早かった。『尚書』「堯典」には著名な四仲中星について「日中星鳥、以殷仲春。日永星火、以正仲夏。宵中星虚、以殷仲秋。日短星昴、以正仲冬」と記載されている。この記載について学者たちの議論は非常に多く、竺可楨は実測の観点からこれは殷末周初の天文現象であると考証する[6]。中国科学院国家天文台の趙永恒・李勇両氏は「四仲中星は……これによって二分二至（春分・秋分・夏至・冬至）を確定するもので、昏中星（訳者註：日が暮れたときに南中する星）によって表されるにすぎない。例えば、冬至には日は虚宿にあり、日没時には太陽は西の地平線にある。つまり日没時に虚宿は西方にあり、このとき春分点は南方にある。春分には日は昴宿にあるので、仲冬には昴宿は「昏中」するのである」と述べ、その上で四仲中星の虚宿と昴宿の位置から、この『尚書』の一文が表している年代は紀元前二四九四年から紀元前二一七六年の間であろうと述べている[7]。『左伝』「昭公十七年」に載せられる上古の神話伝説は、上述の議論を補強する。『左伝』「昭公十七年」の少皞（昊）氏にかかわる記載には「我高祖少皞摯之立也、鳳鳥適至、故紀于鳥、為鳥師而鳥名：鳳鳥氏、歴正也。玄鳥氏、司分者也。伯趙氏、司至者也」とある。この文章は古代中国で夏至が理解され、さらに徐々に夏至と物候の関係がまとめられてきたことを反映しており、当時の人々が春分・夏至・秋分・冬至という四つの節気を把握していただけでなく、玄鳥は春分に来て秋分に去り、伯趙は夏至に鳴き冬至に止むという四季折々の風物と気候の関係まで把握できていたことを表しているのである。このため、もしも中国古代の夏至の認識やそれにかかわる文化伝承を端午節の起源と見なすのであれば、端午節の起源は殷末周初あるいはさらに古くまで遡ることが可能になるであろう。

では、どうしてこういった端午節が形成されたのがもっと早い時期であることに関する記述が、文化部非物質文化遺産司（無形文化遺産司）の文章に盛り込まれなかったのであろうか。この問題は逆に、「二五〇〇年前」という数字は、端午節の無形文化遺産申請にいかなる特殊な意味を有しているであろうか、という問いでもある。これについては韓国の江陵端午祭の起源について触れなければならない。社会科学院の賀学君研究員は招聘されて江陵端午祭を調査した経験があるが、彼女は江陵端午祭の起源についてこのように紹介している。

韓国の端午節は、時期としては中国と同じく旧暦五月五日であり、韓国でも「重午・重五・端陽・

五月節」と呼ばれているが、伝統的に「上日」と呼ばれている〔注：五月五日は「神の祝祭であり、多くの民衆がともに楽しむ祝祭」なのだと解釈されるが、この時期に食べるヨモギ餅の形が車輪と同様に円形であるからだとする人もいれば、この時期にヤマボクチで餅を作るが、語義によればそれは「高・上・神」を意味するからだと解釈する人もいる〕。「端午」は文字の意味から解釈すれば「初午」であり、五月の最初の「馬日」にあたる。五月は陽数（奇数とも言う）であり、五日は二つの陽数が出会う日であり、彼らは中国と同様に奇数が重複する日を重んじる習俗があり、そのため大きな祝祭となったのである。この端午節がいつ生まれたのか、現時点では拠るべき文字資料を持たないが、新羅の頃にはすでに「端午節」があったことがわかっている。この日には、上は皇室から下は平民百姓にいたるまで、国を挙げて祝ったのだ[8]。

そして韓国の学者の文章には、韓国の端午節は二千年余り前に遡るという記述がある。韓国の張籌根氏は、韓国で端午の祭祀が行われるのは、ちょうど田植えが終わった後の「鬼神を祭り集まって歌い踊る」という習俗と同じ時期にあたると考えている。ゆえに韓国の端午節の習俗は大変に長い歴史があると言えるのである。

韓国の研究者たちの主張の典拠は、『三国志』「魏書・東夷伝」に記載される韓の習俗である。

其俗……居処作草屋土室、形如冢、其戸在上、挙家共在中、無長幼男女之別。其葬有槨無棺、不知乗牛馬、牛馬尽於送死。以瓔珠為財宝、或以綴衣為飾、或以県頸垂耳、不以金銀錦繍為珍。……常以五月下種訖、祭鬼神、群聚歌舞、飲酒昼夜無休。其舞、数十人倶起相随、踏地低昂、手足相応、節奏有似鐸舞。十月農功畢、亦復如之。

韓国の端午節は今でも種まきや田植えが終わる時期と一致するそうである。時間から言えば、こういった一致は農耕社会において大変重要な意義を持つものである。だから、張籌根氏の観点は非常に重視するに価する。しかし韓国の端午節が二〇〇〇年以上前に遡ることができるからには、中国の端午節が生まれた年代が二五〇〇年前と確定されたことは理解することができるだろう。これはやはり政治が学術を歪めた一つの表れなのである。

3 端午節の文化境界

端午節にはそれ自身の文化境界がある。端午節は古代中国の祝祭体系のうち最も重要な祝祭日の一つである。尚秉和氏が『歴代社会風俗事物考』で指摘されているように、清朝において、端午節は一年で最も重要な三つの祝祭日の一つで、中秋・歳首とともに三節と呼ばれていた。現代中国人の生活の中で、端午節は中国人の生活の中で広く流行し、最も人々に知られている祝祭日の一つであり、大変重要な位置を占める。しかし同時に端午は中国の周辺地域に大変大きな影響を与えた祝祭日でもある。端午は中国周辺国家に古くから大変大きな影響を与えていたのである。

日本では、端午節は男の子の節句であり、端午節の半月ほど前から、日本各地では多くの家庭で鯉幟が掲げられているのを目にする。天平勝宝五年正月四日、日本の博士中臣丸連張弓らが中国古代節日の起源に関して孝謙天皇に勘奏を行った。この勘奏では五月五日の起源について、以下のように説明している。

昔楚屈原為恵王以被放湘南、遂無所返徴、則亥時而懐沙入汨羅之水而没已。其霊化而為鬼神、為天下做旱滂疫気之災。或夢想誨曰、為天下作不祥之災者、皆我霊気所成。欲消災者、五月五日于羅水祭我霊者、即消災矣。則風俗此日連楝葉之玉并茎、黏裏而投羅水之中祭之。依此而天下無災[9]。

韓国でも、中国の端午の習俗から大変大きな影響を受けた。本稿と韓国の江陵端午祭は密接な関係があるので、ここである程度議論しておきたい。『東国歳時記』に記載された李朝時代の端午の習俗から一部を引用しよう。

（一）頒艾虎于閣臣。用小稈纏束彩花。蔌蔌如蓼穂。『歳時雑記』「端午、以艾為虎形、或剪彩為小虎。粘艾葉以戴之」国制仿此也。

（二）工曹造進端午扇。頒于宮掖宰執、侍従。扇之絶大者、竹幅白矢。満五十、四十、名曰白貼。著漆者、名曰漆貼。得此者、多画金剛一万両千峰、或為倡巫所把。近俗、喜写折枝・桃花・芙蓉・蝴蝶・銀鯽・鷺鷥。

贈扇子。『戒菴謾筆』「端午賜京官宮扇。竹骨紙面、倶画翎毛五色纏綿繞艾虎者」是也。湖南・嶺南両道伯及統閫、進上節扇。例送朝紳及親知間。造扇邑守令、亦有進上贈遺。全州・南平之制為佳。

僧頭・魚頭・蛇頭・合竹・斑竹・外角・内角・三台・二台・竹節・丹木・彩角・素角・広辺・狭辺・有環・無環・制様各殊。五色及紫・緑・鴉青・雲暗・石磷等諸色無不備焉。俗尚白・黒二色、黄漆・黒漆両貼及著油者。青為新郎、素為喪人。諸色、為婦人小児所把。

団扇、有五色、又有五色交貼斑斓者。有似桐葉、蓮葉、蓮花、蕉葉者。或著油、或黄黒漆。男子在家而揺、色扇為婦女児童所持。

又有色紙、竹幅、闊大為輪扇、有柄。張之如傘。作小児遮陽之具。又有長柄大団扇、作枕簟揮蚊之具。

又以斑竹皮、色綃紗、飾珠貝、為新婦遮面之具。或仿大蕉葉形、亦為大臣儀飾之物。

又有商賈扇買売者、精粗巧樸、不一其制。中国人称高麗人冬執扇、記其俗也。

(三)観象監、朱砂搨天中赤符、進于大内。貼門楣以除弗祥。卿士家亦貼之。其文曰「五月五日天中之節、上得天祿、下得地福。蚩尤之神、銅頭鉄額、赤口赤舌。四百四病、一時消滅。急急如律令」。
按漢制、有桃印以止悪気。抱樸子作赤霊符、皆端午旧制。而今之符制、蓋出于此。

一番目の「艾虎を閣臣に賜る(頒艾虎于閣臣)」という習俗には、艾虎は「小稈を用いて造花を束ねて作り、それはなよなよとして蓼の穂のごときである(用小稈纏束彩花。蔽蔽如蓼穂)」とある。この習俗は(中国の)『歳時雑記』の「端午にはよもぎで虎の形を作り、あるいはあやぎぬを切って小虎を作り、それによもぎの葉をつけてその頭に挿す(端午、以艾為虎形、或剪彩為小虎。粘艾葉以戴之)」という作り方を直接引用して、最後に「わが国の制度もこれに由来する(国制仿此也)」と説明している。三番目の天中赤符を用いる部分については、「五月五日の天中節に上は天祿を得て、下は地福を得る。蚩尤の神は、銅の頭、鐵の額、赤い口、赤い舌をしている。四百四病がたちどころに消え失せなければ、律によって罰を加えるであろう(五月五日天中之節、上得天祿、下得地福。蚩尤之神、銅頭鉄額、赤口赤舌。四百四病、一時消滅。急急如律令)」とあり、まさに道教の呪符であり、文末にはこれも「漢制」に倣ったものであると述べている。二番目の扇を献上することについては、ここでは中国に起源があるとは述べていない。しかし、これもまた中原の習俗なのである。『宋書』巻四一には宋廃帝劉煜の話として、元徽五年の端午に、皇太后が帝に玉柄の毛扇を賜ったところ、劉煜は扇毛が華麗でないことを憎み、毒酒で皇太后を殺害しようと図ったことが記される。唐の太宗も旧俗を重んじて扇を長孫無忌と楊師道に贈った。史書の記載によれば、唐の太宗は飛白書で鸞・鳳・蝶・龍といった文字を書き、筆勢は並外れて素晴らしく、司徒の長孫無忌と吏部尚書の楊師道に対して「五月旧俗、必用服玩相賀、今朕各賜君飛白扇二、庶動清風、以増美徳」と語ったという。唐では端午の二日前に、長安の東市で扇市が開かれた。宋・明以後には扇を送ることが端午の節句の礼となった。端午が屈原の伝説に始まるという話も朝鮮半島に入り、屈原の精神は彼の地の士人にも大きな感動を与えた。李朝の学者金邁淳は『洌陽歳時記』の端午の項目でこのように述べる。

（朝鮮）国人称端午日、水瀬日。謂投飯水瀬、享屈三閭也。地之相去万有余里、世之相後千有余年、謡俗不改、精爽如在、何令人感慕至此也。

琉球では端午節と上巳節は同様に重視された。『琉球国旧記』には、この日は

王出御南殿、衆官朝賀、其礼如上巳之礼。大台所官、献粽（俗称其餅）、并御佳例盆、且円覚寺僧、亦献菖蒲葉也。世俗家家作粽餄粕、并菖蒲葉、薦之于先祖而吃焉[10]。

と書かれている。『琉球国旧記』「爬竜舟」の項目には、竜舟文化が琉球に伝わったことについて以下のように述べる。

昔有長浜大夫……姓名未伝、奉命入閩赴京巳。効南京竜舟而回来。即五月造舟、競渡那覇津、以祝太平也。由是毎年五月三日、乗竜舟者、必著白帷子、以泛于西海云爾。往昔有久米村・那覇・若人・垣花・泉崎・上泊・下泊等、爬竜舟数只。今有那覇・久米村・泊村三只也[11]。

古代琉球の文化は、多くが福建省から伝えられた。ここでの「爬竜舟」という習俗も嶺南の特色を色濃く止めている。

ベトナムでも、端午は大変に重視された。ベトナム人はこの日に薬を採り、虫を駆除し、雄黄酒を飲む。朱雲影『中国文化対日韓越的影響』では「ベトナムは秦漢以降一千年の長きにわたって中国の郡県となっていた。この大変長い期間の中で、中国とベトナムは一家であり、ベトナムの人々は知らず知らずのうちに中華の文化に染まっていったのである」[12]と述べられている。このような大きな文化的背景のもと、中国の節俗も自然とベトナムに影響を与えたのであった。『大越史記・全書本紀』巻五「陳紀」には「天応正平五年（一二三七）夏五月、端午節、弔屈原及古賢人如介子推者、毎年是月皆挙行之」と書かれている。

ここから、東アジアでは、中国に起源を持つ端午節の文化習俗が、大きな影響を与えていると言うことができよう。こういった影響は、実際には一つ一つの具体的な節俗に現れるだけでなく、さらに重要なのは端午節の文化精神に現れていることである。古代中国の時間体系から考察すれば、この体系中における五月の最も際だった特徴の一つは、五月には陰陽が転換する時点が含まれているということである。この時点は、簡潔に言えば三つの部分に分けて理解することができる。（一）五月には純陽の時点がある。（二）少陰の生まれ月である。（三）さらに陽から陰へ転換する時期も存在するのである。もう一つの際だった特徴は、陰陽の転換と関連して、五月に内在する矛盾性にある。五月はその内側に矛盾が満ちあふれた月である。自然界は五月に陰陽に根本的な変化が起こる。異なる方向からこの変化を理解すれば、方向が全く異なる習俗を生み出し得る。例えば、三月上巳に水辺でお祓いをすることだけを強調したり九月九日に山に登ることだけを強調するのとは異なり、五月には丘に登って遠くを眺めたり、高い山に登ったりすることもできるだけでなく、水辺の東屋に行くこともできるのである。さらに、陰気の安定と成就を保護するため、五月という時期は「静」であるべきと強調するだろう。古代には夏には静であるべきと考えられていた。南宋の呉自牧『夢粱録』巻三「僧寺結制」には「四月十五日結制、謂之「結夏」。蓋天下寺院僧尼設祭供仏、自此僧人安居禅教律寺院、不敢起単雲游」と書かれている。これは夏になったら「静」を取るという現れである。しかし「陰陽が交わり、万物を生ずる」のを促すため、五月は「静」のみならず「動」をも強調し、「闘」と「争」を強調する。我々は後の端午節の習俗に、このような内在する矛盾が展開されていくのをはっきりと見ることができる。この陰陽の変化に有利な部分を利用するという観点からも一連の民俗が生まれ、この陰陽変化に不利である部分を避けるという観点からも同じく一連の民俗が生まれた。五月はつまりこういった矛盾と対立に満ちた特別な月なのである。

古代中国の時間体系のうち、五月はこういった陰陽に重要な変化が生じる月である。古代中国では「天地が交わり、万物を生じる」ことを重んじた。それゆえ五月の陰陽の変化は当然ながら彼らの視界に入っている。五月に生じる陰陽の変化が順調に進むかどうかは、秋の収穫に直接かかわり、人口の増減と運勢の変動にかかわる。古人の「天と人が感応する」という考え方に従うと、自然界の陰陽変化と人の行動には密接な関連があるのである。陰陽が十分に交わることを促すため、五月に一連の「闘」と「争」による民俗を展開し、この種の民俗の特徴は「闘」と「争」を手段として、いかに陰陽の交わりを促進するかに主旨がある点である。古代中国は農業社会を主体としており、農作物が豊作かどうかは、誰もが注目する大問題である。なぜならこれは民衆の生命と生活の質に直接かかわってくるからである。「天地の交わり」が十分に進行しているかどうかは、より多くの優れた「万物を生み出す」かどうかと直接にかかわってくるので、五月の「闘」と「争」という一連の民俗は、常に豊作か凶作かを占うことに繋がっていたのであった。これも「五月五日が晴れなら、豊作の兆し」、「端午が晴れなら、農父は喜ぶ」といった農事にまつわる諺が現れる背景と原因である。

この文化の枠組みの中に入れると、韓国の江陵端午祭が形成される背景およびその文化の内包には、新しい解釈を与えても全く構わないだろう。江陵端午祭は一九六七年に韓国政府によって「文化財一三号文化遺産」として認定され、法定の保護を受けた。韓国における「端午祭」の位置づけは大変明確である。それは民俗の「祝賀儀式」の一つなのである。これは歳時風俗の「端午節」に始まり、今では「新しい文化を試み、新しい生活方式をさぐる」現代の祝賀儀式にまで発展した。そこに「含まれているのは民衆の大いなる希望とありふれた生活哲理、そして人の心の奥底に隠された欲望である」。「祝賀儀式」は祭儀・演劇・遊戯などのいくつかの部分から構成される。「一年の文化の成果」をまとめて表現し、伝統的祭礼に「現代文化の要素を賦与している」。しかしなお「祭儀は祝賀儀式の最終的な目的である」、「祝賀儀式の意義は祭儀によって決まる」と強調している[13]。そして現在の韓国端午祭の祭祀部分は、古代の「鬼神を祭る」要素を少なからず含んでいるかどうかは、かえって判断しがたい。なぜなら現在の韓国各地の端午祭は、無形文化遺産に申請した江陵端午祭も含めて、みな中国の端午節と同様に、五月のそのほかの祝祭日の習俗を取り入れたものであり、特に江陵端午祭は五月の城隍祭と直接重なり合う部分が大きいからである。江陵端午祭の儀式過程全体のうち、城隍爺と城隍奶奶は間違いなく儀式に関連する諸神の中心であり、両者が儀式中で一体となることは陰陽の交わりを意味し、「陰陽が交合して万物を化生する」祈願をも含意しており、これは田植えを終えた後に豊作を願うのともちろん一致するのである。そして我々が強調したいのは、五月に城隍を祭祀するという活動は、朝鮮半島に起源があるものではなく、北中国で広く流行していた民間の祭祀活動に起源があるということである。どうやら韓国の端午祭では、いったいどの要素が純粋に韓国式であるのか、今後さらに綿密に分析し議論を加えていく余地がありそうだ。

しかしながら、今日の韓国江陵端午祭の資料を念入りに見ると、朝鮮半島の「民衆信仰と農時活動」や「韓民族自らの方式で、韓国民衆の需要と審美観を結びつけ、さまざまな内容と形式を創造したこと」をより強調している。そして彼らは、端午の儀礼は「儒教祭儀」であれ「巫祭」であれ、みな「古くからの状態」が保たれているとする。こういった言論の背後には、我々はやはり韓国江陵端午祭の無形文化遺産申請には、同様に民族国家観念と関連した復雑な内在の論理があること、この論理に影響を受けた学術的な歪曲が存在することを見て取ることができよう。

4 地域文化の枠組みと無形文化遺産

筆者は、ユネスコが打ち出した無形文化遺産認定制度は無形文化遺産の保護と活用に大きな意義があると考えている。近年の中国の発展状況がこの点について証明してくれる。無形文化遺産への申請と無形文化遺産の保護体系を整えることは、中国が現在自らの伝統文化を保護する重要な制度的手段となっている。「ソフト・パワー」と「文化力」の重要性を理解してから、中国はすでに無形文化遺産の保護に向けて大量の資金や人材をつぎ込んできた。この過程にはさまざまな運営上の問題を含むであろうが、将来的な方向としては間違いなく正しく、成果も大変大きいものである。

しかし、この認定制度を具体的に運用していく過程で、実際には無形文化遺産の主権問題が存在し、民族国家の枠組みにおいて無形文化遺産の帰属に関する紛争が存在している。中韓の間で起こった端午の争いは、中国民衆の「厭韓」感情を生み出し、韓国もそれに反発して一部の民衆が中国に抗議活動を起こすまでになった。文化研究の立場に立てば、我々は両者の論理がいずれも矛盾なく成り立っていることに気づく。一方ではこれを最初に生み出したのは我々であり、もう二五〇〇年も前にこれを生み出していたのだ、と主張し、もう一方では、我々はこれを二〇〇〇年もの間有しており、さらに最初の創造の上にさまざまな新たな要素を加えてきたのである。それに二五〇〇年前に我々がこの文化を有していなかったことをあなたは証明することはできないではないか、と主張しているのである。これらはみなロジックの問題ではない。東アジアでは、数多くの祝祭日が共有されているだけでなく、中日韓の間には医学・飲食・文化などさまざまな分野をめぐって共通の文化を有している。さらに重要なのは、同様のことは中日韓の間だけではなく、東南アジアでも起こっているということである。

問題は、現代の民族国家の枠組みでは、無形文化遺産認定制度はまさにそのまま無形文化遺産の主権帰属問題とつながり得る、ということなのである。この問題の対応を間違うと、将来地域文化の発展を阻害する負の影響を産むことにもなり得る。世界文化史の発展という高みに立ってみれば、近代以前の世界では、ギリシャ・ローマ文明を基礎とするヨーロッパ文明圏、イスラーム文化を中心とするイスラーム文明圏、仏教を中心とする南アジア文明圏などといったかなりの規模の異なる文明圏が存在していた。中国を中心として形成された朝鮮半島と日本を含む東アジア地域文明もそのうちの一つである。こういった異なる文明圏は、それが覆う範囲は現在の国境よりもはるかに大きく、その内部には多くの長きにわたってともに享受されてきた無形文化遺産がある。いかにして民族国家という国際的な政治的枠組みを突破し、正しく国連の無形文化遺産制度を運用し、この制度の力を地域統合を促進させる要素に転換するのか、これは世界の数多くの国と地域が真剣に取り組むべき課題なのである。

東アジア地域について見れば、我々は、歴史上中国古代文化はこの地域文明の文化の中心として、周辺の民族と社会の発展に強大な影響力を及ぼしていたことを見て取ることができる。この影響は悠久の歴史の中ですでに事実上、文化を共有するまでに進化した。一人の中国人学者として、学術的な観点からその起源を議論することは、当然ながら学術的意義がある。しかしそれと同時に、認識しなければならないもう一つの事実は、この共有は同時に一種の重要な文化資源なのである。端午節を例とすれば、世界で本当に我々と端午文化を共有する民族・国家は、結局のところ極めて少ない。視線を遠くまで広げれば、共通の無形文化遺産を有しているのは事実上、文化の親縁性の結果であることを見て取ることができよう。

国際情勢の変化に伴い、ＥＵ・北米自由貿易協定（ＮＡＦＴＡ）などを代表とする世界的な大統合に直面して、二十一世紀の東アジアは、いかにして地域のアイデンティティを高め、文化の共通認識を深め、新たな協力関係の建設を求めるのか、といった大きな問題を実際に目の前にしているのである。この意義のうえで、民族国家の枠組みを超え、東アジア地域の地域協力の文化基礎を考えることは、理論的問題でもあり現実的問題でもある。東アジア発展の歴史に立脚して、我々がはっきりと意識しなければならないのは、我々は現代の民族国家の主権概念にだけ従って無形文化遺産の文化財産権の問題を考えることはできないし、民族国家の枠組みで無形文化遺産の文化境界を画定してはならないということである。我々が行わねばならないのは、人類文化史の発展という観点から、地域文化の発展と融合を促すという原則に基づき、この分野の問題に対して、より意義のある総合的な判断を下すことなのである。

注

[1]「新華網」二〇〇九年一〇月一日。

[2] 王力「専家呼吁——尽快啓動春節申遺」「人民日報」二〇〇七年二月九日第一一版。

[3] 李建敏「文化部官員提醒国人不要冷落自己的伝統節日」「人民網」二〇〇四年四月一七日。

[4] 劉玉琴「不要冷落了自己的伝統節日」「人民日報」二〇〇四年五月六日。

[5] 岳陽市副市長郭光文は湖南での端午節保護に関する一連の新聞報道を読み終えると、すぐさま筆をとり、新聞記事の上に「端午節は我々の祝祭日だ。我々は何としてもこれを守らなければならない」と書き付けた。そして電話で文化・宣伝部門および汨羅市の主要な責任者に指示を出し、端午節の保護を極めて重視して、民族民間文化の教育と保護を強化し、各部門で最大限の役割を果たし、市全体が大規模な行動を起こして力を合わせ、我々自身のものである端午節を、中華民族のものである祝祭日をしっかりと守らねばならない、と求めたのであった。郭光文は「これは岳陽人民の大事であり、湖南の大事であり、中華民族の大事である」と語っている（顧嘉健「岳陽端午〝申遺〟全民総動員」「新聞晨報」、二〇〇四年五月一三日。中国の端午を守る戦いの詳細については、施愛東「従〝保衛端午〟到〝保衛春節〟——追蹤与戯説」（薩支山・楊早編『話題二〇〇五』三聯書店、二〇〇六年）を参照されたい。

[6] 竺可楨「論以歳差定『尚書』「堯典」四仲中星之年代」徐旭生『中国古史的伝説時代』文物出版社、一〇八五年、二七九—二九〇頁。

[7] 趙永恒・李勇「二十八宿的形成与演変」『中国科技史雑志』二〇〇九年第一期、一一〇—一一九頁。

[8] 賀学君「韓国非物質文化遺産保護的啓示——以江陵端午祭為例」『民間文化論壇』二〇〇六年二期。

[9] 惟宗公方『本朝月令』『群書類従』一九三一年版、二七三頁。

[10]『琉球国旧記』伊波普猷・東恩那寛淳編『琉球史料叢書』第三巻、六六頁。

[11] 同右、九四頁。

[12] 朱雲影『中国文化対日韓越的影響』広西師範大学出版社、二〇〇七年、四二二頁。

[13] 前出賀学君「韓国非物質文化遺産保護的啓示——以江陵端午祭為例」では、江陵市長が二〇〇四年五月一日に発行した『江陵的無形文物』一八頁を参照している。

アジアの声

羅 紅光

「アジアの声」の出現は必ずしも遅いわけではない。我々はそれが十九世紀から見出された「他者」の観点と同時に出現したと言うことができる。歴史上代表的なものとして、日本の明治維新や中国の「五四運動」、インドのガンジー精神といったものがある。今になってそれには二つの方向性が出現している。一つの方向は西洋化とローカル化で、二者は矛盾しているように見えるが、実際は表と裏のように、互いに補充しあう補完関係にある。もう一つの方向はローカル・ノレッジからの声である。その特徴は他者の存在に反対したりそれを改造したりするのではなく、逆にそれは文化の多様性を強調するものである。一方的な表現と双方の対話は、すなわちこの二つの方向性の知的側面における現れである。

したがってご存じの通り、人類学の仕事は研究から著述に到るまで、すべて一つの文化をもう一つの文化に「翻訳」している。これにより人類学者はできるだけ研究対象と見なされる住民と親密に生活をともにし、彼らの言語を学び、彼らの概念を用いて問題を考え、彼らの価値観を基にして生活者の世界を体験している。言い換えれば、その社会の内部から文化事実を把握し理解を試みてはじめて他者との間の対話能力を実現し、高めることができるだろう。

M・ウェーバー（M. Weber）は、社会学研究は理解に関する学問で、社会学は「理解社会学」であると強調している。自分と違う「他者」をめぐって、人類学はウェーバーの考察を継承してきた。ただし、どのように「理解」するのか、またどのように理解を説明するのか、これは一貫して人類学的思考の一つの命題となっている。歴史上、人々は優位に立って「他者」を批判し改造してきた。二十世紀末、人々は逆に原住民の知識を借用し西洋ディスコースの覇権を非難しはじめた。私はこのような相互非難的な批判を「一方的な理解」と呼んでいるが、この一方的な理解では「他者」を発見することは不可能であり、それゆえ真の知的対話も生産力も持たないからである。人類学の立場からこの問題を考察すると、私は人類学の方法上の長期の観察と内的視点という特性により、人類学者は研究対象の立場に立って問題を理解する品格を相対的に持つことができる。まさにこれにより、「感情移入」の後、元に戻らないという問題を引き起こしやすく、人類学者の使命である——理解の架け橋を築くこともたやすく忘れさせてしまう。この大きな社会と学術の背景の下、我々は「アジアフォーラム」を通して、理解構造の知的対話を推進するよう試みる。

「アジアフォーラム」は二〇〇七年に始まったが、その目的は社会と文化をいっしょに展示し分かち合う場を築くことである。第一回アジアフォーラムは二〇〇七年十一月、北京で成功裡に開催された。日本文化庁長官で人類学者の青木保（Tamotsu AOKI）、韓国国会議員の鄭義和（Ui Hwa CHUNG）、中国社会科学院学部委員の景天魁（Tiankui JING）、韓国前大統領政策企画委員長の韓相震（Sang Jin HAN）、霍英東グループ副総裁何建立（Kin-Lap HO）、韓国SKグループ大中華区総裁李勝権（Seung G. LEE）、日本国際交流基金、アジア協会（NGO）代表ならびに香港、台湾からの観察員が会議に参加した。フォーラムでは相互学習、相互促進、共同整備の精神に基づいて、三つの国によって三つの議題が提出された。すなわち「建設的な第三の道」（韓国、韓相震）、「最低ラインの公平福利モデル」（中国、景天魁）、「アジア文化の可能性」（日本、青木保）である。各自の経験の紹介を通して隣国の視点に関心を持ち、相互に切磋琢磨し討論する方式、出席者は国家代表として地域性の理解と提携を適度に促進する新パラダイムを探索し、広義としての調和区域建設に貢献する。その中の「新しさ」は部門を超え、専門を超え、国籍を超えた対話方式を表し、「パラダイム」は我々の共同努力によることを指しており、相互に一致協力して我々が共同に関心を持っている問題を解決する対話の場を構築し、一歩一歩発展させてアジア社会と文化のハイレベルなフォーラムとなることを目指す。

「アジアフォーラム」の開催は多大な人力、物力、そして財力を費やす。安定した機関の協力関係と人間関係を築き上げるため、代わりに、小規模で毎年それぞれ異なる国家あるいは地域で一度ワークショップを開くことと、『アジア批評研究』を名前とした論文集を出版することを決定した。第一回「ワークショップ」は二〇〇八年、香港大学で開かれた。中国社会科学院国際交流局（The Bureau of International Cooperation, CASS）、中国社会科学院社会学研究所、香港大学現代語言与文化研究院、台湾暨南大学、日中社会学会、京都大学、名古屋大学などの専門の学者七人が会議に参加し発言した。二〇〇九年八月にはまた台湾暨南大学にて「第二回ワークショップ」が開かれた。主催者の他にも中国社会科学院社会学研究所、民族学研究所、香港大学現代語言与文化研究院、台湾暨南大学、台湾中央研究院、清華大学（台湾）、日中社会学会、京都大学、スタンフォード大学（アメリカ）人類学部、フランス高等研究院（CNRS）等の大学と研究機関の一六名の学者が出席し発言した。学者は会議の主題である「他者の主体性」をめぐり、以下の問題について討議した。

（1）「他者」の発生と変容メカニズムを中心とした問題

長期にわたり中国問題を研究してきたフランス社会学者ローレンス（Roulleau-Berger, LAURENCE）は現代的な角度から他者の多元主体性が現れる背景を分析し、他者が国を超えた空間で、その記述を再構成したことにより、その主体性が文化のグローバル化の影響を受けてしまうことをもたらすと指摘した。また以下のような発表があった。「民族誌の記述と民族の歴史研究の主体・客体概念の運用」（Noel W. Schutz, Jr.）、「人類学者とその研究地域の政治的表現の関係及びその人類学知識生産への影響」（容卲武）、「歴史主体性の継続と断絶」（James Wilkerson）。

（2）他者と主体性の実践側面を中心とした問題

中国社会科学院社会学所羅紅光（Hongguang LUO）（筆者）はボランティアの研究を通して、利他行為における自己原動力の問題を指摘し、利他行為はやはり道徳問題であると指摘した。王甘（Gan WANG）はボランティアの活動日誌を通して、一般人が他者と自己を認知する過程および「予測できない結果」の再思考を討議した。その他以下のような発表があった。「性関係の仕事に従事した女性から見た中国社会の女性の倫理道徳に対する期待」（Yeon Jung YU）、「他者とお互いに影響しあう過程における主体形式がどのように身体の疾病を通して表現できるか」（劉壁榛）、「個人主義は集団主義においていかに発揮するか」（Toshio SUGIMAN）、「映画『海角七号』から見た歴史認識とメディア表象の考察」（本田親史）、「日本国際制度から見たアジア型民族主義の可能性の探求」（Teru SASAKI）、「生物科学政治の含意」（Yoshiki OTSUKA）等。

（3）自己性と他者性に関する再認識

台湾人類学者潘英海はディルタイ、マリノフスキーの他者に関する認識論およびギアーツの解釈人類学の基礎を振り返り、「他者の主体性」を再認識した。日本社会学者中村則弘（Norihiro NAKAMURA）は東アジアの価値体系にある曼荼羅と庄子「混沌」に現れている多様な価値観、および偶然性と因果性が相互に交錯する性質を通して、自己と他者および主体の概念に疑問を持ち、「あなたの中に私がいて、私の中にあなたがいる」という視点で自他関係を捉えなければならないと主張した。人類学者劉正愛（Zhengai LIU）は日本人類学による「満州」の調査状況を考証し、文書の分析を通して日本人類学は他者であると同時にまた主体であるという二重特性を指摘し、人類学が植民地の他者に対する背後にある権力色を描写していることを指摘した。坂部晶子（Shoko SAKABE）は植民地経験の分析を通して他者としての中国東北社会の人々の植民地社会における話と記憶の多重の特色を考察した。

第二回ワークショップは規模の上では第一回に勝っており、初めて共同編集の中国語、日本語、英語の三カ国言語による『アジア批評研究』系列叢書を出版し、二〇一〇年八月日本で第三回ワークショップを行うことが予定された。「アジアフォーラム」を通して、学者たちは学術上の積極性と主体性を表現し充実させてきたが、知識生産意義上の価値はとりわけ貴重である。このようなアジア人自身の自分のための知性互恵は我々の相互理解と深い協力の前提と基礎である。まさにサーリンズ、王銘銘（Mingming WANG）の対談テーマ「我々は「他者」の一人」の如く、これらを省みて、「他者」を発見した歴史の中で我々は「自己」も発見した。我々は、さらに多くの類似した努力とともに、アジア人が自己を発見できなかった歴史も書き直されると信じている。よって私は実際に『東アジア研究批評（仮）』を組織し編纂し、そして労苦をいとわなかった台湾暨南大学人類学研究所所長潘英海教授、日中社会学会会長中村則弘教授と香港大学現代言語与文化研究院院長王向華教授に感謝する。彼らのひとかたならぬ協力がなければ、アジアフォーラムの未来の部門もただの美しい夢と幻で終わっていただろう。

おわりに

日中愛国心の違い

王　敏

1　阿倍仲麻呂と鑑真

「ふるさとは遠くにありて想うもの」。同じような意味のことわざに、「故郷忘じ難し」というのもある。日本人は、ふるさとを忘れられないという。忘れられないと信じているというほうが正確かもしれない。四季で変化する美しい山河のふるさと。うれしいときも悲しいときも、ふるさとの風土が心に浮かんでくる。だが、中国人なら、「ふるさとの人々は遠くにありて想うもの」と言い換えたくなるだろう。日本人のふるさと志向は歴史の偉人にもその例を見つけられる。遣唐使に加わり唐に渡った阿倍仲麻呂（六九八―七七〇）が望郷の士であったことは広く定説化している。

仲麻呂は、渡唐以来三六年過ぎた七五三年、ようやく日本への帰途に着いたが、船は季節風に翻弄されて安南（ベトナム）に漂着して帰国を果たせなかった。故国を恋焦がれる思いを募らせながら七七〇年に異国の地の長安で亡くなったといわれている。このことは望郷の心情を埋められなかったとして仲麻呂を歴史の主役に仕立てている。

望郷は、あらゆる民族に共通する心情である。仲麻呂もその一人だったことは疑いない。日本で生活する華僑、華人はどうか。六〇万人を超えるが、その中には長い間中国に戻っていない人も多い。彼らの間で望郷が話題になることは少ない。望郷といいながら、中国人は、どこかドライ、淡白を免れないと思われる。それに対し、日本人の望郷はウエットである。なにか固有の感性に引きつけられているような印象が常にしている。日本人の一人だった仲麻呂も、日本人特有の心情に強く引かれていたように思われる。特有の望郷心を実像として描き出せれば、日本的思考の特徴も浮かび上がろう。

仲麻呂と好対照の中国人を同時代で探し出せる。それは名僧鑑真（六八八―七六三）だ。日本での仏法流布を願う鑑真と日本へ帰ろうとした仲麻呂は、同じ遣唐使船の帰還便を利用した。二人は七五三年、蘇州を出航するとき計四船の別々の船に乗った。第二船に乗った鑑真は現在の鹿児島県に漂着して渡海できた。仲麻呂は第一船に便乗し、沖縄にいったんはたどり着きながら、その後不運にも遭難したのである。東西一〇〇〇キロから一五〇〇キロの東シナ海の航海だが、現在からは想像もできないほどの大冒険だったのである。

鑑真にとっては、普及の上ではまだ準備段階の日本で仏教興隆の礎を築きたいというのが渡海の決意だったことは言うを俟たない。すでに律宗の高僧として中国国内に名を知られ、揚州の大明寺で講座を開いていた。中国留学僧、栄叡と普照が渡唐九年を過ぎて高名の戒師を日本へ案内するようにとの朝廷命を果たすべく、鑑真に懇請したとされる。日本への渡海成功は決意から一二年後、六回目にしてようやくの達成であった。年齢は六十歳代半ばという高齢に達し、渡海への労苦によって失明までしている。鑑真の苦難は井上靖の『天平の甍』（中央公論社、一九五七）に再現描写されているところだ。鑑真が平城京入りしたのは七五四年だったが、東大寺の大仏の開眼供養からは二年後である。渡日から亡くなるまで一〇年足らずで、布教への使命に燃え、東大寺に戒壇を設け、日本仏教興隆の基礎をしっかり構築した。その功績ははかりしれない。

鑑真の渡日は、後年のヨーロッパのキリスト教宣教師による地球規模の布教活動に重なる。宗教のミッションは生地や故郷を捨てて成り立つらしい。布教活動に奉仕する人たちは故郷を思わないわけがないであろうが、布教の地で生涯を終えることも厭わない。鑑真についても、望郷にかられたことは寡聞にして知らない。異郷の地で命果てても悔やむことはなかったと思われる。使命に忠実な信念が郷愁にまさっていたからであろう。

東大寺大仏の開眼供養で導師を務めた菩提僊那《ぼだいせんな》（七〇四―七六〇）についても一言触れないわけにはいかない。西域を経て中国の五台山で修行、遣唐使の要請で七三六年に渡来したインド僧である。鑑真と同じように、仏法をよりどころにして故郷は捨てている。この菩提の渡日にベトナム地方出身の僧も同道した。鑑真に従って日本にやってきた青い目の僧もいた。中央アジア出身とみられる。このことは、王勇氏の『唐から見た遣唐使混血児たちの大唐帝国』（講談社選書）に詳しい。

生まれ育ったところへの郷愁を捨てることのできる精神的背景は何であろうか。使命感というか、あるいは目標意識というか、人を行動へと駆り立てる信念といったものと考えられる。使命感は目的をもち、言葉に表すことができる。

故郷を遠く離れながら郷愁に縛られないでいられるのは宗教上のミッションの場合だけに限らない。歴史上の偉人に、故郷や生地に戻らなかった例は多い。長い中国史では詩人の李白（七〇一―七六二）にしろ杜甫（七一二―七七〇）にしろ、広い大地を放浪する生き方を全うしている。広東省を中心に独自の方言を保ち続ける客家《はっか》も故郷に縛られない生き方を宿命とした。もともと華北が生活地とされる漢族の一集団である。集団として出身地を捨てて南へ移住した。現在の難民に通じる例かもしれない。客家と共通する心情の集団が世界いる人々である。中国人の自意識を忘れないでいる人々である。東アジアや東南アジアを中心に世界では三〇〇〇万人以上いるとされる。シンガポールでは主流の民族であり、マレーシアでは三割を超える。生地に帰ろうとしない集団を生み出しているところが中華民族を特徴付けているようである。

日本は七一七（養老元）年、長安を模して建設した平城京が開城してから最初の遣唐使を派遣した。多治比《たじひの》県守《あがたもり》を大使にした五五七人という大規模なミッションで、新興国日本の威信をかけた。派遣要員は厳しく人選された。留学生に選ばれた仲麻呂は「ときに十有六なり」（『日本後記』）の若さで、同期には、少し年上の吉備真備（六九五　?―七七五）がいた。真備は後にもう一度日中を往来し、日本王朝政府で右大臣にまで上り詰めた。仲麻呂も真備も将来を嘱望された留学生の逸材だったことは間違いない。

仲麻呂は、長安に到着してまもなく科挙受験の養成学校の「太学《たいがく》」に入った。唐朝で高等文官を目指したのである。向学心を満たしながら四、五年後の二十歳を過ぎたばかりで、難関の進士に及第している。科挙試験の中心テキスト『論語』だけで一万一七〇五字、四書五経全部では四三万余字になる。四書五経とは儒教の経典である。キリスト教の聖書や、イスラム教のクルアーン（コーラン）に位置づけられる。四書とは『論語』『孟子』『大学』『中庸』であり、五経とは『易経』『書経』『詩経』『礼記』『春秋』である。

高等文官採用試験「科挙」はこの暗記力も競った。引用を求める試験回答文に間違いが一字でもあれば致命傷になる。一日一〇〇字ずつ休みなく覚え続けたとしても一二年もかかる。儒教経典をよりどころにした科挙の試験内容は前述した生活の知恵の結晶と理解され、擁護されているから、中国人に立身出世の道として普遍的に受け入れられたのである。それ故、古代以来の科挙制度が二十世紀初頭まで存続しえたのであろう。

科挙は「郷試」と呼ばれる地方試験と「会試」「殿試」の中央試験からなり、中央試験の受験資格は地方試験の合格者に限られる。科挙が最も徹底した清朝前期、郷試には全国で一〇〇万人以上が受け、及第が一〇〇人に一人、会試・殿試は約三〇人に一人という狭き門で、やっと三〇〇人前後の及第者だけが栄誉の「進士」の称号を得た。科挙の狭き門を中国史は「五十少進士」という言葉で伝えている。五十歳で進士になることができればまだ若いほうだという意味である。

仲麻呂の及第は二十歳になるかならないかである。外国語の漢文に精通し漢詩も詠む外国人進士の誕生は漢族社会を驚かしたことだろう。科挙及第は将来の栄達を約束した。唐朝の客卿の道を歩んだ。「末は間違いなく高級官吏」と、若い仲麻呂も得意になったに違いない。最初の任官は皇太子側近として仕える「左春坊司経局校書」。文才が秀でていたためか、交遊した中に盛唐を代表する詩人の王維や李白らがいた。最後の勤めは皮肉にも漂着した先の安南の節度使。南の辺境を治める重職である。

なお、仲麻呂から一世紀たった晩唐のこと、朝鮮半島の新羅人、崔致遠も科挙に及第している。身分や出自を基本的に問わない試験制度だったとはいえ、異国人の及第者数は限られる。崔致遠は十二歳で渡唐、十八歳で及第しており、逸材であったことがわかる。こちらは数年後に帰国し、官途についている。

当時の唐は世界帝国であった。都・長安は一〇〇万の人口を擁し、その一割が異国人であったらしい。中国文明の中心地としてばかりでなく、シルクロードを通して西域からヒト・モノが流れ込んで魅力に富んだ大都市であった。とくに進士に及第した仲麻呂は先進文化に触れる機会が多く驚嘆しながら、その栄華を享受したであろう。毎日が新鮮で、飽きることのない時間を過ごしたと思われる。

しかし、仲麻呂は自分の渡唐に続く遣唐使一行が一四年後に長安にやってきたとき、その帰国に便乗して自分も帰国したいとの許可を玄宗皇帝に申し出ている。望郷の気持ちが募りだしていたらしい。このときは許可が下りなかった。玄宗の寵臣であったのが不許可の大きな理由だったとされる。このとき親友の同期の留学生、吉備真備は帰国メンバーに入った。仲麻呂は帰国一行を見送ったあと、望郷を漢詩に詠んだ。

義を慕って名空しくあり忠を輸《いた》せば孝は全からず
恩を報ずるに日有るなし帰国は定めて何年ならん

三十歳を超えて働き盛り、自分の行く末を考える年ごろである。故国に残した親が老齢に達したことに焦りとも見られる気持ちを詠み込み、帰国への思いは早くから募り膨らんでいたことが分かる。七五二年、日本からの遣唐使の一団がまたやってきた。この一行を引率する責任者の副使にあの真備がいた。五十三歳になっていた仲麻呂にとって、親友との再会によって帰国を駆り立てられたことは想像できる。皇帝直属の秘書監・衛尉卿の要職について、エリートとしての出世が保証されていたにもかかわらず、郷愁のほうがまさった。このときの一行の帰国に便乗できなければ故国の地を二度と踏む機会は訪れないと考えたであろう。仲麻呂の訴えが玄宗に届き、帰国許可が下りた。玄宗の臣らしく唐朝の使者として「送日本使」の資格で帰国一行に付き添わせる、という条件付きであった。七五三年のことである。仲麻呂に対する送別の宴が賑々しく開かれている。王維が惜別の情を詠んだ「秘書晁監の日本国に還るを送る」は『唐詩選』にも採録されて後世の中国人に膾炙したが、日本人の間では仲麻呂が詠んだ「天の原ふりさけみれば春日なる三笠の山に出でし月かも」（『古今集』）が広く口ずさまれている。長安を出た一行が大運河を通って出発港の明州（寧波）に向かう途中、船が長江に出たところで当時は中の島であった金山を眺めて故郷の情景を思い出して歌にしたといわれている。

しかし、仲麻呂の帰国はかなえられなかった。彼の乗った第一船だけが遠くベトナムに漂着したのである。

悲惨が待ち受けていた。漂着地で襲撃に遭い、乗船者一七〇人のうち助かったのは仲麻呂を含めて一〇人くらいだった。しかも長安に戻ることができたのは遭難から二年もたってからで、仲麻呂はその後、唐朝の廷臣を全うし唐土に骨を埋めた。

日本人のほとんどが仲麻呂に親しみをもっているのは、こうした歴史の荒波に翻弄された生涯に同情しているからであろう。だが、仲麻呂は帰国をあきらめ切れたであろうか。

2 ふるさとは土地か人か

不思議なことに、阿倍仲麻呂の唐朝におけるエリート履歴はほとんどの日本人に知られていない。けれども、帰郷をかなえられなかった悲劇の人物として真っ先に仲麻呂の名があげられる。故郷を懐かしがるのが人間としてごくふつうの感情であって、偉人ですらホームシックにかかるとみられて、仲麻呂は同情される存在のようだ。

望郷における日本人についての不思議は、日本で骨を埋めた著名な外国人を語るとき、どういうわけか、望郷を念頭に置いていないことが多いようである。中国人の鑑真の場合もそうだし、明末の儒学者朱舜水もそうである。日本に尽くした聖賢は望郷を超越した偉人として考えているからだろうか。それは日本人らしい判断であって、鑑真に望郷の情がなかったわけではない。

中国人ばかりでなく、日本を訪れた西欧人にも望郷を意識させない人が何人もいる。母国に戻ることなく墓が日本につくられた。明治時代に顕著な例が多い。小泉八雲（ラフカディオ・ハーン、一八五〇―一九〇四）はギリシャ生まれのイギリス人でありながら、アメリカに渡り、新聞社の記者として取材で訪れた日本に惹かれ渡来とともに住み着いた。藩士の娘と結婚し日本で亡くなった。ポルトガル人のヴェンセスラオ・モラエス（一八五四―一九二九）は、もっと日本人になりきった人物だったかもしれない。リスボンの名門の家系に生まれ、海軍士官として一八八九（明治二十二）年の来日を機に日本に興味をもち、日本への領事館設置を母国に働きかけて神戸や大阪の総領事を勤めた。一九〇〇年に美人芸者福本ヨネを落籍したが、先立たれるとヨネの故郷の徳島に居を移し、晩年は一人きりで暮らしたという。

ハーンは、古きよき日本の暮らしに安らぎを見つけて日本に帰化した。弱肉強食のサバイバルが横行する西洋と比較しながら、温和な習慣に彩られた日本の庶民に惹かれたことが代表作の紀行文からよく分かる。日本についての印象の多くの作品が、明治二十七年出版の『知られぬ日本の面影』に納められている。

日本では古の牧歌的な暮らしの一部が明治の変革の陰に今なお残されている。そういう古い暮らしぶりをほんの束の間でも味わった者には、西洋で叩きこまれる考え方――『生存競争』だとか『闘争は義務』だとか、富や地位を得るためには、なりふりかまわず弱い仲間を踏みつけに『せねばならぬ』とかいう教えは、何か恐ろしく野蛮な社会の掟のように思えてくる。

（小泉八雲著『明治日本の面影』「出雲再訪」、講談社学術文庫）

自然と一体化した牧歌的な情景と日本人の庶民が必ず共存しているのがハーンの日本観の要になっている。西洋にはない魅力として日本の庶民の暮らしを認識した。ハーンは、急速な近代化で日本の古きよき暮らしの風景が消えていくのを悲しんだといわれる。日本への愛情は終生持ち続けたようである。

故郷を懐かしむ感性とはおそらくほとんど無縁で、ハーンは日本で暮らしていたのである。

在日中国人を考えてみたとき、「故郷」（中国語も日本語の「故郷」とほぼ同義）を話題にすることが日本人ほど多くはないと思う。私は河北省承徳市で生まれたが、親の仕事の都合で幼少のころ離れて以来一度も訪れていない。生地を「承徳生まれ」と書きつつも、日本人のような帰省本能が働かないのをふしぎに思ったことがない。

中国人が「故郷」という言葉で最初に連想するのはたいてい人々の顔である。そこで息づく親であり、友だちであり、知人たちであり、家の周りに住んでいる人たちである。談笑、語らい、会話、遊びの人の輪のイメージが脳裏に浮かぶ。言わば人間中心の故郷観であろう。親や兄弟姉妹が生存していてこそ故郷である。生地や故郷の風土自体には意味を見出さない、こだわらない感情が、中国人には一般的であるように思われる。福建や浙江、江蘇省の人々は郷土意識が強いとされるが、故郷への回帰心は日本人と違っている。異国で同郷の人々と話を交わすことができれば回帰心を満足させられるところがある。

日本人と中国人が「故郷が懐かしい」と同じことを言っても、恐らく中国人なら家族や親戚、友だちの顔を思い浮かべながら懐かしむ。山や高原の景観を脳裏に描くのは人々を思い出した後であろう。「多くの日本人は生まれ育った土地の景色がはじめに浮かぶらしい」と聞けば、中国人も多くの外国人もなぜ人間を第一にあげないのかと不思議がるであろう。

なぜなのか、日本人が「故郷」と聞いて思い浮かべるイメージとして、山や海、川、森などの景色、風土がふつうらしいことは前述したが、こういう自然に恵まれていない大都会生まれの人は「わたしにはふるさとはありません」という言い方をする。自然の景色に恵まれていなければふるさととしては不完全と考えているわけである。ふるさとはどういうものか、理屈で説明できるわけではない。言葉で伝え合うものではない。個人が心で抱きしめる感性なのである。

ふるさとの岩手県渋民村への望郷のなか、近代化される東京で、「今日もまた胸に痛みあり死ぬならば、ふるさとに行きて死なむと思ふ」と辞世を残したのは、二十七歳で亡くなった石川啄木である。ところが、この啄木は、ふるさとの人間関係が鬱陶しくなって逃れてきた東京でふるさとを詠った。啄木のふるさと志向が、まさしく風土そのものに集約されていると言えるであろう。

日本人の「ふるさと」願望を表した光景を思い出した。渇水が続くと、枯れかかったダム湖がテレビで映し出される。湖底に沈んだかつての村が現れて、土地のお年寄りが道の跡や朽ちた庭木を見て「もう二度と見ることはないと思っていたのに」と懐かしむ言葉が語られる。日本人が過去の景観に浸っているすがたである。もちろん、景観だけではなく、ともに暮らした村人の思い出が頭をよぎるのだけれど景観が最初に浮かんでいるはずである。

中国では、未曽有の災害となった二〇〇八年の四川大地震でほぼ壊滅した村や町の再生対策として、あらたな土地に居住地の建設が進んでいる。被災者の意向より党・政府の決断が優先されるからだが、日本では二〇〇七年の中越地震の被災者たちが新しい土地よりも自分たちの住んでいた土地に戻りたいという希望に沿って行政が対策を進めているのとは大違いの印象を受けざるを得ない。しかし、この違いは風土観、自然観、家族観、人生観ないし文化の違いという面もあることを指摘しないわけにはいかない。

中国人は、土地という「ふるさと」には執着しない。こだわらない。いざというときには離れることができる。山や河、緑の田畑などのイメージで住んでいる土地を愛するより、はるかに愛する人々、かけがえのない人々が住んでいるところという思いでふるさとを見ているからである。一九九三年に着工した長江の三峡ダム事業が完了すれば、高さ（落差）一七五メートル、幅二・三キロメートルの巨大ダムとなり、水位は一九〇メートル近く上昇し上流六三〇キロメートルにわたって水没する。二〇〇九年に完成した。水没対象の立ち退きは一〇〇万人を超えた。反対していた人々も交渉に応じて立ち退いた。「ふるさと」を離れたのである。一〇〇万人という数は一つの大都市が消え去ることに等しい。日本では、ダム建設の企画はその通り進まないと言われる。計画発表から半世紀経っても完成しないダムがいくつもある。「ふるさと」の土地を離れがたい人々が多く、それが当たり前になっている。

3 唱歌に表れる「ふるさと」像

阿倍仲麻呂当時の日本列島は、未開発地の多い緑の大地という印象であろう。都のある大和地方も神々の住む静寂と清浄の地であったに違いない。

奈良県桜井市の大神《おおみわ》神社は三輪山（標高四六七メートル）を崇めてご神体にしている。神門や拝殿があっても、神の鎮座する場所である神殿のない神社として全国に知られる。代わりに山そのものがご神体の三輪山に向かって参拝する。列島における神々信仰の祖形を伝えるという。仲麻呂の時代の日本人は、素直に自然を崇高して神そのものとみなして信仰した。

創建が飛鳥時代（六世紀末—七世紀前半）にさかのぼるといわれる広島県・厳島神社は所在地の宮島そのものをご神体にしている。周囲二八キロのこの小島は日本三景の一つで、緑多い自然と調和して瀬戸内の景勝をなしている。神々の住処として豊かな木々が島の頂から海辺まで山肌を埋める。古来からの信仰をうかがわせる祠が、海べりにいくつも散在しているという。

茨城県の鹿島神宮も三重県の伊勢神宮も境内は杜《もり》である。宮城県の塩竈《しおがま》神社を訪れたときの印象を私は忘れられない。陸奥一の宮という由緒ある神社なので、どの社殿からも深遠な印象を受けた。参拝を終えて山を下り、ふと後ろを振り返ったとき、社殿はまったく見えないことに驚いた。見えたのは山を覆う森だけ。「山を覆うこの森が日本の神社だわ」と思わずにいられなかった。仲麻呂の時代はもっと手つかずの大木の原生林が全国を覆っていただろう。仏教の影響で神社に神殿を建てだしたころといわれ、神殿も拝殿もない自然の森そのものを神域とみなして厳かに扱ったに違いない。いうなれば、ほぼ列島全土が神域の雰囲気だったと思われる。開発され尽くした現在の列島状況からは想像すらできない、自然の恵みを受けた緑の列島であったろう。中国でこのような癒される森を見つけることは困難である。仲麻呂の渡唐した当時と現在もあまり変わりないだろう。仲麻呂が、緑に満ちた景観をもう一度見たいと願ったとしてもうなづける。若いうちから神々の恵みを受ける日本の風土が恋しくなったと想像できるのである。

天の原ふりさけみれば春日なる三笠の山に出でし月かも

これは情景の描写である。歌の調べに高潮感はとくに感じられず、たんたんと月の出の情景を詠った感がある。「ふるさと」を思い出して、ふるさとと一体となり自分を静かに没入させているようだ。仲麻呂にとってふるさとは、子どものころの記憶でしかない。十代半ばに大和を立ち大唐へ向かった。帰国まで一〇年、二〇年は覚悟したが、まさか倍以上の長きに渡って戻れないとは予想しなかったであろう。よくぞ長生きしたものだとの感慨も湧いたであろう。戻る機会を得られてから、いっそうふるさとが懐かしくなったはずだ。

ふるさとといえば、三笠の山と月という連想ができあがっていたのかもしれない。三笠の山に出る月は、仲麻呂の「ふるさと」そのものだった。日ごろ繰り返し思い出していた情景が胸にぐんと迫る中、冷静を装いつつ詠ったという理解も成り立つのである。しかし、この歌が記憶の中の一つの情景を詠みこんだといってしまえばそれだけのことで終わる。その通りであるが、もっと余韻を感じ取らなければ仲麻呂の思いが救われないはずだ。まず、森に覆われた当時の三笠山を想像したい。そして神奈備《かむなび》の深山に神々しい月がかかっているという思いを感じ取ってやりたい。ふるさとから連想されたのは人々の談笑や言葉の記憶でなく、自然の情景であるところに、仲麻呂の日本人たる面目が現れたと思っている。

それはどういうことか。日本人のふるさと像の景観志向と関係していると考えられる。日本の歌は情景を歌ったものが多い。唱歌「ふるさと」の歌詞を見てみよう。

一、兎追いし彼の山小鮒釣りし彼の川
　夢は今も廻りて忘れ難き故郷《ふるさと》

二、いかにいます父母つつが無しや友がき
　雨に風につけても思いいずる故郷

三、志を果たして何時の日にか帰らん
　山は青き故郷水は清き故郷

この歌ほど日本人が「ふるさと志向」を共有している実態を証明するものはない。日本人に共有される「ふるさと」像を描いている。「ふるさと」から連想されてくる自然の情景の原型である。子どものころ、両親、兄弟姉妹と一緒に歩いた思い出も、友と遊んだ思い出もすべて自然情景と重なる。自然情景に包み込まれて懐かしさが胸に迫ってくる。この歌詞を歌ううちに、思い出を超えて「彼の山」「彼の川」に実際に踏み込んでいっているような一体感が躊躇なく生まれることを疑わない。多くの日本人がこの歌を愛唱歌としているのは日本人の心情に合致しているからに違いない。望郷のこころを満足させる基本的な要素があるからであろう。

日本の唱歌では、昔から歌い継がれてきたなつかしい自然や故郷を歌ったものが圧倒的に多い。日本全国どこにもあるような歌集で、たまたま手許にあった埼玉県音楽教育連盟が編纂した『歌集さいたま　さあ歌おう』を見てみると、全歌数一五九のうち、文部省唱歌など風土愛を歌うと思われるものがほとんどである。特に、ストレートに国を愛するような内容の歌詞のものはほとんどなくて、「早春賦」「茶つみ」「里の秋」「たきび」「お正月」のような季節の歌、「静かな湖畔」「四季の歌」「遠くへ行きたい」など自然の歌、「通りゃんせ」「ずいずいずっころばし」「あんたがたどこさ」などのわらべ歌、「ほたるの光」「今日の日はさようなら」などの行事の歌ばかりである。まさに、風土や故郷に集約された「愛郷歌」といえよう。

4　亡命と愛国心のはざま

俗諺に「犬は人になつき、猫は家に馴染む」とある。故郷を思い出すとき、人々を懐かしむか、野山の風景を懐かしむか、おおざっぱに二つに分かれることを述べてきたが、人になつくのが中国人や西洋人であり、風景になつくのが日本人になるのではないか。なつく方向の違いで犬派と猫派の違いになる。このたとえは俗っぽくなりすぎたきらいがあるが、言わんとするところは分かっていただけるだろう。猫好きのひとは、ひそかに日本人的な「ふるさと」意識が濃いのではないか、と思っている。

「ふるさと」という言葉からは自然・風土の情景が浮かぶ響きがあるという。「ふるさと志向」を動機とした日本人の史実は阿倍仲麻呂だけではない。このことを再認識してほしくて、これまでと違った視点も交えつつ書き進めよう。

江戸後期、伊勢国白子村（現在の三重県鈴鹿市）の船頭大黒屋光太夫（幸太夫とも、一七五一―一八二八）は一七八二（天明二）年、水夫一六人とともに米や木綿などを積んで江戸へ出航した。船は駿河沖で暴風雨に見舞われ遭難、八カ月漂流後にロシア領であったアリューシャン列島アムチトカ島に流れ着いた。ロシアは東西に長い大陸の国である。望郷の念を捨てきれず、反対側の都ペテルブルクに住む時のエカテリナ女帝に許可を得るためソリと徒歩で踏破した。地球一周の三分の一の距離にもなる。九一年に会見したあと、またオホーツクに戻ってロシア滞留九年後の九二年十月、帰国したという。日本へは女帝の勅許をもったラクスマンに護送される条件で、光太夫のほかに帰り着いた仲間は若い磯吉と初老の小市だけだった。小市は根室の土を踏んで間もなく病死した。やっと帰国した光太夫らを、幕府は鎖国政策に反して帰国したため罪人扱いとし江戸で軟禁処分に付した。ふるさとには帰ることを一度も許されず、軟禁のまま江戸で七十八歳で生涯を閉じた。なんのために帰国したのか、わからない。帰国してからもふるさとを夢見続けた後半生であったと思わずにはいられない。

日本人は、故郷に戻りたいのにできない状況に置かれたときほど悲痛な感情がほとばしるようである。歴史上のキリスト教禁教令による国外追放は、過酷な仕打ちであったと思われる。この例には、豊臣秀吉による摂津高槻城主高山右近（一五五二―一六一五）のマニラ追放がある。江戸幕府はさらにキリシタン弾圧を徹底した。

日欧交渉史を追った泉秀樹氏の『風と海の回廊』（廣済堂出版、一九九四）によると、日本史ではよく知られる十三、十四歳の天正少年遣欧使節団（一五八二―一五九〇）四人のうち、原マルチノは一六二九（寛永六）年にマカオに追放されて病没した。中浦ジュリアンは一六三三（寛永十）年に拷問にあって殉教した。同書は、迫害を覚悟して鎖国化の日本に戻った信仰者も紹介している。単身でローマに行き、神学校「コレジオ・ロマーノ」で教義を学んだペドロ岐部（日本名不明）は、一六三〇（寛永七）年に拷問と刑死が待ち受ける日本に戻ったという。キリスト教禁教下では非業の死が待ちうけているにもかかわらず、海外にいた多くの無名の信仰者が日本の風土が恋しいあまり危険を冒して帰国したと想像されるのである。それは原則と正義のためではなく、故郷の風土に対する恋しい気持ちに沿う正直な選択であると思われる。日本人に特有の強烈なふるさと志向をここにも見ることができるであろう。大黒屋光太夫も高山右近も遠く異国の地でふるさと志向を募らせたとき、もう二度とふるさとの景色を拝めないと思い、夢に見ながら悲嘆にくれたことが想像できる。

日本人は、自然の情景を思い出の重要な要素にしている。ふるさとに実際立たなければ帰郷を果たした気にならないらしい。日本人はふるさとを捨てることが難しい文化を培っていると思われる。極論すれば、日本人は育った国土を離れては生きにくい体質的な文化を持っているのかもしれない。感性を基本にしている風土への思いを人生観と重ね、運命共同体という一身一体の文化を特質としているために、愛国心をことさら強調する必要がない。むずかしい理屈はいらないはずである。ふるさとと密着したふるさと志向が愛国心の基になった文化と思われるからである。ふるさと志向を共有して集団化しているのが日本人かもしれない。

それに比べて、西洋人も中国人も韓国人も、愛国心が教育内容に組まれている理由が見えてくる。愛国心の中味は、共感によって感じあうものではない。目に見える、体で触れられる風土に体現されているものでもない。愛国心とは、論理化され、体系化されている理念であり、原理原則である。言葉を媒介して表現されるものであり、理論や概念だと理解されているのである。したがって、外国人からは、日本人における愛国心はイメージと情緒にしか見えない。一定の理論体系の産物に映らない。論理的な言葉に整理されていないと思われている。

日本人は愛国心の説明に戸惑う。これこそ理念でない証しと思われる。日本人は、愛国心を言葉で説明できないとき、愛国心が薄いと非難をぶつける。不幸なことである。

愛国心に関連した「亡命」について考えてみたい。統治者の暴政に対して自分の命を守る亡命は、他国の歴史ではふつうといっていい。ところが、日本は亡命者を出すことがきわめて少ない珍しい国とされる。この点については、ドイツのハイデルベルク大学・東アジア研究センターのヴォルフガング・ザイフェルト教授（日本学）も指摘した。二〇〇六年九月、法政大学主催のシンポジウムで、日本の政治思想を研究する上で留意すべき要件とした（「ドイツの研究者から見た丸山真男の政治思想」で講演）。

日本人が歴史に残した亡命は少ない。戦前では治安維持法のもとで共産党に関係したか、関係しているか、そういう人々を中心にわずかにあるぐらいという。多くの共産党関係者も海外に逃げ出さず地下に潜って活動を続け、悲惨な末路をたどった。この中では、戦前の昭和十三（一九三八）年、日本とソ連の陸の国境線があった樺太（現サハリン）で、女優の岡田嘉子と劇団演出家の杉本良吉が愛の決死行を実行して国民的話題になったのは数少ない亡命の例である。幕末、長州・薩摩を中心とした官軍の江戸総攻撃に備えて、江戸防衛を任された勝海舟が徳川慶喜将軍のイギリス亡命を画策した事実があったという。江戸城無血開城の合意によって亡命の実現をみなかった。太平洋戦争が終わったとき、軍国主義の指導者の誰一人として海外逃亡や亡命した話を聞かないのは驚きである。

西洋史でも中国史でも亡命は繰り返されている。亡命者にとっては、亡命も愛国心を動機にした選択と自認している。ソ連成立当初、共産党幹部のトロッキーの世界革命論と一国社会主義のスターリンの権力闘争はよく知られている。一九二七年、理論派のトロッキーが敗れ、党より除名、国外追放された後、メキシコで暗殺された。国外追放は亡命と裏表の関係である。ナチスドイツではユダヤ人への迫害が厳しくなると、アメリカなどへ亡命が相次いだ。相対性理論を唱えたアルバート・アインシュタイン（一八七九―一九五五）もその一人であった。敗戦とともにナチ党幹部たちは身を隠し、国外に逃亡した者も多い。ナチス親衛隊中佐だったカール・アドルフ・アイヒマン（一九〇六―一九六二）は逃亡先のアルゼンチンで見つかり、ユダヤ人ホロコーストの罪で裁判の後、処刑されている。

中国史で亡命に関係した人物を真っ先に挙げるとすれば、中国革命の指導者・孫文（一八六六―一九二五）だろう。中国では号による孫逸仙、孫中山と呼ぶのがふつうだ。清朝末期の一八九四年十月、広州の武装蜂起に失敗して日本に亡命をして以来、亡くなるまでの三〇年間のうち日本滞在が約十年、亡命が主な理由である。最初の亡命で満族への服従のシンボルともいうべき弁髪を切った。一九〇五年には東京で、中国国内の革命諸派をまとめて中国同盟会の結成に成功した。一九一一年の辛亥革命による清朝崩壊後の政争中も亡命先として日本を選び、多くの支援者と交遊している。

ロシア革命の指導者レーニン（一八七〇―一九二四）は、ヨーロッパを転々と亡命しながらツアー体制打倒を指揮したとされ、革命勃発を聞くや祖国に飛んで帰ったという。亡命は民衆にアピールし、革命家の勲章といえるかもしれない。

孫文は、革命家にふさわしいスタンスとして「天下為公」という言葉をよく揮毫した。平易にいえば「この世界が人々のためになるように」という意味になる。孫文は責任を果せる市民が主人公となる社会を理想としていた。亡くなる前に立ち寄った神戸で、有名な「大アジア主義」の講演をしている。会場の兵庫県立神戸第一高女（現在は神戸高校）に謝意を込め贈った言葉でもあったと伝わる。孫文を師とした蒋介石は、この言葉を額に入れて執務室に掲示していたという。現在、台湾にある故宮博物館の正門に掲げてある横額にも「天下為公」が輝いている。

「天下」という言葉について、広辞苑はふつう「一国全体」や「全国」などいくつかの領域概念で説明している。その通りで、日本では、織田信長の「天下布武」のように全国統一をめざす権力欲と関係する泥臭い言葉とみられる。ところが、中国語では儒教の「修身斉家治国平天下」に通じて、きわめて「公」の概念を含んだ漢字である。「志在天下」や「四海兄弟」は人類や世界が伝わってくる使い方になっている。毛沢東の主導した社会主義革命も「天下為公」の精神による成果と考えるのがふつうである。また、世界に生きている華僑はまさしく「天下為公」を普遍的な人生価値として受けとめ、行動に体現させているとされている。どんな世界にも根強く生き続けて行けるのである。

鑑真や朱舜水の生き方についても「天下為公」の古代版であり、中国人には鑑真が建てた唐招提寺の名称がまさに「天下為公」の理念を体現したものと考えている。サンスクリットでは、招提は四方の意味であり、唐は国際人という現代語にあたっている。人類普遍の価値を広める偉人・聖賢の殿堂の意味がこめられている。

中国の教科書・高校一年・国語・その一（全国中小学教材審定委員会二〇〇一年初審通過）に辺縁の異民族のもとへ嫁入りしていく女性の物語を載せている。女性は「天下為公」の体現者としても理解されている。唐第二代皇帝の太宗は六四一年、皇女・文成公主（六二五頃—六八〇）をチベットの吐蕃王ソンツェンガンボへ嫁がせた（図1）。また、歴史上では前漢元帝の紀元前三十三年、宮女の王昭君が北方の匈奴の王・呼韓邪単《こかんやぜん》于《う》のもとへ送られた事実も存在する。日本では、匈奴やチベット族の侵略から漢族を守る政略結婚とされ、悲劇の女性たちと受け取られる。華やかな唐朝廷の暮らしから引き離されて、考え方の違う異民族の文化の中に

図１　文成公主
出典：義務教育課程教科書「ZHONGGUPLISHI」７年級下册

置かれて、悲嘆にくれたであろう。しかし、悲劇に耐えて、漢族と匈奴、漢族とチベット族の友好関係の促進に尽くした功績を評価するのが教科書のねらいである。天下のためには望郷を耐える姿が理想とされる。大きな目標の前ではふるさと志向は小さなテーマにしかすぎず、遠大な理想への追求こそ人生の目標にすべきだと教えるのである。

もし、中国知識人の人生観が古来、「修身斉家治国平天下」に収斂されていると言えるなら、「天下為公」がその略語とも理解できる。時代の変化に合わせて言い回しが変わっていても、「天下為公」の表現は中国人好みである。国家建設のスローガンもその内容を反映させているものが多い。五十年代の「保家為国」、六十年代の「勤倹建国」、七十年代の「自力更生発奮図強」、八十年代の「振興中華」、九十年代の「小康社会」、二〇〇〇年に入ってからの「世界の軌道に繋ごう」、ここ数年の「和偕社会」「和偕世界」など、いずれも天下為公をバックにした熟語であったり内容であったりしている。

5　郷土愛と列島愛

日本で生活していれば、災害も多いが、自然の恵みも多いことを実感する。草花に水まきせずとも適当に雨が降り、美しく咲かせる豊穣の大地だ。中国北部で生まれ育った私には、四季を演出する日本の自然は最高のコンダクターに映る。多くの外国人が日本の魅力に自然をあげる。都心に暮らしても街路樹の青々とした繁茂や路傍の草花に季節を教えられる。少し郊外に足を伸ばせば緑の息吹を胸いっぱい吸うことができる。東京にいくつもある日本庭園は四季を通して緑が途切れない。緑を抜きに考えられないのが日本の景観である。

日本人にとって、ふるさとというのは自然の景観と一体ではなかろうか。里山が失われてゆくとの嘆きが聞かれるが、里山的風景をどこかに郷愁として抱きしめる感慨が日本人の心の中にある。二〇〇五年、阿倍仲麻呂と同期の留学生とされる井真成《せいしんせい》の墓誌が西安近郊で発見されて話題になった。遠く異国の地で亡くなったこの留学生の霊は日本に帰っているだろうと慰める言葉が刻まれていた。仲麻呂も真成も中国の大地を見飽きて、ふるさとの風景を懐かしみながら語り合っていたと想像したい。緑豊かな日本の地をもう一度自分の足で踏みたかったに違いない。ふるさとの原風景に抱かれる肉親との再会を願いつつ異郷で死んでいった無念を考えるといたたまれなくなる。

日本人のふるさと志向は教えられて形成されるものではない。日本の風土と一体になる暮らしの中の感性の発露である。感性的文化である日本文化の産物と思われる。

日本では愛国心の話題がとかく争点になる。

二〇〇六年四月十四日の朝日新聞社説が教育基本法の改正問題を取り上げ、「愛国」を教える難しさを解説している。その大意は次のようなものであった。

教育基本法の改正をめぐって焦点となっていた「愛国心」の表現について与党の自民・公明両党が合意した文言は「伝統と文化を尊重し、それらをはぐくんできたわが国と郷土を愛する」。これに続けて「他国を尊重し、国際社会の平和と発展に寄与する態度を養う」となって、戦前のゆがんだ愛国心への反省も踏まえた合意となった。

国会で衆議院だけでなく参議院でも多数を占めていた当時の与党にとっても「愛国心」問題は慎重に扱っていることが分かる。日本で「愛国教育」が難しいのはなぜか。先の社説に続いて同紙に掲載された「私と愛国」で紹介された著名人四人の意見をみてみよう。

――漫才コンビ「爆笑問題」の太田光さん

「愛国心を考えようという動きが出てきたことはいいこと。法にどんな言葉を載せるにしても、表現しきれない思いを感じることが大事だと思う。自分の国に対する気持ちも愛国心という言葉に収まらない。誇りに思うのもあるけど、嫌だなっていう思いもある。いろんな愛国心が日本の中で共存していていい。法で愛国心と書かれても、学校で教えても、その通り育つかといえば、そうはいかない。人間の心の強さを自分は信じたい」（二〇〇六・五・二四）

――劇作家・演出家の永井愛さん

「卒業式や入学式で起立しなかったり、歌わなかったりして、校長や教頭が大騒ぎするいま学校の現場で強制することはばかばかしすぎる。地球温暖化や核兵器で人類の存続が危ぶまれている今、「愛国心」で一国への帰属意識を高めている場合ではない。地球市民として、他の国の人々と対話して問題解決を図るほうが急務だ」（二〇〇六・五・二六）

――慶大教授・元宮城県知事の浅野史郎さん

「国の教育基本法という形で、一斉一律に愛国心を教えると決めるのは稚拙だ。今の子供はすぐキレる、権利ばかりを主張する、それは育ち方や教育の問題、だから教育をしっかりすれば矯正されるというが、ほんとうにそうだろうか。その検証もなく一斉にやろうとする文部科学行政のあり方には賛同できない。「親を敬う」「友だちに親切に」と同じように大切なことの中から愛国心だけ選んで「これがないのはおかしい」という言い方をされるのは変だ」（二〇〇六・五・二七）

――作家の林真理子さん

「卒業式や入学式で起立しない、君が代を歌わない姿を見ると、マナー知らずだと不愉快に感じるけど、露骨に愛国心を持ち出されるのも嫌だという矛盾した気持ちがある。「愛国心」という言葉が若い世代に広がる右翼的な動きを助長しないか、教育委員会の人々を勢いづけたりしないか心配。スポーツ選手の活躍を見ながらでもいい、自然に国を愛する気持ちが育てばいいと思う」（二〇〇六・五・二九）

以上の四人の意見をまとめてみると、一つの共通項が浮かんでくる。愛国心は理屈で身につくものではないということである。自然体で育まれるものであり、人工的に注入されたりするものではないという。この前提にあるのは、子どもたちにはもっと大事なものが教えられるべきではないかという考えがあるようだ。

6 他動詞の愛国と自動詞の愛国

これまで「ふるさと志向」について詳細に述べてきた。日本人は、懐かしい自然情景を描く中から郷里の人々を思い出すという習性が大変強いことを理解してもらったと思う。阿倍仲麻呂のふるさと志向が、歴史の一つの逸話というばかりでなく、現在の日本人に結びつくものでもあるということを理解していただけたはずである。ここで、「愛国心」問題と結びつければ、仲麻呂に見られるように、日本人にはふるさと回帰がきわめて強い感性が備わり、この強烈な郷土愛は強制力がなくともわりあい簡単に愛国心に昇華していくと考えられる。

日本人の郷土愛の発露は、外国人からみれば、とても健全に映っている。夏の高校野球選手権大会では、四七の都道府県代表が優勝を目指して炎天下に汗を流す。ふだん野球に関心のない女性たちも自分の郷土代表を応援している。NHKの人気番組「のど自慢」は毎年春、締めくくりのチャンピオン大会が開かれる。全国各地域代表がのどを競うルールが一定している。そのほか、さまざまなケースで地域の均等配分を考慮した選考が日本では徹底している。郷土意識を前提にしたシステムが慣習化していると思われるのだ。この意味では、教育するまでもなく日本文化の中に既成の体系として郷土愛はつねに養成されているのではないか。

教育基本法改正について審議入りしてから、小泉首相が発言した「自分が生まれ育ったところに対しては誰しも愛着を持っている」という認識は的を射たものと思った。五月二十四日、「愛国心」をランク付けする通知票問題に関連した答弁だったが、「教育は強制的に一つの考えを押し付けるものではない」と述べたのは野党にも受けたらしい（朝日新聞、二〇〇六・五・二五）。

日本の愛国心のもとは郷土愛であり、郷土愛が膨らんで愛国心になると思えてならない。郷土愛は自然に湧いてくる。教育など強制力が、郷土愛を変形させているのではないか。自然な仲間意識と人工的な集団意識との関係と似ている。日本人の自然な郷土愛の成長に触れると、すがすがしくなる。

「愛国」という他動詞的な言い方がしっくりしないという人がいる。日本人の若い人たちに「愛国心はありますか?」と聞くより、「日本が好きですか?」と聞くほうが明確な答えが返ってくる経験を何度もしている。日本人は第二次世界大戦後、価値観を一変させて、「愛国心」を全否定してきた。愛国心というと、日本人は、戦前の軍国主義を連想してきたのである。

「ふるさと志向」が、日本文化との関連で議論されるべきだと思う。

愛国心はある特定の歴史段階と特定の指導者によっては限定できないし、決められるものではない。アメリカ人も中国人もたとえ現状に不満であっても、けっして自国の文化と歴史を否定はしない。祖国に対して反対運動を繰り返していても、反逆者も亡命者も祖国を思い、愛することができる。それは広義の愛であり、狭義の愛ではないからである。

愛国心はその原点において日中に違いがある。日本人の景観に託した望郷の念の表現が、中国人の場合には長い歴史に蓄積されてきた文化と現実的な人間をめぐる関係に替わる。江戸時代初め、亡命した明の儒学者朱舜水は帰国願望が強かったと言われるが、日本的な望郷からではない。それは異民族清王朝に滅ぼされた明王朝の再興を期す強い願いからであったのはいうまでもない。

中国は古来、興亡を繰り返してきた。搾取から逃げる歴史に苦しめられてきた。日本人に比べて出生地にこだわる習慣の中国人は少ないと言っていい。伝統文化を大切に伝承して行くなら、彼の地で立身出世を達成して人生を全うするのも愛国心の展開とされている。華僑が全世界に生きていくのもこの論理に支えられている

別れを惜しんだ藤野先生の写真を魯迅（本名＝周樹人）は終生大事にした

「藤野先生」が収録された中国国語教科書

魯迅（後列左） 1906年3月

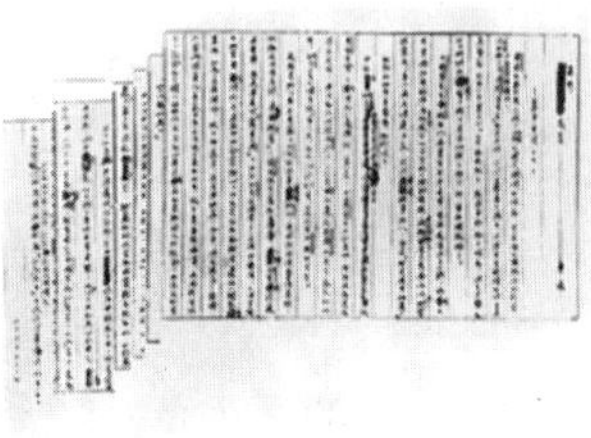

「藤野先生」原稿

図２　魯迅と藤野先生関係
出典：中学校　国語の教科書

からである。したがって、伝統文化を拠り所に文化を愛する概念は古来、伝統的教育の重要なテーマになっている。

　中国近代文学の父・魯迅（一八八一―一九三九）の「幻灯事件」は、中国人の愛国心を考えさせる。それは医師を志していた魯迅が一人ひとりの治療よりも、もっと大事な治療をすべき患者は中国社会であり中国人全体であると気付くきっかけになった。短編「藤野先生」に書いている。仙台医学専門学校（現・東北大学医学部）の恩師への感謝がその内容である。

　恩師の授業ではなかったが、余った時間にニュースのスライドがよく上映された。日露戦争のシーンで、ロシア軍スパイとして中国人が日本軍に捕まり銃殺された。見物している群衆も中国人だった。魯迅は衝撃を受けた。自分と無関係のように見物し、屈辱と感じない民族の姿に対してである。中国人と中国社会の改革の必要を知ったのである。

愛国者魯迅の文学への転換のきっかけが、この幻灯事件とされ、中国では教科書に掲載され広く知られる逸話だ（図2、3）。

中国人にとっては、愛国心とは能動的な性格のものという認識が最初からついて回っている。「愛国心とは何か」ということをずっと模索してきている。そもそも「国」とは文化を守る城であり、文化人は伝統文化の伝人とされている。文化が中核であれば、国家はそれを運営する事務局と言えよう。

中国人はなによりも文化に求心力を感じ、全身全霊を捧げられるものとしている。国家も文化ありきの存続とされるほどである。その文化は一時的なものではなく、個別の統治者によるものでもない。中国歴史の全流程を指している。だから、日本のように侵略戦争の反動として文化全体の否定があれば、そのあとに必ず反省がある。文化破壊のあとの復興は文化大革命とその後の経過が説明している。文化への愛着が愛国心に徹底している。

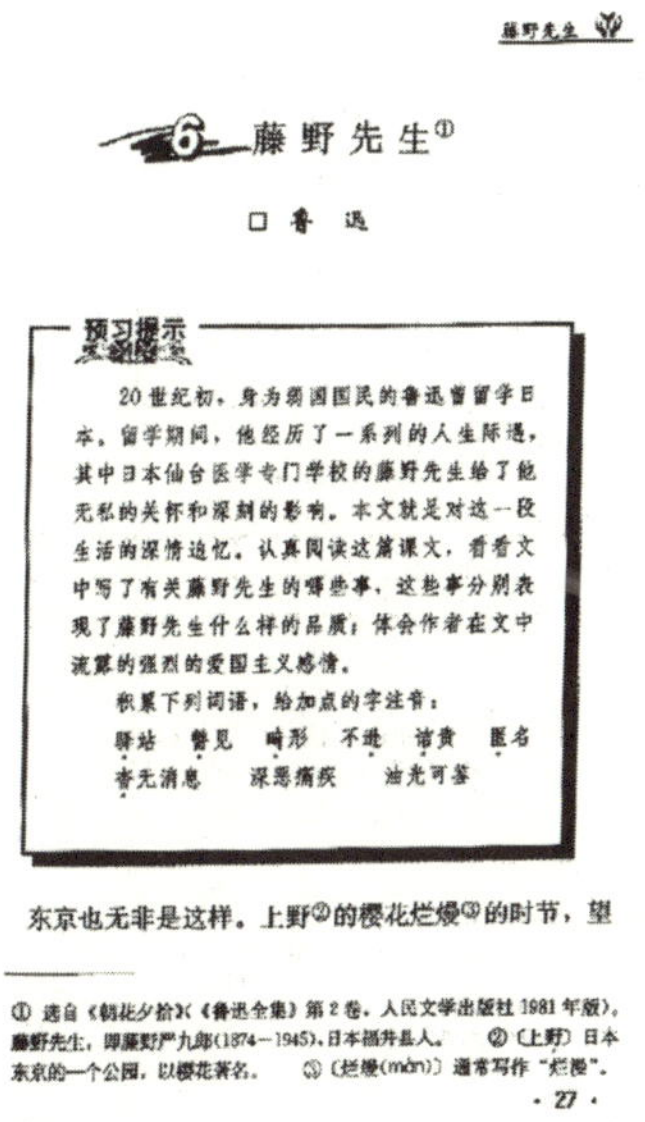
藤野先生

6 藤野先生①

□鲁迅

预习提示

20世纪初，身为弱国国民的鲁迅曾留学日本。留学期间，他经历了一系列的人生际遇，其中日本仙台医学专门学校的藤野先生给了他无私的关怀和深刻的影响。本文就是对这一段生活的深情追忆。认真阅读这篇课文，看看文中写了有关藤野先生的哪些事，这些事分别表现了藤野先生什么样的品质；体会作者在文中流露的强烈的爱国主义感情。

积累下列词语，给加点的字注音：

驿站　瞥见　畸形　不逊　诘责　匿名

杳无消息　深恶痛疾　油光可鉴

东京也无非是这样。上野②的樱花烂熳③的时节，望

① 选自《朝花夕拾》（《鲁迅全集》第2卷，人民文学出版社1981年版）。藤野先生，即藤野严九郎（1874－1945），日本福井县人。　② 〔上野〕日本东京的一个公园，以樱花著名。　③ 〔烂熳（màn）〕通常写作“烂漫”。

・27・

図３　藤野先生
出典：前出　中学校　国語の教科書

中国では、偏狭な愛国心と友好的な愛国心があると教えられる。一国だけを愛するなら他国との友好はない。国際主義の中で愛国心を考えよう、としていると強調したい。

その例が中学校と高校の国語教科書に載る「記念白求恩＝ベチューンを記念する」（図4、5、6）である。カナダ人医師ノーマン・ベチ

ューン（一八九〇―一九三九）が共産党本拠地の延安で医療活動中に死亡したとき毛沢東が弔辞を読んだ。トロント大学を卒業して医師になり、貧困層の医療を通じて社会変革の必要を考え始めて中国に渡ったという。国際主義の精神を発揮して多くの中国人を救ったため、中国では銅像を立てるなどその功績を高く評価しつづけている。私も教科書で習って、中国を支援し中国人とともに活躍している外国人への感謝と尊敬を学んだ。愛国心は国際主義と矛盾しないと知るのである。戦後、多くの中国人があらゆる怨念を超えて日本の残留孤児を育て、奇跡の復興を遂げた日本に学んできたのも国際主義の考えからであろう。日中友好の堅持もそうである。中国的愛国心が偏狭に陥るならベチューンを記念したことにならないと思う。

若い世代も、外国文化を受け入れなければならない中で、何が愛国かを考え続けている。ただし、時と場合によって愛国心は矮小化され、過激な反米、反日運動の動機に容易に転化しうる性質のものでもある。

愛国心を育む土壌として文化の違いを無視できない。愛国心にも異文化と結びつけて見つめることが大切であろう。愛国心の形成にそれぞれの国の文化の違いや発展段階の違いが反映していると考えるなら、それぞれ、愛国心を相対化できる。愛国心を国益を競う方向に膨らませたくない。危険である。グローバル化の現在、他国との共生をはかる愛国心のあり方が、日中ともに緊急の課題として問われている。

スコット（英）の言葉を引用したい。愛国心とは「それは最も美しきものであると同時に、しばしば最も疑わしきものであって、他の感情の仮面である」という。愛国心の二重性を見抜いている。

纪念白求恩

6 纪念白求恩①

（1939年12月21日）

□ 毛泽东

预习提示

这篇文章是作者为悼念白求恩大夫而作的。阅读后，想一想，白求恩为什么值得赞扬？我们应该学习他的哪些品质？全文共四段，各段之间有什么内在联系？

掌握下列词语，注意加点字的读音：

派遣　狭隘　热忱　鄙薄　以身殉职
拈轻怕重　漠不关心　麻木不仁
精益求精　见异思迁

白求恩同志是加拿大共产党员，五十多岁了，为了帮助中国的抗日战争，受加拿大共产党和美国共产党的派

① 选自《毛泽东选集》（人民出版社1966年版）第2卷。诺尔曼·白求恩（1890—1939），加拿大人，医生。1936年德意法西斯侵犯西班牙时，他曾亲赴前线为反法西斯的西班牙人民服务。中国抗日战争爆发后，他率领一支由加拿大人和美国人组成的医疗队，于1938年初来到中国，为八路军伤病员服务将近两年。后在一次为伤员施行急救手术时感染病毒，医治无效，在河北省完县逝世。

· 29 ·

図５　ベチューン②
出典：中学校　国語の教科書

白求恩

図4　ベチューン①
出典：九年義務教育三年制初級中学教科書「YUWEN」

自由阅读卡

白求恩大夫

中国的抗日战争，得到全世界人民的深切同情和热烈支持。不少国家派遣志愿人员来中国支援抗战，有的甚至献出了宝贵的生命。白求恩大夫就是其中最著名的一位。

白求恩是加拿大人，共产党员。他受加拿大共产党和美国共产党的派遣，率领医疗队，不远万里来到了中国。他不避危险，不辞劳苦，在医疗条件极为艰苦的情况下救助了很多伤员。在一次手术事故中，白求恩受到了感染，最后牺牲在中国。毛泽东为此写了一篇著名的文章《纪念白求恩》，称赞道："一个外国人，毫无利己的动机，把中国人民的解放事业当作自己的事业，这是什么精神？这是国际主义的精神，这是共产主义的精神。"

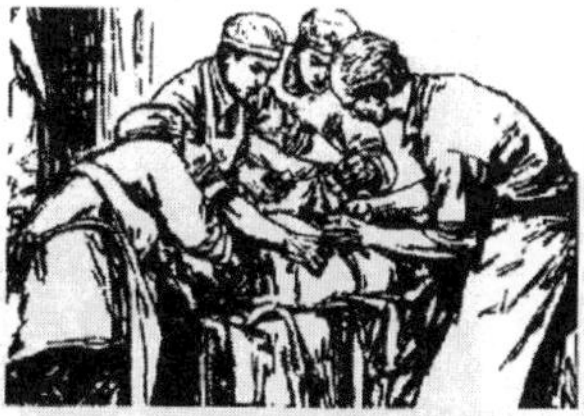

白求恩在做手术

図６　ベチューン③
出典：高校２年㊤　国語

7 愛国の歌が溢れるアジア諸国

〝愛国心を高揚させる歌〟としての愛国歌が、世界には溢れている。国威発揚を期したい政治権力者ほど愛国歌がお好きだ。日本も先の大戦までは軍歌が愛国歌の主流として愛唱されたと聞いている。しかし、戦後の民主化によって、ほとんどの愛国歌が公式の席から一掃された。かわりに、国土を愛する歌が主流になった。風土や習慣・伝統の日本人のアイデンティティーにかかわる歌といいかえてもかまわない。

日本の小学校学習指導要領で旧「文部省唱歌」を含め小学校では二四曲推薦されている。ストレートに「愛国」を教示するものが見当たらないのはいうまでもない。国歌の「君が代」を除けば、愛国に直結するのはせいぜい「ひのまる」ぐらいなもの。もうひとつ「さくらさくら」を挙げることができる程度だ。

小学校の教科書『小学校の音楽』(教育芸術社)は、収録している全歌数一三九曲のうち、愛国歌としては「富士山」を指摘することができるだけだ。愛国を正面から扱った詞の歌がきわめて少ないのは間違いない。

「さくらさくら」や「富士山」が日本人にとって愛国歌になるのはどうしてか。自然情景を詠んだご存知の歌詞をみれば理由を汲んでいただけよう。「さくら」という日本の国花、あるいは「日本一の山」を取り上げたから愛国歌と規定するつもりはない。いずれも美しい情景を詠っているというのが一番の理由だ。ふるさとの景観を描いた歌である。これと、阿倍仲麻呂の歌「天の原ふりさけみれば春日なる三笠の山に出でし月かも」は同類系とみなしてもおかしくないであろう。日本人にとっては、むしろ情景を詠った歌のほうが自然な形の愛国歌になっている。

「富士山」
あたまを雲の上に出し
四方の山を見おろして
かみなりさまを下に聞く
富士は日本一の山

「さくらさくら」
さくらさくら
野やまも里も見わたすかぎり
かすみか雲か朝日ににおう
さくらさくら花ざかり

中国はどうか。理念として、国や故郷を愛する気持ちを直截に前面に押し出した詞やスローガンが愛国歌である。小学校課程で必須の全五九曲のうち、愛国歌とみなせるのは「祖国、祖国、愛します」「私たちの美しい祖国」など一〇曲もあった。中学校でも全六五曲のうち「中華人民共和国国家」「国旗頌」など一一曲を占めた。この割りあいの比較から、直截表現の愛国歌が主流であることが十分に察していただけるだろう。参考までに、台湾でも中国とほぼ同様の傾向で、タイトルをあげれば、小学校では「私は故郷を愛している」や「将軍令」、中学校では「長江の水」や「国父孫文様の歌」が歌われている。

アジアの国歌をみると、その直截表現がもっと徹底している。列挙してみよう。

《インド国歌「インドの朝」》インドの偉大な詩人タゴールが一九一二年に作詞・作曲したもの。インドは一九四七年に独立を達成、一九五〇年に国歌として採択された。

神よあなたは凡ての国民の心の支配者
インドの運命を決める力
あなたの国はパンジャブシンドグジャラトマラタヤドラヴィダオリッサ
ベンガル人の心を高め
ヴィンディヤやヒマラヤの山々にこだまし
ジャムナやガンジスの流れの調べと一つとなり
インド洋の波涛の唄ともなる
人々はあなたの祝福を求めて祈り
あなたの名を讃える
インドの運命の支配者たる神よ
勝利勝利勝利よ神にあれ

《中国国歌「義勇軍行進曲」》一九三五年、映画「風雲児女」の主題歌。抗日歌として広まる。一九七八年に正式に国歌となった。

起て！　奴隷となることを望まぬ人びとよ！
我らが血肉で築こう新たな長城を！
中華民族に最大の危機せまる

一人ひとりが最後の雄叫びをあげる時だ
起て！　起て！　起て！
もろびと心を一つに、
敵の砲火をついて進め！
敵の砲火をついて進め！
進め！　進め！　進め！

《韓国・愛国歌》正式には国歌を制定せず、暫定的に愛国歌を国歌としている。作詞者不明、作曲は安益泰、一九三九年、中国・重慶に置かれた大韓民国臨時政府が愛国歌に指定した。

東海の水白頭山乾き尽くるまで
神守りたまいてわが国万歳
むくげ三千里華麗江山
大韓人の大韓永遠に安かれ

《北朝鮮国歌》Pak Se-Yong 作詞、Kim Won-Gium 作曲、一九四七年に制定。北朝鮮は一九四八年九月、建国宣言した。

朝は、輝け
野山、黄金は満ち溢れ
美しき我が祖国

長きその歴史
輝く我が文化、栄ゆる国
民よ、国のために尽くさん、心合わせ
《ベトナム国歌「進軍歌」》一九四五年、革命気運の高揚の中で生まれたもので、ヴァン・カオの作詞・作曲。一九七六年、歌詞に多少の修正を加えて、引き続き国歌として公認された。

ベトナム軍団は一途に国を救いに行く
はるかな荒れ果てた道に足音が響く
戦勝の血を染めた国旗がなびく
遠地から響いてくる銃声が進軍曲と混ざる
栄光の道が敵の死骸で埋められ
苦戦の末、勝ち、一緒に交戦地帯を立てた
人民のためとどまらずに戦う
直ちに戦場に向かい
進め共に進もう
我がベトナム国土は永続する

《フィリピン国歌「太陽の国」》一八九八年六月十二日、独立宣言がなされた。フィリピンの国歌はスペインからの独立運動の時期からの愛唱歌だったといわれる。

太陽の国
炎のように燃える太陽の子
我々の魂よ気高く神聖な国
誉れ高い英雄たちの生まれた国を崇めよ
この神聖な国の浜辺を侵入者どもが
踏みにじることはできない
空の中に雲を通して
丘や海の向こうに栄光のある自由の
燦然とした輝きを見て胸の鼓動を感じる
我々のすべての心を打つその旗印に
太陽は輝き星はまたたく
おおその輝かしい国土は
暴君によって曇らせてはならない
美しい愛の国土おお光の国土よ
それに抱かれるときの喜びがある
しかし国土が侵されるなら
我々は死守することを栄誉とする

《シンガポール国歌「シンガポールが進歩せんことを」》十九世紀にイギリス植民地となり、第二次大戦で日本による占領を経て一九五九年に独立。
　シンガポールの人々よ
　幸せに向かって前へ一緒に行進しよう
　私たちの高貴な抱負は
　シンガポールが成功を成し遂げるのを見ることだ
　新しい精神で団結しよう
　私たちは皆祈る
　シンガポールが進歩せんことを
　シンガポールが進歩せんことを

《インドネシア国歌「偉大なインドネシア」》もともとはオランダ領東インドだった一九二八年に、スプラットマンが作った。以後は民族独立運動を鼓舞する歌として愛唱され、一九四五年独立後に正式な国歌となった。
　インドネシア、私たちの故郷の国
　私たちの出生地
　そこで私たち皆はこの私たちの母国の
　護衛をするために立ち上がる
　インドネシア、私たちの国籍
　私たちの人々と私たちの国

そして来い、皆叫ぼう
統合されたインドネシアを
私たちの土地が長く生きんことを
私たちの国土、私たちの国家
私たちの人々、そしてすべてが長く生きんことを
そして立ち上がれ、その精神よ
立ち上がれ、その体よ
偉大なインドネシアのために

日本国歌「君が代」は古代の和歌に由来する歌詞である。作詞者不明、『古今和歌集』巻第七、賀歌の冒頭、よみ人しらずの「わが君は千代に八千代にさざれ石の巌となりて苔のむすまで」が載っている。また、薩摩琵琶歌「蓬莱山」のなかには「君が代は千代に八千代にさざれ石の巌となりて苔のむすまで」の一節が引用されていて、明治の初め、まだ日本には国歌がなかったことから、陸海軍主導でこの歌詞に曲がつけられ、一八八〇（明治十三）年に現在の「君が代」が生れた（『日の丸・君が代の成り立ち』暉峻康隆、岩波書店、一九九九）。

この「君が代」は国歌に位置づけられたが、戦前、法的には規定されないままだった。戦後も慣行として国歌扱いが継続し、法制化（国旗及び国歌に関する法律）はようやく一九九九年のことである。

アジアの国歌を並べてみると、独立歌、革命歌、進軍歌など、愛国調が並ぶ中で、日本の国歌だけが異色である。韓国や北朝鮮の国歌にも自然を賛美する部分はあるが、日本の歌詞のような自然描写形態と思われる詞

の国歌は珍しい。

戦争に利用されたことは否定できないが、自然描写そのままの国歌は日本文化を象徴し、日本文化を表象する面目躍如であろう。

※この小論は、学芸総合誌『環』（藤原書店、二〇〇九 夏号）に寄稿の「望郷・ふるさと志向・愛国心」をベースに大幅に修正したものである。

付録資料

『中日友好交流三十年』に見る中国人研究者の日本観

玉腰　辰己

1　はじめに

二〇〇八年十一月、中国で、書籍『中日友好交流三十年（一九七八〜二〇〇八）』（以下、『中日三十年』と略す）が出版された。

政治、経済、文化教育・民間交流の三巻に分けられ、それら三巻を一セットとしている。内容は、一九七八年の日中平和友好条約調印から二〇〇八年までの三十年間、日中間にあった交流を網羅的に収集し、分析叙述したもので、中国の一般読者層を対象に書かれている。執筆陣は、中国社会科学院や北京大学などに属する日本研究者らを中心に、その周辺の大学院生なども執筆に加わっている。日本語版も二〇〇九年八月に刊行された[1]。

この小論では、この『中日三十年』の中で現代中国人日本研究者が日中交流をどのように論じているのかを見ることで、彼らの日本観の特徴について論じてみたい。

まず、本旨に入る前に、本稿の前半を使って、この本が書かれた経緯について概略を述べておきたい。というのも、『中日三十年』の筆致の特徴的な部分は、その成り立ちによるところが大きいからである。先に概略をいえば、本書『中日三十年』は日本の民間財団の呼びかけに対して中国の研究者が呼応する形で執筆されたものであり、その影響を受けている。また、同時期に日中両国政府によって「日中歴史共同研究」(第一期)が進められており、『中日三十年』の編者は「共同研究」の中国側メンバーと重複もしている。そうした経緯を踏まえておくことで、本書の特徴や意義が納得されやすくなるであろうし、そこに表れた中国人日本研究者の日本観の特徴がいっそう明瞭になるであろう。

2 『中日友好交流三十年』の出版にいたる経緯

『中日三十年』は、中国人研究者が集まって共同研究を行い、中国語で執筆し、中国で出版された書籍である。

しかし本書は、日本の財団法人である笹川平和財団に属する笹川日中友好基金の助成を受けている。本書は、同基金が行った「中日交流三十年(一九七八～二〇〇八)」という助成事業の「事業成果物」である。笹川平和財団とは、国際的な公益活動を行う日本の民間非営利団体である。笹川日中友好基金は、その中で対中国事業を専門としている部門である[2]。

通常、財団の行う「助成事業」といえば、持ち込まれた企画に対して財団が資金援助するものである。しかし、ケースによっては、「自主事業」として、財団側から企画を立案し、助成先と協議しながら研究や交流活動を実施する場合がある。『中日三十年』の場合は、笹川日中友好基金が先に企画を立てたケースであった。

ではそもそも、その企画はいったいどのような経緯で立てられたのか。

笹川日中友好基金はこの事業に先立って、二〇〇一年度から五年間、「日中若手歴史研究者会議」という事業を実施していた。これは日中両国の歴史研究者に対話の場を用意し、議論の中で歴史認識問題に解決の糸口を見つけようと意図したものであった[3]。

同事業について、同基金のウェブサイトには以下のような説明がある。

日中両国民の不信と猜疑を招く要因の一つはいわゆる「歴史認識」にあります。従来の歴史研究の視点や方法が、かえって両国間に閉鎖的局面をつくりだしています。そんな中で、相互信頼の構築のために、斬新な視点をもつ若手研究者の活躍が期待されています。本事業は、日中の若手歴史研究者の英知を結集し、歴史認識をめぐる日中間の諸問題を解決し、相互不信を払拭するための新しい枠組みを提示しようというものです[4]。

ここに「日中両国民の不信と猜疑」や「相互不信」とあるのは、二〇〇〇年前後の日中両国民間の感情的対立状況を指している。

具体的にいえば、一九九〇年代後半から、尖閣諸島（魚釣島）の領有権や「新ガイドライン」制定をめぐって日中間で論争が生じた。また、中国の軍事的・経済的プレゼンスの増大に伴って日本側で「中国脅威論」が流行した。さらに、一九九八年十一月、江沢民国家主席が訪日した際、行く先々で歴史問題に触れ、宮中晩餐会でも異例の日本批判を展開したことから、日本人の嫌中感情はいやがうえにも高まった。そうした関係悪化が背景にあった。

当時この「日中若手歴史研究者会議」を発案し手がけたのは、笹川日中友好基金の若手中国人研究者であった于展（現・同基金室長）である。彼によるとその狙いは、日中の歴史認識をめぐる対立を緩和するためには、まず日中で歴史資料の所在を公開し共有すること、そして、そうした日中の研究者による知的対話を通じて共有できる部分を探ること、という二点であったという。

そして彼は、その構想を早稲田大学劉傑教授に持ちかけ、事業化を進めた。この点も特筆すべき点であろう。つまり、日本の財団内で働く中国人研究者と、日本の一私立大学で教鞭を執る中国人学者が、日中歴史問題解決に向けて「日本側」で動いたのである。日本の非政府・非営利の組織に属した「日本人」でない主体の取り組みが、ことの起こりであった。

しかしその後も、日中両国民間の感情は好転せず、むしろ多くの事件が発生し、対立は先鋭化していった。例えば、扶桑社の『新しい歴史教科書』の検定合格、中国産農産物に対するセーフガード発動、北朝鮮脱北者の瀋陽日本国総領事館駆け込み事件、中国人留学生による福岡一家四人惨殺事件、小泉純一郎の靖国神社参拝、日本人観光客の中国広東省珠海市での集団買春、中国潜水艦の日本領海侵犯、サッカーワールドカップアジア予選での反日ブーイング、中国各地での反日デモ発生などである。こうした対立感情をかき立てる事件が二〇〇五年ごろまで続いた。

笹川日中友好基金内では、対立の原因の一端は両国の相互認識のギャップにあると考えられていた。特に、新たに疑問として浮かび上がったのは、中国の経済発展に日本が貢献してきたことについて中国人はどの程度理解しているのか、そこの理解があれば一方的な日本批判や反日行動は招かないのではないか、という点であった。一般的にいえば、それは日本政府のＯＤＡを指してのことであろう。しかし、笹川日中友好基金自体も一九八九年に設立されてから中国の社会変革に資する支援事業を展開してきていた。だから、中国の改革開放政策の進展に貢献してきた自負があった。にもかかわらず、そうした活動に対する中国社会の認知度は低かった。そのため、そういう当事者としての疑問があった。

そこで、近年の日中交流史を中国の研究者がまとめ出版をする事業に対して、二〇〇七年から二年にわたって助成することにし、日本の対中援助について盛り込むべきことを意見として伝えた。要するに、中国に対する日本の貢献を知識として中国で広めるための「助成」であった。

具体的には、初年度に助成先の中国社会科学院社会科学文献出版社が核となり、「編集委員会」メンバーを選定し、同メンバーの間で討議を重ね、執筆を進め、翌年秋に『中日三十年』を公刊した。

この「中日交流三十年」事業は、日中両政府の同様の施策である「歴史共同研究」と、ちょうど時期を同じくしていた。二〇〇一年四月から二〇〇六年九月の小泉純一郎政権では、靖国神社参拝が原因で両国関係はいわゆる「政冷経熱」状態を呈していた。そのあとを襲った安倍晋三は就任翌月の二〇〇六年十月にさっそく訪中し、関係改善のため、政府間の取り組みとして、日中有識者による歴史共同研究を開始することで中国側と合意した。そして、東京大学教授北岡伸一と中国社会科学院近代史研究所所長歩平をそれぞれの座長に据え、「歴史共同研究」委員会を組織した。

笹川日中友好基金の『中日三十年』も、筆頭はこの歩平であった。さらに、「歴史共同研究」が「日中平和友好条約締結三十周年に当たる二〇〇八年を目標に成果を提出する」としていたのに対し、『中日三十年』も二〇〇八年度の出版が計画されていた。つまり、『中日三十年』の執筆は、政府間の「歴史共同研究」とほぼ同時期に、並行して、民間による活動として行われていた。

政府の「歴史共同研究」と笹川の「中日交流三十年」事業を比べたとき、前者が古代から近現代史までを扱うのに対して、後者は一九七八年から二〇〇八年までを対象にしている。後者には戦時期が含まれず、中国が改革開放政策を採った、比較的良好な関係の期間だけを対象としている。そこに両国民間の感情的対立が生じていたにせよ、執筆関係者にとってはまだ荷が軽い対象時期といえよう。むしろ、書きようによっては関係の良好さを強調する機会にもできる。そこが両活動の一つの大きな差である。

また、作業の進め方にも違いがある。前者は日中両国の歴史研究者が直接、分科会形式の会合で討議し、互いの差異を確認しあうとともに、一定の日中合意を目指した[5]。しかし、後者は、中国側研究者らのみによる研究と執筆が行われた。

じつは、『中日三十年』が出版されたのち、笹川日中友好基金では引き続き、二〇〇九年度からの三年計画で、日本側研究者の手による『日中関係四十年史　一九七二～二〇一二』（仮題）という書籍の出版に向けて準備を開始している。これは、『中日三十年』の日本語翻訳段階で、日本側が注釈に反論を盛り込むことを心配した中国側執筆者が、日本側に対して、反論ないし批判がある場合には『中日三十年』に加筆するのではなく、日本側が独自に一冊作り、そこで自分たちの見解を展開するべきだと提案したことによる。日本側はこの提案を受け入れ、それを次の事業として実施することにした。そして、結果的に見れば、『中日三十年』で中国側が持論を展開し、日本側がそれに応答するという、二段階を踏む漸進的な知的対話の形式となった。

ちなみに、笹川日中友好基金は諮問機関として「運営委員会」という組織を持つ。その委員長である笹川陽平（日本財団会長）は、日中双方の主張を、互いにエビデンス（証拠、根拠）を照らし合わせて突き合わせていく作業の意義を高く見ている。拙速に合意を形成しようとするのではなく、多少迂遠になってもあくまで地道で漸進的な対話を継続させることを重視している。その点でも、中国側の主張が先に提出され、日本側が追って独自に応答をするという形式は望ましいものと考えられた。

この進め方には、前提として、日本側と中国側にはそれぞれ異なる言い分があると明瞭に割り切った考え方が見られる。もちろん、日中間でも企業活動や国境を越えた人の移動あるいは大衆文化交流などの中には、国民国家の枠組みだけでは捉えきれない、いわばマージナルな、あるいはトランスナショナルな領域が生起しつつあることはおそらく事実であろう。しかし、歴史認識に着目し相互理解によるわだかまりの解消を狙って進められたこの事業においては、それぞれの「国民的主張」の存在を前提とし、それをあえて屹立させようと試みられている。和解のために相違点を際立たせるという手法が双方を「国民的立場」に押しとどめるという逆説を、あえて踏まざるを得ないところは、日中知的交流の一つの特徴といえるかもしれない。

なお、この『中日三十年』の計画には、当初から中国語版を日本語訳し両言語で出版することが含まれていた。実際、『中日三十年』は中国での刊行を待たず二〇〇八年春から日本で翻訳作業が始められ、二〇〇九年八月には東京大学高原明生教授の監訳で『中日関係史　一九七八―二〇〇八』と題され、東京大学出版会から出版された[6]。

要するに、『中日三十年』は、笹川日中友好基金という日本の民間団体が日中間の感情的対立という問題に民間の立場から取り組み企画したものであり、特に中国の経済発展への日本の貢献を中国で広く知らせる目論見があった。そして、その趣旨に同意した中国人日本研究者らが中国の一般読者向けに執筆したものである。しかもそれは、関係の良好さをアピールできる期間を描きながら、中国側の主張を明示する機会として、のちに日本語にも翻訳され日本で出版されることを念頭に取り組まれたものであった。

こうした経緯から明らかなように、『中日三十年』の内容は、そもそも日中合意を目指したものではなく、まずはあくまで議論の前提として、両国民の眼前に中国側視点を明示する意図で執筆されたものであった。

以上のような経緯を踏まえたうえで、では、そこにはどのような特徴や主張があるのか、次節で見てみたい。

3 『中日友好交流三十年』に見られる特徴

❖――（1）紀伝体という語り方

本書が出版された二〇〇八年は、日中平和友好条約締結「三十年」目であった。この年、五月に胡錦濤国家主席が日本を公式訪問した。これは一九九八年の江沢民訪日以来途絶えていた国家主席の来日であり、日中政府間関係に一定の改善が見られたのちの、いわゆる「雪解け」後の「暖かい春の旅」といわれた。

また同時にこの年は、改革開放実施「三十年」目でもあった。中国の書店ではこの間の経済改革の歩みを総括する書籍が多数並んだ。

さらに三月にはチベットでの暴動、五月には四川大地震という痛ましい事件が起きた年でもあった。がしかし、それが中国国内の国民的求心性を喚起した年でもあった。しかも、八月には北京オリンピックが盛大に開催され、中国の国威が内外に派手にアピールされ、中国人の国民的自尊心をいっそう強めた。

つまり、この年は、日中関係が改善に向かいつつあり、中国社会が経済建設に一定の成果を収め、国民的求心性が促されながら、中国が国際的地位を誇示し得る段階に達した、歴史的な節目の年であった。

そうした背景を持つ本書は、全体的なトーンとしていえば、日中間では多くの問題を抱えながらも、いわゆる互恵ないし「ウィン-ウィン」の関係がおおむね実現されており、それは双方の絶え間ない努力の積み重ねによるものであるという、肯定的評価に落ち着いている。

本書をひもとくと、まず気付くのは、日本語版監訳者の高原明生が指摘しているように、章立てが時系列の

「編年体」ではなく「紀伝体」になっている点である[7]。

ここでいう「紀伝体」とは、日中交流のさまざまな主体、例えば、鄧小平、江沢民、自民党、公明党、福田赳夫、中曽根康弘、松下電器産業（現・パナソクニック）、セブン&アイグループ（セブン&アイホールディングス）といった個人・団体や、その他の特定分野や個別事件に着目し、それぞれを中心に据えて一章が書かれ、それらを多数まとめあげて一つの全体像を浮かび上がらせる構成である。

こうした構成を採ると、当然、時代背景や関連事実の叙述などには重複が生まれる。実際、本書には叙述の重複がしばしば見られる。しかし、「紀伝体」を用いることによって、歴史にかかわった個人や組織、個々の事件にスポットライトを当ててその評価を下すことができる。中国では「水を飲む人は井戸を掘った人を忘れない」という言い方で、先人の功績を心に留めおくべきだということがよくいわれる。特に日中友好を記す著書ではよく目にする常套句といっていいだろう。「中日友好」を冠した本書も、多数の日中友好の「井戸掘り人」が取り上げられている。

そもそも「紀伝体」はいくつものストーリーが同時進行し、それがちょうどあざなわれた縄のように歴史を形成していることを表すのにふさわしい叙述形式といえる。

例えば、政治編には「自民党と中日関係」、「公明党と中日関係」、「社会党と中日関係」、「日本共産党と中日関係」といった章が並んでいる。そして、自民党内に「侵略の歴史を否定する」動きがあったという記述がある一方で、公明党が国交回復や平和友好条約締結交渉時に果たした役割や、社会党の一九九五年の「不戦決議」あるいは村山談話、日本共産党が教科書問題や靖国参拝問題で政府批判を展開したことなどが詳述されている。こうした記述によって、日本の政治が必ずしも自民党の主張だけで実践されていたのではなく、多様な主体によって織りなされていたことが伝わってくる。

中国から見れば日本外交はともすれば一枚岩的な外観で捉えられがちであるが、実際には非政府アクターの関与によって補完されていたことが本書には詳述されている。そうした複雑性を織り込んで全体像を想起させるのに「紀伝体」が功を奏している。

「紀伝体」ならではの妙味は、頁数で最も厚みのある経済編においていっそう顕著である。経済編は原文で四四六頁ある。政治編の三四〇頁、文化教育・民間交流編の二七五頁より圧倒的に厚い。日中平和友好条約締結後の三十年が、同時に中国の改革開放政策実施三十年でもあったことを思い返せば、経済編が扱おうとした事象が豊富になることは十分納得できる。つまり、この経済編の厚みそのものが、経済分野こそがこの三十年の日中関係でいちばんダイナミックに交流が展開された領域であったという、中国側の認識を示すものといえよう。

内容は、総論以下、総合、貿易関係、投資関係、日本の中国に対する政府開発援助、金融・流通分野での協力、エネルギーと環境分野での協力、経済摩擦の七部からなる。章レベルで見ると、政治編では主に人物、政党、対話機構によって分けられているのに対して、経済編の章立ては主に日中協力に関する協定などの制度と、企業などの組織の活動実態を軸に分けられている。

そこに登場する企業数は膨大で、松下、ホンダ、ユニクロといった日本を代表する大手企業ならびにその関連合弁企業はもちろん、中華料理チェーン店「小肥羊」のような比較的身近な中小企業レベルまで、じつに多種多彩な企業の動向が広く網羅されている。改革開放後三十年の「交流」の実態とは、そうした無数の企業がそれぞれの市場と地道に向き合った経営努力の厚い堆積であったことが、改めてよく理解される。

政治編、経済編に続く文化編でも、「紀伝体」によって政府関係者のみならず民間も含めた無数の主体が取り上げられ、個々の活動実態が紹介されている。

本書によれば、日中の文化交流は隋・唐時代が第一の波で、二十世紀初頭に赴日中国留学生が急増した時期が第二の波、そして、一九七八年の平和友好条約調印以後が第三の波とされている。そして、その第三の波が質量ともに他を圧倒的しているという。さらに、その第三の波の内実が、民間を主体としていることの意義が強調されている。

そもそも日中関係においては、国交回復以前から民間交流が官の交流を促すという中国側の思惑が実践されており、その意味で、中国における民間交流重視は一貫しているといえる。本書において、政治、経済に並ぶ、いわば「第三の分野」に「文化教育」と「民間交流」という領域を組み合わせた位置づけも、そうした中国の民間交流重視の顕れといえよう。事実、そこに網羅・羅列された個人・組織の交流実績は日を見張る充実ぶりである。

上記のように、本書には「紀伝体」によって個々の詳細な事例が数多く盛り込まれている。そして、日中交流が一部の「友好人士」や政界人に担われた時代から膨大な数の一般民間人に厚く広く担われる時代に変化していったことが表わされている。そこには二国間関係を政府間だけでなく民間関係も重視し、広く捉える中国側の認識が見てとれる。

❖――――（2）特徴的な主張

本書が「友好交流」史として、この「三十年」を互恵関係実現の過程として好評価しようとしていることはまちがいない。また、中国の経済発展に対する日本の貢献についても類書にないほど多く言及されている。その点は、すでに述べたように、日本の財団から助成を得た経緯から助成元の意向を汲んで盛り込まれたことであった。

しかしその一方で、日本と異なる中国側主張を明示するのも、本書に課せられた課題であった。では、それはどこに見出せるのであろうか。

例えば、以下のような主張が挙げられる。釣魚島（尖閣諸島）の領有権は中国にある。東海（東シナ海）のガス田開発をめぐる日本側の「中間線」の主張は挑発的である。麻生首相の「自由の繁栄の弧」などには中国を封じ込める意図が明白である。ダライ・ラマや李登輝の訪日には反対する。小泉首相の靖国神社参拝にも無論反対である。扶桑社の『新しい歴史教科書』は歴史の歪曲である。

こういった主張をめぐって、日本側の対応を非難している。基本的には、中国政府は終始一貫して日中関係の改善に努力している、にもかかわらず小泉純一郎を筆頭に日本の政治家や右翼勢力がそれをたびたび台無しにしてきた、という主張が繰り返される。

その場合、執筆者らが研究者という立場であっても、中国政府の代弁者の範囲を越え出ることはほとんどない。本書でも、中国政府を擁護しつつ日本側の責任を追及する姿勢を貫いている。教条主義的に政府見解を繰り返さざるを得ないところに、中国の日本研究者の苦しい立場が垣間見える。

ただ、そこに特徴的なのは、日本国民は基本的に善良であって、ときおり認識に錯誤が生まれるのは一部の勢力の責任であるとして、矛先を注意深く日本国民全体から避けて批判を展開している点である。日本国内に渦巻く中国に対する批判的な世論も、基本的には右翼勢力や悪意あるマスメディアの扇動によるものであると解釈されている。日本国民を直接批判するのではなく、政治家、右翼勢力、マスメディアを批判する点は、戦争責任について軍国主義者と一般国民を分けた「二分論」と、党が人民を指導しメディアはその「喉舌」であるという中国的発想が、ないまぜになった認識を感じさせる。

一方、経済編が一貫して主張するのは、中国の経済発展はひとり中国だけに恩恵があったわけでなく、中国の経済成長を通して日本側も十分相応の恩恵を受けているという点である。むしろ、中国の発展がなかったら日本の経済はいっそう停滞していた、それは近年成長を遂げた日本企業がいずれも中国の労働力や市場を活用した一群であることからも明白であり、それは多数の例証によって根拠付けることができる、という。

以下、いくつか中国側の特徴的な主張を、それがわかりやすい経済編から拾ってみよう。

「対中ODA停止により日本が失うもの」の章では、日本のODA（政府開発援助）に対する考え方を批判している。確かにODAは中国の経済成長を支援した。しかしそれは日本が中国に一方的に施しを与えたというようなものではない。そもそも日本の対中ODAは、戦争賠償を放棄した中国に対する補償的心理とともに、日本自身の政治的・経済的利益を求めて開始されたものであり、実際、日本企業にも多くの利益をもたらした、という。煎じ詰めれば、日本人には日本の対中援助について中国側に感謝の気持ちが少ないという不満があるようだが、そうした態度は勘違いであって、恩着せがましすぎるのではないかという反論といえる。

日本の中国批判に対して反論を展開する一方で、日中間の過去の対立を痛み分けにおさめようとする議論も見られる。「プラント建設の減速と東芝機械事件」の章では、それが特徴的な論理構成で論じられている。「プラント建設の減速」とは、一九七九年二月、突然中国側が資金不足を理由に一方的にプラント契約の破棄を通告し、日本側を混乱させ、中国不信を抱かせた上海宝山製鉄所の一件である（いわゆる「宝山ショック」）。また、「東芝機械事件」とは、一九八七年春に東芝機械株式会社が中国向けに輸出しようとしていた大型船舶プロペラ用工作機械が、日本側でCOCOM違反に該当することが判明し契約不履行となった事件である。

この章では、これら二つの事件を並べ、前者では中国側に非があった、なぜなら改革開放初期の混乱のためであるとし、しかし、後者では日本側に非があった、なぜなら日本側が国際的ビジネスの信用を守らなかったからだ、という。そのうえで、しかし双方の努力により最終的には円満な解決を見たと、結果として帳尻を合わせる議論になっている。

「東芝ノートパソコンとパジェロ事件」の章では、中国が急速に経済発展しているにもかかわらず日本の中国観はあいかわらず旧態依然としたものであり、その点が問題の源であると指摘されている。東芝ノートパソコンの欠陥をめぐる賠償訴訟では、東芝は米国では多額の賠償金で和解したが、中国では欠陥を秘匿しようとした。また三菱は、パジェロの欠陥が原因で起きた事故の賠償を驚くほど少額で済ませようとした。そこには、日本製品の品質低下という問題とともに、日本企業が中国市場を一段低く見る態度が垣間見える、つまり、日本が中国の発展を十分に理解していないところに問題がある、という批判である。

「二〇〇一年中日農産物貿易摩擦」の章は、二〇〇一年の関税をめぐる日中対立について書かれている。中国から輸入される長ネギ、生シイタケ、畳表によって日本の農家が打撃を受けたため、同年四月、日本政府はセーフガードを発令した。中国はこれに対する反撃として、六月、日本製の自動車、携帯電話、エアコンなどに重い税を課した。そして、協議の結果、年末までに双方がそうした特別課税を解くことで解決をみた。

この一件を通じて著者は、貿易が発展する途上での摩擦は避けられないが、自由貿易は双方の生産者と消費者の利益にかなうものであり、保護貿易主義を採り一時的に弱い産業を救うことは長期的な利益を損なうと主張している。日本が中国から自由貿易のメリットを説かれる時代になったという逆転を印象づける一章である。そこには、グローバリゼーションという同じ土俵上にともに立っているにもかかわらず、そのことに自覚がないのは日本側であるという批判が読み取れる。

「日本での『中国脅威論』の論調」の章では、九〇年代後半から日本社会に中国を脅威と見なす風潮が広がったのは、中国側に原因があるのではなく、日本国民の自信不足と、そこにつけこんだ日本政府やメディアの中の一部右翼勢力の扇動に原因があると断定している。

「いわゆる『毒入り餃子』事件」の章では、二〇〇七年暮れから翌年一月にかけて、中国の天洋食品が製造し日本に輸出した冷凍餃子による中毒が日本で発生した事件について、以下のように論じられている。中国側はあくまで食品の品質管理を徹底してきた。しかも、「事件」発生後には政府高官を動員し、誠意をもって冷静かつ徹底的な調査を行った。しかし、その結果明らかになったのは、中国で毒物が混入した可能性はきわめて低いということであった。にもかかわらず、日本側では早くから右翼分子やメディアが毒は中国で混入されたと過剰に報道し、そのせいで両国民の不信感が増長された、と。要するに一方的な日本側批判である。

この『中日三十年』の執筆段階では事件はまだ調査段階であり、著者は中国側での毒物混入の可能性を否定してはいない。実際、その後、問題の工場から日本に輸出しなかった食品による中毒事件が中国国内（河北省）で発生し、中国国内での混入が疑いないものとなった。しかし、著者は、毒物混入の事実解明を待たず、日本のマスコミ報道のあり方を批判している。ひるがえって日本国内で中国不信が湧いた当時を思い返すと、事件直後、中国側が拙速な調査のあと中国側の無瑕疵を強弁したところにこそ日本側で対中不信感が高まった原因があったのではなかったか。しかし、中国側にはそうした認識はなく、もっぱら日本の報道の仕方に関心を寄せ、そこに批判を集中している。

要するに、本書経済編に見られるのは、過去の一時期に摩擦や混乱があったが、中国の経済成長によって日本側は相応の利益も得られた、という主張である。そもそも中国の経済体制改革は急激な変革であった。それを考慮に入れるべきである。にもかかわらず、それを中国に対する批判的な感情に転化するのは妥当ではない。事態がそうなってしまう背後には、日本側の悪意ある右翼勢力の扇動と、日本人の中国人に対する遅れた国という旧来の認識があるせいではないか、という主張になっている。

4 まとめ

以上、『中日友好交流三十年』から、中国人日本研究者の日本観を見てきた。

そこには、書名のとおり、平和友好条約調印以来三十年の日中交流史が中国側の視点で描き出されていた。そして、政府間関係にとどまらず、民間の組織・団体・個人も含む、より広い人的交流が展開されてきた実態が網羅的に叙述されていた。

また、その間さまざまな問題も生起したが、基本的には政府・民間ともに密接な協力関係を築き上げてきており、そうした関係の層の厚みは今後も不可欠であるという認識が見られた。そして、中国の経済成長に対する日本の援助についても研究者レベルでは知らないわけではないということもわかった。

その一方で、領土問題や歴史問題などをめぐってはいくつか異論が示されていた。そして、そうした問題で相互不信が絶えないのは、日本の一部政治家の不見識や、右翼勢力やマスコミの誇張した報道に原因があるという、独特の認識が見られた。また、中国が急成長し変貌したにもかかわらず、その現実を受け入れない日本人へのいらだちも垣間見られた。

ただし、そうした中国人日本研究者の日本観からは、経済成長で自信を付けた中国と不況にあえぎ自信を喪失した日本という構図の中で、中国側が日本に対し、これからもグローバル競争をともに戦い、協力しあいながらともに成長しようという叱咤激励のメッセージを読み取ることもできよう。

そうしたボールを投げかけられた日本側が、はたして、それに対しどう返すことができるのか。日本側の応答が問われているといえよう。

注

[1]『中日友好交流三十年（一九七八〜二〇〇八）』北京：社会科学文献出版社、二〇〇八年。執筆者は以下の通り。主任：社会科学院近代史研究所所長歩平、社会科学文献出版社社長謝寿光。副主任：北京大学歴史学部教授王新生、社会科学院日本研究所経済研究室主任張季風、社会科学文献出版社総編集長楊群。委員：江新鳳、李薇、李寒梅、初暁波、張青松、周穎昕、栄維木、徐思彦、徐輝琪、黄大慧、梁雲祥。現地価格は三巻セットで一二八元。日本語版は『中日関係史一九七八—二〇〇八』東京大学出版会、二〇〇九年八月。本稿では日本の読者の便宜を考慮し、日本語版を参照し、その訳語等を用いる。

[2] 笹川平和財団の詳細については http://www.spf.org/、笹川日中友好基金については http://www.spf.org/sjcff/j/、また、「中日交流三十年（一九七八〜二〇〇八）」事業については、二〇〇七年度事業「中日交流三十年（一九七八〜二〇〇八）」http://www.spf.org/project/2007/c2_03.html および二〇〇八年度事業「日中交流三十年の総括」http://www.spf.org/project/2008/c2_03.html に詳細がある。

[3] その成果は書籍『国境を越える歴史認識』として公刊されている。劉傑・三谷博・楊大慶編『国境を越える歴史認識——日中対話の試み』東京大学出版会、二〇〇六年。また同書には中国語版がある。『超越国境的歴史認識　来自日本学者及海外中国学者的視角』北京：社会科学文献出版社、二〇〇六年。

[4] http://www.spf.org/sjcff/j/program/fy.html#208　なお、「日中若手歴史研究者会議」事業ののち、一年おいて二〇〇七年度から継承事業として「日中若手歴史研究者会議・フェーズ２」が実施されている。

[5] 政府間の「歴史共同研究」の活動については、北岡伸一「『日中歴史共同研究』を振り返る」「外交フォーラム」二〇一〇年四月号、六二—七〇頁に詳しい。

[6] このあとに出版が予定されている日本側の『日中関係四十年史』も、中国語訳され中国で出版される予定である。

[7]『中日三十年』の評価については、同書の日本語訳にある「監訳者まえがき」（高原明生執筆）もあわせて参照されたい。同個所には「紀伝体」によって「日中交流のアクターが実に多様であり、過去三十年の間に様々なパイプが日中間に存在してきたことがよくわかる」と指摘されている。

中国における日本研究
——ＣＮＫＩを活用した文献検索の現状と課題——

及川　淳子

1　はじめに[1]

中国の研究者は、日本研究を行う際にどのように文献検索を行っているのだろうか。一般的に、学術論文執筆のための資料収集と言えば、図書や新聞・雑誌などの定期刊行物をはじめとする文献資料を収集整理し、分析するという作業から始まるだろう。そうした従来の資料収集に加えて、現在ではインターネット上で検索できる文献資料も多くなり、日本に関する論文や各種の研究調査報告書、あるいは日本国内のメディアによる報道などの一次資料も瞬時にして入手できるようになった。インターネットという利便性の高いツールが研究活動においても不可欠になっている現在、膨大な情報の中から必要とする文献資料に効率良くアクセスするための知識や技術を獲得することも、研究活動における重要な要素になっていると言えよう。研究の最も基本となる文献検索の手法について検討することは、研究の新たな動向を把握するうえでも重要な点であると考える。

筆者は現代中国の知識人・言論・メディアに関する研究を専門としており、日本学研究についての論考を展開する専門知識には乏しいが、しかし、筆者が日常的に行っている現代中国に関する情報収集の手法は、中国国内に拠点を置いて日本研究を行う際の情報収集に通ずる点が多いと考える。中国における日本研究の文献検索についての議論は、日本研究の課題であると同時に、現代中国研究の課題でもあると言えよう。文献検索の手法に関する議論は、個別具体的な研究の内容に焦点を当てたものではないために、表面的あるいは技術的な議論に限定されるが、しかし、どのような文献検索に基づいて研究が行われているかという最新事情の紹介は、中国における日本研究の現状を理解し、日本研究の活性化を図るうえでも何らかの有用な視点を提供するものと考える。

以上の問題意識に基づいて、本稿は中国国内における最大の学術情報データベースであるCNKI（China National Knowledge Infrastructure）を活用した日本関連の文献検索について、その現状と課題を検討したものである。CNKIは、中国では「中国知網」、日本では「中国学術情報データベース」と呼ばれることもあるが、本稿では最も一般的であるCNKIという略称を使用する。

2　CNKI概要

❖——（1）CNKIの成立と主要コンテンツ

CNKIとは、「China National Knowledge Infrastructure」の略称で、中国が国家プロジェクトとして推進する学術データベースである。「中国知識基礎設施工程」という中国語での正式名称や「中国知網」と呼ばれることもあるが、一般的にはCNKIという略称で親しまれている。CNKIは、世界銀行の「一九九八年度世界発展報告」が、発展途上国における知識面での基盤整備に力を入れ、知識や技術、創造力における先進諸国との格差縮小を目指すべきことを提起したことに由来しているという[2]。CNKIのウェブサイトでの紹介によれば、「CNKIプロジェクトは社会における知的資源の伝播と享受、利用増大の実現を目標とした情報化インフラプロジェクト」として、清華大学と同大学の関連企業である清華同方光盤有限公司によって一九九九年六月に開始した。「中国共産党と国家の指導者および教育部、中国共産党宣伝部、科学技術部、新聞出版総署、国家版権局、国家計画委員会の強力な支持」のもとに推進されていることから見ても、重要な国家プロジェクトとして位置づけられていることがわかる[3]。

CNKIは中国国内で発行された雑誌、新聞、修士・博士の学位論文、学会論文、政府公報、主要会議資料等の膨大な学術資料をインターネット経由で利用できるオンラインサービスである。インターネットに接続されている環境であれば、世界のどこからでも利用することができ、検索した資料の全文をダウンロードして閲覧、保存することが可能だ。例えば、日本で学術文献を検索する際には、国立情報学研究所の論文情報ナビゲータCiNiiを利用することが一般的である[4]。CiNiiは、学協会刊行物、各大学の研究紀要、国立国会図書館の雑誌記事索引データベースなどを網羅して学術論文情報を検索することができる論文データベースサービスだが、検索結果は書誌情報にとどまるため、利用者は検索結果を手掛かりに図書館で実物の資料を探す必要がある。それと比較すれば、CNKIは利用者が検索した資料をそのままパソコンの画面上でダウンロードし、閲覧・保存できることが最大の特徴だと言えよう。ダウンロードして全文を閲覧するのは有料だが、検索と概要の閲覧までは課金されないため、膨大な資料に自在にアクセスすることができるシステムである。

日本では東方書店がCNKIと代理店契約を結んでミラーサーバーを開設しており[5]、国立国会図書館をはじめ、中国研究の専門課程を設置している各大学の図書館、大手書店などが東方書店と契約を結んで分野別のCNKIを導入するケースが増えている。大学図書館内においてデータベースの一つとして利用されているのが一般的だと思われるが、後述するように東方書店では個人利用者向けのプリペイドカードも販売しており、ＣＮＫＩの全般的な利用方法を紹介する意味から、本稿ではＣＮＫＩのウェブサイト（http://www.cnki.net/）に直接アクセスして利用する方法について述べたい。

ＣＮＫＩの主要コンテンツには、代表的なものとして以下の四つがある。

(1)中国学術定期刊行物ネットワーク出版総合データベース[6]

主要学術雑誌約七六〇〇種を収録。分野は数理科学、化学工業・エネルギー、工業技術、農業、医薬・衛生、文学・歴史・哲学、政治・経済・法律、教育・社会科学総合、電子・情報科学の九分野。

(2)中国博士・修士学位論文全文データベース

博士の学位授与資格のある三八四機関、修士の学位授与資格のある五四七機関の学位論文を収録。

(3)中国重要新聞全文データベース

全国主要五四七紙の記事を二〇〇〇年より収録。二〇〇九年十一月一日現在、収録記事本数は六四七万本。

(4)中国重要会議論文全文データベース

「国家二級」以上に定められた学会、協会、高等教育機関、研究所など一五五五の団体が主催した約一万四〇〇〇回に及ぶ国際・国内学術会議の論文を収録

ＣＮＫＩに収録される文献は、逐次最新資料がフォローアップされていると同時に、一九九〇年代の資料から遡って、一部の分野では一九一〇年代の資料まで収録されている。膨大なデータベースが急速に日夜拡充されているというのが、ＣＮＫＩの最大の特徴と言えるだろう。

それぞれのデータベースを個別に利用する方法もあるが、最も効果的な活用方法は、文献総数約七二四二万編を有する「学術文献総庫」での検索である[7]。学術雑誌（七六五一種）、年鑑（二一一二種）、各種参考書（約二〇〇〇種）、博士学位授与機関（三八四）、修士学位授与機関（五四七）、学術会議（論文約一一五万本）、新聞（五四七種）、中国図書全文デジタルデータベース（出版社一八一社）、研究助成基金ガイド、その他データベースの横断検索が可能であり、検索方法に慣れるに従って効率良く目的とする文献にアクセスすることが可能である。具体的に検索を行う際の画面は、日本の大学が東方書店と契約して大学図書館のデータベースにCNKIを導入した場合と、インターネットで直接CNKIにアクセスする方法では若干異なるため、本稿では、利用者が個人のパソコンを利用してインターネットでCNKIにアクセスし、「学術文献総庫」を活用するという最も一般的なケースを想定したうえで、日本研究関連の文献検索方法について以下述べていきたい。

❖――――（2）CNKIの利用方法

利用に際しては、まずユーザー登録を行ってユーザー名とパスワードを登録し、各種プリペイドカードの番号を入力してダウンロードのための料金をチャージしておく必要があるが、ここでは誌面の関係からユーザー登録の具体的な方法については割愛し、実際の検索画面から解説を始めたい。文献検索と各文献の概要を閲覧するところまでは無料で利用することができる。それでは、さっそくCNKIのトップページを見てみよう（図1参照）。

「学術文献総庫」のアイコンをクリックすると、各種データベースを横断検索できる検索画面が開く（図2参照）。画面左側の一覧は専門分野の領域を示すものなので、該当する専門分野のチェックを付けておく必要があり、関係のない分野の項目からはチェックを外しておけばよい。画面中央に列挙されているのは各データ

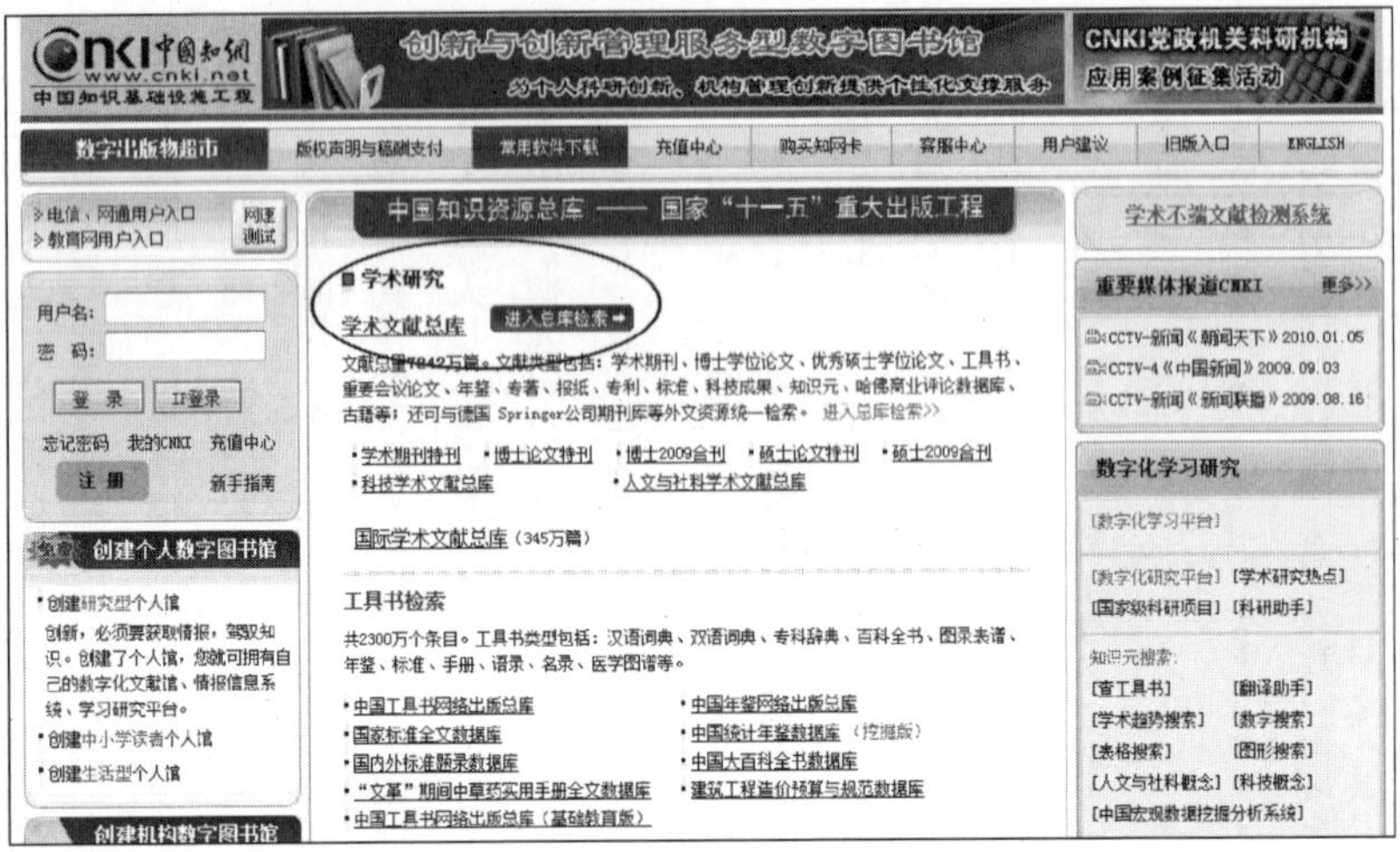

図１　CNKIトップページ

ベースの一覧である。その上に並んでいるタブは検索方法の種類であり、左から「簡易検索」、「標準検索」、「高級検索」、「専門検索」、「引用文検索」、「学者検索」、「科学研究基金検索」、「センテンス検索」、「参考書および典拠検索」、「文献出版出典検索」の順で並んでいる。検索したい文献の書誌情報について、発表された時期、発行元、作者、作者の所属機関、全文に含まれる各種キーワードについて入力していけばよい。

学術論文を検索する場合には、「高級検索」が実用的である。例えば、「題名」に「日本」と入力して「検索文献」をクリックすると、瞬時に合計一五万二〇七五件が該当するという結果が出る（図3参照）。検索結果は「相関度」の高いものからリストアップされているが、検索結果一覧の右側には「発表時間」、「出典データベース」、「引用頻度数」、「ダウンロード頻度数」が示されており、必要に応じてそれぞれの順に検索結果を並べ替えることも可能である。

検索結果が膨大な量の場合は、「題名」の他にも目的とする文献に近い情報を入力して検索を絞り込んでいくことができる。「題名」の右隣には「并含／或含／不含」と

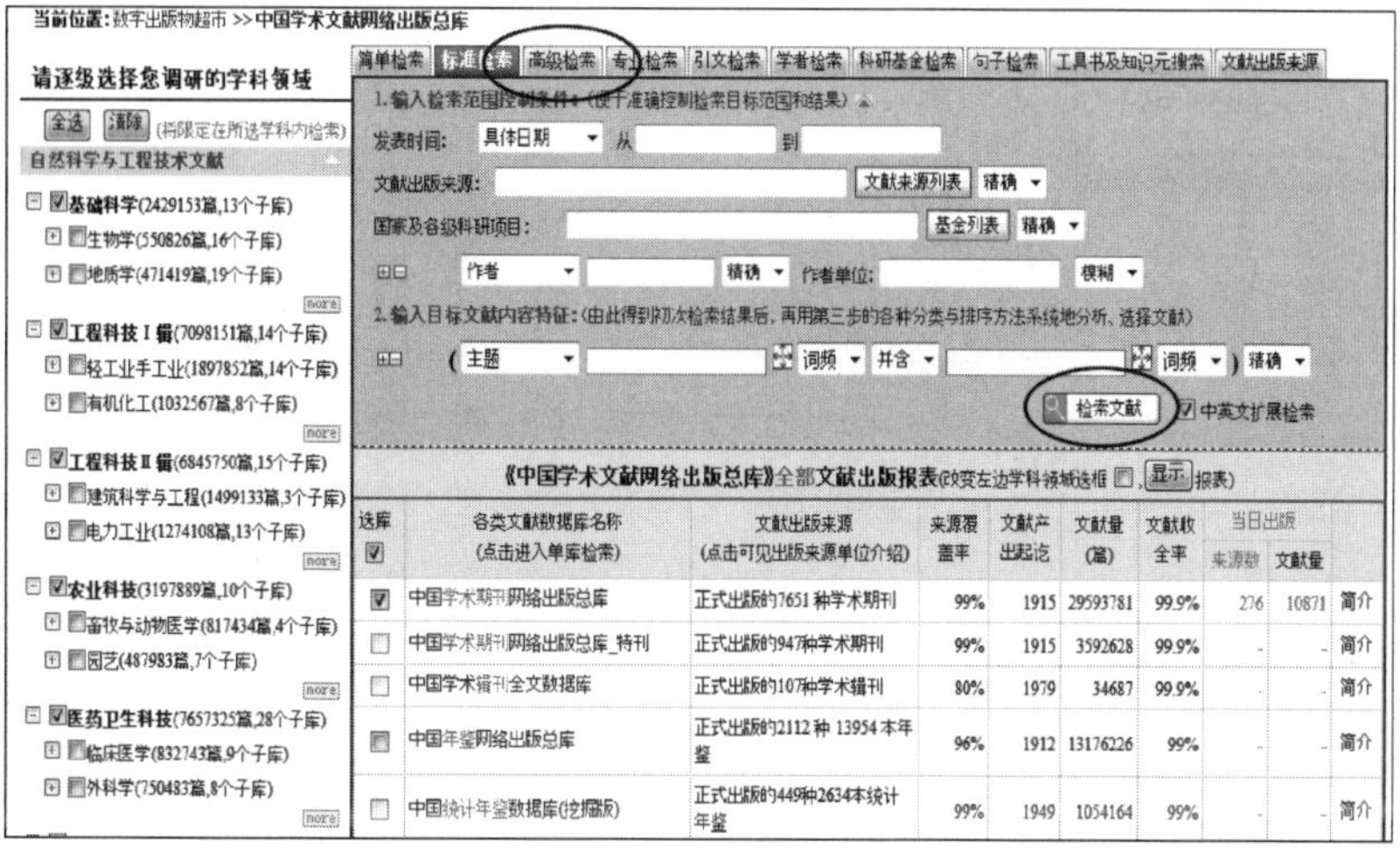

図2　学術文献総庫

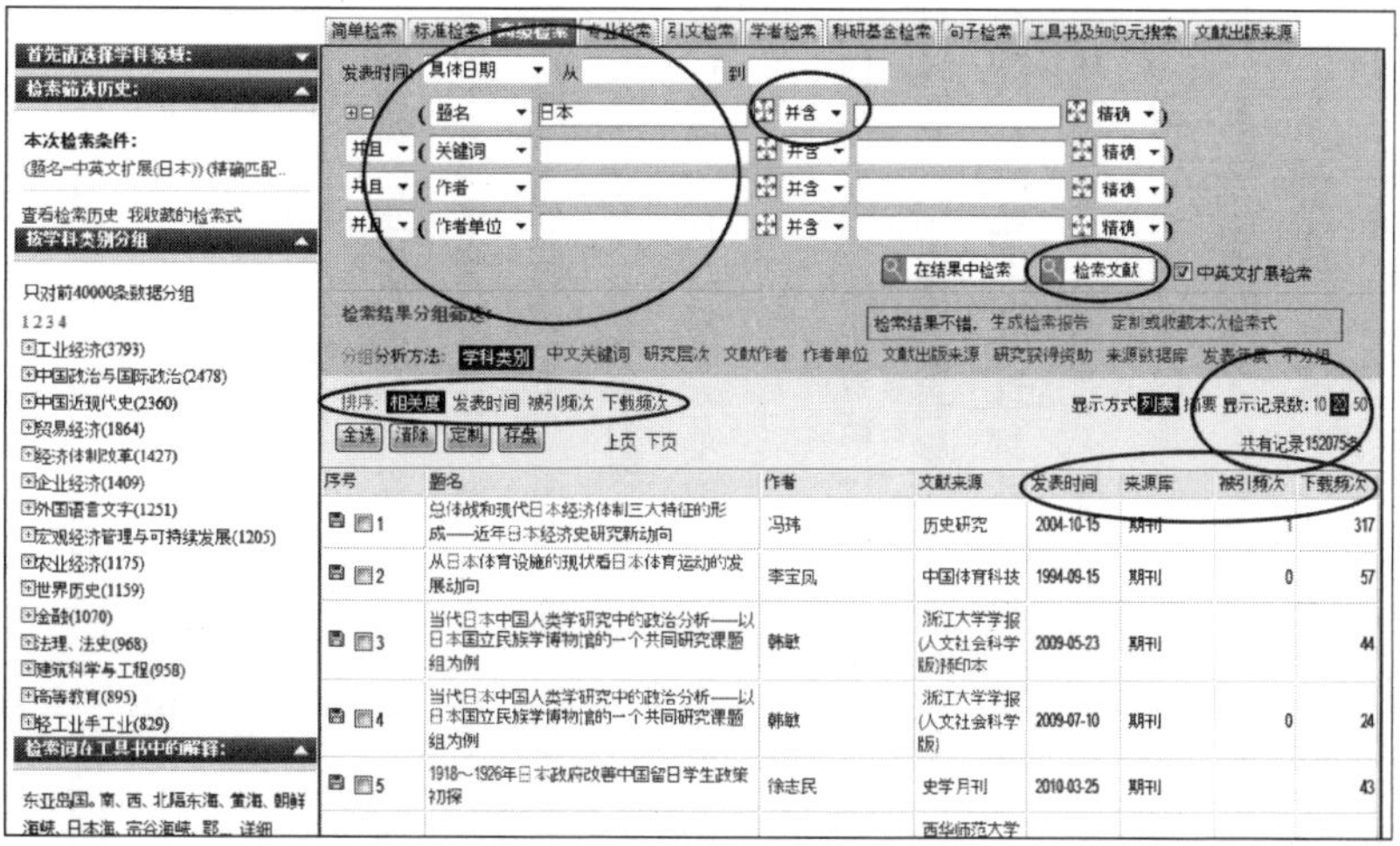

図3　「高級検索」で「日本」を「題名」に含む文献を検索した結果

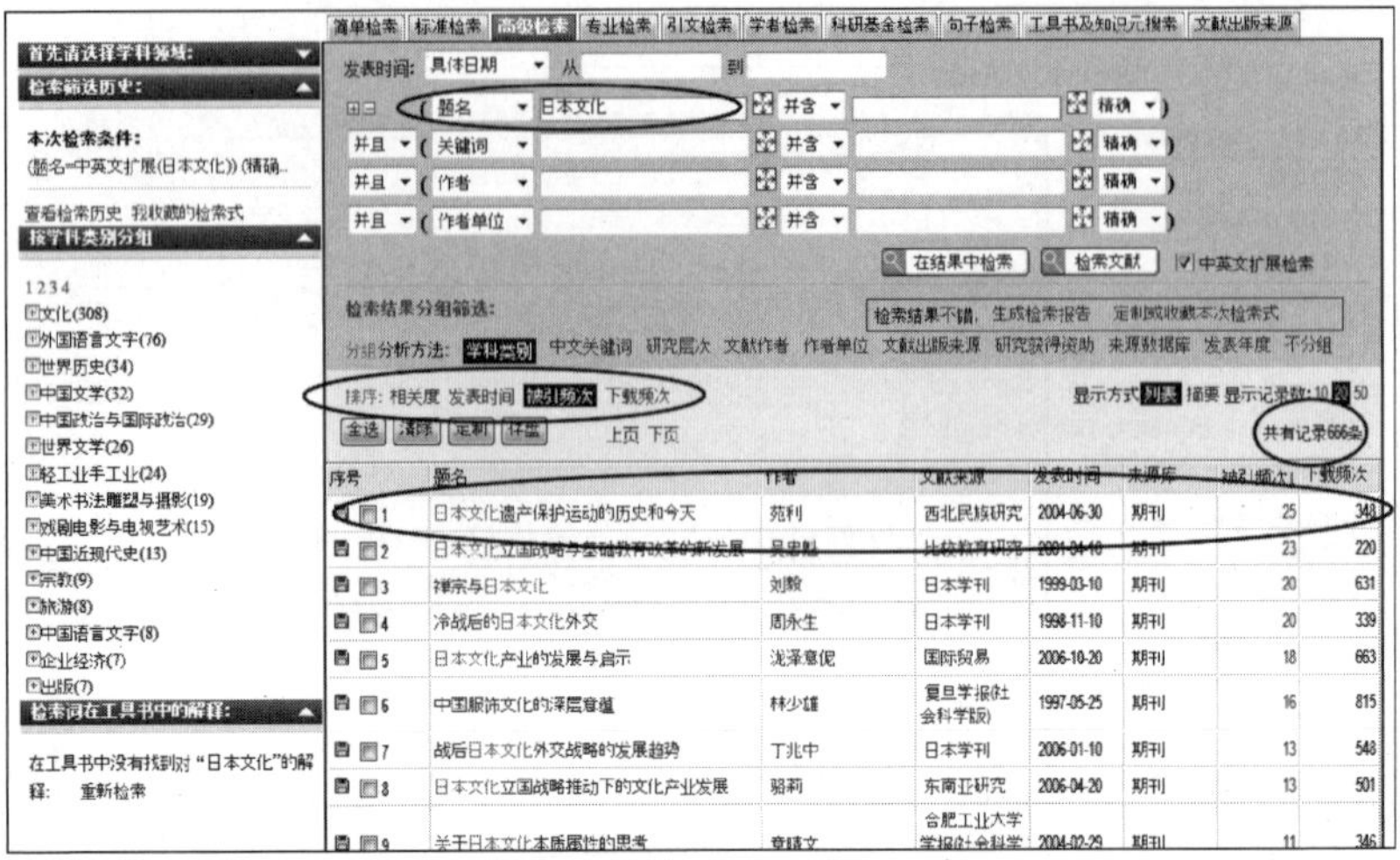

図4　「日本文化」を「題名」に含む文献を検索し、引用数順に並べ替えた結果

いう項目があり、これは一般的な文献検索画面の「and／or／not」に相当する。「題名」の他にも「関鍵詞（キーワード）」、「作者」、「作者単位（作者所属機関）」にそれぞれの情報を入力することによって、より効率よく必要な文献を検索することができる。また、「来源庫（データベース）」の種類を変更したい場合には、図2の画面に戻って必要なデータベースのみにチェックを入れておけばよい。修士論文と博士論文のデータベースは膨大な量に及ぶため、学位論文のデータベースが不要であればチェックを外し、学術雑誌に掲載された論文を集中的に検索する方が効率的である。

次に、検索結果の活用方法について紹介したい。例えば、図3と同じ「学術文献総庫」の「高級検索」の画面で、「日本文化」を「題名」に含む文献を検索すると、合計六六六件の検索結果が該当する（図4参照）。検索結果は画面中央の「排序（ソート）」を変更してデータを並べ替えることができる。「相関度」、「発表時間」、「引用頻度数」、「ダウンロード頻度数」の中から、ここでは仮に「引用頻度数」の順で並べ替えると、検索結果の最上位には「日本

図5　該当論文に関する書誌情報

文化遺産保護運動的歴史和今天（日本の文化遺産保護運動の歴史と現在）」という論文が表示される。

この論文についてさらに詳しく見ていくと、「作者」は苑利、「文献来源（文献出典）」は雑誌「西北民族研究」、「発表時間」は「二〇〇四年六月三十日」、「来源庫（出典データベース）」は「期刊（中国学術雑誌文献）」、「被引頻次（引用頻度数）」は二五回、「下載頻次（ダウンロード頻度数）」は三四八回という検索結果が表示される。この論文を閲覧する場合は、題名をクリックすれば詳細な書誌情報が表示される（図5参照）。「作者単位」は論文の作者が所属する大学や研究機関を指し、「中文関鍵詞」は論文中の主要キーワード、「摘要」には論文の要点が記されている。書誌情報一覧の末尾には苑利論文を引用したその他論文の一覧も掲載されており、個々の論文をクリックすればそれぞれの書誌情報を調べることもできる。加えて、苑利論文を引用した主要論文の中で他にも引用されている論文のリストと上位一〇項目の一覧や、筆者の専門分野に近いその他の研究者の一覧、関連研究機関一覧、関連学術雑誌一覧などの膨大なデータが表示される。つまり、CN

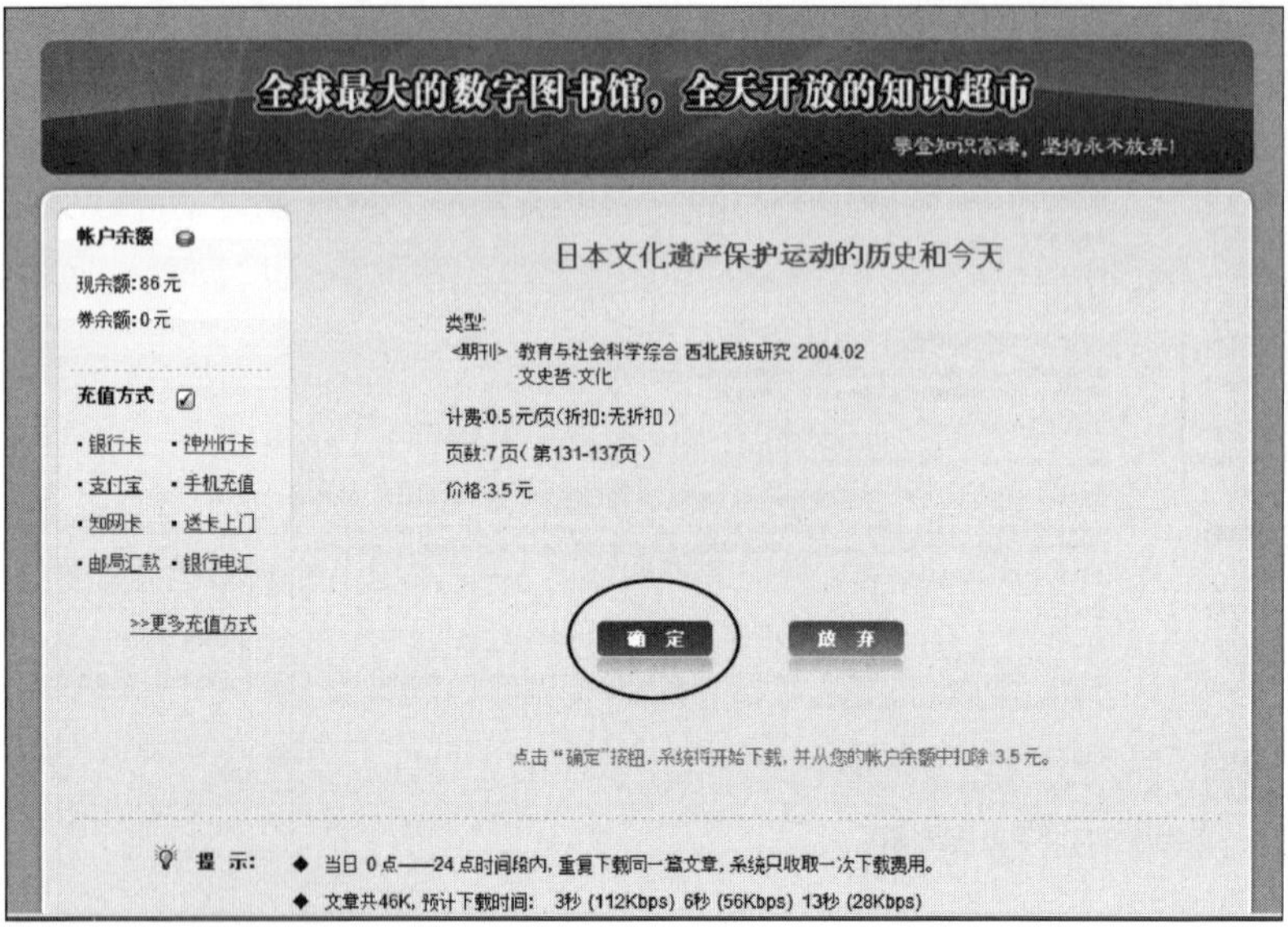

図6　論文ダウンロード画面

KIを利用して一本の論文を検索するということは、その論文がその他の研究においてどのように活用されているかという情報まで同時に検索することが可能であり、研究成果に関連する膨大な情報が瞬時にして一目瞭然になる。検索方法の工夫次第では、中国における日本研究のデータをさまざまな角度から収集し、分析することができると言えよう。

書誌情報が表示された画面で「PDF下載（ダウンロード）」をクリックすれば、論文の頁数と必要な料金が表示される（図6参照）。大学図書館が契約したデータベースの場合は、教職員や学生が学内のデータベースを利用する分には課金されない。ここでは、インターネット経由でCNKIのウェブサイトに直接アクセスして利用する方法を紹介しているため、一頁あたり〇・五元（約六・五円）、七頁で合計三・五元（四五・五円）の費用が必要となる[8]。ダウンロードする場合は、ユーザー登録の際に各種プリペイドカードを使用してパスワードなどの必要項目を入力して一定金額をチャージしておき、料金が清算されるという仕組みだ。中国ではＣＮＫＩに入金するための専用プリペイドカードが販売されているが、その他にも携帯電話入金用のカードや銀行や郵便局の口座から直接引き落とす方法など料金の支払い方法は多岐に及び、手軽にＣＮＫＩを利用できるシステムになっている[9]。日本では東方書店がポイント数に応じて異なる金額のＣＮＫＩカードを販売しており、清算方法が異なる。データベースごとに一頁あたりの必要ポイント数が設定され、ダウンロードする頁の合計ポイント数が清算される仕組みだ[10]。

ダウンロードの画面で赤い「確定」ボタンをクリックすれば、ＰＤＦファイルをダウンロードしてパソコン上で表示することも、保存することも可能である。検索データは画像や図表も含めオリジナルの版面と全く同じように見ることができ、必要な一部をテキストデータとして切り取ることも可能である。

図3で示した検索画面では、「題名」の他にも「作者」や「主題（テーマ）」、「関鍵詞」などで条件を増やした検索を行うことも可能だ。例えば、法政大学国際日本学研究所の王敏教授の論文を検索してみよう。「全文」に「日本」を含み、「作者」が「王敏」として登録されている文献は一九一二件あるが、詳細を見ると、延辺大学の修士論文や復旦大学の博士論文として登録されている論文もある（**図7**参照）。中国では同姓同名が非常に多いために、「作者」に関する検索は膨大な検索結果から絞り込んでいく必要がある。ここでは「从比較的視角看日中相互認識的誤区」というタイトルの国際シンポジウムでの報告記録が該当するので、この論文を手掛かりにさらに検索していけば、中国国内で発表されている王敏教授の論文を調べることも可能だ。例えば、中国の学術誌に論文を発表したことがない日本人研究者でも、中国国内で開催された国際シンポジウムで報告した経験がある場合は、提出した論文がＣＮＫＩに登録されているという場合も考えられる。任意のキーワードで検索を重ねることによって、ＣＮＫＩに登録されている文献について理解を深めることができるだろう。

以上、ＣＮＫＩの基礎的な利用方法について概観したが、さらに具体的な活用方法については実際に文献

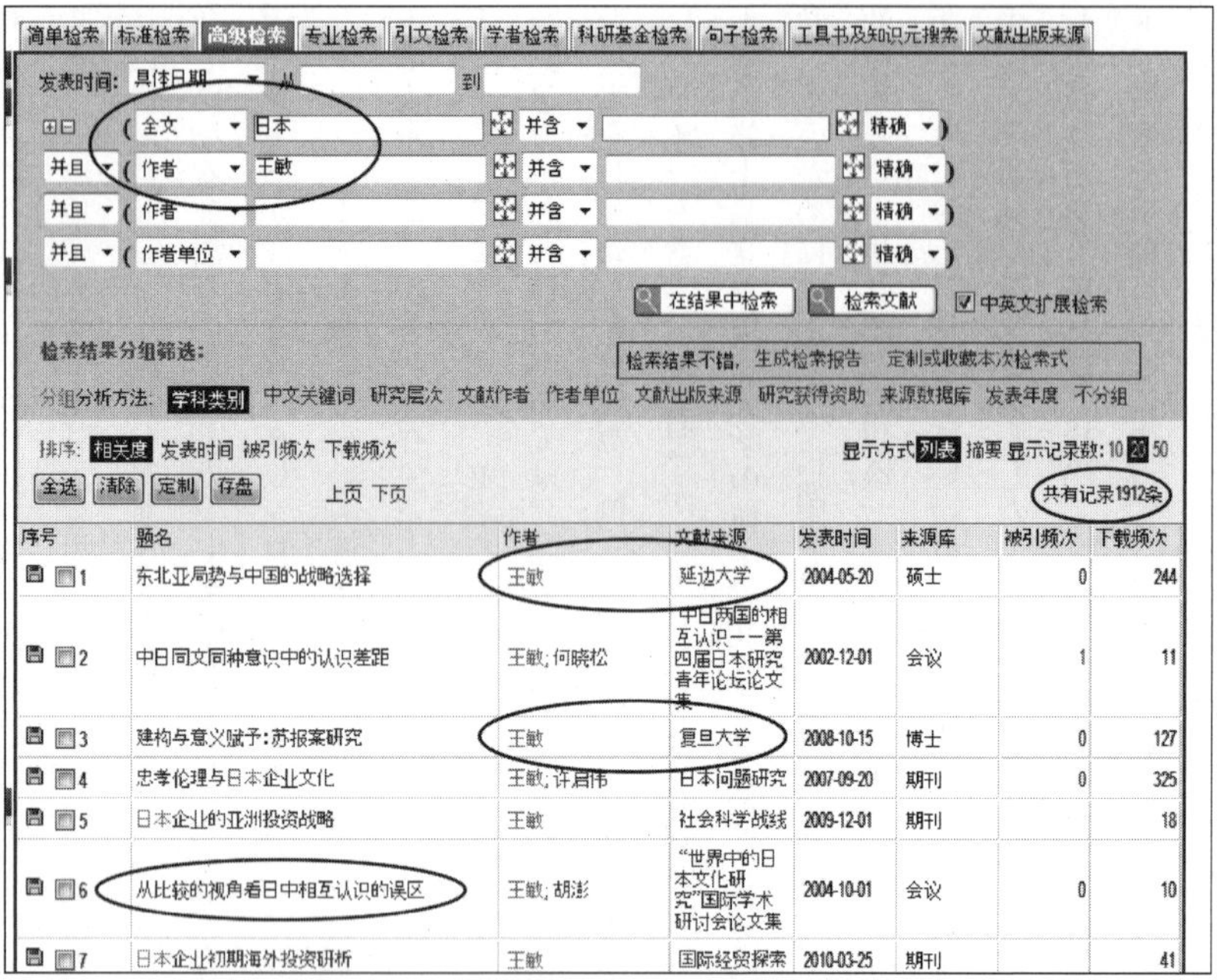

図7「全文」に「日本」を含む「作者」が「王敏」の論文

検索を繰り返す中で慣れていく必要がある。膨大な情報量をはじめ、論文の引用回数やダウンロード回数からもわかるように、中国国内で発表された文献を利用して学術研究を行ううえで、CNKIはもはや必須のツールであると言えよう。国家プロジェクトに位置づけられた知的インフラの拡充によって、インターネットを利用すれば誰もが同じ条件のもとで文献検索ができるという研究環境を構築していることは注目すべきことである。

3　ＣＮＫＩを活用した日本研究関連の文献検索

❖（1）「相関キーワード」を活用した文献検索

中国における日本研究の動向を、ＣＮＫＩを活用して概観してみよう。「日本」と関連して使用されるキーワードなどが検出されれば、日本研究の動向や傾向などを一定程度把握することができると考えられる。前述した「学術文献総庫」の「高級検索」の画面上で「全文」に「日本」を含む資料を検索すると、四八八万八八一五項目が該当する。ここで注目したいのが、画面下に表示される「相似詞（同類語）」と「相関詞（相関語）」である（図8参照）。

「相似詞（同類語）」には、ここで入力したキーワードの「日本」とよく似た用語の一覧が並んでいる。次の項目にある「相関詞（相関語）」とは、ＣＮＫＩのデータの中で「日本」と関連して表示される項目のうち、使用頻度が多い用語が表示されている。「日本政府」、「日本経済」、「日本企業」等からは、日本政府の政策や経済事情に関する文献が浮かび上がり、「比較研究」、「日本社会」、「日本文化」等からは、日本の文化や社会についての関心が高いことが想像される。また、「私立大学」、「日本の大学」、「日本の学者」、「日本の高等教育」、「国立大学」等からは日本の教育政策や大学教育に関して、さらに「日本帝国主義」というキーワードからは歴史的な問題に関する文献が多いことが容易に想像される。「相関キーワード」は、「日本」に関する文献がどのような専門分野や領域に集中しているかという大まかな傾向を把握することができると言えよう。

実際に、これらの「相関キーワード」を含む文献数を検索してみよう。「全文」に「日本」を含む文献の中から、「関鍵詞（キーワード）」としてこれらの「相関キーワード」を含む文献を絞り込んだ結果は、表1、表

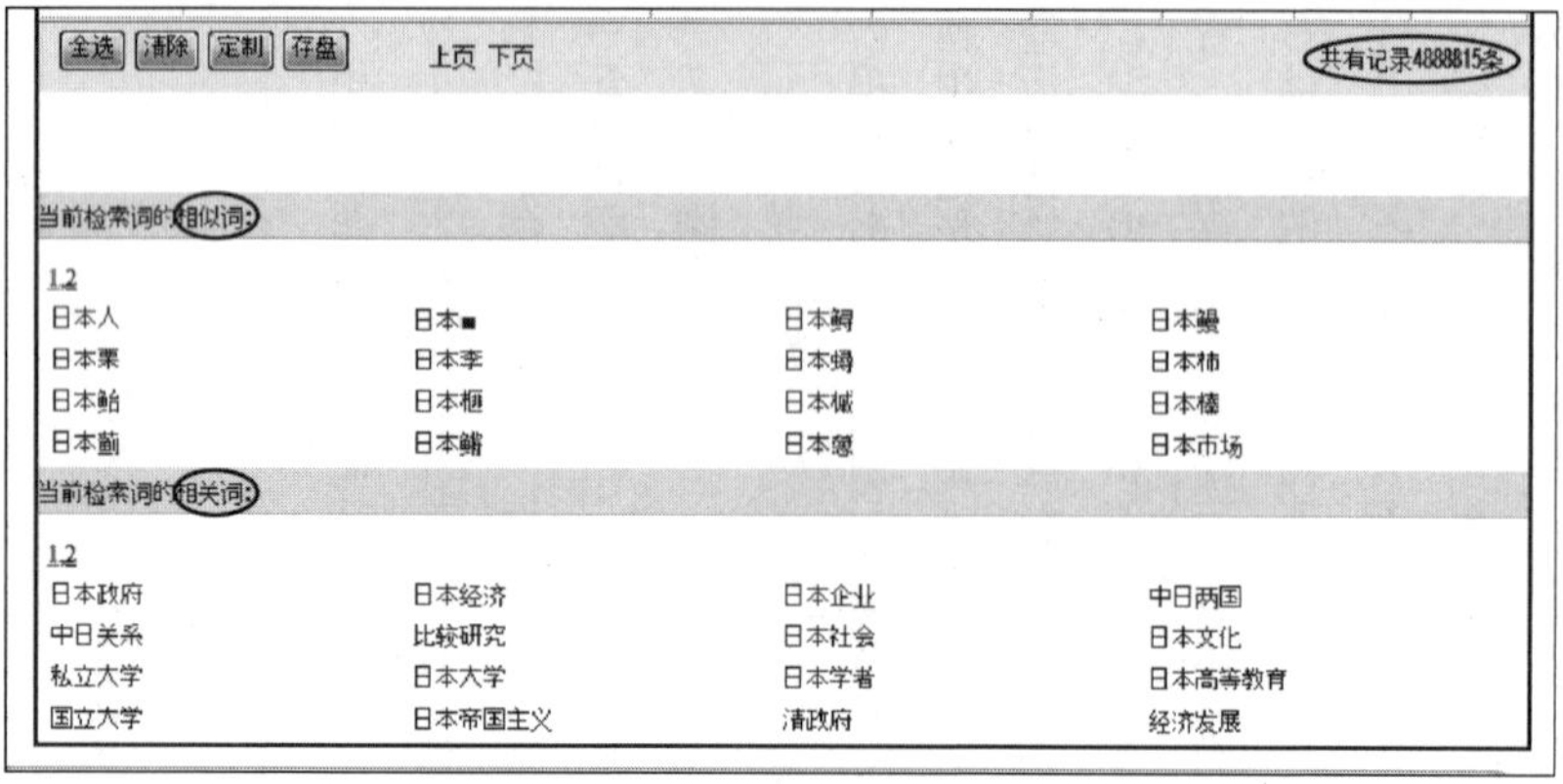

図８　「全文」に「日本」を含む検索結果の「相似詞」と「相関詞」

２の通りである。

表１は、図８の画面で表示された順序でキーワードを並べたものだが、文献数の上位から並べ直したものが、表２である。表２を見ると、「日本」に関する文献では、「経済発展」に関する内容が突出して多いことが明らかである。

ＣＮＫＩの操作方法に慣れるためにも、さまざまなキーワードを入力して検索してみるのが良いだろう。例えば、「題名」に「日本文化」を含む文献を検索すると、合計六八五件が該当する。「相関キーワード」として表示されるのは、「中国文化」、「日本民族」、「周作人」、「伝統文化」、「外来文化」、「日本語教育」、「恥の文化」、「文化交流」などが続いている。また、中国でも絶大な人気を誇る「村上春樹」を「主題」とする文献は、七六八項目が該当する。「相関キーワード」として表示されるのは、『ノルウェイの森』、「カフカ」、「都市の青年」、「大江健三郎」、「安部公房」、「現実世界」、「現代の寓話」、「日本の作家」、「日本文学」、「距離感」、「非現実性」、「読書傾向」、「学生運動」などである。村上春樹のどのような作品が読まれているか、他のどのような作家と対照されているのか、そして作品をどのように読んでいるかという視点もこれらのキーワードからうかがい知ることができると言え

表１　全文に「日本」を含む文献のうち以下のキーワードを含む文献数

日本政府　19,454	日本経済　11,659	日本企業　11,949	中日両国　6,974
中日関係　4,416	比較研究　10,582	日本社会　2,315	日本文化　4,009
私立大学　1,224	日本の大学　1,289	日本の学者　4,097	日本の高等教育　477
国立大学　780	日本帝国主義10,296	清朝政府　8,230	経済発展　27,246

表２　全文に「日本」を含む文献のうち以下のキーワードを含む文献数の上位順

経済発展　27,246	日本政府　19,454	日本企業　11,949	日本経済　11,659
比較研究　10,582	日本帝国主義10,296	清朝政府　8,230	中日両国　6,974
中日関係　4,416	日本の学者　4,097	日本文化　4,009	日本社会　2,315
日本の大学　1,289	私立大学　1,224	国立大学　780	日本の高等教育　477

よう。もっともそれぞれの文献の内容については個別に検討する必要があり、ここで取り上げているのはあくまでも数量的な情報にとどまるが、それでもＣＮＫＩで検出された結果を概観すれば、日本研究に関する一定の傾向を把握することや、新たな研究への手掛かりを得ることが可能だと言えよう。例えば文献が発表された時期を絞って検索すれば、いつの時代にどのような分野に関する研究が多く発表されたかという傾向を把握することも可能である。

❖――（２）ＣＮＫＩを活用した雑誌文献の検索

　これまでは、ＣＮＫＩの検索画面で個別のキーワードを入力する方法について紹介してきたが、ここでは学術雑誌に掲載された文献を、ＣＮＫＩを利用して閲覧する方法を取り上げたい。ＣＮＫＩのトップページには「学術文献総庫特色導航」という項目があり、「期刊大全」には九二六八種類の定期刊行物が収録されている。学会誌や専門誌なども含まれており、掲載誌別に閲覧や検索をするのに有効である（図９参照）。

　この「期刊大全」を開くと、ＣＮＫＩに収録されている定

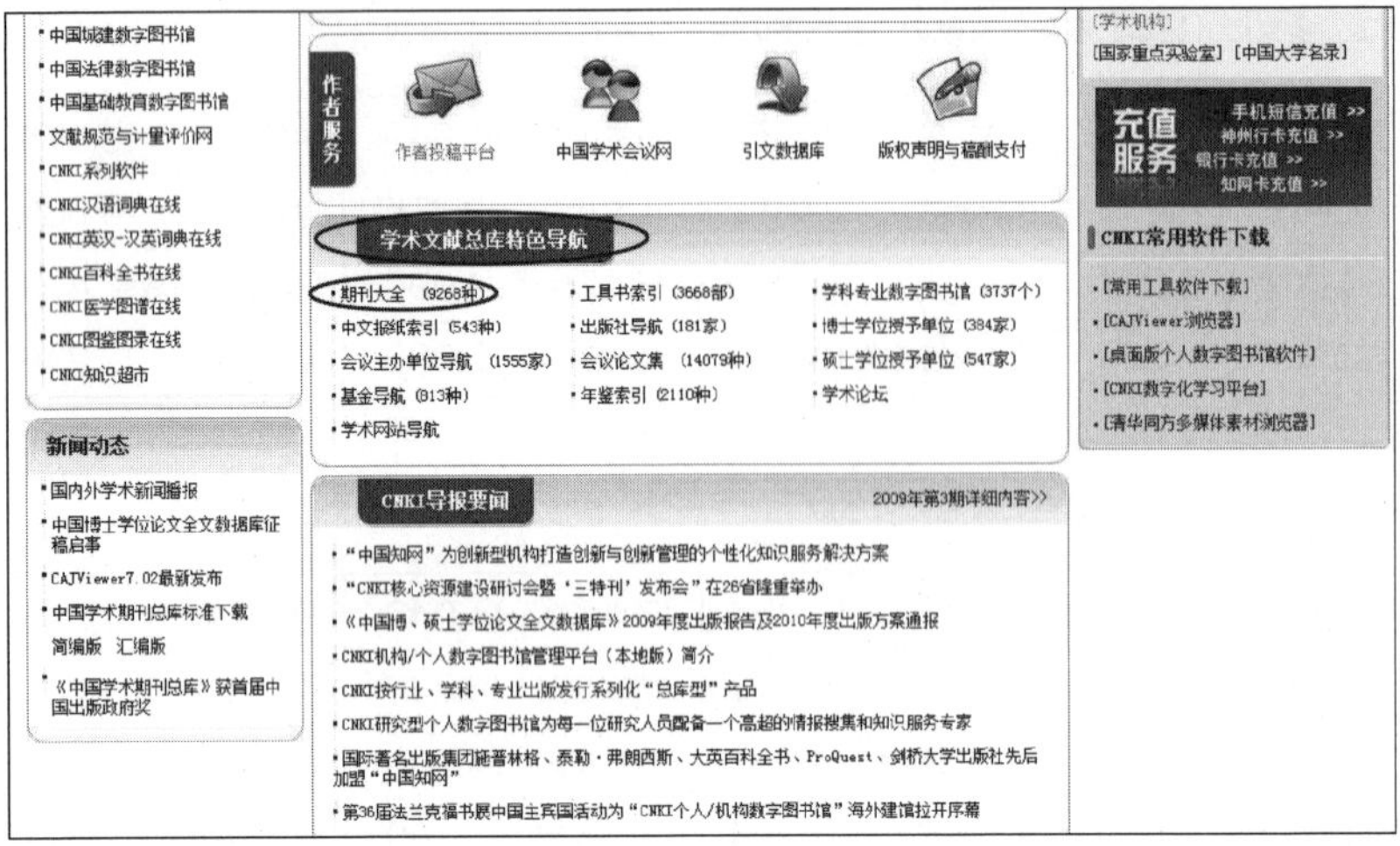

図9　ＣＮＫＩトップページの「期刊大全」

期刊行物がアルファベット順、あるいは分野別に整理されている。または、「検索詞」に探したい雑誌のキーワードを入力して検索すれば、関連する雑誌が検出される仕組みになっている（図10参照）。

雑誌名に「日本」を含むものを検索すると、六種類の雑誌が該当した（図11参照）。現在、中国国内で発行されている日本研究の学術雑誌には、主要なものとして「日本問題研究」、「日本学刊」、「日本研究」、「日本医学紹介」、「現代日本経済」がある。日本専門誌の他にも、「外国問題研究」のように外国事情を扱った専門誌であれば、日本研究の文献が掲載されている確率も高いだろう。このように専門誌の正式名称が不明であっても、「日本」というキーワードから複数の専門誌を探すことが可能である。

さらに便利なのは、これまでに検索した文献と同じように、個々の雑誌に掲載された文献を検索・閲覧することができる点だ。例えば、中国社会科学院日本研究所と中華日本学会が発行する「日本学刊」を見ると、二〇一〇年第三期に掲載された論文が一覧となって表示され、個別の論文をダウンロードして閲覧や保存をすることが可能である

図 10 「期刊大全」での雑誌検索

図 11　ＣＮＫＩで検出された日本関連の雑誌

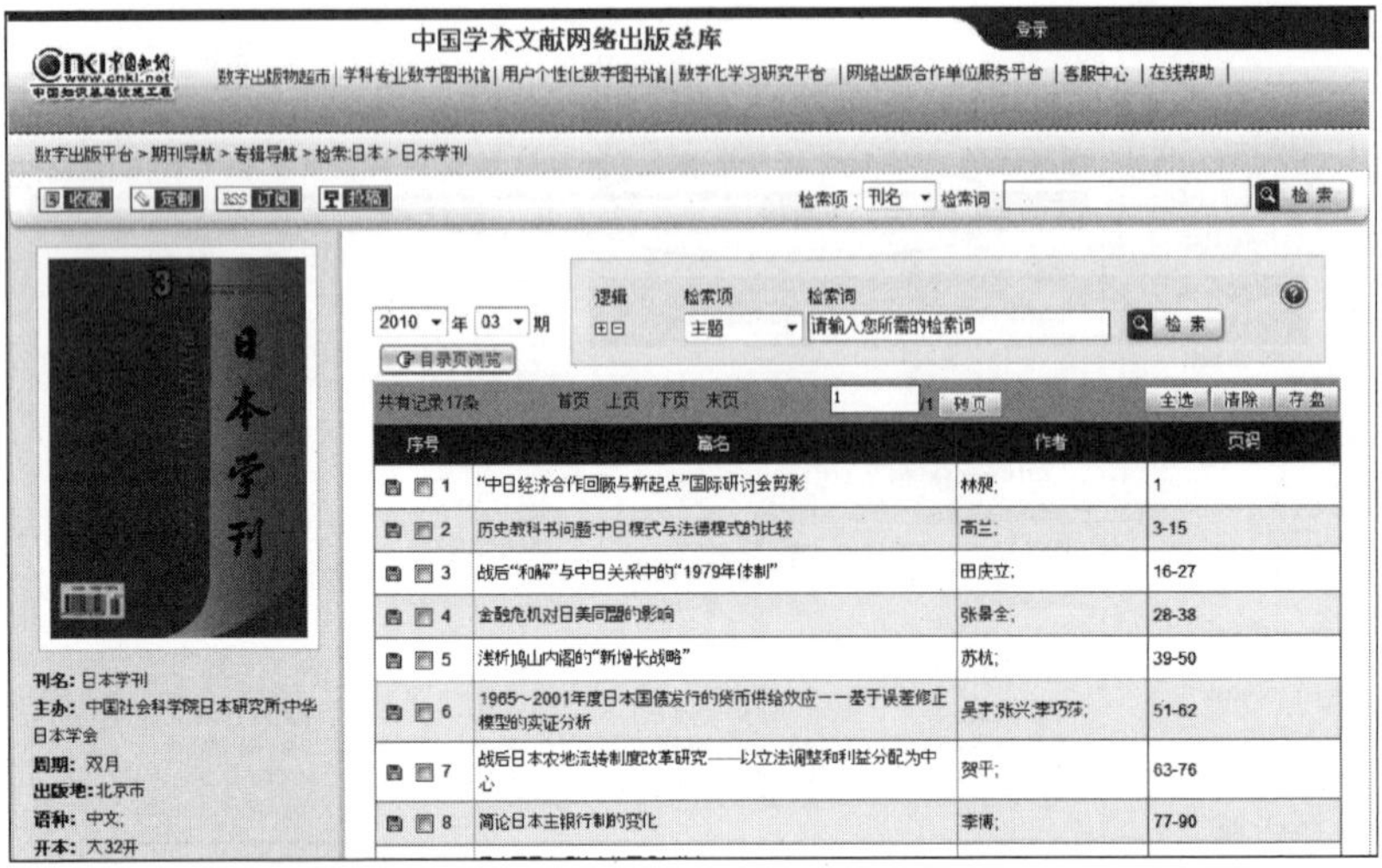

図 12 「日本学刊」2010 年第 3 期

(図12参照)。さらに、この二〇一〇年第三期に掲載されたすべての文献を対象に、「検索詞」に任意のキーワードを入力して検索することもできる。これらの検索方法を応用すれば、CNKIに登録されている『日本学刊』掲載の文献について、どのような時期に、どのようなテーマの研究が発表されたかという視点での調査を行うことも極めて容易である。

ここでは学術雑誌の例のみを取り上げたが、検索項目を入れ替えれば、例えば中国国内で発表された日本関連の修士論文や博士論文でどのような研究テーマが多いのかという情報や、日本関連の学術会議ではどのようなテーマで議論がなされているのか、または研究助成金を獲得した日本関連の研究にはどのようなテーマがあるのか、そのプロジェクトにはどのような研究者が参加しているのかといった情報なども、CNKIを利用して調べることが可能だ。文献の発表後CNKIに掲載されるまで通常一、二カ月の時間を要することを除いても、CNKIを活用するメリットは絶大であると言えよう。

現在、中国国内の研究者はもとより中国で発表された文献を必要とする研究者の多くは、その専門分野にかかわらずＣＮＫＩを日常的に活用していると言えよう。以前は中国主要都市の専門図書館に行かなければ目にすることのできなかった文献の多くが、自宅のパソコンで入手できるようになったことの意味は極めて大きい。ＣＮＫＩという知的インフラの整備は、インターネットにさえ接続できれば中国国内で発表された膨大な文献を誰もが瞬時に入手できるようにしたという画期的なシステムなのである。中国の研究者は、国内で発表される日本関連の膨大な文献を収集し、それらの先行研究を効果的に参照しながら自らの論文を執筆できるだけでなく、発表した論文がその後どのように活用されているかについて、ダウンロード頻度数や引用頻度数などの客観的なデータを通して研究成果を確認することもできるのだ。ＣＮＫＩは文献検索のみならず、文献収集を含む研究方法全体にさまざまな影響をもたらしていると考えられる。中国における日本研究を検討する際には、研究の最も基本となる文献収集の手法が大きく変貌していることに注目すべきであると言えよう。

4 ＣＮＫＩを活用した文献検索の課題

膨大な情報量と利便性の高さを最大の特徴とするＣＮＫＩだが、その利用にあたってはいくつかの課題があることも事実である。ここでは、筆者がこれまでＣＮＫＩを利用した中で気付いた若干の課題についてまとめておきたい。

❖――（１）言語・技術面での課題

言うまでもなく、ＣＮＫＩはすべてが中国語で表記されているため、中国語ができなければ豊富な資料にもアクセスできないという最大の課題がある。近年CNKIに収録された一部の論文には英訳タイトルや英語で書かれたサマリーが併記されている事例も見られるが、一般的に「中国語の壁」は高い。中国人研究者や中国研究を専門とする研究者は利用できたとしても、中国語を理解しない研究者にとってはやはり実用には程遠いデータベースだと言わざるを得ない。中国国内における学術研究が広く活用されるためにも、英訳タイトルやサマリーの併記は今後増加することが望ましいと考える。

続いて技術的な問題だが、CNKIのウェブサイトは、一般的にアクセスが集中する平日の昼間などは接続速度が低下して検索に時間がかかることが多い。また検索結果からさらに「絞り込み検索」を行う場合にも、速度の遅さが気にかかる。CNKIの利便性をさらに高めるためには、検索やデータをダウンロードする際の速度が安定することが必要不可欠だろう。

❖———（2）収録文献・検索結果に関する課題

CNKIは驚異的な速さで文献データを拡充しているが、収録されている文献の採用基準については明らかになっていない点もある。例えば、一九九〇年代半ばに人気のあった雑誌「東方」は思想や文化を中心に国内外の時事評論を掲載し、日本に関する論文も掲載されていた。筆者は二〇〇三年にCNKIを利用して雑誌「東方」に掲載された論文を検索し、その中の数編をダウンロードしたことがあるのだが、現在は「学術文献総庫」や「期刊導航」をはじめ数種類の検索方法で試みても、雑誌「東方」に関するデータは全く検出されない。つまり、CNKIを見る限り、雑誌「東方」に関するデータはすべて消去されてしまったのだ。この背景には、政治的な問題を指摘することができる。一九九三年創刊の「東方」は、わずか三年後の一九九六年に中国新聞出版総署期刊管理司の通知を受けて停刊処分となったのだが、処分の理由は一九九六年第三期に掲載された文化大革命に関する特集であった[11]。ここではその経緯について詳細を論じることはしないが、一度はCNKIに収録された文献がその後に削除されたという実例は、収録される文献の採用基準についての疑問を抱かざるを得ない。雑誌「東方」は停刊処分という政治的背景があるために特殊な事例と言うべきかもしれないが、CNKIに収録される文献の選定基準についての情報がより明確に公開されることが期待される。

また、前述した図8で示したように、検索結果を「相関キーワード」に基づいて分析することは可能だが、表1、2で検証したように検索結果は必ずしも「相関度」の順位による表示ではない。CNKIはデータ量の豊富さと検索機能が多機能であることが最大の特徴であるだけに、検索結果がより精度の高いものであることが期待される。

❖――――（3）日本のユーザーにとっての課題

本稿ではインターネットを利用したCNKIの個人利用を想定して文献検索の実例を紹介したが、日本国内の研究者の場合は、所属する大学図書館のデータベースの一つとして利用しているケースが多いだろう。各大学の図書館は東方書店と契約して必要とする分野のCNKIを導入することが可能だが、中国に関する専門課程を設置している大学でない場合は、経費などの理由から導入できない場合もあるようだ。また、すでに導入している大学図書館であっても、大学内の専門課程に該当する分野以外のデータベースは購入しないことが一般的であるため、CNKI全体から見れば機能のごく一部しか活用できないということもある。CNKIをより多くの利用者が効果的に活用するためにも、大学図書館がCNKIを導入しやすくなることが望まれていると言えよう。

もう一つの課題は、大学図書館のデータベースを利用する場合でも、個人的にインターネットでCNKIにアクセスする方法にしても、ＣＮＫＩを最大限に活用するためのマニュアルをより具体的に作成する必要があるということである。もちろん、東方書店のウェブサイトでは詳細な「ＣＮＫＩ利用マニュアル」が公開され、逐次更新されているので、非常に参考になる[12]。しかし、例えば意欲のある大学院生などがＣＮＫＩを利用して文献収集をする際には、東方書店版の「ＣＮＫＩ利用マニュアル」を基礎としたうえで、専門分野に関連した具体的な事例に基づく資料収集のための手引きが必要だと言えよう。ＣＮＫＩを導入している大学図書館それぞれが、大学の専門課程や学生のニーズに応じてＣＮＫＩ活用のノウハウを蓄積し、オリジナルのマニュアルを作成することも必要だと考える[13]。専門分野ごとのＣＮＫＩ活用方法は、おそらく個々の大学の研究室においてＣＮＫＩを実用している指導教授から学生に伝えられているのかもしれないが、ＣＮＫＩの活用方法についての情報が広く共有されることを期待したい。

また、東方書店が発売するＣＮＫＩカードを利用する際の最大の課題は、その料金設定にある。二〇ポイントで八四〇〇円から数種類のカードがあり、額面が高くなれば割引率も大きい。例えば修士・博士論文を除く一般的な文献は一頁あたり〇・四ポイントが必要で、五頁の論文をダウンロードする場合は二ポイントが必要となる。カードの種類によって換算率は異なるが、八四〇〇円のカードの場合の二ポイントは八四〇円に相当する。論文一本の複写代金としてはやはり高額だ。中国国内で発売されているＣＮＫＩカードや各種プリペイドカードを利用すれば、五頁の論文は二・五元（約三二・五円）でダウンロードすることが可能だ。ＣＮＫＩがより多くの利用者に実用され、各分野における研究の活性化を図るためにも、ＣＮＫＩが費用面においてもより使いやすい検索ツールとして活用されるべきだろう。

❖――――（４）ＣＮＫＩを活用した学術研究全般の課題

膨大なデータ量を誇るＣＮＫＩは絶えずデータが更新され、ウェブページも日々改良されている。大量の資料を効率良く検索する技術が必要だが、それ以上に求められるのは豊富な資料を整理・分析する能力であることは言うまでもない。文献収集が容易になり誰もが同様の資料を入手できる環境であればこそ、それらの文献をどのように分析するかという研究本来の力量が試されていると考えるべきだろう。

検索した文献について、引用やダウンロード頻度数が表示されることは先に述べた。これらの可視化された情報は、データベースの利用者にとっては参考となる数値だが、また別の側面から見れば研究の「数量」が評価されやすいということでもある。それらを自覚したうえでＣＮＫＩをどのように活用するかということも、個々の研究者に問われている課題だと言えよう。

そして、最後に提起することが最も本質的な課題とも言えるが、ＣＮＫＩが文献全文を掲載していることの事実は、利用者の視点では大変便利ではあるものの、著作権の面から言えばその是非については議論すべきだと考える。文献の全文がダウンロードされることによってパソコンの画面上で簡単にコピー・ペーストされ、例えば論文の盗作や剽窃などの問題も起こり得るかもしれない。ここではそうした問題に関する具体例については言及しないが、インターネット上で公開される知的資源の保護と活用について、より多面的な議論を重ねながらＣＮＫＩを活用していくという態度が必要だと言えよう。

5　おわりに

本稿は中国における日本研究について、ＣＮＫＩを活用した文献検索の現状と課題という問題意識から、ＣＮＫＩの実用方法を中心に紹介した。中国の国家プロジェクトである知的インフラＣＮＫＩの成立と主要コンテンツ、および具体的な活用方法について実際の検索画面を示しながら述べた部分は、インターネットを利用したＣＮＫＩ個人利用の初歩的な利用マニュアルとしても参照できるように記した。続いて、ＣＮＫＩを活用した日本研究関連の具体的な文献検索について、「相関キーワード」と個別の学術雑誌の検索方法について述べた部分は、利用マニュアルの応用編という位置付けでもある。本稿で言及した操作方法はごく一部だが、「中国の日本研究者はどのように文献検索をしているか」という視点で検索ツールを概観し、さらに実用することにより、中国における日本研究の最新動向の一端が浮かび上がると言えよう。繰り返しになるが、本稿は基礎的かつ表面的な検索結果の紹介にすぎないため、文献の内容について検討したものではないが、ＣＮＫＩを活用することにより、独自性のある文献検索と研究への可能性が開けることを強調したい。

ＣＮＫＩを活用した文献検索の課題については、日本研究に限らず全般的な問題に言及した。本稿で言及したいくつかの問題点を認識することによって、ＣＮＫＩをより効果的かつ批判的に活用することができるのではないだろうか。ＣＮＫＩの活用は、日本研究の概要を理解するだけにとどまらず、中国における学術研究の最新動向を把握することを可能にすると言えよう。

本稿の最後に提起したいのは、文献検索のデータベースや手法を共有することで、当該分野の研究がより活性化することの可能性である。中国の研究者たちがＣＮＫＩを活用して日本研究を行っている現状を理解することができると同時に、その状況を他の国や地域の研究者が分析することによって、新たな発見や多様な議論が可能になると言えるだろう。例えば、中国における日本研究の動向を把握するだけでなく、ＣＮＫＩを活用して「日本研究データベース」を新たに構築することや、「日本研究者データベース」を作成して学術交流に活用することなども実用的だと考える。つまり、膨大なデータ量を誇る文献検索ツールを前に、それをどのように活用するかという研究者の問題意識や独自性が試されているのではないだろうか。本稿は、ＣＮＫＩという文献検索ツールの活用によって『中国における日本研究』の研究」を活性化するための試論である。CNKIを効果的に活用しながら、個別具体的な研究課題について考察することは今後の課題としたい。

注

[1] 本稿は、二〇〇九年九月二六日に開催された法政大学客員学術研究員研究発表会での報告に基づくものである。

[2] 村田忠禧「中国学術情報データベース（CNKI）を使ってみて」「東方」二八九号、二〇〇五年三月、一頁。

[3] 「中国知識基礎設施工程」：http://www.cnki.net/gycnki/gycnki.htm

[4] 国立情報学研究所、論文情報ナビゲータ CiNii：http://ci.nii.ac.jp/

[5] 東方書店CNKI：http://cnki.toho-shoten.co.jp/kns50/

[6] 中国語タイトルは「中国学術期刊網絡出版総庫」。なお、各種データベースの文献数と本文中で参考にした各検索結果は、本稿を執筆した二〇一〇年七月一〇日時点でのデータによる。

[7] 学術文献総庫：http://epub.cnki.net/grid2008/index/ZKCALD.htm

[8] 人民元の換算は二〇一〇年七月一〇日現在の換算レートで、一元約一三円とした。

[9] CNKI料金支払い方法：http://my.cnki.net/CNKIRecharging/czzx.html

[10] 東方書店CNKIカード：http://www.toho-shoten.co.jp/cnki/card.html

[11] 雑誌「東方」の創刊と停刊処分の詳細については以下を参照されたい。拙稿「現代中国の言論空間――雑誌「炎黄春秋」をめぐる政治力学――」「日本大学大学院総合社会情報研究科紀要10（二〇〇九）」http://atlantic2.gssc.nihon-u.ac.jp/kiyou/pdf10/10-111-122-Oikawa.pdf、一一九頁。

[12] 東方書店「CNKI利用マニュアル」：http://www.toho-shoten.co.jp/export/sites/default/cnki/help/cnki-kns50.pdf

[13] 個別に利用マニュアルを作成している例としては、学習院大学計算機センター特別研究プロジェクト『中国学術雑誌全文データベース』

に基づく研究・教育資料作成」（二〇〇九年度）がある。

参考資料

・田中信行「中国最大の「知識インフラ」——中国学術情報データベース（CNKI）」「東方」二六七号、二〇〇三年五月、一四—一七頁。

・村田忠禧「中国学術情報データベース（CNKI）を使ってみて」「東方」二八九号、二〇〇五年三月、一—五頁。

・渡邉義浩「情報の海へ——CNKIカードの利用」「東方」二九四号、二〇〇五年八月、二—五頁。

・小島浩之「CNKI——中国最大の電子ジャーナル（学術リソース レビュー 学術サイト）」好文出版『漢字文献情報処理研究（6）』二〇〇五年一〇月、二〇六—二一〇頁。

・時実象一「中国の電子出版（1）電子ジャーナルの先進国・中国——CNKI（中国学術文献オンラインサービス）を中心に」「東方」（三三四）号、二〇〇八年一二月、二—四頁。

・及川淳子「中国学術情報データベース（CNKI）使用体験記」「東方」三五四号、二〇一〇年七月二五日、七—一一頁。

参考ウェブサイト

・CNKI：http://www.cnki.net/

・東方書店CNKI：http://cnki.toho-shoten.co.jp/kns50/

・国立情報学研究所、論文情報ナビゲータ CiNii：http://ci.nii.ac.jp/

・国立国会図書館：http://www.ndl.go.jp/

・中国国家図書館：http://www.nlc.gov.cn/

責任編集者略歴

王　敏（わん・みん）
法政大学国際日本学研究所専任所員・教授、法政大学国際日本学研究所アジア・中国研究チーフリーダー、中国・中華日本学研究協会副会長。
主要著書『東アジアの日本観』三和書籍、二〇一〇年。『美しい日本の心』三和書籍、二〇一〇年。『中国人の日本観』三和書籍、二〇〇九年。『日本と中国――相互誤解の構造』中公新書、二〇〇八年。『日中二〇〇〇年の不理解』朝日新書、二〇〇六年。『謝々！　宮沢賢治』朝日文庫、二〇〇六年。『中国人の愛国心』ＰＨＰ新書、二〇〇五年。『〈意〉の文化と〈情〉の文化』中央公論新社、二〇〇四年。『宮沢賢治と中国』国際言語文化振興財団、二〇〇二年。『宮沢賢治、中国に翔る想い』岩波書店、二〇〇一年。『花が語る中国の心』中公新書、一九九八年ほか。

筆者略歴（掲載順）

趙　啓正（ちょう・けいせい）
中国人民政治協商会議常務委員兼外事委員会主任、中国人民大学新聞学院院長、南開大学濱海開発研究院院長。
主要著書『世界に向けて中国を語る――趙啓正講演談話録』新世界出版社、二〇〇五年。『江辺対話――ある無神論者とあるキリスト教徒の友好的対話』（Dr. Luis palao との共著）新世界出版社、二〇〇六年。『浦東ロジック――浦東開発と経済のグローバル化』上海三联书店、二〇〇七年。『同じ世界で――外国人の一〇一の問いに対して』辽宁教育出版社、二〇〇七年。『中国モデルについて』（Naisbitt 夫妻との共著）新世界出版社、二〇一〇年ほか。

馮　昭奎（ひょう・しょうけい）
中国社会科学院日本研究所研究員。全国日本経済学会顧問。中国中日関係史学会副会長。

主要著書『新工業文明』中信出版社、一九九〇年。『日本経済（第二版）』高等教育出版社、二〇〇五年。『中日関係報告』時事出版社、二〇〇七年。『対話――北京と東京』新華出版社、一九九九年。『中国共産党・国家・軍を動かす 胡錦濤の対日政策――歴代指導者が語った「日中関係」』日本僑報社、二〇〇四年。『中国の「対日新思考」は実現できるか――「対中新思考」のすすめ』日本僑報社、二〇〇四年ほか。

劉　江永（りゅう・こうえい）
清華大学法学博士、清華大学国際問題研究所教授兼副所長、中国国際関係学会常務理事、中華日本学会常務理事、中日友好二十一世紀委員会中国側委員。
主要著書『中国と日本――変化中の「政冷経熱」関係』人民出版社、二〇〇七年。『中日関係二十講』中国人民大学出版社、二〇〇七年。主要論文「中国の未来と中日関係」ほか。

高　海寛（こう・かいかん）
中国中日関係史学会常務理事・研究員、中国中華日本学会常務理事、中国中日友好協会理事、北京城市学院客員教授。
主要著書『跨世紀的中日関係』世界知識出版社、一九九八年。主要論文「和平友好の中日関係の新紀元を開拓」「从日美军事合作一体化看日本安全走向」「中日战略互惠と互信关系の中での相互理解」ほか。

呂　克倹（ろ・こくけん）
中国商務部アジア司司長。
主要著書『日本市場通覧』中国財政経済出版社、二〇〇二年。『日本青書』中国社会科学院日本研究所、二〇〇九年ほか。

黄　星原（こう・せいげん）
中国人民外交学会事務局長。
主要著書・論文、多数。

蔡　建国（さい・けんこく）
中国同済大学教授、同済大学国際文化交流学院長、アジア太平洋研究センター所長、日本桜美林大学客員教授、桜美林大学孔子学院中国側理事長・副院長兼任、日中関係史学界評議員。
主要著書『蔡元培と近代中国』上海社会科学院出版社、一九九八年。『蔡元培――東西文化の橋』ドイツリット出版社、一九九九年。『二十一世紀の東亜――チャンス・挑戦と創新』上海社会科学院出版社、二〇〇四年。『東亜地域の合作――エネルギー・環境と安全』同済大学出版社、二〇〇七年。『中華文化伝播――任務と方法』上海人民出版社、二〇〇八年ほか。

張　建立（ちょう・けんりゅう）
中国社会科学院日本研究所文化研究室副室長、準教授。
主要著書『茶道と茶の湯――日本茶文化試論』淡交社、二〇〇四年。主要論文「日本国民の宗教信仰の現状、特徴及びその影響」「遊戯のルールから見る中日両国国民性の異同――中国象棋と日本将棋を例として」「侘茶楽境と孔顔楽処――日中両国国民感情モデルの文化的な特徴について」ほか。

黄　俊傑（こう・しゅんけつ）
台湾大学教授。
主要著書『台湾意識と台湾文化――台湾におけるアイデンティティーの歴史的変遷』東方書店、二〇〇九年。『東アジアの儒学――経典とその解釈』ぺりかん社、二〇一〇年。『経書解釈の思想史――共有と多様の東アジア』ぺりかん社、二〇一〇年ほか。

尚　会鵬（しょう・かいほう）
北京大学国際関係学院教授。
主要著書『中国人と日本人――社会集団、行動様式、文化心理の比較研究』北京大学出版社、一九九八年。『インド文化史』広西師範大学出版社、二〇〇七年。『インドの文化伝統研究――比較文化の視野』北京大学出版社、二〇〇四年。『これでわかる中国人の常識・非常識――巨大な隣人とのつきあい方』三和書籍、二〇〇八年。『東の隣人――中国人の目で見る日本人』日本図書刊行会、二〇〇一年ほか。

霍　建崗（かく・けんこう）
中国現代国際研究院副研究員。
主要論文「自民党は歴史的な衰退の流れにある」「ポスト福田の日本政局はさらに混乱」ほか。

林　昶（りん・ちょう）
中国社会科学院日本研究所『日本学刊』編集部主任・副編集長。
主要著書『中国の日本研究雑誌史』世界知識出版社、二〇〇一年。『中日関係報告』（共著）時事出版社、二〇〇七年。『中日農村経済組織の比較』（共著）経済科学出版社、一九九七年。『中国の日本研究』（副編集長）世界知識出版社、一九九八年。主要論文「中国における北東アジア研究の現状および若干の分析」ほか。

譚　晶華（たん・しょうか）
上海外国語大学常務副学長、教授、文学博士。
主要著書『川端康成伝』上海外語教育出版社、一九九六年。『日本近代名作鑑賞』上海外語教育出版社、二〇〇三年。
主要論文「『山の音』への再認識」ほか。

劉　暁峰（りゅう・ぎょうほう）
清華大学助教授、中国民俗学会副秘書長
主要著書『古代日本における中国年中行事の受容』桂書房、二〇〇二年。『清明節』中国社会出版社、二〇〇六年。『東アジアの時間――歳時文化の比較研究』中華書局、二〇〇七年。『日本の顔』中央編訳出版社、二〇〇七年。『端午』三聯書店、二〇〇九年ほか。

羅　紅光（ら・こうこう）
中国社会科学院社会学研究所、主任研究員。
主要著書　『黒龍潭――ある中国農村の財と富』行路社、二〇〇〇年。『不等価交換――富をめぐる労働と消費』浙江人民出版社、二〇〇〇年。『文化研究新辞典』（編）吉林人民出版社、二〇〇三年。『一六名のボランティアの一八〇日間』（編）知識産権出版社、二〇一〇年、ほか。

玉腰　辰己（たまこし・たつみ）
笹川平和財団研究員、法政大学国際日本学研究所客員学術研究員。
主要論文「大衆文化交流研究試論――映画『君よ憤怒の河を渉れ』対中輸出を例に」「日中戦争下における川喜多長政の対応」「日本映画の国際展開に関する研究――日中映画交流と川喜多長政・徳間康快の対応」ほか。

及川　淳子（おいかわ・じゅんこ）
法政大学国際日本学研究所客員学術研究員、横浜国立大学非常勤講師。
主要論文「中国における「老幹部」問題――李鋭を中心に」「現代中国の言論空間――雑誌「炎黄春秋」をめぐる政治力学」「中国共産党における「改革派老幹部ネットワーク」の形成――李鋭を中心とする胡耀邦派の老幹部たち」ほか。

訳者一覧（掲載順）

水口　幹記（みずぐち・もとき）
立教大学文学部助教。
主要著書『日本古代漢籍受容の史的研究』汲古書院、二〇〇五年ほか。

千葉　明（ちば・あきら）
在アメリカ日本大使館公使。
主要著書『日中体験的相互誤解』（日中二カ国語版）、日本僑報社、二〇〇五年。『一歩先を行く人の美しい中国語手紙の書き方』国際語学社、二〇一〇年。『何たって高三！　僕らの中国受験戦争』（訳）日本僑報社、二〇〇六年ほか。

※注記のない論文に関しては、日本語への翻訳を翻訳会社にお願いをした。なお、論文「日本新政府の東アジア共同体構想およびその実現の可能性について——心理文化学の視点から」は、張建立氏自ら日本語で執筆している。

〈日中新時代をひらく〉
転換期日中関係論の最前線
——中国トップリーダーの視点——

2011年3月10日　第1版第1刷発行

編　者　王　敏

発行者　高橋　考
発行所　三和書籍
〒112-0013　東京都文京区音羽2-2-2
TEL 03-5395-4630　FAX 03-5395-4632
sanwa@sanwa-co.com
http://www.sanwa-co.com/
印刷所／製本　日本ハイコム株式会社

ISBN978-4-86251-097-6 C3036

三和書籍の好評図書

Sanwa co.,Ltd.

〈国際日本学とは何か？〉

東アジアの日本観

――文学・信仰・神話などの文化比較を中心に――

王敏　編著　A5 判／上製／ 412 頁／定価 3,800 円＋税

●国際化が加速するにつれ、「日本文化」は全世界から注目されるようになった。このシリーズでは、「日本文化」をあえて異文化視することで、グローバル化された現代において「日本」と「世界」との関係を多角的に捉え、時代に即した「日本」像を再発信していく。

本書は、東アジアにおける異文化の鏡に映った像を手がかりに、日本文化の混成的な素性と性格を、またそれがアジアや世界へと越境していく有り様を浮き彫りにしていくものである。

〈国際日本学とは何か？〉

中国人の日本観

――相互理解のための思索と実践――

王敏　編著　A5 判／上製／ 433 頁／定価 3,800 円＋税

●本書は、中国の研究者による実証的な日本研究成果を纏めた論集。他者の視点による「異文化」という観点から日本文化研究の新局面を切り拓く。

〈国際日本学とは何か？〉

内と外からのまなざし

星野勉　編著　A5 判／上製／ 318 頁／定価 3,500 円＋税

●本書では、2005 年、フランス・パリ日本文化会館にて開催された国際シンポジウム「日本学とは何か――ヨーロッパから見た日本研究、日本から見た日本研究――」の発表を元に、主に欧米で「日本文化」がどう見られているかが分かる。

〈国際日本学とは何か？〉

日中文化の交差点

王敏　編著　A5 判／上製／ 337 頁／定価 3,500 円＋税

●近年、さまざまな方面で日中両国間の交流が盛んに行われている。本書では、「日本文化」研究の立場から日中の文化的相似や相違を分析・解説し、両国の相互理解と文化的交流の発展を促進する一冊である。